Elogios

Los principios de Canfield s[...] [...]in extraordinarios!

— Anthony R[...] [...]er

Si solamente puede leer un libro este año, ¡ya lo tiene en sus manos.

— Harvey Mackay, autor de *Swim with the Sharks without Being Eaten Alive,* bestseller de *The New York Times*

Cuando Canfield escribe, yo lo escucho. Éste es su mejor obra e impactará la vida de sus lectores para siempre.

— Pat Williams, vicepresidente de los Orlando Magic del NBA

Jack Canfield es maestro de su medio, y les da a las personas que están hambrientas por tener una vida feliz, la sabiduría, la perspicacia, el entendimiento, y la inspiración que necesitan para lograrlo. Gran libro, gran lectura, ¡gran regalo para cualquiera esté empeñado en ser un Maestro de la Vida!

— Michael E. Gerber, autor de los libros de la serie *The E-Myth*

En un libro, *Los Principios del Éxito* le da las estrategias básicas para el éxito, y las estrategias más avanzadas que le ayudarán a ser un maestro del éxito. Yo he aprendido mucho de Jack Canfield, y confío en que usted también lo hará.

— John Gray, Ph.D., autor de *Men Are from Mars, Women are from Venus*

Antes de poder cambiar su vida, tiene que cambiar su manera de pensar. Jack y Janet han creado un plan edificante y motivador, para su éxito personal. Mi curso de bienes raíces ha ayudado a miles a convertirse en inversionistas exitosos de bienes raíces, seguros de sí mismos. Estoy convencido de que *Los Principios del Éxito* cambiará la manera en que usted piensa, actúa, y le ayudará a cambiar su vida en maneras que usted jamás creyó posibles. Yo le recomendaría este libro—no solamente a mis estudiantes—sino tambien a todos aquellos que estén empeñados en ser exitosos ¡aún más allá de sus sueños más descabellados! Lo invito a que lea este maravilloso libro. ¡Le ayudará sin duda a cambiar su vida para bien!

— Carleton Sheets, creador del curso "No Down Payment Real Estate"

Canfield y Switzer han colocado sus métodos de éxito en un libro revelador y fácil de leer. Las enseñanzas de Jack son altamente eficaces y su nuevo libro será el regalo para dar este año.

— Ken Blanchard, coautor de *The One Minute Manager* y *Customer Mania!*

En *Los Principios del Éxito,* Jack Canfield revela la metodología específica y los principios necesarios que le traerán resultados para alcanzar el éxito y la realización máxima. ¡Este libro allanará el camino para lograr éxito al máximo!

— Peter Vidmar, dos veces campeón de la medalla de oro por gimnasia en los Juegos Olímpicos, y miembro de U.S. Olympic may of Fame

Los Principios del Éxito lo inspirará y le dará valor para vivir una vida más satisfactoria. ¡Prepárese para muchos cambios con este libro!

— Kathy Smith, líder destacada en salud y bienestar

El mensaje de Jack es sencillo, impactante, y práctico. Si usted estudia los principios, los principios funcionarán. Este libro debe leerlo todo aquel que quiera hacer realidad la vida exitosa con la cual ellos sueñan.

— Andrew Puzder, presidente y Director General de CKE Restaurants, Inc., Carl's Jr., Hardee's, y La Salsa

¡Qué libro tan maravilloso! *Los Principios del Éxito* es un libro de consulta para todo aquel que realmente esté interesado en obtener con la vida que sueña. Conserve este libro con usted, úselo como guía e inspiración para que le ayude a alcanzar su máximo potencial y la paz interior que desea. ¡Usted necesita este libro!

—Marilyn Tam, expresidente de Reebok Apparel Products Group
y autora de *How to Use What You've Got to Get What You Want*

Si usted pensó que sabía todo lo que necesita saber para ser exitoso en los negocios, ¡espere a que lea lo que dice *Los Principios del Éxito*! Desde empresarios principiantes, hasta los directores generales más exitosos del mundo, este libro le enseñará a cualquiera cómo ser más exitoso y más feliz haciendo lo que le encanta hacer.

—John Assaraf, autor de *The Street Kid's Guide to Having It All,* or éxito
editorial de RE/MAX Indiana, *New York Times* y *Wall Street Journal*

Éste es el mejor sistema—página por página—para lograr todo lo que usted quiere. ¡Prepárese para el viaje más fascinante de su vida! ¡No pude dejar de leerlo!

—Marcia Martin, ex vicepresidente de EST y Transformational Coach

La habilidad de Jack Canfield para ser extremadamente elocuente, comprensible, y accesible hace que *Los Principios del Éxito* sea—no solamente un asombroso plan para obtener éxito—sino también un gusto de leer.

—Jim Tunney, Ed. D., ex árbitro del NFL, instructor,
y autor de *It's the Hill, not the Skill*

Personalmente, he sido testigo de la firmeza con la cual usa los principios en este libro. Es por su resolución y su fe en estos principios que nació la serie de *Chicken Soup for the Soul. Los Principios del Éxito* no es solamente un libro asombro que lo guiará hacia logros impresionantes, pero en sí mismo es una prueba de que los principios sí funcionan.

—Meter Vegso, presidente de Health Communications, Inc.,
y editor de *Chicken Soup for the Soul*

La mayoría de nosotros sabemos lo que queremos de la vida, pero muy pocos sabemos como conseguirlo. *Los Principios del Éxito* no le da solamente el mapa de carretera, ¡sino también le da las llaves para el motor y hasta le pone gasolina en su tanque! Consígase unas galletitas y no pare de leer este libro hasta que haya dominado su mensaje.

—Wally Amos, autor of *The Cookie Never Crumbles*

Mi buen amigo Jack Canfield es uno de los oradores y profesores más intuitivos del mundo actual. Luego de haber pasado tiempo con él, asimilando sus ideas y su perspicacia, usted cambiará de manera positiva por el resto de su vida.

—Brian Tracy, uno de los líderes de los EEUU en el desarrollo del
potencial humano y efectividad humana y autor de *Success Is a
Journey, Million Dollar Habits,* y *The Traits of Champions*

Si usted actúa de acuerdo con los principios y valores de Jack, podrá lograr el éxito y la paz interior que busca. Jack ha escrito este libro con ese propósito. Lo único que tiene que hacer es dejarse guiar por él.

—Hyrum W. Smith, vicepresidente y fundador de Frankly Covey

En el mercado tan competitivo de hoy, las personas más exitosas son aquellas que se dirigen sistemáticamente hacia sus metas. Ahora, *Los Principios del Éxito,* el mejor clásico de éxito y desarrollo personal, analiza y aclara estos métodos usando un lenguaje sencillo y con instrucciones paso a paso, destacando historias inspiradoras de otras personas las cuales han recorrido este camino antes que usted. Si su meta es obtener mayor realización, más dinero, más tiempo libre, y menos tensión, lea y aplique los principios comprobados en este libro.

—Les Brown, autor de *Live Your Dreams* y *Conversations on Success*

¡Qué colección tan maravillosa de pensamientos y conceptos exitosos!... algunos sencillos, otros profundos, y todos imprescindibles en el complejo mundo de hoy... ¡tiene que leerlo!

—Steven Stralser, Ph. D., director administrativo y professor clínico de Global Entrepreneurship Center, Thunderbird: The Garvin School of International Management, y autor de *MBA in a Day: What you Would Learn in Top-Tier Schools of Business—If You Only Had the Time*

Después de que lea *Los Principios del Éxito*, se enfocará en sus metas a corto y largo plazo de una manera completamente nueva y emocionante. Este libro resume todo lo que usted necesitará para lograr todo lo que quiere de la vida, ¡y mucho más! El éxito del mismo Canfield y de Switzer es prueba de que estos principios funcionan y que fácilmente se pueden aplicar a cualquier objetivo.

—Rita Davenport, presidente de Arbonne Internacional

El éxito es algo que casi todo el mundo desea, y muchos se pasan la vida entera con la esperanza de obtenerlo. Algunos nunca lo logran, mientras que otros lo alcanzan pronto. Sin importar donde esté en su vida, pare y lea este magnífico libro escrito por Jack Canfield y Janet Switzer. Tal vez ya llegó a ese lugar, o aun intente hacerlo, o tal vez este perdido entre el deseo por y la realización de su éxito personal. En cuanto termine de leer *Los Principios del Éxito*... sabrá en donde está, a dónde quiere ir, y cómo llegar allí. Ésta es una obra que debería ser un libro de consulta o lectura requerida antes de "recibirse" como adulto.

—Dave Linger, presidente del consejo de RE/MAX Internacional

¡Jack Canfield lo ha logrado de nuevo! En *Los Principios del Éxito*, explica con gran facilidad y compasión los métodos implementados por personas altamente exitosas de toda profesión y clase social—métodos que lo llevarán hasta donde pueda imaginar. Sin importar cual sea su propia definición de éxito, este libro lo guiará hacia su realización.   —Jeff Liesener, president de High Achievers Network

Si alguna vez quiso que Jack Canfield le aconsejara personalmente sobre la manera de lograr sus sueños, este libro es lo que mejor se aproxima a tenerlo a él como su propia guía. Está lleno de información, inspiración, y, en gran medida, comprensión. Además de sus estrategias comprobadas, se destaca en este libro el apoyo, la compasión e integridad de Jack.

—Marshall Thurber, cofundador de Accelerated Business School y Money and You

Los principios del éxito que se encuentran en este libro son muy sencillos, pero a la misma vez son muy impactantes. Son necesarios para poder lograr sus metas. Jack tiene una manera de hacer que el aprendizaje sea entretenido y divertido. ¡Este libro sí es un verdadero ganador!

—Kathy Coover, cofundadora y vicepresidente de mayor antigüedad de ventas y mercadeo de Isagenix Internacional

En un mundo lleno de caminos dudosos hacia el éxito, *Los Principios del Éxito* identifica los pasos que las personalidades y estrellas de hoy utilizan para lograr su futuro ideal. No se me ocurre una manera mejor de llegar de donde está a donde desea estar.   —Bill Harris, director, Centerpointe Research

Si tiene sueños y grandes planes, lea *Los Principios del Éxito* y tome acción. Al fin y al cabo, ¡usted merece tener aún más de lo que quiere en la vida!

—H. Ronald Hulnick, Ph.D., presidente de la University of Santa Monica

Una mezcla única de moralejas y técnicas, con anécdotas de la vida real y mucho humor, hace que *Los Principios del Éxito* sea una lectura estupenda. Educativo, divertido, y con los pies en la tierra, este libro utliza la habilidad de Jack Canfield para motivar e inspirar, sin una actitud exagerada. Estos principios del éxito son de gran valor para cualquier lector.

—Christen Brown, presidente de On Camera Entertainment y autora de *Star Quality*.

No importa cual sea su interpretación de éxito—Jack Canfield lo guiará hacia él. *Los Principios del Éxito* es el libro de consulta de la vida para todos. Transforme su sueño de éxito en una realidad. ¡Compre este libro hoy mismo!

—Gary T. Van Brunt, Director General de Discount Tire Co.

Los Principios del Éxito comprueba de una vez por todas que el logro personal no es un derecho de nacimiento, ni un privilegio. Más bien es el resultado de mucho racionamiento y trabajo, de planificación y acción. Pero en gran medida, la capacidad de lograr metas y sueños es una habilidad que sí se puede enseñar—y nadie lo hace mejor que Jack Canfield.

—Catherine B. Reynolds, directora de la junta de Catherine B. Reynolds Foundation

¡Tiene que leer este libro! Canfield y Switzer explican en detalle y paso a paso las fórmulas que todos podemos usar para lograr mas éxito en nuestras carreras y en nuestra vida personal. Si ganar más dinero, tomar más riesgos, y realizar el tipo de vida con que sueña es lo que usted desea, *Los principios de éxito* se lo concederá.

—Gary Hendricks, Ph.D. autor de *Conscious Living* y coautor (con Dr. Kathlyn Hendricks) de *Conscious Loving*

Los Principios del Éxito le ofrece estrategias que funcionan para crear un futuro próspero. Lea y aprenda a aplicar lo que este nuevo clásico del éxito y desarrollo personal le dice, y cuéntese entre los rangos de las personas exitosas de este mundo. Luego, ¡compre otro ejemplar y regáleselo a un amigo!

—Paul R. Scheele, autor de *Natural Brilliance, Genios Code, Abundante for Linfe* y *The PhotoReading While Mind System*

Este libro está escrito de una manera fenomenal y revela con autoridad los principios y procesos más importantes que existen hoy día para realizar el verdadero éxito en su vida.

—Hale Dwoskin, autora de *The Sedona Method: Your Key to Lastin apiñes, Success, Peace, and Emocional Well-Being* , bestseller de *The New York Times*

¡Usted puede obtener éxito en todos los aspectos de su vida! ¡Siga los principios y estrategias que le ofrece Jack Canfield para lograr cualquier meta! *Los Principios del Éxito* brinda una guía detallada y comprensiva para conseguir más de lo que usted pretende. Es divertido y eficaz. ¡Léalo hoy!

—Erin Saxton, The Idea Network

He convertido el estudio del éxito en el pasatiempo de mi vida. Muchas gracias, Jack, por escribir un libro comprensivo sobre el éxito que todo lector, sin importar su edad y clase social o formación, entenderá y del cual podrá sacar provecho. Las impactantes lecciones y las historias que se encuentran en *Los Principios del Éxito,* sin duda, ¡cambiarán su vida!

—James Arthur Ray, autor de *The Science of Success y Stop the World: 29 Principles to Realize Your Infinite Self*

Leer *Los Principios del Éxito* es lo que mejor se aproxima a tener a Jack Canfield como su consejero personal. Jack tiene la habilidad de mezclar la inteligencia con la compasión, logrando así que éste sea un libro accesible. Los principios y las historias de personas que has usado estos principios son eficaces e inspiradores. ¡Se hablará por muchos años de este libro!

—George R. Walter, autor de *Heat Up Your Cold Calls*

Si busca una barita mágica para mejorar su vida, su carrera, o sus relaciones personales, ¡*Los Principios del Éxito* se la entregará! Pero no compre este nuevo clásico solamente para colocarlo en su biblioteca. Lea las estrategias ya comprobadas, aplíquelas, y ¡prepárese para unirse al rango de las personas más exitosas del mundo!

—Raymond Aaron, el instructor de negocios e
inversiones más destacado del Canadá

¡Que colección m*s maravilloso de pensamientos e ideas triunfadoras! . . . algunos sencillos, otros profundos, y todos imprescindibles en el mundo de hoy. ¡Tiene que leerlo! Yo apliqué los principios que se encuentran en este libro para propulsar mi sitio Web, ¡de 100 visitantes al mes a más de 5.000 visitantes al mes!

—Zev Saftlas, autor de *Motivation That Works*
y fundador de empoweringmessges.com

Los Principios del Éxito entrelaza estrategias para realizar el éxito junto con historias y lecciones comprobadas. Este libro debe leerlo todo aquel que busca llegar a nuevas alturas en su vida. ¿Hay manera de obligar a generaciones del futuro a que lean este libro? ¡Quisiera haber tenido esta información a mano hace 20 años!

—Arielle Ford, autor de *Hot Chocolate for the Mystical Soul*

Canfield y Switzer han creado un libro que está lleno de inteligencia, compasión y humor. ¡Este es uno de los mejores libros sobre el éxito que he leído! Si tiene un sueño que aún no ha podido realizar, déjese guiar por Jack Canfield. Estará feliz de haberlo hecho.

—Hill Cirone, director de Santa Barbara County Office of Education

Si lo que busca es ampliar las oportunidades que se le presentan, crear nuevas alianzas, ayudar a más personas y obtener más de cada minuto de su vida, *Los Principios del Éxito* le dará estos resultados. ¡Me encanta!

—John Demartini, director general de Demartini Seminars
y fundador de Concourse of Wisdom

Las personas más exitosas saben que la mejor inversión es la que se hace en uno mismo. *Los Principios del Éxito* le ayudará a dominar las aptitudes que atraerán a personas importantes, oportunidades inmensas, y gran fortuna a su vida. ¡Deje que la inversión le traiga ganancias!

—Cynthia Kersey, autora de *Unstoppable* y *Unstoppable Women*

Si existe un libro que destapa las estrategias secretas de las personas más exitosas de hoy en día, ¡*Los Principios del Éxito* es ese libro! Fácil, comprensible, aplicable. Es la mejor herramienta para lograr el éxito que se ha presentado en años.

—Bill Bauman, Ph.D. Bill Bauman Seminars and Mentoring

¡ Por fin! , un libro que logra lo que pretende. *Los Principios del Éxito* sí que lo llevará hacia el próximo capítulo de su vida, y le ayudará a realizar todos sus sueños. Si usa los principios que han hecho que Jack Canfield—y todas las personas dentro este libro— sean exitosas, usted también logrará hechos asombrosos. ¡Lea este libro hoy!

—Tom Hill, fundador de Tagle Institute y autor de
Living at the Summit: A Life Plan

Si busca un plan triunfante para obtener el éxito, no busque más allá de *Los Principios del Éxito* de Jack Canfield. —Suzanne de Passe, realizadora de televisión

Jack Canfield es un gran maestro. Entiende lo que se necesita para vivir una vida exitosa, y en *Los Principios del Éxito* reúne todos los elementos necesarios para que el resto del mundo los vea.

—T. Harv Eker, autor de *Secrets of the Millionaire Mind*

He sido estudiante de Jack Canfield por más de una década y he utilizado los principios que enseña en su libro para acelerar mi propio éxito y también el de las personales a las que enseño y dirijo en el Henry Ford Museum. Le recomiendo este libro. Cambiará su vida.

—Jim Van Bochove, director del desarrollo de mano de obra en
The Henry Ford: America's Greatest History Attraction

Los Principios del Éxito comunica de una manera inteligente y breve, las reglas para vivir una vida realizada y llena de triunfo. Encontrará inspiración y motivación en cada página.

—Debbie Ford, autora #1 de *The New York Times* de *The Dark Side of the Light Chasers* y *The Best Year of Your Life*

Jack Canfield ha creado, con la claridad de un diamante, el mejor manual del éxito. Es el manual que hubiese querido tener cuando comencé la búsqueda para obtener lo mejor.

—Maestra Mary Louise Zeller, "Abuela Ninja," ganadora nacional
doce veces e internacional cinco veces, de la medalla de oro de
Tae Kwon Do, tipo Olímpico

Si es un empresario que comienza, ha estado ya en las empresas por décadas, o se acaba de recibir, debe leer *Los Principios del Éxito*. Lo llevará paso por paso por las etapas del éxito y lo moverá al próximo nivel—¡y hasta más lejos! La manera práctica y el lenguaje directo de Jack le permitirá disfrutar de este libro tan profundo, comprensivo, e inteligente.

—Linda Distenfield y Ira Distenfield, presidente y director
general, respectivamente, de We The People

LOS
Principios
del Éxito ™

LOS
Principios
del Éxito™

CÓMO LLEGAR DE DÓNDE ESTÁ A DÓNDE QUIERE LLEGAR

Jack Canfield

Coautor de la Serie
Chicken Soup for the Soul®

CON
Janet Switzer

TRADUCIDO DEL INGLÉS POR ROSARIO CAMACHO-KOPPEL

rayo
Un rama de HarperCollins*Publishers*

Este libro fue publicado originalmente en el 2005 en los Estados Unidos
por HarperResource, una rama de HarperCollins Publishers.
Diseño del libro por Ellen Cipriano

PRIMERA EDICIÓN RAYO, 2005

Impreso en papel sin ácido

Library of Congress ha catalogado la edición en inglés.

ISBN 0-06-077737-0

07   08   09   DIX/RRD   10   9   8   7   6   5   4

AGRADECIMIENTOS

Este libro, como todo lo que he hecho en mi vida, es el resultado de un enorme esfuerzo de equipo. Quiero expresar mi más profundo aprecio y agradecimiento a:

Janet Switzer, sin cuyos esfuerzos hercúleos este libro nunca se habría terminado. Gracias por tu increíble apoyo, tu profunda visión, y los largos días (¡y noches!) dedicados a la concepción original de este libro, como coautora de una propuesta literaria de talla mundial, depurando mi interminable producción de palabras escritas hasta convertirlas en un manuscrito manejable, ayudándome a mantener mi enfoque y mi atención centrados en el objetivo, desarrollando el sitio Web de Los Principios del Éxito y creando este asombroso plan de mercadeo para llegar a millones de personas con el mensaje de este libro. ¡Eres realmente sorprendente!

A Bonnie Solow, mi agente literaria. Eres más que un agente. Estuviste presente en cada paso, a todo lo largo del camino, con tus conocimientos editoriales, tu apoyo emocional, tu ánimo entusiasta y tu franca amistad. Admiro tu integridad, tu profesionalismo, tu compromiso con la excelencia, tu deseo sincero de marcar la diferencia y tu amor por la vida.

A Steve Hanselman, mi brillante y visionario editor en HarperCollins, quien siempre me brindó su apoyo. Gracias por tu ilimitada energía, por tu hermoso espíritu, y por tu dedicación a educar y elevar el nivel de la humanidad a través de la palabra escrita.

A Mary Ellen Curley, quien supervisó el mercadeo y la producción del libro de principio a fin. Agradezco tu profesionalismo y tus incansables esfuerzos para sacar adelante este libro y difundir este mensaje. A Jane Friedman, Presidente y CEO de HarperCollins quien brindó su respaldo a este libro desde el comienzo. Gracias por el trabajo inspirador que realizas en el manejo de una compañía que se rige por los principios aquí descritos. Ha sido un honor trabajar contigo.

A Katharine O'Moore-Klopf, quien copió y corrigió el manuscrito. Tu ojo de águila y tu atención al detalle son asombrosos. Gracias por un excelente trabajo.

A Andrea Brown, quien diseñó la portada. ¡Me encanta!

A Deborah Feingold, quien tomó la foto de la portada. Fue divertido trabajar contigo en el estudio. ¡Eres muy graciosa!

A Brian Grogan, Verónica González, Ana María Allessi, Andrea Rosen, Paul Olsewski, Shelby Meizlik, Nina Olmsted y Josh Marwell por lograr que este libro (y su versión en audiocasete) lleguen a los estantes de las librerías y a las manos de los lectores. Son los mejores en su oficio.

A Patty Aubert, Presidente de Chicken Soup for the Soul Enterprises, por "obligarme" a escribir este libro. Gracias por supervisar todo el proyecto y sobre todo por ayudar a conseguir todas las contribuciones necesarias. Eres una amiga y una socia empresarial admirable. No se puede expresar con palabras cuánto aprecio tu apoyo para sacar a flote lo mejor de mí.

A Russell Kamalski, primer funcionario operativo de Chicken Soup for the Soul Enterprises. Gracias por tu personalidad sosegada y tranquila, que contribuye a mantener todo en orden en medio del arremolinado frenesí en el que con frecuencia nos encontramos. Eres un caballero a carta cabal.

A Verónica Romero, mi asistente ejecutiva, quien ha mantenido mi vida en orden con muy poco apoyo de mi parte durante el último año en que he estado abrumado bajo el peso de este proyecto. Gracias por programar todas las entrevistas y por supervisar la obtención de todos los permisos necesarios para este libro. Gracias por mantenernos a mí, a mis viajes y a mi carrera como orador, vivos y en buen estado durante todo este tiempo. Tus incansables esfuerzos, tu atención a los detalles y tu compromiso con la excelencia son asombrosos. ¡Muchísimas gracias!

A Mike Foster, mi otro asistente ejecutivo, gracias por tu ayuda al mantener alejados a los lobos para permitirme contar con el espacio necesario para trabajar en este libro con un mínimo de interrupciones, tu apoyo de investigación, tus largos horarios de trabajo, tu sentido del humor y tu visión compartida. Tu compromiso, que supera en mucho tus obligaciones, de mantener nuestros seminarios llenos de público y nuestras computadoras trabajando es también sorprendente. Gracias por tu dedicación y tu aprecio.

A Jesse Ianniello, por las interminables horas dedicadas a la trascripción de cientos de horas de entrevistas grabadas y por todos los demás interminables trabajos de oficina que se requirieron para hacer de este libro una realidad. Siempre y en forma consistente haces que lo difícil parezca fácil. Eres una maravilla.

A Robin Yerian, por cuidarme en tantos aspectos de mi vida, sobre todo por asegurarte de que no me salga del presupuesto y de que siempre haya dinero suficiente para las cosas que tenemos que hacer.

A Teresa Esparza, por arreglárselas para coordinar todos mis compromisos como orador y para mantener contentos a todos nuestros clientes durante este "año del libro." A D'ette Corona por su brillante supervisión del cronograma de producción de *Chicken Soup for the Soul,* mientras yo estaba ocupado en este proyecto. ¡Tú también eres asombroso!

A Heather McNamara, Nancy Mitchell Autio, Leslie Riskin, Stephanie Thatcher, Barbara Lomonaco y Tasha Boucher quienes se ocuparon de todos los detalles de terminar y sacar al mercado los libros de la serie Chicken Soup durante todo este tiempo. Y a todas las demás personas que trabajan en los Seminarios de Autoestima y en Chicken Soup for the Soul Enterprises.

A Erick Baldwin, Kristen Craib, Lauren Edelstein, Devon Foster, Anna Giardina, Chris Muirhead y Danielle Schlapper nuestros fabulosos internos de la Universidad de California en Santa Barbara por su habilidad como digitadores, correctores e investigadores.

A Gail Miller, la directora de Janet para los programas de capacitación, quien maneja en forma tan eficiente la compañía de Janet y constantemente procura el tiempo que Janet necesita para ayudar a desarrollar el libro de *Los Principios del Éxito* y los productos de capacitación. Tu inteligencia y los resultados que obtienes son de verdad excelentes.

A Marci Shimoff, quien dedicó una semana de su tiempo para venir a ayudar a reestructurar el libro y a ofrecer conceptos tan valiosos. Gracias por tu espíritu generoso. La profundidad de tu amistad es admirable.

A Rick Frischman, David Hahn y Pared Sharpe de Planned Television Arts por su excelente apoyo para informar a las personas de la radio y la televisión. ¡Me encantó trabajar con ustedes!

A Hale Dwoskin, Marshall Thurber y Barbara DeAngelis por sus constantes palabras de aliento y sus ofrecimientos de ayuda durante todo el tiempo que dediqué a escribir este libro.

A las siguientes personas que me permitieron entrevistarlas y cuyas historias, llenas de anécdotas, aparecen en este libro: Raymond Aaron, Robert Allen, Jeff Arch, John Assaraf, Madeline Balleta, Marty Becker, Arthur Benjamin, Tom Boyer, Lee Broker, Stephen J. Cannell, Frank Corbo, D.C. Cordova, John Demartini, Ira y Linda Distenfeld, Hale Dwoskin, Harv Eker, Tim Ferris, Rubén González, Gerg Haven, Mike Kelley, Marilyn Kentz, Rick Kinmon, Julie Laippley, Dave Liniger, Debbie Macomber, Fabricio Manzini, Marcia Martin, John McPherson, Mike Milliorn, David Morris, Chad Pregracke, Monty Roberts, Rudy Ruettiger, Scott Schilling, Jana Stanfield, Joe Sugarman, Marilyn Tam, Marshall Thurber, Diana Von Welanetz Wentworth, Pat Williams y Wyland.

A las siguientes personas que me permitieron entrevistarlas y que, aunque por limitaciones de espacio y revisiones de último minuto, sus historias no aparecen aquí, sus ideas, sus conceptos y su espíritu están entretejidos en toda la obra: Jennifer Allen, John Anderson, Janet Atwood, Russell Bishop, Stan Dale, Bob Danzing, Roger Dawson, John Dealy, Kent y Kyle Healy, Orrin C. Hudson, Teresa Huggins, Tony O'Donnell, Kevin Ross, Michael Russo, Barry Spilchuk y Gary Tuerack.

A los cientos de personas que ofrecieron conceder entrevistas para el libro—ellas saben de quién hablo—a quienes no pude entrevistar por razones de tiempo, cosa que lamento, porque las entrevistas que realicé fueron la parte más emocionante de la creación de este libro. Este proyecto me enseñó, una vez más, cuán valiosa es la información que todos podemos compartir. Espero poder aceptar algún día sus ofrecimientos para un futuro libro.

A las siguientes personas que leyeron el manuscrito y me brindaron su muy necesaria retroalimentación: Patty Aubery, Tom Boyer, Mark Donnelly, Eldon Edwards, Mike Foster, Andrew Colmes, Russ Kamalski, Verónica Romero, Zev Saftlas, LeAnn Thieman, Marci Shimoof y Robin Yerian. Gracias por sacar tiempo de sus apretados horarios, y sin previo aviso, para ofrecerme sus valiosos comentarios. ¡Se los agradezco de verdad!

A las siguientes personas que han influido directamente en mi forma de pensar en cuanto al logro del éxito con sus talleres, seminarios y programas de desarrollo personal, a través de los años: W. Clement Stone, Og Mandino, Norman Vincent Peale, Marshall Thurber, Mark Victor Hansen, Phil Laut, Leonard Orr, Stewart Emery, Martha Crampton, Russell Bishop, Jim Newman, Lou Tice, John Gray, Tim Piering, Tracy Goss, Martin Rutte, Wayne Dyer, Bob Proctor, Lee Pulos, Brian Tracy, Jim Rohn, Anthony Robbins, Michael Gerber, Dan Sullivan, Les Hewitt, Robert Allen, Hale Dwoskin y John Assaraf. Gracias por sus brillantes aportes, su valor para vivir siempre a la vanguardia y su generosidad de espíritu.

Al Dr. Jack Dawson y al Dr. Bruno Wildhaber, mis dos quiroprácticos, y a Wayne Darling, mi masajista terapeuta, por su excelente trabajo que ha mantenido mi cuerpo y mi alma unidos durante estos últimos meses tan cargados de estrés.

A los miembros de mi grupo de mentes maestras: John Assaraf, Lee Broker, Declan Dunn, Liz Edlic y Marshall Thurber. Me honra formar parte de un grupo de hermanos y hermanas tan buenos y visionarios.

A Mark Victor Hansen y Patty Hansen por su amor, amistad y su trabajo como socios en el transcurso de *Chicken Soup for the Soul*® que ha sido la mayor aventura de mi vida.

A Peter Vegso y Gary Seidler de Health Communications Inc., por creer en este sueño antes que cualquier otra persona y sin cuyo apoyo durante años, este libro nunca se hubiera creado. ¡Gracias muchachos! Y a todos los demás de HCI que han trabajado para que *Chicken Soup for the Soul*® sea un fenómeno editorial mundial.

A toda mi familia por su amor, apoyo y comprensión durante lo que ha sido, sin lugar a dudas, el mayor reto profesional de mi carrera. Gracias por entender los largos horarios de trabajo, los fines de semana sacrificados y las dos vacaciones canceladas, de otra manera no habría logrado terminar a tiempo este proyecto. Los quiero y les agradezco a todos. A Inga, mi esposa, a quien adoro, por la forma como me comprende y me conoce y por su incesante amor, apoyo, buen humor y entusiasmo. A Christopher, mi hijo de 14 años, por soportar mi obsesión con este libro. Espero que nuestras dos semanas en Europa el verano que viene compensen el tiempo perdido en los últimos seis meses. A Riley y Travis, mis dos hijos adoptivos, que siguen deleitándome sin límite con sus ocurrencias. Gracias por brindarme tanto apoyo. A Oran y Kyle, mis dos hijos mayores, ¡ahora tendremos tiempo para hacer el viaje que les prometí a Las Vegas!

A mi hermana Kim por todo su apoyo moral y entusiasmo cuando yo no podía percibir la luz al final del túnel. Es bueno contar con una hermana que sea también escritora y entienda el proceso. A Taylor y Mary por cuidar a mi madre durante muchos meses y años. A Rick y Tana por ser un hermano y una cuñada tan buenos. A Fred Angelis, mi padrastro, por brindarme su protección cuando tenía apenas seis años de edad y por inculcarme los valores y los hábitos de trabajo que me han permitido crear el nivel de éxito que he alcanzado.

A la familia de Janet, por su apoyo, comprensión y buen humor ante unas vacaciones perdidas y las interminables conversaciones acerca del libro a la hora de la cena. A sus padres, Les y Beverly quienes, desde muy temprano, le enseñaron a Janet el significado del éxito y fomentaron un ambiente de logro en su hogar. A sus hermanos Jennifer y Jeff por su constante apoyo y respaldo durante cada nuevo paso de la vida profesional de Janet. Y más específicamente, gracias a Brianne, la sobrina de Janet, que no sólo es la muestra de cómo los niños aprenden a tener éxito sino además un dulce recordatorio de que lo más importante es disfrutar el aprendizaje.

Y por último, gracias a todos los que han asistido a mis seminarios y talleres y han participado en ellos durante estos último años, por compartir conmigo sus sueños, sus luchas y sus triunfos. Sus heroicos esfuerzos para superar sus limitaciones y temores, su valor para enfrentar los obstáculos que encontraron en sus vidas, su perseverancia ante la adversidad y las sorprendentes vidas que todos ustedes se han forjado son la inspiración que me movió a escribir este libro para compartir estos principios con otros. Gracias por ser los modelos de la visión, el propósito y la pasión que el mundo necesita con tanta urgencia. Quiero que sepan que todos ustedes están representados en estas páginas.

Este libro está dedicado a todos aquellos hombres y mujeres que valientemente, se han atrevido a salir de la cultura dominante de la mediocridad y resignación, para construirse la vida de sus sueños. ¡Los felicito!

*La vida es como la combinación de
una caja fuerte; a ti te corresponde
encontrar los números correctos en el orden correcto,
para poder lograr todo lo que quieras.*
BRIAN TRACY

*Si todos hiciéramos lo que somos capaces de hacer,
nos sorprenderíamos literalmente.*
THOMAS A. EDISON

CONTENIDO

II. Transfórmese para el Éxito

III. Constituya su Equipo de Éxito

IV. Cree Relaciones Exitosas

V. El Éxito y el Dinero

VI. El Éxito Comienza Ahora

LOS

Principios
del Éxito ™

INTRODUCCIÓN

Si por cualquier razón, un hombre tiene la oportunidad de vivir una vida extraordinaria, no tiene derecho a guardarla para sí mismo.

JACQUES-YVES COUSTEAU
Legendario explorador y cineasta submarino

Si un hombre escribe un libro, que diga sólo lo que sabe.
Tengo suficientes interrogantes propios.

JOHANN WOLFGANG VON GOETHE
Poeta, novelista, dramaturgo y filósofo alemán

Este no es un libro de ideas. Es un libro de principios perennes utilizados por hombres y mujeres exitosos a todo lo largo de la historia. He estudiado estos principios del éxito por más de treinta años y los he aplicado a mi propia vida. El fenomenal nivel de éxito que ahora disfruto, es el resultado de aplicar estos principios día a día desde que empecé a aprenderlos en 1968.

Mi éxito incluye ser autor y editor de más de sesenta libros en la lista de los libros más vendidos con más de ochenta millones de copias impresas en treinta y nueve idiomas en todo el mundo, con el record del *Libro Guinness* por tener siete libros en la lista de los libros más vendidos de *The New York Times* el 24 de mayo de 1998, lo que me ha representado un ingreso anual de varios millones de dólares durante los últimos años, que me ha permitido vivir en una linda casa de campo en California, aparecer en los principales programas de opinión de América (desde *Oprah* hasta *Good Morning America*), ser columnista de un semanario con millones de lectores, cobrar honorarios de orador de $25,000 por charla, hablar para las 500 compañías de *Fortune* en el mundo entero, recibir numerosos premios profesionales y cívicos, mantener una inaudita relación con mi sorprendente esposa y mis maravillosos hijos y llegar a un estado de bienestar, equilibrio, felicidad y paz interior.

Tengo la oportunidad de socializar con los altos ejecutivos de las 500 compañías de *Fortune;* con las estrellas del cine, la televisión y la música, con autores famosos y con los mejores maestros y líderes espirituales del mundo. He hablado ante los miembros del congreso, a grupos de atletas profesionales, empresarios corporativos y superestrellas de ventas en los mejores hoteles y centros vacacionales del mundo, desde el Four Seasons Resort en Nevis, en las Antillas Británicas, hasta los mejores hoteles de Acapulco y Cancún. Puedo practicar esquí en Idazo, California y Utah, practicar canotaje en Colorado y montañismo en las montañas de California y Washington. Tengo la oportunidad de ir de vacaciones a los mejores hoteles de Hawai, Australia, Tailandia, Marruecos, Francia e Italia. En términos generales, ¡la vida es un verdadero placer!

Y al igual que la mayoría de todos los que leen este libro, mi vida tuvo un inicio muy corriente. Me crié en Wheeling, West Virginia, donde mi padre tenía una floristería con la que ganaba $8,000 al año. Mi madre fue una alcohólica y mi padre era adicto al trabajo. Trabaje durante las vacaciones de verano para ayudar a suplir las carencias del presupuesto familiar (como salvavidas en una piscina y también en la floristería de mi padre). Fui a la universidad con una beca y trabajaba vendiendo desayunos en uno de los dormitorios para cubrir los gastos de mis libros, mi ropa y las invitaciones a mis novias. Nadie me entregó nada en bandeja de plata. Durante mi último año de postgrado, tuve un trabajo de medio tiempo como profesor en el que me ganaba $120 cada quince días. Pagaba $79 mensuales de alquiler, así que me quedaban $161 para cubrir todos mis demás gastos. Hacia fines de mes, comía lo que se conocía como comidas de veintiún centavos, una lata de pasta de tomate de diez centavos, sal de ajo y agua sobre una bolsa de espagueti que costaba once centavos. Sé lo que es raspar los últimos peldaños de la escalera económica.

Después del postgrado, inicié mi carrera como profesor de historia de bachillerato, en una escuela de estudiantes negros en el lado sur de Chicago. Después conocí a mi mentor, W. Clement Stone. El Sr. Stone era un multimillonario autodidacta que me contrató para trabajar en su fundación, donde me capacitó en los aspectos fundamentales de los principios del éxito que sigo practicando en la actualidad. Mi trabajo consistía en enseñar a otros esos mismos principios. A través de los años, he seguido entrevistando, desde mis días con el Sr. Stone, a cientos de personas exitosas: atletas Olímpicos y profesionales, celebridades de la farándula, autores de los libros más vendidos, líderes empresariales, líderes políticos, empresarios de éxito y los principales vendedores. He leído, literalmente, miles de libros (mi promedio de lectura es de un libro cada dos días), he asistido a cientos de seminarios y he escuchado miles de horas de programas de audiocasete para descubrir los principios universales de la creación del éxito y la felicidad. He aplicado luego esos principios a mi propia vida. Los que me han dado resultado los he enseñado en mis charlas, seminarios y talleres a más de un millón de personas en todos los cincuenta estados de los Estados Unidos...y en veinte países del mundo.

Estos principios y técnicas no solamente han funcionado para mí sino que han ayudado a cientos de miles de mis estudiantes a lograr el éxito en sus profesiones, a hacer grandes fortunas en las finanzas y recibir una gran satisfacción en sus relaciones, así como una mayor alegría y plenitud en sus vidas. Mis estudiantes han iniciado empresas exitosas, se han convertido en millonarios por sus propios medios, han logrado llegar a las primeras posiciones en atletismo, han recibido lucrativos contratos para grabar discos, han sido estrellas de cine y televisión, han alcanzado cargos públicos, han ejercido gran influencia en sus comunidades, han escrito libros que han ocupado puestos en las listas de los más vendidos, han sido nombrados maestros del año en sus distritos escolares, han roto todos los récords de ventas de sus compañías, han escrito guiones para películas que han ganado premios, han llegado a ser presidentes de sus corporaciones, han recibido reconocimiento por sus extraordinarias contribuciones filantrópicas, han establecido relaciones dignas de un cuento de hadas y han educado hijos excepcionalmente felices y exitosos.

LOS PRINCIPIOS SIEMPRE DAN RESULTADO SI SE PONEN EN PRÁCTICA

Usted también puede lograr estos mismos resultados. Sé, de hecho, que también usted puede lograr niveles de éxito inimaginables. ¿Por qué? Porque los principios y las técnicas siempre dan resultado, todo lo que hay que hacer es ponerlos en práctica para beneficio propio.

Hace unos años estuve en un programa de televisión en Dallas, Texas. Había dicho que aplicando los principios que yo enseñaba era posible duplicar los ingresos y el tiempo libre en menos de dos años. La entrevistadora se había mostrado muy escéptica. Le dije que si ponía en práctica los principios y las técnicas por espacio de dos años y no duplicaba sus ingresos y su tiempo libre, volvería a aparecer en su programa y le entregaría un cheque por $1,000. Si le daban resultado, ella tendría que invitarme de nuevo a su programa y comunicar le su experiencia a los televidentes. Apenas nueve meses más tarde, me la encontré en la convención de la Asociación Nacional de Oradores en Orlando, Florida. Me dijo que no sólo había duplicado ya sus ingresos sino que había estudiado oratoria, había obtenido su título de oradora pública y había vendido un libro, ¡todo esto en sólo nueve meses!

El hecho es que cualquiera puede lograr este tipo de resultados normalmente. Sólo hay que decidir qué es lo que se desea. Creer que uno se lo merece y practicar los principios que se presentan en este libro.

Los aspectos fundamentales son iguales para todos, en cualquier profesión, aun si se encuentra desempleado. No importa si su meta es llegar a ser el mejor vendedor de su compañía, un arquitecto famoso, obtener las mejores calificaciones en el colegio, perder peso, comprar la casa de sus sueños, convertirse en un atleta o en una estrella de rock de talla mundial, en un periodista laureado, en un multimillonario o en un exitoso empresario, los principios y las estrategias son siempre iguales. Si los aprende, y los aplica con disciplina, día tras día, trasformará su vida más allá de sus sueños más ambiciosos.

"NO PUEDE CONTRATAR A NADIE PARA QUE HAGA LAGARTIJAS POR USTED"

Como lo expresaría adecuadamente el filósofo motivador Jim Rohn: "No puede contratar a nadie para que haga lagartijas por usted." Para que sirvan de algo, debe hacerlas usted mismo. Ya se trate de hacer ejercicio, estiramientos o meditación, de leer, estudiar, aprender un nuevo idioma, crear un grupo de mentes maestras, establecer metas mensurables, visualizar el éxito, repetir afirmaciones o practicar nuevas destrezas, *usted* lo tendrá que hacer. Nadie puede hacer estas cosas en su lugar. Yo le daré el mapa, pero será usted quien deba conducir el vehículo. Yo le enseñaré los principios, pero será usted quien deba aplicarlos. Si decide aportar el esfuerzo, le prometo recompensas que lo justificarán con creces.

LA ESTRUCTURA DE ESTE LIBRO

Para ayudarle a aprender rápidamente estos potentes principios, he organizado este libro en seis secciones. La Sección I, "Los Fundamentos del Éxito," consta de veinticinco capítulos que contienen las bases absolutas que hay que aplicar para ir de dónde está a donde quiere llegar. Comenzará explorando la necesidad absoluta de aceptar el 100 por ciento de la responsabilidad por su vida y sus resultados. De ahí en adelante, aprenderá cómo tener una idea clara del propósito de su vida, su visión y lo que realmente desea. Después analizaremos cómo crear una fe inquebrantable en usted mismo y en sus sueños. Luego le ayudaré a convertir su visión en un conjunto de metas concretas y en un plan de acción para alcanzarlas. Le enseñaré, inclusive, cómo puede aprovechar el poder increíble de las afirmaciones y la visualización, uno de los secretos del éxito de todos los atletas Olímpicos, los altos ejecutivos, los líderes mundiales y otras personas.

Los siguientes capítulos se relacionan con la forma de dar esos primeros pasos esenciales y a veces atemorizantes, hacia la acción que se requiere para hacer que sus sueños se conviertan en realidad. Aprenderá a pedir lo que quiere, a rechazar el rechazo, a solicitar retroalimentación y a responder a ella al igual que a perseverar ante los obstáculos que, a veces, pueden parecer insalvables.

La Sección II, "Transfórmese para el Éxito," se refiere al importante e indispensable trabajo interno que le ayudará a eliminar cualquier bloqueo mental y emocional que le pueda impedir alcanzar el éxito. No basta *saber* lo que se debe hacer. Hay muchos libros que le indican eso. Es necesario entender la importancia de aprender la metodología para eliminar las convicciones, los miedos y los hábitos derrotistas que le impiden avanzar. Como si quisiera conducir su automóvil sin soltar el freno, estos bloqueos pueden retardar significativamente su progreso. Debe aprender a quitar el freno porque, de lo contrario, siempre experimentará la vida como una lucha y no logrará cumplir las metas que se ha propuesto. ¿Qué aprenderá en la Sección II? Aprenderá cómo rodearse de personas exitosas y cómo reconocer el pasado positivo y librarse del pasado negativo, cómo afrontar lo que no funciona en su vida, cómo aceptar el cambio, cómo comprometerse a un aprendizaje de por vida. Veremos la forma de limpiar y organizar cualquier desorden físico y emocional que usted tenga y cómo completar todo lo que esté "incompleto" en su vida y le esté robando energía valiosa que podría utilizar para alcanzar sus metas. También le enseñaré cómo trasformar su crítico interno en un director interior y cómo desarrollar valiosos hábitos de éxito que cambiarán para siempre su forma de vivir.

La Sección III, "Conforme su Equipo de Éxito," revela cómo y por qué se deben conformar distintos tipos de equipos de éxito para poder dedicar tiempo a centrarse exclusivamente en su genio interior. También aprenderá cómo redefinir el tiempo, cómo encontrar un director personal y cómo tener acceso a su propia sabiduría interna, un recurso inexplorado pero que muchos poseen en abundancia.

En la Sección IV, "Cree Relaciones Exitosas," le enseñaré varios principios y algunas técnicas muy prácticas para establecer y mantener relaciones exitosas. En esta época de alianzas estratégicas y redes de poder, es literalmente imposible construir un éxito duradero a gran escala sin la habilidad para establecer relaciones mundialmente.

Por último, debido a que tantos equiparan el éxito con el dinero y debido a que el dinero es vital para nuestra supervivencia y nuestra calidad de vida, en la Sección V, "El Éxito y el Dinero," le enseñaré cómo desarrollar una conciencia más positiva sobre el dinero, cómo asegurarse de que dispondrá del dinero suficiente para llevar el estilo de vida que desea tanto ahora como durante sus años de jubilación y la importancia de dar y servir para garantizar su éxito financiero.

La Sección IV, "El Éxito Empieza Ya," consta de dos capítulos cortos sobre la importancia de empezar de inmediato y facultar a otros en el proceso. La lectura de estos capítulos lo llevará a iniciar sin demora el proceso de forjarse la vida que siempre ha soñado pero que hasta ahora no sabía muy bien cómo crear.

CÓMO LEER ESTE LIBRO

No crea nada. No importa dónde lo lea o quién lo diga, incluso si lo he dicho yo,
a menos que concuerde con su propio juicio y su sentido común.

BUDA

Cada persona tiene una forma distinta de aprender, y probablemente sepa cuál es la mejor para usted. Aunque hay muchas formas de leer este libro, quisiera hacerle algunas sugerencias que pueden resultarle útiles.

Es posible que quiera leer este libro de principio a fin una vez para tener una idea global del proceso antes de empezar a trabajar en la creación de la vida que realmente desea. Los Principios se presentan en un orden que hace que cada uno se base en el anterior. Son como los números de la clave de una caja fuerte, hay que conocerlos todos, y hay que introducirlos en el orden correcto. No importa cuál sea su color, raza, género o edad. Si conoce la combinación completa, la caja fuerte deberá abrirse para usted.

A medida que lee, le recomiendo que subraye y resalte todo aquello que le parezca importante. Haga anotaciones al margen sobre las cosas que pondrá en práctica. Luego repase una y otra vez esas anotaciones y segmentos resaltados. La repetición es la clave de un verdadero aprendizaje. Cada vez que vuelva a leer parte de este libro, literalmente estará "repasando" en su mente todo lo que tiene que hacer para ir de dónde está a dónde quiere llegar. Descubrirá que es necesaria la exposición repetida a una nueva idea antes de que se convierta en parte natural de su forma de pensar y de ser.

También puede descubrir que ya conoce algunos de los principios que aquí se presentan. ¡Estupendo! Pero pregúntese: *¿Los estoy practicando?* De no ser así, haga el firme propósito de ponerlos en práctica, ¡desde ya! Recuerde que los principios sólo dan resultado si los practica.

La segunda vez que lea este libro querrá leer capítulo por capítulo y después tomarse todo el tiempo necesario para ponerlos en práctica. Si ya practica algunas de estas cosas, sígalo haciendo. Si no, empiece ya.

Como muchos de los estudiantes y clientes que he tenido, es posible que también usted se dé cuenta de que opone cierta resistencia a dar algunos de los pasos que aquí se sugieren. Sin embargo, la experiencia me ha demostrado que aquellos a los que más se resiste son los que más necesita. Recuerde que, leer este libro no es lo mismo que hacer el trabajo que le corresponde, como tampoco sirve leer un libro sobre una dieta para perder peso si no se reduce el consumo de calorías y se hace más ejercicio.

Tal vez le sea útil asociarse con una o dos personas que quieran compartir la experiencia y garantizar así que cada uno practique lo que aprende. Sólo se da el verdadero aprendizaje cuando se asimila y aplica la nueva información, cuando se produce *un cambio de comportamiento*.

UNA ADVERTENCIA

Claro está que cualquier cambio requiere un esfuerzo constante para superar años de resistencia tanto interna como externa. Es posible que al comienzo esté muy entusiasmado con toda esta nueva información. Puede que experimente una novedosa sensación de esperanza y entusiasmo por la nueva visión de lo que puede llegar a ser su vida. Eso es bueno. Pero debo advertirle que también puede empezar a experimentar otros sentimientos. Podrá sentirse frustrado por no haber conocido estos conceptos antes, podrá sentirse disgustado con sus padres y maestros por no haberle enseñado estos importantes conceptos en su hogar y en la escuela, o podrá culparse por conocer ya muchas de estas cosas y no haberlas aplicado.

Respire profundo y acepte que todo esto es parte del proceso del viaje que acaba de emprender. Todo lo que ha ocurrido en su pasado ha sido perfecto. Todo su pasado lo ha traído a este momento de trasformación en el tiempo. Todos—también usted—han hecho siempre lo mejor que han podido con los conocimientos que poseían en un determinado momento. Ahora, está a punto de saber más. ¡Celebre su nueva conciencia! Está a punto de darle su libertad.

Tal vez haya también momentos en los que se pregunte: *¿Por qué no obtengo resultados más rápidos? ¿Por qué no he logrado aún mi meta? ¿Por qué no me he hecho rico todavía? ¿Por qué no he encontrado el hombre (o la mujer) de mis sueños? ¿Cuándo voy a lograr mi peso ideal?* El éxito requiere tiempo, esfuerzo, perseverancia y paciencia. Si pone en práctica los principios y técnicas que se presentan en este libro, *logrará* sus metas. Alcanzará sus sueños. Pero esto no ocurrirá de la noche a la mañana.

Es lógico que en el proceso de alcanzar cualquier meta surjan obstáculos;

que por momentos, parezca que no se avanza, como si uno se hubiera quedado estancado. Esto es normal. Cualquiera que haya tocado un instrumento musical, que haya participado en un deporte o que haya practicado artes marciales sabe que se pasa por esos momentos en los que parece que no se avanza en absoluto. Es ahí donde los no iniciados suelen abandonar el esfuerzo, darse por vencidos o dedicarse a otro instrumento u otro deporte. Sin embargo, los sabios han descubierto que si siguen practicando su instrumento, su deporte o su arte marcial (o, en su caso, los principios del éxito de los que trata este libro), eventualmente tendrán lo que se experimenta como un gran salto a un mayor nivel de dominio. Hay que ser pacientes. No cejar en el esfuerzo. No darse por vencido. *Progresará.* Los principios *siempre* funcionan.

Está bien, es hora de empezar.

Es hora de empezar a vivir la vida que ha imaginado.

HENRY JAMES

Escritor norteamericano, autor de veinte novelas, 112 cuentos y doce obras de teatro

PRIMERA PARTE

Los Fundamentos del Éxito

*Aprenda las bases del juego
y cíñase a ellas. Las curas con venditas
adhesivas no perduran.*

JACK NICKLAUS
Legendario golfista profesional

1

SEA 100 POR CIENTO RESPONSABLE DE SU VIDA

Debe ser responsable de sí mismo.
No puede cambiar las circunstancias, las estaciones ni el viento,
pero sí puede lograr cambios en usted.

JIM ROHN
El más importante filósofo empresarial de los Estados Unidos

Uno de los mitos más persistentes de la cultura norteamericana de hoy es que tenemos *derecho* a una vida excelente que, de alguna forma, en algún lugar, alguien (sin duda no nosotros) tiene la responsabilidad de llenar nuestras vidas de infinita felicidad, proporcionarnos fascinantes opciones profesionales, una familia cariñosa y unas beatíficas relaciones personales por el simple hecho de existir.

Pero lo que es realmente cierto—y la única lección en la que se basa todo este libro—es que hay sólo una persona responsable de la calidad de vida que usted lleva.

Esa persona es *usted.*

Si quiere tener éxito, tiene que hacerse 100 por ciento responsable de todo lo que experimente en su vida. Esto incluye el nivel de sus logros, los resultados que obtiene, la calidad de sus relaciones, su estado de salud y su estado físico, sus ingresos, sus deudas, sus sentimientos, ¡todo!

No es fácil.

De hecho, la mayoría está condicionada a culpar a algún factor externo a nosotros mismos, por esos aspectos de la vida que no nos agradan. Culpamos a nuestros padres, a nuestros jefes, a nuestros amigos, a los medios, a nuestros compañeros de trabajo, a nuestros clientes, a nuestro cónyuge, al clima, a la economía, a nuestra carta astral, a nuestra falta de dinero, a cualquiera o a cualquier cosa que podamos culpar. Nunca estamos dispuestos a reconocer dónde se encuentra el verdadero problema, en nosotros mismos.

Hay una maravillosa historia acerca de un hombre que va caminando una noche y encuentra a otro hombre de rodillas que busca algo a la luz de un farol. El transeúnte le pregunta qué busca y él le contesta que está buscando una llave que perdió. El transeúnte se ofrece a ayudar y se agacha para colaborar en la búsqueda. Después de una hora de búsqueda infructuosa dice: "Hemos buscado por todas partes y no aparece. ¿Está seguro de que la perdió aquí?"

El otro le respondió, "No, la perdí en mi casa, pero aquí, bajo este farol, hay más luz."

Es hora de que dejemos de buscar fuera de nosotros mismos las respuestas de por qué no hemos logrado en la vida los resultados que deseábamos, porque es uno mismo quien crea la calidad de vida que lleva y los resultados que produce.

Es uno, ¡nadie más!

Para alcanzar el mayor éxito en la vida—para lograr todo aquello que es importante para usted—debe asumir el 100 por ciento de la responsabilidad por su vida. Ningún porcentaje menor servirá.

CIEN POR CIENTO DE RESPONSABILIDAD POR TODO

Como ya lo dije en la introducción, en 1969—apenas un año después de haber terminado mis estudios de postgrado—tuve la suerte de entrar a trabajar para W. Clement Stone, un multimillonario autodidacta que contaba en ese entonces con un patrimonio de $600 millones y esto mucho antes de que surgieran todos los millonarios punto-com de los años 90. El Sr. Stone era también el primer gurú del éxito de Norteamérica. Era el editor de *Success Magazine,* autor de *The Success System That Never Fails* (El Sistema del Éxito que Nunca Falla) y coautor, con Napoleon Hill, de *Success Through a Positive Mental Attitude* (El Éxito a Través de una Actitud Mental Positiva).

Cuando estaba terminando mi primera semana de entrenamiento, el Sr. Stone me preguntó si yo asumía el 100 por ciento de responsabilidad por mi vida.

"Eso creo," le respondí.

"Esta es una pregunta que exige un sí o un no como respuesta, jovencito. O lo hace o no lo hace."

"Bueno, no estoy seguro."

"¿Alguna vez ha culpado a alguien por cualquier circunstancia en su vida? ¿Se ha quejado alguna vez por algo?"

"Umm...sí...supongo que sí."

"No suponga. Piense."

"Sí, sí lo he hecho."

"Muy bien, entonces, eso significa que no se responsabiliza el 100 por ciento por su vida. Responsabilizarse el 100 por ciento significa reconocer que es el promotor de todo lo que le ocurra. Significa que entiende que usted es la causa de todas sus experiencias. Si realmente quiere tener éxito, y sé que quiere, tendrá que dejar de culpar, de quejarse, tendrá que aceptar la responsabilidad total por su vida, eso significa todas las consecuencias, tanto sus éxitos *como* sus fracasos. Ese es un requisito primordial para crear una vida de éxito. Sólo al reconocer que usted ha sido el responsable de todo lo que le ha ocurrido hasta el momento, podrá hacerse cargo de crear el futuro que desea.

"Verá, Jack, si acepta que es usted el responsable de las situaciones en las que ahora se encuentra, entonces podrá deshacerlas y recrearlas a voluntad. ¿Entiende eso?"

"Sí, señor, lo entiendo."

"¿Está dispuesto a aceptar el 100 por ciento de la responsabilidad por su vida?"

"Sí, señor, ¡lo estoy!"

Y lo hice.

DEBE RENUNCIAR A TODAS SUS EXCUSAS

El 99 por ciento de los fracasos proviene de personas que tienen el hábito de inventar excusas.

GEORGE WASHINGTON CARVER
Químico que descubrió más de 325 usos para el maní

Si *usted* desea crear la vida de sus sueños, va a tener que aceptar también el 100 por ciento de la responsabilidad por su vida. Esto significa renunciar a todas sus excusas, a todas sus historias de víctima, a todas las razones de por qué no puede y por qué hasta el momento no ha logrado y todas las circunstancias externas a las que usted atribuye esa culpa. Tiene que renunciar a ellas para siempre.

Tiene que adoptar la posición de que siempre ha tenido el poder de cambiar las cosas, de poder lograrlo, de producir los resultados deseados. Por cualquier razón—ignorancia, falta de conciencia, temor, necesidad de estar en lo cierto, necesidad de sentirse seguro—usted ha decidido no ejercer ese poder. ¿Quién sabe por qué? No importa. Lo pasado, pasado. Todo lo que importa ahora es que, de aquí en adelante, es usted quien elige—correcto, se trata de una elección—usted elige actuar como si (eso es todo lo que se requiere, actuar) usted tuviese el 100 por ciento de responsabilidad por todo lo que le ocurra o le deje de ocurrir.

Si algo no sale como lo planeó, se preguntará, "¿Cómo lo hice? ¿En qué estaba pensando? ¿Cuáles eran mis convicciones? ¿Qué dije o qué dejé de decir? ¿Qué hice o qué dejé de hacer para obtener ese resultado? ¿Por qué hice que la otra persona actuara así? ¿Qué debo hacer distinto la próxima vez para lograr el resultado que quiero?"

Unos años después de haber conocido al Sr. Stone, el Dr. Robert Resnick, un psicoterapeuta de Los Angeles, me enseñó una fórmula muy sencilla, pero muy importante, que me aclaró aún más el concepto del 100 por ciento de responsabilidad. La fórmula es:

$$E + R = D$$
$$\text{(Evento + Respuesta = Desenlace)}$$

La idea básica es que todo desenlace que experimente en la vida (ya sea éxito o fracaso, riqueza o pobreza, salud o enfermedad, intimidad o alejamiento, gozo o frustración) es el resultado de la forma como ha respondido a uno o varios eventos previos en su vida.

Si no le gustan los resultados que está obteniendo actualmente, hay dos alternativas entre las que puede elegir.

1. **Puede culpar al evento (E) por su falta de resultados (D).** En otras palabras, puede culpar a la economía, al clima, a la falta de dinero, a la falta de educación, al racismo, a las posiciones sesgadas en cuanto al género, a la actitud actual, a la falta de apoyo, al entorno político, al sistema o a la ausencia de sistemas, y así sucesivamente. Si es golfista, culpará hasta a sus palos de golf y al campo en el que ha jugado. Sin duda todos estos son factores reales, pero si fueran *el* factor decisivo, nunca nadie tendría éxito.

   Jackie Robinson nunca habría llegado a jugar béisbol en las ligas mayores, Sidney Poitier y Denzel Washington nunca se habrían convertido en estrellas de cine, Dianne Feinstein y Barbara Boxer nunca habrían sido senadoras de los Estados Unidos, Erin Brockovich nunca habría descubierto la contaminación del agua por la empresa PG&E en Hinkley, California, Bill Gates nunca habría fundado a Microsoft y Steve Jobs nunca habría iniciado Apple Computers. Por cada una de las razones por las que no es posible, hay cientos de personas que han enfrentado las mismas circunstancias y han alcanzado el éxito.

Muchos superan los llamados factores limitantes, por lo que no pueden ser estos factores limitantes los que lo limiten. No se trata de condiciones ni circunstancias externas que le impidan actuar, ¡se trata de usted! ¡Nos frenamos! Pensamos en limitaciones y adoptamos comportamientos de autoderrota. Defendemos nuestros hábitos autodestructivos (como beber y fumar) con lógica indefendible. Ignoramos los consejos útiles, dejamos de educarnos y aprender nuevas habilidades, desperdiciamos el tiempo en los aspectos triviales de la vida, nos entretenemos en cotorreos inútiles, comemos alimentos poco saludables, no practicamos ningún ejercicio, gastamos más dinero del que ganamos, no invertimos en nuestro futuro, evitamos conflictos necesarios, nos abstenemos de decir la verdad, no pedimos lo que queremos, y luego nos preguntamos por qué nuestras vidas no funcionan. Pero esto es, a propósito, lo que la mayoría de las personas hace. Tienden a culpar a las circunstancias y a los factores externos por todo lo que no sale como desean. Tienen excusas para todo.

2. **En cambio, uno puede cambiar sus respuestas (R) a los eventos (E), a como son las cosas, hasta obtener los desenlaces (D) que uno desea.** Se puede cambiar de forma de pensar, se puede cambiar la forma de comunicarse, se pueden cambiar las imágenes mentales (la auto imagen y la imagen del mundo) y se puede cambiar el comportamiento, las cosas que se hacen. Esas son las cosas sobre las que usted tiene control. Desafortunadamente, la mayoría nos dejamos llevar hasta tal punto por los hábitos que nunca cambiamos de comportamiento. Nos quedamos estancados con nuestras respuestas condicionadas a nuestros cónyuges y nuestros hijos, a nuestros colegas en el trabajo, a nuestros clientes, a nuestros estudiantes y al mundo en general. Somos una colección de reflejos condicionados que operamos sin control. Hay que retomar el control de los pensamientos, las imágenes mentales, los sueños y nuestro comportamiento. Todo lo que pensamos, decimos y hacemos tiene que ser intencional y estar acorde con nuestros propósitos, valores y metas.

SI NO LE GUSTAN SUS RESULTADOS, CAMBIE SUS RESPUESTAS

Veamos algunos ejemplos de cómo funciona esto.

¿Recuerda el terremoto de Northridge en 1994? ¡Yo sí! Lo viví en Los Angeles. Dos días después, vi cómo el noticiero CNN entrevistaba a las per-

"¿Qué fabricamos donde trabajo?
Más que todo, fabricamos excusas."

sonas que iban al trabajo. El terremoto había dañado una de las principales carreteras que lleva a la ciudad. El tráfico estaba estancado y lo que normalmente tomaba una hora se había convertido en un viaje de dos o tres horas.

El reportero de CNN golpeó en la ventanilla de uno de los automóviles estancados en el tráfico y el preguntó al conductor cómo le iba.

Éste respondió enfurecido, "¡Odio a California, primero los incendios, luego las inundaciones y ahora el terremoto! No importa a qué hora salga de mi casa en la mañana, siempre llegaré tarde al trabajo, ¡es increíble!"

A continuación, el reportero golpeó en la ventanilla del siguiente carro e hizo la misma pregunta al segundo conductor. Este conductor se deshizo en sonrisas. Respondió, "No hay problema. Salí de la casa a las cinco de la mañana. No pienso que, en estas circunstancias, mi jefe pueda pedirme más. Tengo muchos casetes de música y mis cintas para aprender español. Tengo mi celular. Tengo café en un termo, tengo mi almuerzo y tengo un libro para leer. Estoy muy bien."

Si el terremoto o el tráfico fueran realmente las variables determinantes, todos tendrían que estar disgustados. Pero no todos lo estaban. Era su *respuesta* individual al tráfico lo que les daba el *desenlace* específico. Era el tener pensamiento negativos o positivos, el salir de casa preparados o no preparados, lo que determinaba la diferencia. Era cuestión de actitud y comportamiento lo que hacía que sus experiencias fueran totalmente distintas.

HE OÍDO QUE VA A HABER UNA RECESIÓN; HE DECIDIDO NO PARTICIPAR EN ELLA

Un amigo tiene una agencia distribuidora de Lexus en el sur de California. Cuando estalló la Guerra del Golfo, la gente dejó de comprar Lexuses (o Lexi, para cualquier graduado de Harvard o cualquier estudiante de latín que haya por ahí). Sabía que si no cambiaba su respuesta (R) al evento (E) y nadie entraba a la agencia, poco a poco el negocio iba a quebrar. Su respuesta normal (R) hubiera sido seguir publicando avisos en los periódicos y en la radio y luego esperar que llegaran los clientes a la agencia. Pero eso no daba resultado. Su desenlace (D) era una constante reducción en las ventas. Ensayaron entonces varias estrategias nuevas. Una que dio resultado fue sacar una flotilla de automóviles nuevos hacia donde había gente adinerada—los clubes campestres, las marinas, los campos de polo, las fiestas en Beverly Hills y Westlake Village—e invitarlos a dar un paseo en un Lexus nuevo.

Piénselo... ¿alguna vez ha conducido un automóvil nuevo para estrenarlo y luego ha vuelto a conducir su automóvil viejo? ¿Recuerda la sensación de insatisfacción al comparar el automóvil viejo con el nuevo que acababa de conducir? Su automóvil viejo le parecía muy bueno hasta ese momento. Pero de pronto se dio cuenta de que había algo mejor, y lo deseaba. Lo mismo les ocurre a estas personas después de estrenar un nuevo auto, un alto porcentaje de ellas compraron o arrendaron un nuevo Lexus.

La agencia había cambiado su respuesta (R) a un evento inesperado (E)—la guerra—para lograr el desenlace (D) que deseaba... incrementar las ventas. En realidad el resultado fue que vendieron más autos por semana que antes de que estallara la guerra.

TODO LO QUE EXPERIMENTA HOY ES EL RESULTADO DE LAS ALTERNATIVAS POR LAS QUE HA OPTADO EN EL PASADO

Todo lo que experimenta en la vida—tanto interna como externamente—es el resultado de la forma como ha respondido a un evento previo.

Evento:	Recibe una bonificación de $400.
Respuesta:	Lo gasta todo en una noche de fiesta en la ciudad.
Resultado:	**Queda en la quiebra.**

Evento: Recibe una bonificación de $400.
Respuesta: Lo invierte en su fondo mutuo.
Resultado: Aumentó su patrimonio.

Sólo tiene control sobre tres cosas en su vida: sus pensamientos, sus imágenes mentales y las acciones que realiza (su comportamiento). La forma como utilice estas tres cosas determinará todo lo que experimente. Si no le gusta lo que está produciendo y experimentando, tiene que cambiar su respuesta. Cambiar sus pensamientos negativos por otros positivos. Cambiar sus sueños sobre las cosas que podrían ser. Cambiar sus hábitos. Cambiar sus lecturas. Cambiar sus amigos. Cambiar su forma de hablar.

SI SIGUE HACIENDO LO QUE SIEMPRE HA HECHO SEGUIRÁ OBTENIENDO LO QUE SIEMPRE HA OBTENIDO

Los programas de doce pasos, como el de Alcohólicos Anónimos, definen la insensatez como "el continuar con el mismo comportamiento y esperar un resultado diferente." ¡Eso no va a suceder! Si es alcohólico y sigue bebiendo, su vida no va a mejorar. De igual forma, si continua con sus comportamiento actuales, su vida tampoco mejorará.

¡El día que cambie sus respuestas será el día en el que su vida comenzará a mejorar! Si lo que hace actualmente produjera la "abundancia" y "mejoría" que busca en su vida, ¡esa abundancia y esa mejoría ya se hubieran manifestado! Si busca algo distinto, ¡tendrá que *hacer* algo distinto!

DEBE DEJAR DE CULPAR

*Culpar es siempre una pérdida de tiempo. Sin importar cuántas fallas encuentre
en el otro, por más que lo culpe, eso no lo cambiará a usted.*

WAYNE DYER
Coautor de *How to Get What You Really, Really, Really Want*
(Cómo Lograr lo que De Veras, De Veras, De Veras Desea)

Nunca alcanzará el éxito mientras siga culpando a otro o a algo por su falta de éxito. Si ha de ser un ganador, debe reconocer la verdad, fue *usted* quien actuó, pensó, dio origen a los sentimientos y eligió las alternativas que lo han traído adonde está. ¡Fue usted!

Fue usted quien consumió la comida poco saludable.
Fue usted quien ¡no dijo que no!
Fue usted quien aceptó el trabajo.
Fue usted quien se quedó en ese trabajo.
Fue usted quien decidió creer en ellos.
Fue usted quien ignoró su premonición.
Fue usted quien abandonó su sueño.
Fue usted quien lo compró.
Fue usted quien no lo cuidó.
Fue usted quien decidió que debía hacerlo sin ayuda.
Fue usted quien confió en él.
Fue usted quien dijo que sí a tener perros.

En pocas palabras, los pensamientos y los sentimientos fueron suyos, las decisiones fueron suyas, las palabras fueron suyas y por eso está donde está.

DEBE DEJAR DE QUEJARSE

El hombre que se queja de la forma como rebota el balón
es probablemente quien lo dejó caer.

LOU HOLTZ
El único entrenador en la historia de la NCAA que llevó a seis
equipos universitarios distintos a los juegos de postemporada,
ganó un campeonato nacional y recibió honores como "Entrenador del Año"

Consideremos por un momento la queja. Para quejarse de algo o de alguien, debe pensar que hay algo mejor. Hay que tener un punto de referencia de algo que se prefiere y que uno no está dispuesto a asumir la responsabilidad de crear. Consideremos este concepto en mayor detalle.

Si no creyera que hay algo que es posible y mejor—más dinero, una casa más grande, un trabajo más satisfactorio, más diversión, una(un) cónyuge más cariñosa(o)– no podría quejarse. Tiene entonces esa imagen de algo mejor que sabe que preferiría pero no está dispuesto a asumir los riesgos de crear.

Piénselo... uno sólo se queja de lo que, de alguna forma, puede remediar. No nos quejamos de cosas sobre las que no tenemos ningún poder. ¿Alguna vez ha oído a alguien quejarse de la fuerza de gravedad? No, nunca. ¿Ha visto alguna vez a una persona mayor, encorvada por los años, caminando por la calle y quejándose de la fuerza de gravedad? Claro que no.

Pero, ¿por qué no?, si no fuera por la fuerza de gravedad nadie caería por la escalera, los aviones no caerían del cielo, no romperíamos los platos. Pero nadie se queja de ella. Esto se debe a que la fuerza de gravedad es algo que sólo existe. Nadie puede hacer nada acerca de la fuerza de gravedad, por lo que se acepta. De hecho, quejarse de ella no la va a cambiar, por lo tanto no lo hacemos. De hecho, porque es algo que simplemente existe, la aprovechamos. Construimos acueductos monte abajo para llevar el agua hasta donde la necesitamos, y usamos drenajes para deshacernos de nuestros desechos.

Aún más interesante, decidimos jugar con la gravedad, divertirnos con ella. Casi todos los deportes que practicamos utilizan la fuerza de gravedad. Hacemos esquí, nos lanzamos desde un avión en caída libre, practicamos salto alto, lanzamiento de disco y jabalina y jugamos básquetbol, béisbol y golf, todos estos deportes requieren la fuerza de gravedad.

Las circunstancias de las que uno se queja son, por su misma naturaleza, situaciones que podemos cambiar, pero que hemos decidido no hacerlo. Podemos conseguir un mejor trabajo, encontrar una pareja más amorosa, ganar más dinero, vivir en una casa más bonita, en un vecindario mejor y consumir alimentos más sanos. Pero todo eso requiere que se produzca un cambio en nosotros.

Si repasa la lista que se incluye al comienzo de este capítulo, podría:

Aprender a preparar alimentos más sanos.
Decir que no a la presión de grupo.
Renunciar y buscar un trabajo mejor.
Tomarse el tiempo para hacer las cosas con la debida diligencia.
Confiar en sus premoniciones.
Volver a estudiar para alcanzar su sueño.
Cuidar mejor de sus posesiones.
Pedir ayuda.
Pedir a otros que colaboren.
Tomar un curso de desarrollo personal.
Vender o regalar los perros.

Pero ¿por qué no hace todo eso? Porque hay un riesgo. Corre el riesgo de quedarse sin empleo, de quedarse solo o de exponerse a las burlas y ser juzgado por los demás. Corre el riesgo de fracasar, de tener una confrontación o de equivocarse. Corre el riesgo de enfrentarse a la desaprobación de su madre, sus vecinos o su cónyuge. El cambio puede requerir esfuerzo, dinero y tiempo. Puede ser molesto, difícil o confuso. Entonces, para evitar el riesgo de experimentar todas esas sensaciones o experiencias incómodas, se queda donde está y se queja de estar ahí.

Quejarse significa que se tiene un punto de referencia de algo mejor que se preferiría pero que no se está dispuesto a correr el riesgo de crear. Acepte que está eligiendo quedarse donde está, asuma la responsabilidad de su elección y deje de quejarse o corra el riesgo de crear su vida exactamente como la desea.

Si quiere ir de donde está adonde quiere llegar, es evidente que tendrá que correr el riesgo.

Tome entonces la decisión y deje de quejarse o deje de perder tiempo con las personas que se quejan y siga creando la vida de sus sueños.

SE ESTÁ QUEJANDO A LA PERSONA EQUIVOCADA

¿Se ha dado cuenta que casi siempre la gente se queja a la persona equivocada, a alguien que no puede hacer nada acerca de su queja? Van al trabajo y se quejan de su cónyuge; vuelven a casa y se quejan a la esposa de las personas con las que tratan en el trabajo. ¿Por qué? Porque es más fácil; implica menos riesgo. Se necesita valor para decirle al cónyuge que uno no está contento con la forma como se están dando las cosas en el hogar. Se necesita valor para pedir un cambio de comportamiento. También requiere valor pedirle al jefe que mejore los planes de trabajo para no tener que trabajar todos los fines de semana. Pero eso sólo lo puede solucionar su jefe. Su esposa nada puede hacer al respecto.

Aprenda a reemplazar las quejas por solicitudes y por la adopción de medidas que logren los resultados que desea. Esa es la actitud de quienes logran el éxito. Eso es lo que da resultado. Si se encuentra en una situación que no le gusta, esfuércese por mejorarla o abandónela. Haga algo para cambiarla o váyase de ahí. Acepte mejorar la relación u obtenga el divorcio. Esfuércese por mejorar sus condiciones de trabajo o busque otro empleo. En cualquiera de los dos casos, logrará un cambio. Como dice el viejo refrán, "No se quede de brazos cruzados (quejándose), haga algo al respecto." Recuerde que de usted depende que se produzca el cambio, que se haga algo de forma diferente. El mundo no le debe nada. Es usted quien tiene que crear el cambio.

ES USTED QUIEN CREA O PERMITE TODO LO QUE LE SUCEDE

Para tener poder debe adoptar una posición en la que usted cree o permita todo lo que le ocurra. Por *crear,* quiero decir que es directamente usted quien hace que algo ocurra como consecuencia de lo que haga o deje de hacer. Si estando en un bar se acerca a un hombre más grande que usted que, evidentemente, ha estado tomando por mucho tiempo y le dice, "Es usted repulsivo y estúpido," y él se baja de su asiento y lo golpea en la mandíbula y usted va a parar al hospital, fue usted quien creó esa situación. Ese es un ejemplo fácil de entender.

Este otro puede ser más difícil de aceptar: Trabaja hasta altas horas de la noche día tras día. Llega a casa cansado y agotado. Come su cena en estado de coma y luego se sienta frente al televisor a ver un juego de básquetbol. Está demasiado cansado y tenso para hacer cualquier otra cosa, como salir a caminar o jugar con los niños. Esto se repite año tras año. Su esposa le pide que hable con ella. Usted responde, "¡después!" Tres años más tarde, llega a un hogar vacío y se da cuenta que ella se ha ido y se ha llevado a los niños. ¡Esa situación también la creó usted!

En otras ocasiones simplemente permitimos que las cosas nos sucedan porque nos abstenemos de actuar, porque no estamos dispuestos a hacer lo que se requiere para crear o mantener lo que deseamos:

- No cumplió su amenaza de retirar algunos privilegios si los niños no aprendían a arreglar lo que desordenaban y ahora la casa parece un campo de batalla.

- No exigió que su marido fuera con usted a visitar a un asesor matrimonial o se fuera de la casa la primera vez que la golpeó y la sigue golpeando.

- Nunca asistió a un seminario de ventas y motivación personal porque estaba demasiado ocupado y ahora el nuevo vendedor joven obtuvo el premio por mayor número de ventas.

- No se tomó el tiempo de llevar a los perros a la escuela de entrenamiento y ahora están fuera de control.

- No se tomó el tiempo de darle mantenimiento al automóvil y ahora está varado en la mitad de la vía.

- No volvió a estudiar para mantenerse actualizado y ahora no lo tienen en cuenta para un ascenso.

Debe aceptar que, en estos casos, usted no es la víctima. No hizo nada y dejó que las cosas pasaran. No dijo nada, no exigió nada, no pidió nada, no dijo que no, no intentó algo nuevo ni se fue.

ALERTAS AMARILLAS

Debe admitir que las cosas no "le suceden" porque sí. Tal como ocurría con las "alertas amarillas" en la antigua serie de televisión *Viaje a las Estrellas,* casi siempre se tienen advertencias previas—como indicios, comentarios de otras personas, premoniciones o intuiciones—que nos advierten de algún peligro inminente y nos dan tiempo de evitar un resultado no deseado.

Todo el tiempo estamos recibiendo alertas amarillas. Son alertas amarillas *externas:*

Mi marido siempre llega tarde a casa con olor a alcohol.
El primer cheque del cliente rebotó.
Le gritó a su secretaria.
Su madre me lo advirtió.
Mis amigos me lo dijeron.

Y hay también alertas amarillas *internas:*

Esa sensación de vacío en el estómago.
Esa sospecha.

Esa idea que me pasó por la mente de que tal vez...
Esa intuición.
Ese temor que sentí.
El sueño que me despertó a mitad de la noche.

Tenemos todo un lenguaje que nos informa:

Pistas, premoniciones, sospechas.
La mano invisible que escribe en la pared.
Tuve la sensación de que...
Lo reía a la legua.
Algo en mi interior me lo dijo.

Estas alertas nos dan tiempo de cambiar la respuesta (R) en la ecuación $E + R = D$. Sin embargo, muchos ignoran las alertas amarillas porque tenerlas en cuenta les exigiría hacer algo que les resulta incómodo. Resulta incómodo enfrentarse al cónyuge para hablar de los cigarrillos con lápiz labial en el cenicero. Resulta incómodo hablar en una reunión de personal para decir que uno es el único que cree que el plan propuesto no dará resultado. Resulta incómodo decirle a alguien que no se le tiene confianza.

Entonces, pretendemos no ver, no saber, porque es más fácil, más conveniente y menos molesto, evita la confrontación, mantiene la paz y nos evita tener que correr riesgos.

LA VIDA SE HACE MUCHO MÁS FÁCIL

Por otra parte, quienes alcanzan el éxito enfrentan directamente los hechos. Hacen lo que resulta incómodo y adoptan las medidas necesarias para crear los resultados que desean. Quienes alcanzan el éxito no esperan a que ocurra el desastre para luego culpar a algo o a alguien por sus problemas.

Una vez que uno empieza a reaccionar con rapidez y decisión a las señales y eventos a medida que se producen, la vida se hace mucho más fácil. Se comienzan a ver mejores resultados tanto a nivel interno como externo. El viejo diálogo interior de "me siento como una víctima; siento que me están utilizando; nada me sale bien" cambia por "me siento muy bien; tengo el control; puedo hacer que las cosas sucedan."

Los resultados externos como: "Nadie compra en nuestro almacén, no cumplimos nuestras metas trimestrales, los clientes se quejan de que nuestro nuevo producto no funciona" cambian por "Tenemos más dinero en el banco, soy el primero en ventas en mi división, nuestro producto se agota tan pronto como lo colocamos en los estantes."

ES SENCILLO

La realidad es que uno es quien se crea su vida. La vida que lleva actualmente es el resultado de sus pensamientos y acciones del pasado. Usted está en control de lo que piensa y siente. Tiene el control de lo que dice y hace, tiene el control de lo que le viene a la mente, de los libros y revistas que lee, de las películas y los programas de televisión que ve, de las personas que frecuenta. Tiene el control de cada uno de sus actos. Para tener más éxito, todo lo que hay que hacer es actuar de forma que produzca más de lo que desea.

Así es. ¡Así de sencillo!

SENCILLO NO QUIERE DECIR
NECESARIAMENTE FÁCIL

Aunque este principio es sencillo no es necesariamente fácil de poner en práctica. Exige una conciencia concreta del problema, una disciplina constante y disponibilidad para experimentar y correr riesgos. Hay que estar dispuesto a prestar atención a lo que se hace y a los resultados que se obtienen. Hay que preguntarse y pedir retroalimentación a la familia, a los amigos, a los colegas, a los directores, a los maestros, a los entrenadores, y a los clientes."¿Da resultado lo que estoy haciendo? ¿Podría hacerlo mejor? ¿Hay algo que no estoy haciendo y que debiera hacer? ¿Hay algo que estoy haciendo y debiera dejar de hacer? ¿Cómo cree que me estoy limitando?"

No tema preguntar. A la mayoría le da miedo pedir retroalimentación sobre la forma como se está desempeñando por miedo a lo que puede escuchar. No hay nada que temer. La verdad es la verdad. Es mejor conocerla que no saberla. Y cuando uno la sabe puede hacer algo al respecto. No podrá mejorar su vida, sus relaciones, su técnica de juego o su desempeño sin retroalimentación.

Tómelo con calma y preste atención. Si está atento, la vida siempre le dará retroalimentación sobre los efectos de su comportamiento. Si la pelota de golf siempre se desvía a la derecha, si no está vendiendo, si sus calificaciones siempre son bajas en la universidad, si sus hijos están disgustados con usted, si se siente físicamente cansado y débil, si su hogar es un desastre, o si no está contento, todo esto es información, que le indica que algo anda mal. Es hora de empezar a prestar atención a lo que sucede.

Pregúntese: *¿Cómo estoy creando esto o permitiendo que ocurra? ¿Qué estoy haciendo bien que deba incrementar? (¿Debo aumentar el tiempo de práctica, el tiempo de meditación, debería delegar más, debería confiar más, debería escuchar mejor, debería* *hacer más preguntas, debería estar más atento a lo que ocurre, debería hacer más publicidad, debería decir "te amo" con más frecuencia, debería controlar mi consumo de carbohidratos?)*

¿Qué estoy haciendo que no funciona? ¿Qué debo dejar de hacer con tanta frecuencia? (¿Hablo demasiado, veo demasiada televisión, gasto demasiado dinero, como demasiada azúcar, bebo demasiado, llego tarde con demasiada frecuencia, critico y hablo mal de los demás?)

¿Qué estoy dejando de hacer que debería ensayar para ver si da resultado? (¿Debo aprender a escuchar, hacer más ejercicio, dormir más, beber más agua, pedir ayuda, hacer más mercadeo, leer, planificar, comunicar, delegar, terminar lo que empiezo, contratar un asesor, ofrecerme como voluntario, o aprender a agradecer más el trabajo de otros?)

Este libro está lleno de técnicas y principios de éxito comprobados que puede empezar a practicar y a vivir de inmediato. Tendrá que dejar de juzgar, dar un gran salto en su fe y ensayarlos, actuar como si fueran ciertos. Sólo entonces podrá tener la experiencia propia de cuán efectivos son para su vida. No lo sabrá a menos que los intente. Y éste es el problema, nadie puede hacerlo por usted. Sólo usted puede hacerlo.

Sin embargo, la fórmula es sencilla, hacer más de lo que da resultado y menos de lo que no resulta y ensayar nuevos comportamientos para ver si producen mejores resultados.

PRESTE ATENCIÓN... SUS RESULTADOS NO MIENTEN

La forma más fácil, más rápida y mejor de saber qué funciona y qué no, es prestar atención a los resultados que está obteniendo. O es rico o no lo es. Inspira respeto o no. Juega bien al golf o no. Se mantiene en el peso ideal o no. Es feliz o no lo es.

Tiene lo que quiere o no lo tiene. Así de simple. ¡Los resultados no mienten! Tiene que abandonar las excusas y las justificaciones y aceptar los resultados que está logrando. Si no cumple sus metas o si está pasado de kilos, ni las mejores razones del mundo podrían cambiar esa situación. Lo único que hará que sus resultados cambien es un cambio en su comportamiento. Elabore más planes prospectivos, tome un curso de capacitación en ventas, cambie su presentación de ventas, cambie su dieta, consuma menos calorías y haga ejercicio con más frecuencia, estas cosas marcarán la diferencia. Pero ante todo, debe estar dispuesto a fijarse en los resultados que está produciendo. El único punto de partida que da resultado es la realidad.

Por lo tanto, comience a prestar atención a lo que pasa. Examine su vida y las personas que interactúan en ella. ¿Están ellas y usted contentos? ¿Hay equilibrio, belleza, comodidad y tranquilidad? ¿Funciona su sistema? ¿Está obteniendo lo que desea? ¿Está aumentando su patrimonio? ¿Son satisfactorias sus calificaciones? ¿Tiene buena salud, buen estado físico y no tiene dolores? ¿Está mejorando en todos los campos de su vida? De no ser así, algo debe hacer y sólo usted puede hacerlo.

No se engañe. Sea descaradamente sincero consigo mismo. Haga su propio inventario.

2

TENGA UNA IDEA MUY CLARA DE POR QUÉ ESTÁ AQUÍ

Aprenda a conectarse con el silencio en su interior y sepa que todo en la vida tiene una razón de ser.

ELISABETH KUBLER-ROSS, M.D.
Psiquiatra y autora del clásico *On Death and Dying*

Estoy convencido de que cada uno nace con un propósito en la vida. Identificar, aceptar y honrar ese propósito es tal vez lo más importante que hacen quienes alcanzan el éxito. Se toman el tiempo de entender lo que deben hacer en este mundo, y luego se dedican a cumplir ese propósito con pasión y entusiasmo.

¿CON QUÉ PROPÓSITO LO TRAJERON A USTED A ESTE MUNDO?

Hace mucho tiempo descubrí para qué me trajeron a este mundo. Pude determinar mi verdadero propósito en la vida, "mi verdadera razón de ser." Descubrí cómo inyectar pasión y determinación en cada actividad que emprendo. Y aprendí cómo el propósito puede dar un sentido de diversión y plenitud a prácticamente todo lo que hago.

Ahora quisiera ayudarle a descubrir ese mismo secreto.

Debe saber que, sin un propósito en la vida, es fácil desviarse del camino que tiene trazado en este mundo. Es fácil perder el rumbo y quedar a la deriva, lograr muy poco.

Pero con un propósito, todo en la vida parece encajar en su lugar. Estar orientado "en ese propósito" significa que está haciendo lo que le encanta hacer, está haciendo lo que sabe hacer y está logrando lo que es importante para usted. Cuando realmente está centrado en su propósito, las personas, los recursos y las oportunidades que requiere gravitan naturalmente hacia usted.

También se beneficia el mundo; porque cuando se actúa de conformidad con nuestro verdadero propósito en la vida, todas nuestras acciones sirven automáticamente a los demás.

ALGUNOS PROPÓSITOS PERSONALES PARA LA VIDA

Mi propósito en la vida es *servir de inspiración y facultar a las personas para que vivan sus más ambiciosos sueños en un contexto de amor y felicidad.* Inspiro a las personas a vivir sus visión más elevada (véase el Principio No. 3, "Decida Qué Es lo que Quiere") recogiendo y difundiendo historias inspiradoras a través de la serie *Chicken Soup for the Soul* (Sopa de Pollo para el Alma) y con mis inspiradoras conferencias magistrales. Faculto a las personas para que puedan vivir sus sueños escribiendo libros prácticos de autoayuda como este, *The Power of Focus* (El Poder de un Enfoque Claro) y *The Aladdin Factor* (El Factor de Aladino), diseñando cursos para estudiantes de bachillerato y organizando seminarios y talleres para adultos donde se enseñan poderosos métodos para crear nuestra vida ideal.

Los siguientes son propósitos de algunos de mis amigos. Es importante anotar que todos se han convertido en millonarios por mérito propio a través del cumplimiento del propósito de sus vidas.

- Inspirar y facultar a las personas para que cumplan su destino [1]
- Elevar la conciencia de la humanidad a través de los negocios [2]
- Servir humildemente al Señor dando un ejemplo amoroso, divertido, poderoso y apasionado de la felicidad absoluta disponible desde el momento en que celebramos los dones de Dios y amemos y sirvamos sinceramente a todas sus criaturas [3]
- Dejar el mundo mejor de lo que lo encontré, para los caballos y también para la gente [4]
- Inspirar a un millón de millonarios para que cada uno done un millón de dólares a su Iglesia o para beneficencia [5]
- Educar y servir de inspiración a las personas para que vivan de acuerdo con el nivel más alto de su ser basados en el valor, el propósito y la felicidad en contraposición al miedo, a la carencia y a la obligación [6]

---

1. Robert Allen, coautor de *The One Minute Millionaire* (Millonario en Un Minuto).
2. D.C. Cordova, cofundador de la Excellerated Business School.
3. Anthony Robbins, autor de *Personal Power* (Poder Personal) y *Get the Edge* (Obtenga la Ventaja), empresario y filántropo.
4. Monty Roberts, autor de *The Man Who Listens to Horses* (El Hombre que Escucha a los Caballos).
5. Mark Victor Hansen, coautor de la Serie *Chicken Soup for the Soul*® (Sopa de Pollo para el Alma).
6. T. Harv Eker, CEO de Peak Potentials y creador del seminario "Mente Millonaria."

*Decida cuál es su propósito principal y definitivo en la vida y luego organice
todas sus actividades con relación a él.*

BRIAN TRACY
Una de las principales autoridades norteamericanas en el desarrollo
del potencial humano y la efectividad personal

Una vez que sepa cuál es su propósito en la vida, podrá organizar sus actividades con relación a él. Todo lo que haga debe ser una expresión de su propósito. Si alguna actividad no corresponde a esa fórmula, no trabajará en ella. Punto.

¿CUÁL ES EL "PORQUÉ" DETRÁS DE TODO LO QUE HACE?

Sin un propósito que le sirva de brújula para guiarse, es posible que, en último término, sus metas y planes de acción no lo satisfagan. No querrá llegar al último peldaño sólo para descubrir que recostó la escalera contra la pared equivocada.

Cuando Julie Laipply era niña, le fascinaban los animales. Como resultado, todo lo que escuchó mientras crecía fue "Julie, deberías ser veterinaria. Serás una excelente veterinaria. Eso es lo que deberías ser." Cuando llegó a la universidad del Estado de Ohio, tomó cursos de biología, anatomía y química y empezó sus estudios de veterinaria. Gracias a una Beca Internacional Rotaria pudo estudiar su año de pregrado en Manchester, Inglaterra. Lejos de su familia y de las presiones de los profesores en su país, se encontró, un aterrador día, sentada ante su escritorio, rodeada de libros de biología con la vista fija en la ventana, y de pronto lo comprendió: *¿Sabes una cosa? Soy la persona más desdichada. ¿Por qué soy tan infeliz? ¿Qué estoy haciendo? ¡No quiero ser veterinaria!*

Entonces, Julie se preguntó: *¿Cuál sería el trabajo que me gustaría tanto que estaría dispuesta a hacerlo gratis pero por el que en realidad pudiera recibir remuneración? No es ser una veterinaria. Ese no es el trabajo que deseo.* Luego volvió a pensar en todas las cosas que había hecho durante su vida y cuales la habían hecho sentir más feliz. Entonces lo comprendió, habían sido las conferencias de liderazgo juvenil que se había ofrecido a dictar como voluntaria en los cursos de comunicación y liderazgo que había tomado como materia selectiva cuando estaba en la universidad del Estado de Ohio. *¿Cómo pude ser tan ignorante? Heme aquí, en mi cuarto año de universidad y hasta ahora me doy cuenta de que voy por*

*el camino equivocado y no estoy haciendo lo que debo hacer. Sin embargo, lo he tenido
frente a mi todo el tiempo sólo que nunca antes me tomé el trabajo de reconocerlo.*

Contenta por este nuevo descubrimiento, Julie pasó el resto de ese año en
Inglaterra tomando cursos de comunicación y desempeño en los medios de
comunicación. Cuando regresó a la universidad, pudo convencer eventualmente a la administración de que le permitiera crear su propio programa de
"Estudios en Liderazgo" y aunque le tomó dos años más graduarse, se convirtió en consultora ejecutiva en capacitación y desarrollo de liderazgo para el
Pentágono. Ganó además el concurso de Miss Virginia lo que le permitió dedicar gran parte del 2002 a dictar charlas a los niños de todo el Estado de Virginia y, más recientemente, ha creado la Role Models and Mentors for Youth
Foundation (Fundación de Mentores y Ejemplos a Seguir para la Juventud),
que enseña a los niños cómo ser mejores ejemplos unos para otros. Debo
mencionar además que Julie tiene apenas veintiséis años y ya es todo un testi-
monio del poder que la claridad de propósito puede crear en nuestras vidas.

Las buenas noticias son que no es necesario irse a Inglaterra por un año
para librarse de las presiones de la vida diaria y tener el tiempo suficiente para
lograr descubrir la misión que realmente vinimos a cumplir en este mundo.
Basta con tomarse el tiempo de realizar dos simples ejercicios que le ayudarán
a aclarar ese propósito.

SU SISTEMA DE GUÍA INTERNO ES SU FELICIDAD

*El deber diario del alma es ser fiel a sus propios deseos.
Debe abandonarse a la pasión que la guía.*

DAME REBECCA WEST
Autora de libros que han estado en la lista de bestsellers

Nacimos con un sistema de guía interno que nos dice cuando estamos orientados o no hacia nuestro propósito, con base en el grado de felicidad que estemos experimentando. Las cosas que nos dan mayor alegría son acordes con
nuestro propósito. Para comenzar a concretar su propósito, debe elaborar una
lista de las veces que se ha sentido más feliz y más lleno de vida. ¿Cuáles son
los elementos comunes de esas experiencias? ¿Puede imaginar una forma de
ganarse la vida desempeñando esas actividades?

Pat Williams es primer vicepresidente del equipo de básquetbol Orlando
Magic. Ha escrito además treinta y seis libros y es orador profesional. Cuando
le pregunté cuál creía que fuera el mayor secreto del éxito, me respondió:
"Cuando aún se es muy joven, hay que pensar qué es lo que más nos agrada y

luego organizar nuestra vida imaginando la forma de ganar dinero con esa actividad." Para el joven Pat, fue el deporte, más específicamente el béisbol. Cuando su padre lo llevó por primera vez a un juego de béisbol en Filadelfia, se enamoró de este deporte. Aprendió a leer leyendo la sección de deportes de *The New York Times*. Sabía que cuando grande quería ser deportista profesional. Dedicó casi todos los días de su vida al béisbol. Coleccionó tarjetas de beisbolistas, practicó varios deportes y fue columnista deportivo del periódico escolar.

Pat hizo una carrera en la oficina administrativa del equipo de béisbol Philadelphia Phillies, y más adelante trabajó con el equipo de básquetbol Philadelphia 76ers. Cuando la NBA pensó en otorgar una franquicia de expansión al equipo a Orlando, Pat estaba allí encabezando la lucha. Ahora en la séptima década de su vida, Pat lleva más de cuarenta años haciendo lo que más le gusta y lo ha disfrutado cada minuto. Una vez que tenga una idea clara de lo que más le agrada, sabrá con más certeza cuál es su propósito en la vida.

Este segundo ejercicio es una forma fácil pero muy efectiva de desarrollar un propósito en la vida para guiar y orientar su conducta. Ahora tómese un tiempo para hacer el siguiente ejercicio.

EJERCICIO PARA DETERMINAR SU PROPÓSITO EN LA VIDA [7]

1. Enumere dos de sus cualidades personales que lo distingan, como *entusiasmo* y *creatividad*.

   _____   _____

2. Enumere una o dos formas en las que disfruta expresando sus cualidades al interactuar con los demás, como *apoyar* e *inspirar*.

   _____   _____

3. Suponga que, en este momento, el mundo es perfecto. ¿Cómo lo ve? ¿Cómo interactúan las personas? ¿Cómo se siente? Escriba su respuesta en forma de enunciado en tiempo presente, describien-

---

7. Hay muchas formas de abordar la definición de su propósito. Esta versión la aprendí del ejercicio para determinar el propósito en la vida propuesto por Arnold M. Patent, director espiritual y autor de *You Can Have It All* (Usted Puede Tenerlo Todo). Su obra más reciente es *The Journey* (El Viaje). Se puede visitar su sitio Web en www.arnoldpatent.com.

do cómo mejor se sentiría, el mundo perfecto tal como lo ve y lo siente. Recuerde que un mundo perfecto es un lugar divertido.

EJEMPLO: *Todos expresan libremente sus propios y exclusivos talentos. Todos trabajan en armonía. Todos expresan amor.*

_____

_____

_____

4. Combine las tres subdivisiones anteriores de este párrafo en un solo enunciado.

EJEMPLO: *Mi propósito es utilizar mi creatividad y mi entusiasmo para apoyar e inspirar a otros a que expresen libremente sus talentos con amor y armonía.*

_____

_____

_____

CÓMO MANTENERSE FIEL A SU PROPÓSITO

Una vez que haya determinado y escrito su propósito para la vida, léalo todos los días, preferentemente en la mañana. Si es una persona artística o muy visionaria por naturaleza, tal vez quiera dibujar o pintar un símbolo o una imagen que represente su propósito para la vida y póngala en algún lugar (en la puerta del refrigerador, frente a su escritorio, cerca de su cama) donde lo pueda ver todos los días. Esto lo mantendrá en el curso correcto.

A medida que avanza por los próximos capítulos sobre la forma de definir su visión y sus metas, asegúrese de que estén alineadas con su propósito y lo ayuden a cumplirlo.

Otro modo de poner en perspectiva su propósito es reservar algún tiempo para reflexionar en silencio, un rato de meditación. (Ver el Principio 47, "Interróguese en lo Más Íntimo de su Ser). Cuando esté relajado y haya entrado en un estado de profundo amor propio y tranquilidad, pregúntese: *¿Cuál es mi propósito en la vida?* o *¿Cuál es mi papel único en el universo?* Deje que la respuesta simplemente le llegue. Permita que sea tan expansiva como pueda imaginarla. Las palabras que le lleguen no tienen que ser floridas ni poéticas; lo que importa es el grado de inspiración que le puedan infundir.

3

DECIDA QUÉ QUIERE

El primer paso, indispensable para lograr las cosas que desea
obtener en la vida, es el siguiente: decida qué es lo que quiere.

BEN STEIN
Actor y escritor

Una vez que haya decidido porqué está aquí tendrá qué decidir qué es lo que quiere hacer, quién quiere ser y qué quiere tener. ¿Qué desea lograr? ¿Qué desea experimentar? Y ¿qué posesiones desea adquirir? En el viaje de donde se encuentra a donde quiere llegar, debe decidir dónde quiere estar. En otras palabras, ¿cómo imagina el éxito?

Una de las principales razones por las que la mayoría no logra lo que desea es porque no ha decidido qué quiere. No ha definido sus aspiraciones en forma clara y detallada.

LA PROGRAMACIÓN DE LA PRIMERA INFANCIA
SUELE IMPEDIR EL LOGRO DE LO QUE SE DESEA

Dentro de cada cual hay una pequeñísima semilla del "ser" en el que cada persona estaría destinada a convertirse. Desafortunadamente, es posible que haya enterrado esa semilla en respuesta a sus padres, a sus maestros, a sus directores y a otros ejemplos a seguir mientras crecía.

Al comienzo, cuando era un bebé, sabía exactamente lo que quería. Sabía cuando tenía hambre. Escupía los alimentos que no le gustaban y devoraba ávidamente los que le agradaban. No tenía problemas para expresar sus necesidades y deseos. Simplemente lloraba a todo pulmón—sin inhibiciones y sin contenerse—hasta obtener lo que quería. Tenía en su interior cuanto necesitaba para obtener su alimentación, para que lo cambiaran, para que lo tomaran en brazos y lo mecieran. A medida que fue creciendo, aprendió a gatear por todas partes y a dirigirse hacia lo que más le llamara la atención.

Tenía una idea muy clara de lo que quería e iba directamente a obtenerlo sin ningún temor.

Y ¿qué ocurrió?

En algún momento, en el transcurso del proceso, alguien dijo...

¡No toques eso!

Aléjate de ahí.

Deja eso quieto.

¡Cómete todo lo que tienes en el plato te guste o no!

Realmente no sientes eso.

En realidad no quieres eso.

Te debería dar pena.

Deja de llorar, no te comportes como un bebé.

A medida que fuiste creciendo, lo que oías era...

No puedes tenerlo todo simplemente porque lo desees.

El dinero no se da en los árboles.

¡¿No puedes pensar en nadie más que en ti?!

¡No seas tan egoísta!

¡Deja de hacer lo que estás haciendo y ven a hacer lo que quiero que hagas!

NO VIVA LOS SUEÑOS DE OTRO

Después de muchos años de este tipo de sanciones, muchos perdimos el contacto con las necesidades de nuestros cuerpos y los deseos de nuestros corazones y, de algun modo, nos quedamos atascados tratando de imaginar lo que los demás querían que hiciéramos. Aprendimos cómo actuar y cómo obtener *su* aprobación. Como resultado, ahora hacemos muchas cosas que no queremos hacer pero que agradan a otros:

- Vamos a la facultad de medicina porque es lo que papá quiere que hagamos.
- Nos casamos para complacer a mamá.
- Conseguimos un "trabajo de verdad" en lugar de desarrollar la carrera artística con la que siempre soñamos.
- Vamos directamente a la escuela de postgrado en lugar de descansar un año haciendo una excursión a pie por Europa.

En nuestro afán por actuar con lógica, terminamos adormeciendo nuestros deseos. No es de sorprender que al preguntar a muchos adolescentes qué quieren hacer o qué quieren llegar a ser, respondan con toda franqueza: "No lo sé." Son demasiadas capas de "debes," "deberías" y "mejor sería que" unas sobre otras las que sofocan lo que realmente deseamos.

Entonces, ¿cómo volver a ser uno mismo y recuperar lo que verdaderamente desea? ¿Cómo volver a lo que realmente quiere sin temor, vergüenza o inhibición? ¿Cómo reconectarse con su verdadera pasión?

Se empieza al nivel más bajo, siendo fiel a sus preferencias—sin importar cuan significativas o insignificantes—en cada situación. No piense que no tienen importancia. Pueden ser inconsecuentes para cualquiera, no para usted.

DEJE DE CONFORMARSE CON MENOS DE LO QUE DESEA

Para volver a ser su propio amo y obtener lo que realmente quiere en la vida, tendrá que dejar de decir: "Yo no sé; no me importa; no tiene importancia para mí"—o la frase favorita de los adolescentes: "Lo que sea." Cuando tenga que optar por una alternativa, por pequeña o insignificante que sea, actúe como si tuviera una preferencia. Pregúntese, *¿si lo supiera, qué preferiría? ¿Si me importara, cuál preferiría? ¿Si realmente fuera importante, qué preferiría hacer?*

El no saber a ciencia cierta lo que se quiere y dejar que las necesidades y deseos de otros sean más importantes que las propias es un simple hábito. Se puede romper, practicando el hábito contrario.

EL CUADERNO AMARILLO

Hace muchos años, asistí a un seminario con la experta en autoestima y motivación Chérie Carter-Scott, autora de *If Life is a Game, These Are The Rules* (Si la Vida es un Juego, Estas son las Reglas). Cuando los 24 participantes entramos al salón del curso la primera mañana, se nos indicó que nos sentáramos en una de las sillas que miraban hacia el frente del salón. Había un cuaderno de espiral en cada silla. Unos azules, otros amarillos y otros rojos. El de mi silla era amarillo. Recuerdo que pensé: *Odio el amarillo. Quisiera tener uno azul.*

Entonces, Chérie dijo algo que cambió mi vida para siempre: "Si no les gusta el color del cuaderno que les tocó, cambien con otra persona hasta que tengan el que desean. Se merecen tener todo en su vida exactamente como lo quieren."

Santo cielo; ¡que concepto tan radical! Durante más de veinte años, nunca había actuado sobre esas bases. Siempre me había conformado, pensando que no podía tener todo lo que quisiera.

Entonces me dirigí a la persona que estaba a mi derecha y le dije: "¿Le importaría cambiar su cuaderno azul por el mío que es amarillo?"

Ella respondió: "En absoluto. Prefiero el amarillo. Me gusta el brillo de ese color. Va con mi modo de ser." Ahora ya tenía mi cuaderno azul. No era un gran éxito dentro del esquema de cosas, pero era un primer paso en el proceso de recuperar mi derecho nato de aceptar mis preferencias y obtener exactamente lo que quiero. Hasta ese momento, hubiera desechado mi preferencia como algo sin importancia, algo que no ameritaba hacer nada al respecto. Hubiera continuado reprimiendo mi conciencia de lo que realmente quería. Ese día representó un momento decisivo para mi, el comienzo de reconocer mis preferencias y deseos y actuar en concordancia con mucho más poder.

HAGA UNA LISTA DE "YO QUIERO"

Una de las formas más fáciles de comenzar a aclarar lo que realmente desea es hacer una lista de treinta cosas que uno quiere hacer, treinta cosas que uno quiere tener y treinta cosas que quiere hacer antes de morir. Es una forma excelente de poner el balón en movimiento.

Otra técnica muy potente para descubrir sus deseos es pedirle a un amigo o amiga que le ayude a elaborar una lista de "yo quiero." Haga que esta persona le pregunte constantemente: "¿qué quieres? ¿qué quieres?," durante diez a quince minutos y anote sus respuestas. Verá que las primeras cosas que quiere serán poco profundas. De hecho, la mayoría dice: "Quiero un Mercedes, quiero una casa grande frente al mar," y así sucesivamente. Sin embargo, al hacer este ejercicio durante quince minutos, empieza a manifestarse la persona real: "Quiero que la gente me quiera. Quiero poderme expresar. Quiero poder marcar la diferencia. Quiero sentirme poderosa(o)"... deseos que son verdaderas expresiones de sus valores centrales.

¿LO ESTÁ LIMITANDO LA PREOCUPACIÓN
DE CÓMO GANARSE LA VIDA?

Pensar que no pueden ganarse la vida haciendo aquello que más les gusta es lo que suele impedir que las personas expresen sus verdaderos deseos.

Usted podría decir: "Lo que me fascina es sentarme a hablar con la gente."

Bien, Oprah Winfrey se gana la vida compartiendo y hablando con la gente. Y mi amiga Diane Brause, una guía turística internacional, se gana la vida acompañando y hablando con la gente en algunos de los lugares más emocionantes y exóticos del mundo.

A Tiger Woods le encanta jugar golf. A Ellen DeGeneres le encanta hacer reír a la gente. A mi hermana le encanta diseñar joyas y estar con las adolescentes. A Donald Trump le encanta hacer negocios y construir edificios. A mi me encanta leer y compartir con los demás lo que he aprendido en libros, conferencias y talleres. Es posible ganarse la vida haciendo lo que nos encanta hacer.

Haga una lista de veinte cosas que le encanta hacer y luego piense en formas en las que podrá ganarse la vida haciendo algunas de ellas. Si le encantan los deportes, puede practicarlos, ser reportero o fotógrafo deportivo o trabajar en administración de deportes como agente o en la oficina de atención al público de un equipo profesional. Puede ser entrenador, administrador o descubridor de talentos. Puede ser locutor, camarógrafo o publicista del equipo. Hay miles de formas de ganar dinero en cualquier campo de actividad que le agrade.

Por ahora decida lo que le gustaría hacer y en los siguientes capítulos le mostraré cómo tener éxito y ganar dinero haciéndolo.

FÓRMESE UNA IDEA CLARA DE LO QUE SERÍA SU VIDA IDEAL

El tema de este libro es cómo ir de donde está a donde quiere llegar. Para lograrlo, tiene que saber dos cosas: dónde está y a dónde quiere llegar. Su visión es una descripción detallada de a dónde quiere llegar. Describa en detalle cómo se ve y se siente su destino. Para crear una vida equilibrada y exitosa, su visión debe incluir los siguientes siete campos: trabajo y profesión, finanzas, recreación y tiempo libre, salud y estado físico, relaciones, metas personales y contribución a la comunidad.

En esta etapa del viaje, no es necesario saber exactamente cómo va a llegar allí. Lo que importa es saber que quiere llegar. Sólo tiene que descubrir a dónde quiere ir. Si tiene una idea clara del qué, el cómo vendrá por añadidura.

SU SISTEMA INTERNO DE POSICIONAMIENTO GLOBAL

El proceso de ir de donde está a donde quiere llegar es como utilizar la tecnología de sistema de navegación GPS (Global Positional System [Sistema de Posicionamiento Global]) en los automóviles de modelos más recientes. Para funcionar, el sistema sólo tiene que saber el lugar en el que usted se encuentra y el lugar al que quiere llegar. El sistema de navegación determina dónde se encuentra mediante el uso de un computador a bordo del automóvil que recibe señales de tres satélites y calcula la posición exacta. Al teclear su lugar de destino, el sistema de navegación señala el rumbo perfecto para usted. Sólo tiene que seguir las instrucciones.

El éxito en la vida obedece a los mismos principios. Todo lo que hay que hacer es decidir a dónde quiere llegar para tener una visión clara que permita fijar el punto de destino y establecer las metas, las afirmaciones y la visualización para comenzar a avanzar en la dirección correcta. El Sistema de Posicionamiento Global irá desarrollando la ruta a medida que avance. En otras palabras, una vez que se tiene un concepto claro y se mantiene el enfoque en una determinada visión (y le estaré enseñando muchas formas para lograrlo), los pasos exactos irán apareciendo a lo largo del camino. Una vez que tenga una idea clara de lo que quiere y mantenga su mente constantemente enfocada en su visón, irá encontrando la forma, gradualmente, de como alcanzarlo, a veces justo cuando lo necesita, ni un segundo antes.

QUIENES LOGRAN GRANDES COSAS, TIENEN UNA VISIÓN MÁS AMPLIA

El mayor peligro para la mayoría no es tener metas muy altas y no alcanzarlas sino tener metas muy bajas y lograrlas.

MIGUELANGEL

Quiero animarlos a no limitar sus perspectivas en forma alguna. Déjenlas ser tan amplias como sean. Cuando entrevisté a Dave Liniger, principal ejecutivo de RE/MAX, la mayor compañía de bienes raíces de los Estados Unidos, me dijo: "Siempre hay que tener sueños grandes. Los sueños grandes atraen gente importante." El general Wesley Clark me dijo hace poco: "No es más difícil crear un gran sueño que uno pequeño." Mi experiencia es que una de las pocas diferencias entre quienes alcanzan grandes logros y el resto del mundo es que los que lo hacen tienen sueños más grandes. John F. Kennedy soñó con poner un hombre en la luna. Martin Luther King Jr., soñó con un país libre de prejuicios e injusticias. Bill Gates soñó con un mundo en donde cada hogar tendría una computadora conectada a la Internet. Buckminster Fuller soñó con un mundo en el que todos tendrían acceso a la energía eléctrica.

Estos grandes triunfadores ven el mundo desde un ángulo totalmente distinto, como un lugar en el que pueden ocurrir cosas sorprendentes, donde se pueden mejorar miles de millones de vidas, donde la nueva tecnología puede cambiar la forma como vivimos y donde los recursos mundiales pue-

© 2001 Randay Glasbergen. www.glasbergen.com

GLASBERGEN

"¡Tengo más dinero del que hubiera podido desear en mis más ambiciosos sueños! Desafortunadamente, nunca tuve sueños muy ambiciosos."

den provecharse para el mayor beneficio mutuo. Creen que cualquier cosa es posible y creen que tienen un papel integral en su creación.

Cuando Mark Victor Hansen y yo publicamos *Chicken Soup for the Soul*® (Sopa de Pollo para el Alma), la que llamamos nuestra "visión 2020" también fue muy grande. Queríamos vender mil millones de copias de *Chicken Soup for the Soul*® para recaudar 500 millones de dólares para obras de caridad dando un porciento de nuestras ganancias para el año 2020. Teníamos, y tenemos, un concepto muy claro de lo que queremos lograr.

———————

Si limita sus alternativas sólo a lo que parece posible o razonable, se estará desconectando de lo que realmente desea y tendrá que conformarse con mucho menos.

ROBERT FRITZ
Autor de *The Path of Least Resistance* (La Vía del Menor Esfuerzo)

NO PERMITA QUE NADIE LO DISUADA DE SU VISIÓN

Hay quienes tratarán de disuadirlo de su visión. Le dirán que es una locura y que no se puede lograr. Algunos se reirán de usted y tratarán de bajarlo al nivel en el que ellos se encuentran. Mi amigo Monty Roberts, autor de *The Man Who Listens to Horses* (El Hombre que Escucha a los Caballos), llama a estas personas ladrones de sueños. No les preste atención.

Cuando Monty estaba cursando el bachillerato, su profesor les pidió a todos los de su clase que, como tarea, escribieran sobre lo que querían ser cuando grandes. Monty escribió que quería tener su propia hacienda de 200 acres y criar caballos de pura sangre. Su maestro calificó su trabajo con una F y le explicó que le ponía esa nota porque consideraba que su sueño era poco realista. Ningún niño que estuviera viviendo en un campamento de casas rodantes, en la parte de atrás de un *pick-up* podría ganar lo suficiente para comprar una hacienda, conseguir sementales y pagar los salarios de todos los trabajadores que requería una hacienda. Cuando el profesor le pidió a Monty que cambiara o volviera a escribir su ensayo para darle una nota más alta, Monty le dijo: "Usted quédese con su F, yo me quedo con mi sueño."

Monty posee en la actualidad unas granjas de 154 acres, Flag Is Up Farms, en Solvang, California, donde cría caballos de carreras pura sangre y capacita a cientos de entrenadores de caballos para que de una forma más humana entrenen a los caballos.[8]

EL EJERCICIO DE LA VISIÓN

Cree su futuro con base en el futuro, no en el pasado.

WERNER ERHARDT
Fundador del sistema de capacitación EST y el Landmark Forum

El siguiente ejercicio está diseñado para ayudarle a tener una visión más clara. Aunque se puede hacer como un ejercicio exclusivamente mental, sólo pensando en las respuestas para luego escribirlas, quiero alentarlo a ir más a fondo. Si lo hace obtendrá respuestas más profundas, que le darán un mejor resultado.

Comience por poner música suave, que le permita relajarse, y siéntese en silencio en un ambiente confortable, donde no lo interrumpan. Después, cierre los ojos y pida a su subconsciente que le presente imágenes de lo que sería

---

8. Para mayor información sobre Monty y su trabajo, se puede visitar el sitio Web www.monty roberts.com o leer sus libros: *The Man Who Listens to Horses* (El Hombre que Escucha a los Caballos), *Shy Boy* (El Niño Timido), *Horse Sense for People* (Lógica Caballuna para la Gente) y *From My Hands to Yours* (De Mis Manos a las Tuyas).

su ideal en la vida si pudiera lograrlo tal como lo desea, en cada una de las
siguientes categorías:

1. En primer lugar, concéntrese en el área financiera de su vida. ¿Cuál
   es su ingreso anual? ¿Cómo es su flujo de efectivo? ¿Cuánto dinero tiene en ahorros e inversiones? ¿Cuál es su patrimonio neto
   total?

   A continuación... ¿Cómo es su hogar? ¿Dónde está ubicado?
   ¿Tiene un jardín o vista panorámica? ¿Tiene piscina o caballerizas?
   ¿De qué color son las paredes? ¿Qué tipo de muebles tiene? ¿Tiene
   cuadros en las paredes? ¿Cómo son? Camine por la casa de sus
   sueños, llénela de todo tipo de detalles.

   No se preocupe, por el momento, de cómo va a obtener la casa.
   No se sabotee diciendo: "No puedo vivir en Malibú porque no
   gano lo suficiente." Una vez que tenga en su mente la imagen, será
   su mente la que se encargue de superar el reto de "no contar con el
   dinero suficiente."

   Luego, visualice el automóvil que conduce y otras importantes
   posesiones que sus finanzas le han proporcionado.
2. A continuación, visualice su trabajo o su profesión ideal. ¿Dónde
   trabaja? ¿Qué hace? ¿Con quién trabaja? ¿Qué tipo de clientes o a
   qué tipo de gente atiende? ¿Qué tipo de remuneración recibe? ¿Se
   trata de su propio negocio?
3. Hecho esto, piense en su tiempo libre, su tiempo de esparcimiento. ¿Qué está haciendo con su familia y sus amigos en el
   tiempo libre del que dispone? ¿Qué aficiones practica? ¿Cómo son
   sus vacaciones? ¿Qué hace para divertirse?
4. Luego, ¿cuál es su ideal para su cuerpo y su salud física? ¿A qué
   edad quiere llegar? ¿Es usted una persona abierta, tranquila, permanece en un estado de alegría todo el día? ¿Está lleno de vitalidad? ¿Es físicamente flexible y fuerte? ¿Hace ejercicio, consume
   alimentos sanos y bebe mucha agua?
5. Pase ahora a su visión ideal en cuanto a sus relaciones con su familia y sus amigos. ¿Cómo es su relación con su familia? ¿Quiénes
   son sus amigos? ¿Cómo es la calidad de sus relaciones con sus amigos? ¿Qué siente en cuanto a esas relaciones? ¿Son sus amigos ca-
   riñosos, lo respaldan y creen en sus capacidades? ¿Qué tipo de
   actividades desarrolla con ellos?
6. ¿Qué pasa con su vida personal? ¿Se ve usted en un futuro volviendo a estudiar, recibiendo capacitación, asistiendo a seminarios,
   buscando tratamiento para problemas del pasado o desarrollando
   su vida espiritual? ¿Medita o asiste a retiros espirituales con las per-

sonas de su Iglesia? ¿Le gustaría aprender a tocar un instrumento o escribir su autobiografía? ¿Quisiera correr un maratón o tomar clases de arte? ¿Le gustaría viajar a otros países?

7. Por último, piense en la comunidad en la que vive, la que usted ha elegido. ¿Cómo es cuando funciona a la perfección? ¿Qué tipo de actividades comunitarias se desarrollan allí? ¿Cómo son sus actividades relacionadas con el trabajo social y de beneficencia? ¿Qué hace usted para ayudar a otros y marcar la diferencia? ¿Con cuánta frecuencia participa en esas actividades? ¿A quién ayuda usted?

Puede escribir sus respuestas a medida que avanza o puede hacer primero todo el ejercicio y luego abrir los ojos y escribir las respuestas. Pero, en este último caso, debe asegurarse de ponerlo todo por escrito tan pronto como termine.

Repase todos los días lo que escribió acerca de su visión. Así, tanto su conciencia como su subconsciente la tendrán presente y a medida que pone en práctica los otros principios y herramientas que se presentan en este libro, empezará a manifestar todos los distintos aspectos de su visión.

COMPARTA SU VISIÓN PARA LOGRAR EL MÁXIMO IMPACTO

Cuando haya terminado de escribir su visión, compártala con un buen amigo o una buena amiga que usted sepa que tendrá una actitud positiva y lo apoyará. Tal vez sienta temor de que puedan pensar que su visión es demasiado utópica, imposible de lograr, demasiado idealista, poco real o materialista. Casi todos piensan así cuando consideran la posibilidad de compartir su visión. Pero lo cierto es que la mayoría, en el fondo de sus corazones, desea lo mismo que usted: solvencia económica, un hogar confortable, un trabajo interesante del que puedan disfrutar, buena salud, tiempo para hacer las cosas que les gustan, unas relaciones reconfortantes con la familia y los amigos y la oportunidad de marcar una diferencia en este mundo, aunque pocos estamos dispuestos a admitirlo.

Se dará cuenta de que cuando comparta su visión, unos querrán ayudarle a lograrla. Otros le presentarán amigos y recursos que le pueden ayudar a avanzar. También podrá comprobar que cada vez que comparte su visión la va viendo con más claridad y la va considerando más real y alcanzable. Y lo que es más importante, cada vez que comparte su visión fortalece su propia seguridad subconsciente de poder lograrla.

4

CREA QUE ES POSIBLE

*El principal problema que impide que las personas triunfen hoy en los
Estados Unidos es la falta de fe en ellas mismas.*

ARTHUR L. WILLIAMS
Fundador de A.L. Williams Insurance Company, vendida a Primerica
por $90 millones en 1989

En una oportunidad, Napoleon Hill dijo: "Cualquier cosa que la mente
pueda concebir y creer podrá lograrse." De hecho, la mente es un instrumento tan poderoso que prácticamente nos puede dar lo que queramos. Pero
hay que creer que lo que uno quiere es posible.

SOLAMENTE SE OBTIENE LO QUE SE ESPERA

Los científicos solían pensar que los humanos respondían a la información
que fluía hacia el cerebro desde el mundo exterior. Ahora, sin embargo, están
aprendiendo que respondemos a lo que el cerebro, con base en la experiencia
previa, espera que ocurra después.

Por ejemplo, unos doctores de Texas que estudiaban el efecto de la cirugía artroscópica de la rodilla, sometieron a pacientes con rodillas deshabilita-
das o en malas condiciones a uno de tres procedimientos quirúrgicos: raspado
de la articulación de la rodilla, lavado de la articulación o ausencia de cualquier procedimiento.

Durante la operación de "ausencia de procedimiento," los doctores anes-
tesiaron al paciente, hicieron tres incisiones en la rodilla como para insertar
sus instrumentos quirúrgicos, y luego simularon practicar la cirugía. Dos
años después, los pacientes sometidos al simulacro quirúrgico informaron el
mismo grado de alivio del dolor y la inflamación que los que habían recibido
tratamientos reales. El cerebro *esperaba* que la "cirugía" mejorara la rodilla, y
así lo hizo.

¿Por qué funciona así el cerebro? Los neurofisiólogos, que estudian la teoría de la expectativa, sostienen que durante toda la vida estamos en proceso de condicionamiento. Durante toda una vida llena de eventos, nuestros cerebro realmente aprende a saber qué esperar después, ya sea que eventualmente ocurra o no. Y debido a que el cerebro espera que algo suceda en una cierta forma, solemos lograr exactamente lo que esperamos.

De ahí la importancia de tener expectativas positivas. Cuando se reemplazan las antiguas expectativas negativas por otras más positivas—cuando uno comienza a creer que lo que quiere es posible—el cerebro se encarga de que esa posibilidad sea un hecho. Aún mejor, el cerebro realmente espera lograr ese resultado.[9]

"HAY QUE CREER"

Puede llegar a ser lo que quiera, si sólo lo cree con la convicción suficiente y actúa en concordancia con su fe; porque cualquier cosa que la mente pueda concebir y creer será algo que la mente podrá lograr.

NAPOLEON HILL
Autor del bestseller *Think and Grow Rich* (Piense y Hágase Rico)

Cuando el lanzador del equipo de béisbol Philadelphia Phillies, Tug McGraw—padre del legendario cantante country, Tim McGraw—sacó del juego con tres strikes al bateador Willie Wilson ganando para los Phillies el título de la serie mundial de 1980, la revista *Sports Illustrated* captó una imagen inmortal de felicidad en el montículo del lanzador, una imagen que pocas personas supieron que reflejaba *exactamente la escena que McGraw había previsto.*

Cuando, una tarde en Nueva York, tuve la oportunidad de conocer a Tug, le pregunté acerca de su experiencia en el montículo del estadio de béisbol aquel día.

"Fue como si ya hubiera estado allí mil veces," me dijo. "Cuando era niño, solía practicar lanzamientos de pelota con mi padre en el jardín. Siempre imaginábamos que estábamos al final del noveno inning en la Serie Mundial con dos outs y tres hombres en base. Yo siempre me esforzaba por sacar al bateador por strike." Debido a que Tug había condicionado su cerebro días

---

9. Adaptada de "Placebos Prove So Powerful Even Experts Are Surprised: New Studies Explore the Brain's Triumph Over Reality" (Los Placebos Demuestran ser tan Potentes que aún los Expertos se Sorprenden: Nuevos Estudios Analizan el Triunfo del Cerebro sobre la Realidad) por Sandra Blakeslee. *The New York Times,* octubre 13 de 1998, Sección F, Página 1.

tras día, en el jardín de su casa, eventualmente llegó el momento en que pudo convertir en realidad su sueño.

La reputación de McGraw como una persona de pensamiento positivo se había iniciado siete años antes, durante la temporada del campeonato de la Liga Nacional de los New York Mets en 1973, cuando, durante una de las reuniones del equipo, Tug acuñó la frase, "Hay que creer." El equipo de los Mets, que en agosto ocupaba el último lugar de la división, ganó el título de la Liga Nacional y llegó al séptimo juego de la Serie Mundial en el que finalmente cayó ante los Oakland's A's.

Otro ejemplo de su actitud siempre optimista de que "hay que creer," fue la ocasión en la que, hablando ante la Liga infantil dijo: "Los niños deben aprender a autografiar pelotas de béisbol. Esta es una habilidad que, por lo general, no se tiene en cuenta en la Liga infantil." Y luego dejó brillar su contagiosa sonrisa.

CREA EN USTED Y VAYA TRAS SU SUEÑO

Tarde o temprano, los que vencen son los que están convencidos
de que lo pueden hacer.

RICHARD BACH
Autor del bestseller *Juan Sebastián Gaviota*

Tim Ferris tenía fe en sí mismo. De hecho, tenía tanta fe en sus capacidades que ganó el título de Campeón Nacional de kickboxing Sandhou apenas a las seis semanas de haber conocido ese deporte.

Como excapitán del equipo all-American y capitán del equipo de judo de la Universidad de Princeton, Tim siempre había soñado con ganar un título nacional. Había trabajado duro. Era bueno para ese deporte. Sin embargo, lesiones repetidas a lo largo de múltiples temporadas le impidieron alcanzar su sueño.

Entonces, cuando un amigo lo llamó un día para invitarlo a que fuera a verlo en los campeonatos de kickboxing chino que se realizarían en seis semanas, Tim decidió inmediatamente unirse a él en esa competencia.

Nunca había participado en un deporte que implicara dar y recibir golpes, por lo que llamó a la Asociación de Boxeo de los Estados Unidos y preguntó dónde podía encontrar los mejores entrenadores. Viajó a un rudo vecindario de Trenton, New Jersey, para aprender de los entrenadores de boxeo que habían capacitado a ganadores de medallas de oro. Después de un agotador entrenamiento de cuatro horas diarias en el cuadrilátero, siguió mejorando su estado físico en el salón de levantamiento de pesas. Para compensar su falta de práctica en este deporte, los entrenadores de Tim se concentraron en explotar sus puntos fuertes en lugar de tratar de compensar sus puntos débiles.

Tim no quería limitarse a competir. Quería ganar.

Cuando llegó por fin el día de la competencia, Tim derrotó a tres contrincantes muy aclamados antes de llegar a las finales. Dado que había previsto lo que tendría que hacer para ganar el último match, cerró los ojos y visualizó como derrotaba a su oponente en la primer a vuelta.

Más tarde Tim me contó que la mayoría de las personas fallan no porque no tengan la capacidad ni la aptitud para lograr sus metas sino porque simplemente no se creen capaces de lograrlo. Tim se creía capaz. Y ganó.

AYUDA CONTAR CON ALGUIEN QUE CREA EN UNO

Cuando Rubén González, de veinte años, apareció en el Centro de Entrenamiento para los Juegos Olímpicos en los Estados Unidos en Lake Placid, New York, traía en su bolsillo la tarjeta de un empresario de Houston que creyó en su sueño olímpico. Rubén llegó allí para aprender luge, un deporte en el que nueve de cada diez aspirantes se dan por vencidos después de la primera temporada. Casi todos se fracturan más de un hueso antes de llegar a dominar esta carrera de noventa millas por hora en una pista de concreto cubierta de hielo de una milla de largo en descenso. Sin embargo, Rubén tenía el sueño, la pasión, un compromiso a no renunciar y el apoyo de su amigo, que se había quedado en Houston.

Cuando Rubén llegó a su habitación después del primer día de entrenamiento, llamó a Craig.

"Craig, ¡esto es de locos! Me duele todo un lado. Creo que me rompí un pie. ¡Vuelvo al fútbol!"

Craig lo interrumpió.

"¡Párate ante un espejo, Rubén!"

"¿Qué?"

"Le dije, '¡Párate ante un espejo!' "

Rubén se levantó, estiró el cable del teléfono y se paró frente a un espejo de cuerpo entero.

"Ahora, repite conmigo: No importa qué tan terrible sea, ni qué tan terrible llegue a ser, ¡lo lograré!"

Rubén se sintió como un tonto mirándose al espejo, entonces en el tono más quejumbroso e inseguro que pueda imaginarse, dijo:

"No importa qué tan terrible sea, ni qué tan terrible llegue a ser, ¡lo lograré!"

"¡Vamos, hombre! Dilo bien. ¡Eres el Señor de los Juegos Olímpicos! ¡No hablas de otra cosa! ¿Vas a hacerlo o no?"

Rubén comenzó a tomarlo en serio.

"No importa qué tan terrible sea, ni qué tan terrible llegue a ser, ¡lo lograré!"

"¡Otra vez!"

"No importa qué tan terrible sea, ni qué tan terrible llegue a ser, ¡lo lograré!"

Y otra y otra y otra vez.

Cuando iba por la que sería la quinta repetición, Rubén pensó: *"Oye, esto se siente bien, creo. Me parece que estoy un poco más derecho."* Para la décima vez que lo dijo, dio un salto y gritó: "Sea lo que sea lo lograré. Puedo romperme ambas piernas. Los huesos sanan. Volveré y lo lograré. *¡Seré* uno de los competidores en los Juegos Olímpicos!"

Es sorprendente el cambio que se produce cuando se mira uno fijamente, con confianza y se dice en voz alta, con la fuerza del convencimiento, lo que va a hacer. Cualquiera que sea su sueño, mírese al espejo y dígase que lo va a lograr, cueste lo que cueste.

Rubén González hizo esa declaración y así cambió su vida. Compitió en tres Juegos de Invierno en la carrera de luge, en Calgary en 1988, en Albertville en 1992 y en Salt Lake City en 2002. Ahora está entrenando para las Olimpiadas de Invierno en Turín, en el 2006. Habrá cumplido ya cuarenta y tres años y estará compitiendo con atletas hasta veinte años menores que él.

5

CREA EN USTED

*Usted no fue un accidente. No fue producido en masa. No es producto
de una línea de ensamblaje. Fue deliberadamente creado, específicamente
dotado y amorosamente puesto en la tierra por el Maestro de los Artesanos.*

MAX LUCADO
Autor de varios bestsellers

Para forjarse con éxito la vida de sus sueños, tiene que creerse capaz de convertir sus sueños en realidad. Tiene que creer que cuenta con lo que se requiere y que puede lograrlo. Tiene que creer en usted. Llámelo autoestima, confianza en sí mismo o seguridad en sus capacidades, convencimiento absoluto de tener lo que se requiere—las capacidades, los recursos internos, los talentos y las destrezas—para obtener los resultados que desea.

CREER EN SÍ MISMO ES UNA ACTITUD

Creer en sí mismo es una elección. Es una actitud que se desarrolla con el tiempo. Aunque ayuda si se cuenta con padres positivos que nos respalden. El hecho es que la mayoría tuvimos padres comunes y corrientes que, sin darse cuenta, nos trasmitieron las mismas creencias limitantes y los mismos condicionamientos negativos con los que ellos crecieron.

Sin embargo, recuerde que lo pasado es pasado. Nada gana con culparlos por su nivel actual de confianza en sí mismo. Ahora es *su* responsabilidad encargarse del concepto en el que se tenga y de lo que hace. Debe decidirse a creer que puede lograr cualquier cosa que se proponga—sea lo que sea—porque, de hecho, así es. Tal vez le sirva saber que las más recientes investigaciones sobre el cerebro indican que con suficiente autodirección y visualización positivas, complementadas con la debida capacitación y con la práctica y el entrenamiento adecuados, cualquiera puede aprender a hacer casi cualquier cosa.

De los cientos de personas de éxito que he entrevistado para este y otros libros, casi todas me han dicho: "No fui la persona mejor dotada ni la más talentosa en mi campo, pero decidí creer que cualquier cosa era posible. Estudié, practiqué y trabajé más que los demás y así llegué adonde estoy." Si un tejano de veinte años puede empezar a practicar el luge y convertirse en atleta olímpico, si un estudiante que abandonó sus estudios universitarios puede convertirse en multimillonario y un estudiante disléxico que perdió tres años de primaria puede ser autor de bestsellers y productor de televisión, usted también podrá lograr lo que se proponga con sólo creer que es posible.

Si acepta hacerse responsable de usted mismo y actúa como si fuera posible, entonces hará cuanto se requiera para lograr el resultado. Si piensa que es imposible, no hará lo que se requiere y no logrará resultados. Es una profecía auto cumplida.

ES USTED QUIEN DECIDE EN QUÉ CREER

Stephen J. Cannell, perdió primero, cuarto y décimo en la escuela. No podía leer ni entender como lo hacían sus compañeros de clase. Estudiaba cinco horas con su madre para presentar un examen y lo reprobaba. Cuando preguntó a un amigo que obtuvo una 'A' cuánto había estudiado para el examen, él le respondió: "No estudié." Stephen llegó a la conclusión de que él no era inteligente.

"Pero decidí, como un acto de fuerza de voluntad, que no iba a pensar más en eso," me contó. "Me negaba a pensarlo. En cambio, centré mis energías en lo que sabía hacer, y eso era jugar fútbol. Si no hubiera sido por el fútbol, en donde sobresalía, no sé qué hubiera sido de mí. Logré mi autoestima con la práctica de los deportes."

Al dedicar todas sus energías al fútbol, ganó honores interescolares como *"running back."* Con el fútbol aprendió que, si se lo proponía, podía alcanzar la excelencia.

Más tarde pudo transferir esa fe en sí mismo a su carrera, que, por extraño que parezca, fue la de escribir guiones para televisión. Con el tiempo, tuvo su propio estudio de producción, donde creó, produjo y escribió más de 350 guiones para treinta y ocho programas diferentes incluyendo *The A-Team, The Rockford Files, Baretta, 21 Jump Street, The Commish, Renegade,* y *Silk Stalkings.* En la cima de su carrera, tenía más de 2000 personas en su nómina; y, por si eso fuera poco, después de vender su estudio escribió once novelas que llegaron a la lista de bestsellers.

Stephen es el ejemplo por excelencia de que lo que importa no es lo que la vida nos da sino como respondemos a ella, mental y físicamente.

*Estoy buscando a hombres que tengan la infinita capacidad
de no saber lo que no se puede hacer.*

HENRY FORD

TIENE QUE ABANDONAR EL "NO PUEDO"

La frase no puedo *es la fuerza más poderosa de negación
en la psiquis humana.*

PAUL R. SCHEELE
Presidente de Learning Strategies Corporation

Para tener éxito, hay que olvidarse de la frase "no puedo" y de todas las relacionadas con ella, como "ojalá pudiera." Las palabras *no puedo* restan poder.
Realmente debilitan al decirlas. En mis seminarios, utilizo una técnica llamada quinesiología, para poner a prueba la fuerza muscular de las personas
mientras pronuncian distintas frases. Hago que extiendan el brazo izquierdo
hacia el lado, y empujo hacia abajo con mi mano izquierda para ver cuál es su
fuerza normal. Luego hago que escojan algo que piensen que no pueden hacer, como por ejemplo *no puedo tocar piano,* y que lo digan en voz alta. Empujo
de nuevo su brazo hacia abajo y siempre lo encuentro más débil. Luego hago
que digan, "sí puedo" y el brazo cobra fuerza.

El cerebro está diseñado para resolver cualquier problema y alcanzar cualquier meta que uno le fije. Las palabras que se piensen y se digan tienen un
efecto real en el cuerpo. Pensaba que podía subir a cualquier parte. Que no
había barrera lo suficientemente alta como para que usted no intentara supe-
rarla. Pero, poco a poco, su sentido de ser invencible se fue condicionando
por el abuso emocional y físico recibido de su familia, de sus amigos, de sus
maestros, hasta que dejó de creer que era capaz.

Tiene que aceptar la responsabilidad de eliminar de su vocabulario las palabras *no puedo.* En los años ochenta, asistí a un seminario de Tony Robbins,
donde aprendimos a caminar sobre brasas. Al principio, todos teníamos
miedo de no poder hacerlo, de que nos quemaríamos las plantas de los pies.
Como parte del seminario, Tony nos hizo escribir todos los demás *'no puedos'*
que sentíamos, *no puedo encontrar el trabajo perfecto, no puedo convertirme en millonario, no puedo encontrar la pareja perfecta,* y luego los botamos sobre las carbones
encendidos y vimos cómo se consumían con las llamas. Dos horas más tarde,

350 de nosotros caminamos sobre las brasas sin que nadie se quemara. Esa noche aprendimos que así como la idea de que no podíamos caminar sobre los carbones encendidos sin quemarnos era mentira, toda otra creencia limitante sobre nuestras capacidades también lo es.

NO DESPERDICIE SU VIDA CREYENDO QUE NO PUEDE

En 1977, en Tallahassee, Florida, Laura Shultz, quien entonces tenía 63 años, levantó la parte posterior de su automóvil Buick para liberar el brazo de su nieto. Antes de ese momento, nunca había levantado nada más pesado que una bolsa de cincuenta libras de alimento para mascotas.

El Dr. Charles Garfield, autor de *Peak Performance* (Desempeño Sobresaliente) y *Peak Performers* (Personas con Desempeños Sobresalientes) la entrevistó después de leer la noticia de su hazaña en el *National Enquirer*. Cuando llegó a visitarla a su casa, por más que le insistía, ella se negaba rotundamente a hablar de lo que ella llamaba "el evento." Le decía a Charlie, una y otra vez, que tomara su desayuno y que la llamara abuelita, cosa que él hizo.

Al fin logró que ella le hablara de "el evento." Le dijo que no le gustaba pensar en eso porque ponía a prueba sus creencias acerca de lo que podía y no podía hacer, acerca de lo que era posible. Le dijo, "Si fui capaz de hacer eso cuando no me creía capaz, ¿qué significa eso para el resto de mi vida? ¿Quiere decir que la he desperdiciado?"

Charlie la convenció de que su vida aún no había terminado y que todavía podía hacer cualquier cosa que quisiera. Le preguntó qué querría hacer, cuál era su pasión. Ella le dijo que siempre le habían fascinado las rocas. Había querido estudiar geología, pero sus padres no habían tenido dinero suficiente para enviarlos a ella y a su hermano a la universidad, así que su hermano fue el único que estudió.

A los sesenta y tres años, con un poco de insistencia de parte de Charlie, decidió entrar a la universidad a estudiar geología. Eventualmente obtuvo su título y luego enseñó en una universidad de una comunidad local.

No espere a tener sesenta y tres años para convencerse de que puede hacer lo que quiera. No desperdicie años de su vida. Acepte que es capaz de hacer lo que quiera y comience a lograrlo desde ya.

TODO TIENE QUE VER CON LA ACTITUD

Cuando el gran jugador de béisbol, Ty Cobb cumplió setenta años, un periodista le preguntó: "Si usted bateara ahora ¿Cuál sería su promedio?"

Cobb, cuyo promedio de bateo durante su carrera profesional fue de
.367, respondió: "Cerca de .290, tal vez .300."

El periodista le dijo: "Eso debido a los viajes, a los juegos nocturnos, a la
grama artificial y a todos los nuevos estilos de lanzamiento como el la curve,
¿verdad?"

"No," respondió Cobb, "se debe a que tengo setenta años."

¡Eso es creer en uno mismo!

NO SUPONGA QUE NECESITA
UN TÍTULO UNIVERSITARIO

Esta es otra estadística que demuestra que creer en uno mismo es más importante que tener conocimientos, estar capacitado o contar con un alto nivel de
escolaridad. Según la revista *Forbes*, el 20 por ciento de los millonarios de los
Estados Unidos nunca fue a la universidad y veintiuno de los 222 norteamericanos de la lista de multimillonarios en el 2003, nunca obtuvo un título universitario; *¡dos de ellos ni siquiera terminaron el bachillerato!* Por lo tanto, aunque

¡Abrumado por una baja
autoimagen, Bob acepta un empleo
como policía acostado!

tener una educación y estar comprometido de por vida con la superación son condiciones esenciales para el éxito, no es un requisito tener un título formal. Esto es cierto también en el mundo de la alta tecnología del Internet. Larry Ellison, director de Oracle, abandonó sus estudios en la Universidad de Illinois y en el momento en que escribo este capítulo, cuenta con una fortuna de $18 millones. Bill Gates abandonó sus estudios en Harvard y más tarde fundó Microsoft. En la actualidad, es considerado uno de los hombres más ricos del mundo, con una fortuna de más de $46 millones.

Hasta el vicepresidente Dick Cheney abandonó sus estudios universitarios. Teniendo en cuenta que el vicepresidente, el hombre más rico de los Estados Unidos y muchos actores de cine con patrimonios de veinte millones de dólares, al igual que muchos de nuestros grandes músicos y atletas no terminaron sus estudios universitarios, es evidente que se puede comenzar en cualquier nivel y alcanzar el éxito en la vida.[10]

NO DEBE IMPORTARLE LO QUE LOS DEMÁS PIENSEN DE USTED

Debe tener fe en sí mismo aunque nadie más la tenga.
Así es como se alcanza el éxito.

VENUS WILLIAMS
Ganadora de una medalla de oro olímpica y campeona de tenis profesional

Si el que los demás crean en usted fuera un requisito para el éxito, muchos nunca lograríamos nada. Debe basar sus decisiones sobre lo que *usted* quiere hacer, en *sus* metas y deseos, no en las metas, deseos, opiniones, y criterios de sus padres, o de sus amigos, de su cónyuge, sus hijos o de sus compañeros de trabajo. Deje de preocuparse por lo que otros piensen y haga lo que a usted le parezca.

Me encanta la regla de 18/40/60 del Dr. Daniel Amen: A los dieciocho, uno se preocupa por lo que los demás piensen de uno; a los cuarenta, a uno lo tiene sin cuidado lo que los demás puedan pensar de uno; a los sesenta, uno se da cuenta de que nadie nunca ha pensado en uno.

¡Sorpresa, sorpresa! La mayor parte del tiempo inadie piensa en uno en lo

---

10. De "Some Billionaires Choose School of Hard Knocks," (Algunos Multimillonarios Escogen la Escuela del Maltrato), junio 29 de 2000; Forbes.com, 2003 *Forbes 400 Richest People in America.* Las estadísticas se basaron en la edición de 2003 de *Forbes 400 Richest People in America.*

absoluto! Tienen demasiadas preocupaciones en sus vidas y, si piensan en uno, es porque se preguntan qué piensa usted de ellos. Las personas piensan en ellas mismas, no en usted. Píenselo bien, sería mejor que todo el tiempo que pierde preocupándose por lo que los demás puedan pensar de sus ideas, sus metas, su forma de vestir, su cabello y su hogar podría aprovecharlo mejor pensando y haciendo las cosas que lo llevarán a lograr sus metas.

6

CONVIÉRTASE EN UN PARANOICO A LA INVERSA

Siempre he sido todo lo opuesto de un paranoico.
Funciono como si todo el mundo fuera parte de un plan
que busca mejorar mi bienestar.

STAN DALE
Fundador del Human Awareness Institute y autor
de *Fantasies Can Set You Free*

En una ocasión, alguien describió a mi primer mentor, W. Clement Stone, como un paranoico a la inversa. En lugar de pensar que el mundo conspiraba para hacerle daño, decidió pensar que el mundo conspiraba para hacerle el bien. En lugar de considerar cada situación difícil o cada reto como algo negativo, lo veía como lo que podría ser: algo que en último término podía enriquecerlo, darle mayor poder o ayudarle a promover sus causas.

¡Que concepto tan increíblemente positivo!

Imagine cuánto más fácil sería alcanzar el éxito en la vida si esperara constantemente que el mundo lo apoyara y le diera oportunidades.

Eso es justamente lo que hacen quienes logran éxito en la vida.

De hecho, las investigaciones ofrecen cada vez más evidencias de que las vibraciones de expectativas positivas que emiten las personas que alcanzan el éxito hacen que atraigan hacia ellas precisamente las experiencias que están convencidas que van a lograr.

De pronto, los obstáculos y los factores negativos se comienzan a interpretar no como otros ejemplos de que "El mundo me odia," sino como oportunidades para mejorar, cambiar y alcanzar el éxito. Si su automóvil falla y tiene que detenerse en la carretera, en vez de imaginar que aparecerá un violador en serie que se aprovechará de usted, piense en la posibilidad de que la persona que se detenga a ayudarle sea el hombre de sus sueños, aquel con el que se casará. Si hay recortes en su empresa y usted queda sin trabajo, hay buenas probabilidades de que encuentre el trabajo con el que siempre ha soñado, con mejores oportunidades y mejor remuneración. Si desarrolla un cáncer, existe la posibilidad de que, en el proceso de reorganizar su vida para lograr su curación, pueda establecer un equilibrio más sano y redescubrir lo que es importante para usted.

Piénselo bien.

¿Le ha ocurrido alguna vez algo terrible que más tarde haya resultado ser una bendición oculta?

Cada evento negativo contiene la semilla de un beneficio
de igual o mayores proporciones.

NAPOLEON HILL
Autor del éxito clásico *Think and Grow Rich* (Piense y Hágase Rico)

La gran bendición para mi llegó en los años setenta, cuando cerraron el Job Corps Center en Clinton, Iowa, donde trabajaba como especialista en desarrollo curricular, un proyecto pionero para crear nuevos sistemas radicales de aprendizaje para enseñar a los estudiantes de los estratos más bajos. Contaba con el apoyo ilimitado de la administración y trabajaba con un entusiasta equipo de gente joven que compartía la misma visión de marcar la diferencia, y realmente disfrutaba lo que hacía.

Entonces, sin previo aviso, el gobierno decidió reubicar el Centro. Significaba que, al menos por seis meses, quedaría sin trabajo. Inicialmente me molestó la decisión, pero mientras asistía a un taller de la Asociación W. Clement & Jesse V. Stone en Chicago, comenté mi situación con el director del taller, que era nada menos que el vicepresidente de la fundación. Como resultado, me ofreció un trabajo. "Nos encantaría contar con alguien como usted, con su experiencia en el manejo de los muchachos de las comunidades urbanas negras e hispanas. Venga a trabajar con nosotros." Me dieron más dinero, un presupuesto ilimitado, la posibilidad de asistir a cualquier taller, a cualquier seminario de capacitación o congreso que quisiera y además, trabajaba ahora directamente con W. Clement Stone, quien me había introducido en primer lugar a estos principios del éxito.

Sin embargo, en el primer momento, cuando anunciaron la reubicación del Job Corps Center y me dijeron que quedaría sin trabajo, me enfadé, me asusté y reaccioné mal. Creí que era el fin del mundo. Lo que consideré como algo malo resultó ser, por el contrario, el mejor y más importante cambio radical de mi vida. En menos de tres meses, mi vida cambió de buena a excelente. Trabajé por dos años con algunas de las personas más sorprendentes que haya conocido jamás y luego me retiré de allí para ingresar a un programa de Doctorado en Educación Psicológica en la Universidad de Massachussets.

Ahora, cuando me sucede algo "malo," recuerdo que *todo* lo que pueda ocurrirme trae en su interior la semilla de algo mejor. Busco los aspectos positivos en vez de los negativos. Me pregunto: "¿Qué ventaja me ofrece esta situación?"

No me cabe duda que también usted podrá recordar varias oportunidades en las que haya pensado que lo que le está ocurriendo es el fin del mundo— perdió un curso, perdió un trabajo, se divorció, perdió a su mejor amigo o fracasó en un negocio, sufrió una lesión o una enfermedad catastrófica, su casa se quemó—y más tarde se pudo comprobar que aquello fue una bendición oculta. Lo que importa es darse cuenta de que lo que le está ocurriendo ahora representará también algo mejor para el futuro. Por lo tanto, busque limonada en los limones. Entre más se esfuerce por encontrar lo bueno, más pronto y con más frecuencia lo encontrará. Si se habitúa a adoptar la actitud de esperar que ese bien llegue, será menor la sensación de disgusto y desánimo mientras lo espera.

¿CÓMO APROVECHAR ESTA EXPERIENCIA PARA BENEFICIO PROPIO?

Cuando la vida le presente un limón, exprímalo y haga limonada.

W. CLEMENT STONE
Multimillonario por esfuerzo propio y antiguo editor de *Success Magazine*

El capitán Jerry Coffee fue un piloto cuyo avión fue derribado durante la guerra de Vietnam. Permaneció siete años como prisionero de guerra en las condiciones más infernales que la raza humana haya conocido. Lo golpearon, sufrió de desnutrición, permaneció en confinamiento solitario durante años. Pero si usted le pregunta qué significó para él esa experiencia, le dirá que fue una experiencia maravillosa que trasformó su vida. Cuando ingresó a su celda por primera vez, supo que estaría mucho tiempo solo. Se preguntó: *¿Cómo puedo aprovechar esta experiencia para beneficio propio?* Me contó que decidió entonces considerarla más como una oportunidad que como una tragedia—una oportunidad para adquirir un mejor conocimiento de sí mismo y de Dios— las únicas dos personas con las que iba a estar.

El capitán Coffee dedicó muchas horas cada día a repasar cada una de las interacciones que había tenido con cualquier persona durante su existencia. Poco a poco comenzó a detectar patrones que habían funcionado o que no habían funcionado durante su vida. Con el tiempo, fue haciéndose lentamente un psicoanálisis, hasta el punto de llegar a conocerse a cabalidad, hasta los niveles más profundos. Aceptó sin reservas cada aspecto de su ser, desarrolló un profundo sentido de compasión por sí mismo y por toda la humanidad y llegó a entender totalmente su verdadera naturaleza. Como resultado, es uno de los hombres más sabios, humildes y pacíficos que haya conocido. Literalmente irradia amor y espiritualidad. Aunque admite que no quisiera tener que volver a pasar por eso jamás, sostiene también que no cambiaría por nada su experiencia como prisionero de guerra porque lo ha convertido en la persona que ahora es, un hombre de familia profundamente espiritual y feliz, un autor exitoso y uno de los oradores más conmovedores e inspiradores que podemos esperar oír.

BUSQUE LA OPORTUNIDAD EN TODO

Qué pasaría si también usted recibiera cada experiencia de su vida preguntándose: "¿Qué potencial encierra esta oportunidad?" Quienes alcanzan los mayores niveles de éxito interpretan cada nueva experiencia como una oportunidad. Inician cada conversación convencidos de que sacarán de ella algo bueno. Y saben que encontrarán lo que buscan y lo que esperan.

Si uno adopta la actitud de que lo "bueno" no ocurre por accidente—que todas las personas y todas las cosas que se nos presentan en la vida tienen una razón de ser—y que el universo nos está acercando a nuestro destino final para aprender, desarrollarnos y alcanzar nuestros objetivos, comenzaremos a ver en todos los acontecimientos—por difíciles o desafiantes que sean—una oportunidad de mejorar y progresar en la vida.

Haga un pequeño letrero o cartel en el que diga: *¿Qué oportunidad hay aquí?* Póngalo sobre su escritorio o sobre la computadora como recordatorio constante de que debe buscar lo bueno en cada acontecimiento.

También puede comenzar cada día repitiendo la frase: "Creo que el mundo me está preparando algo bueno para hoy. Estoy ansioso por ver qué es." Y luego busque las oportunidades y los milagros.

ÉL VIO LA OPORTUNIDAD

Mark Victor Hansen, mi socio y coautor de los libros de la serie *Chicken Soup for the Soul,*® interpreta cada encuentro como una oportunidad. Enseña a todos a decir, "Quisiera ser su socio en eso. Puedo ver muchas formas de ampliar su idea, de llegar a más gente, de vender más y de ganar más dinero." Fue así como se convirtió en mi socio en el proyecto de los libros de *Chicken Soup for the Soul.*® Un día, mientras desayunábamos, me preguntó: "¿Qué estás haciendo? ¿Qué te tiene tan entusiasmado?" Le conté que había decidido recopilar todas las historias motivadoras e inspiradoras que había utilizado en mis charlas y ponerlas en un libro sin las demás recetes para la vida que contienen, por lo general, los libros de autoayuda. Sería sólo un libro de historias que las personas podrían utilizar de la forma que quisieran. Cuando le describí el libro, me dijo: "Quiero ser tu socio en ese libro. Quiero ayudarte a escribirlo."

Mi respuesta fue: "Mark, el libro ya va por más de la mitad. ¿Por qué habría de permitirte ser mi socio en esta etapa del proyecto?"

"Bueno," me respondió, "muchas de las historias que cuentas allí, las aprendiste de mí. Tengo muchas otras que aún no has oído, sé que puedo conseguir historias excelentes de muchísimos otros oradores e inclusive puedo ayudarte a promocionar el libro en lugares y con personas que tal vez ni siquiera has imaginado."

Mientras conversábamos, me fui dando cuenta de que Mark sería una gran adquisición para el proyecto. Es un experto vendedor y su energía dinámica, sumada a su incansable estilo promocional sería una enorme ventaja. Así que hicimos el negocio. Esa conversación ha representado para Mark ingresos de decenas de millones en regalías y concesiones.

Todo porque si se interpreta cada encuentro como una oportunidad, se manejará como tal. Mark vio mi proyecto del libro—como ve todo proyecto que encuentra—como una oportunidad, y abordó la conversación desde esa perspectiva. El resultado ha sido doce años de una relación de negocios maravillosa y lucrativa para los dos.

DIOS ME DEBE TENER RESERVADO ALGO MEJOR

En 1987, junto con otras 412 personas, presenté una solicitud al gobierno estatal para formar parte de un grupo de treinta personas que conformarían un Equipo de Trabajo del Estado de California para la promoción de la autoestima y la responsabilidad personal y social. Tuve la suerte de ser seleccionado, sin embargo, mi amiga de antaño, Peggy Bassett, la popular ministro de una Iglesia de 2000 miembros, no lo fue. Me sorprendió porque pensé que ella sería perfecta para formar parte del equipo. Cuando le pregunté cómo se sentía de no haber sido elegida, me respondió con una frase que no he olvidado. Desde entonces la he utilizado muchas veces en mi propia vida. Sonrió y dijo: "Jack, me siento muy bien. Sólo significa que *Dios me tiene reservado algo mejor.*" Sabía, en lo más profundo de su ser, que siempre era guiada hacia las experiencias correctas. Su expectativa positiva y su certeza que todo se encontraba dentro del orden divino eran una inspiración para quienes la conocían. Por eso su Iglesia había crecido tanto. Era uno de los principios básicos de su éxito.

LIBERE EL PODER
DE FIJARSE METAS

Si desea ser feliz, fíjese una meta que guíe sus pensamientos,
libere su energía y aliente sus esperanzas.

ANDREW CARNEGIE
El hombre más rico de los Estados Unidos
a comienzos del Siglo XX

Una vez que conozca su propósito en la vida, defina su visión y tenga una idea clara de sus verdaderos deseos y necesidades, debe convertirlos en metas y objetivos específicos y mensurables y luego actuar para alcanzarlos con la certeza de que los logrará.

Los expertos en la ciencia del éxito saben que el cerebro es un órgano buscador de metas. Cualquiera que sea la meta que le presente a su subconsciente, éste trabajará día y noche para alcanzarla.

¿CUÁNTO, PARA CUÁNDO?

Para asegurarse de que una meta libere el poder de su subconsciente, ésta debe cumplir dos criterios. Deberá estar enunciada de manera que usted y cualquier otra persona puedan medir. *Perderé 10 libras* no es un enunciado tan potente como el 30 de junio, *a las 5:00 p.m, pesaré 135 libras.* La segunda es más clara, porque cualquiera puede llegar el 30 de junio a las cinco de la tarde y ver lo que marca la aguja de la balanza. Será 135 libras más o menos. Fíjese que los dos criterios son *cuánto* (cualquier cantidad mensurable, páginas, libras, dólares, metros o puntos) y *para cuándo* (una fecha y hora específicas).

Procure que todos los aspectos de la meta sean los más específicos posible, incluya la marca, el modelo, el color, el año y las características, el tamaño, el peso, la configuración y la forma, y cualquier otro detalle. Recuerde que las metas vagas producen resultados vagos.

UNA META O UNA BUENA IDEA

Cuando no hay criterios de medición, se trata sólo de algo que se desea, se quiere, una preferencia, de *una buena idea*. Para comprometer a su subconsciente, la meta o el objetivo deben ser mensurables. Los siguientes son algunos ejemplos para mayor claridad:

BUENA IDEA	META U OBJETIVO
Quisiera tener una linda casa frente al océano	El 30 de abril de 2007 a medio día tendré una casa de 4.000 pies cuadrados sobre la carretera de la costa del Pacífico en Malibú, California.
Quiero perder peso	El 1ro de enero de 2006, a las 5:00 p.m. pesaré 185 libras.
Tengo que tratar mejor a mis empleados	El próximo viernes, a las cinco de la tarde, agradeceré al menos a seis empleados su contribución al departamento.

PÓNGALO POR ESCRITO EN DETALLE

Una de las mejores formas de aclarar y especificar las metas es escribirlas en detalle, como si estuviera escribiendo las especificaciones para una orden de trabajo. Considere que se trata de una solicitud a Dios o a la conciencia universal. Incluya todos los detalles posibles.

Si hay cierta casa que desee comprar, describa todas sus características la forma más detallada, la ubicación, el paisaje, los muebles, los objetos de arte, el sistema de sonido y la distribución de los espacios. Si hay una fotografía de la casa disponible, consiga una copia. Si se trata de un sueño ideal, tómese el tiempo de cerrar los ojos e incluir todos los detalles. Luego fije una fecha para la cual espera haberla comprado.

Cuando lo haya escrito todo, su subconsciente sabrá en qué debe trabajar. Sabrá qué oportunidades aprovechar para ayudarle a lograr su meta.

Mire, señora, usted fue la que pidió un actor de cine famoso, con cabello oscuro, nariz bien definida y ojos hundidos...

NECESITA METAS QUE LE EXIJAN

Cuando establezca sus metas, asegúrese de incluir algunas muy grandes que le exijan el máximo. Vale la pena tener metas que nos obliguen a mejorar para lograrlas. Conviene tener algunas metas que nos hagan sentir un poco incómodos. ¿Por qué? Porque el objetivo final, además de lograr las metas materiales es convertirnos en *expertos* de la vida, y para hacerlo, tenemos que aprender nuevas destrezas, ampliar nuestra visión de lo que es posible, establecer nuevas relaciones y aprender a superar los miedos, los imprevistos y los obstáculos.

CREE UNA META NOVEDOSA

Además de convertir cada aspecto de su visión en una meta mensurable, al igual que todas las metas bimestrales, semanales y diarias que normalmente se fija, le recomiendo también establecer lo que llamo una meta novedosa, que representa un salto cuántico para usted y su profesión. La mayoría de las metas representan mejoras incrementales en su vida. Son como jugadas que le permiten avanzar cuatro yardas en un partido de fútbol americano. Pero ¿qué ocurre si como primera jugada del partido lanza un pase de cincuenta yardas? Eso equivaldría a un salto cuántico en su progreso. Así como hay jugadas de fútbol que por sí solas representan un gran avance hacia la meta, hay jugadas en la vida que tienen el mismo resultado. Incluyen cosas como perder sesenta libras, escribir un libro, publicar un artículo, participar en un programa de *Oprah,* ganar una medalla de oro en los Juegos Olímpicos, crear un sitio Web de éxito, obtener una maestría o un doctorado, obtener una licencia profesional, abrir su propio spa, ser elegido presidente del sindicato o de la asociación de profesionales de su especialidad, o ser el presentador de su propio programa de radio. El logro de una de esas metas lo cambiaría todo.

¿No valdría la pena esforzarse apasionadamente por lograrlo? ¿No debería prestarle un poco de atención cada día hasta lograrlo?

Si fuera un profesional en ventas independiente y supiera que podía obtener un mejor territorio, una bonificación sustancial sobre su comisión, tal vez hasta un asenso al llegar a un determinado número de clientes, ¿no se esforzaría día y noche por lograr esa meta?

Si fuera una mamá que permaneciera en casa y cuyo estilo de vida y situación económica pudieran cambiar radicalmente con un ingreso adicional de $1,000 por mes participando en una empresa de mercadeo en la red, ¿no aprovecharía cualquier oportunidad para lograr esa meta?

Eso es lo que quiero decir por una meta novedosa. Algo que le cambie la vida, que le brinde nuevas oportunidades, que lo ponga en contacto con las personas correctas, y que eleve el nivel de todas sus actividades, relaciones o grupos sociales en los que participa.

¿Cuál podría ser una de estas metas novedosas para usted? Mi hermano menor, Taylor, es profesor de educación especial en Florida. Acaba de terminar un proceso de cinco años para obtener su credencial de administrador escolar que con el tiempo significa para él un ingreso adicional de $25,000 al año. ¡Ese es un salto importante que incrementará significativamente su salario y su nivel de influencia en el sistema escolar!

Para Mark Victor Hansen y para mí fue una meta novedosa la de escribir un libro que llegara a la lista de bestsellers como *Chicken Soup for the Soul,*® nos llevó de ser conocidos en un par de campos de actividad estrechos a obtener reconocimiento internacional. A una mayor demanda para nuestros programas de audio, charlas y seminarios. Los ingresos adicionales que obtuvimos nos permitieron mejorar nuestro estilo de vida, asegurar nuestra jubilación, contratar más personal, emprender más proyectos y tener mayor impacto en el mundo.

LEA SUS METAS TRES VECES AL DÍA

Una vez que haya escrito todas sus metas, tanto las grandes como las pequeñas, el siguiente paso en su camino hacia el éxito consiste en activar los poderes creativos de su subconsciente revisando su lista dos o tres veces por día. Tómese el tiempo para leer su lista de metas. Léala en voz alta, con convencimiento y entusiasmo, si está en un lugar adecuado, léala meta por meta. Cierre los ojos e imagine cada meta como si ya la hubiera logrado. Tómese unos segundos para sentir lo que sentiría si ya la hubiera alcanzado.

Al practicar diariamente esta disciplina de éxito activará el poder de sus deseos. Aumenta lo que los psicólogos llaman la "tensión estructural" en su cerebro. Su cerebro desea cerrar brechas entre la realidad actual y la visión de su meta. Al repetir y visualizar constantemente las metas que desea alcanzar como si ya las hubiera logrado, aumentará esta tensión estructural. Esto, a su vez, incrementará su motivación, estimulará su creatividad e incrementará su conciencia de los recursos que pueden ayudarle a alcanzar la meta.

Asegúrese de repasar sus metas al menos dos veces al día, en la mañana, al despertarse, y de nuevo en la noche, antes de irse a dormir. Escribo cada una de mis metas en una ficha de 3 × 5 pulgadas. Mantengo las fichas cerca de mi cama y las repaso una por una en la mañana y en la noche. Cuando viajo, las llevo conmigo.

Escriba la lista de sus metas en su agenda o calendario. También puede crear un ahorrador de pantalla, *pop-up,* en su computadora con la lista de sus metas. El objetivo es tenerlas siempre presentes.

Cuando el deportista Bruce Jenner ganador de la medalla olímpica del decatlón preguntó a un grupo de aspirantes a participar en los Juegos Olímpicos que colmaba un auditorio, si tenían una lista de metas escritas, todos levantaron la mano. Cuando les preguntó cuántos de ellos tenían la lista con ellos en ese momento, solo uno levantó la mano. Era Dan O'Brien. Y fue Dan O'Brien quien ganó la medalla de oro en los Juegos Olímpicos de Atlanta de 1996. No hay que desestimar el poder de fijar metas y repasarlas constantemente.

CREE UN LIBRO DE METAS

Otra poderosa forma de acelerar el logro de sus metas es crear un Libro de Metas. Compre una carpetalagujeros de tres argollas, un álbum de recortes o un diario de $8^{1}/_{2}$ pulgadas × 11 pulgadas. Haga una página para cada una de sus metas. Escriba una meta en la parte superior de la página y luego ilústrela con imágenes, palabras y frases recortadas de revistas, catálogos y folletos de turismo para mostrar su meta ya lograda. A medida que van surgiendo nuevas metas y deseos, sólo agréguelos a su lista y a su Libro de Metas. Repase cada día las páginas de su Libro de Metas.

LLEVE SU META MÁS IMPORTANTE EN SU BILLETERA

Cuando empecé a trabajar para el Sr. W. Clement Stone, me enseñó a escribir mi meta más importante en el reverso de mi tarjeta de presentación comercial

y llevarla en mi billetera todo el tiempo. Cada vez que la abriera recordaría la
más importante de mis metas.

Cuando conocí a Mark Victor Hansen descubrí que él también usaba la
misma técnica. Cuando terminamos el primer libro de *Chicken Soup for the
Soul*® escribimos: "Estoy feliz de que para diciembre 30 de 1994 hayamos
vendido ya un millón y medio de copias de *Chicken Soup for the Soul*.® Luego,
cada uno firmó la tarjeta del otro y guardamos las tarjetas en nuestras billete-
ras. Todavía tengo la mía en un marco detrás de mi escritorio.

Aunque nuestro editor se burló de nosotros y dijo que estábamos locos,
vendimos 1.300.000 copias del libro para la fecha que nos habíamos fijado. Alguien puede decir: "Bueno, fallaron la meta por 200,000 copias." Tal vez, pero
eso no es mucho. El libro siguió vendiéndose muy bien hasta alcanzar ventas
de 8,000,000 de copias en más de treinta idiomas en todo el mundo. Les aseguro... que puedo sentirme satisfecho con ese tipo de "fracaso."

UNA META NO BASTA

*Si está aburrido con su vida, si no se levanta todas las mañana con
un deseo ferviente de hacer cosas, no tiene suficientes metas.*

LOU HOLTZ
El único entrenador en la historia de la NCAA que llevó a seis equipos
universitarios distintos a los juegos de postemporada y ganó
un campeonato nacional y honores como "entrenador del año"

Lou Holtz, el legendario entrenador de fútbol de la Universidad de Notre
Dame, es también legendario por establecer metas. Su fe en la efectividad de
establecer metas proviene de una lección que aprendió en 1966 cuando tenía
apenas veitiocho años y acababa de ser contratado como entrenador asistente
en la universidad de South Carolina. Su esposa, Beth, tenía ocho meses de
embarazo de su tercer hijo y Lou había gastado hasta el último centavo en la
cuota inicial de una casa. Un mes más tarde, el entrenador en jefe que había
contratado a Lou renunció y Lou se quedó sin trabajo.

En un intento por animarlo, su esposa le regaló un libro, *The Magic of
Thinking Big* (La Magia de Pensar en Grande), por David Schwartz. El libro
decía que uno debía escribir todas las metas que quisiera lograr en la vida.
Lou se sentó a la mesa del comedor, dio rienda suelta a su imaginación, y en
menos de lo que pensaba, había elaborado una lista con 107 metas que quería
lograr antes de morir. Abarcaban todas las áreas de su vida, e incluían recibir
una invitación a cenar en la Casa Blanca, aparecer en el programa *Tonight* con

Johnny Carson, conocer al Papa, ser entrenador de Notre Dame, llevar su equipo al campeonato nacional y lograr un hoyo con un solotiro en golf. Hasta el momento, Lou ha cumplido 81 de estas metas, incluyendo el hoyo en uno, pero no una vez ¡sino dos!

Tómese el tiempo de hacer una lista de 101 metas que desee lograr en su vida. Anótelas con lujo de detalles, dónde, cuándo, cuánto, qué modelo, qué tamaño, etc., póngalas en fichas de 3 × 5 pulgadas, en una página de metas o en un Libro de Metas. Cada vez que logre una de sus metas, táchela y escriba a un lado la palabra *victoria*. Yo hice una lista de las 101 metas importantes que quería lograr antes de morir y ya he logrado cincuenta y ocho de ellas en sólo catorce años, como viajar al África, volar en planeador, aprender a esquiar, asistir a los Juegos Olímpicos de verano y escribir un libro para niños.

LA CARTA DE BRUCE LEE

Bruce Lee, probablemente el mayor experto en artes marciales que haya vivido, también entendió el poder de enunciar una meta. Si alguna vez tiene la oportunidad de visitar Planeta Hollywood en la ciudad de Nueva York, busque la carta que cuelga en la pared, la que Bruce Lee se dirigió a sí mismo. Está fechada el 9 de enero de 1970 y tiene un sello que dice "Secreto." Bruce escribió: "Para 1980, seré el mejor actor de cine oriental de los Estados Unidos y habré ganado diez millones de dólares . . . a cambio realizaré la mejor actuación de la que sea capaz cada vez que esté ante la cámara y viviré en paz y armonía."

Bruce realizó tres películas y luego, en 1973, filmó *Enter the Dragon* que se estrenó ese mismo año después de su prematura muerte a la edad de 33 años. La película fue un gran éxito y le dio a Bruce Lee fama mundial.

GÍRESE UN CHEQUE

Hacia 1990, cuando Jim Carrey era un joven comediante canadiense que luchaba por surgir y abrirse camino en Los Angeles, condujo su viejo Toyota colina arriba, hasta Mulholland Drive. Mientras estaba allí sentado contemplando la ciudad a sus pies y soñando con su futuro, se giró un cheque por $10 millones fechado el día de acción de gracias de 1995 y agregó la siguiente nota "por servicios de actuación prestados" y, desde ese día, lo llevó en su billetera. El resto, como dicen, es historia. El optimismo y la tenacidad de Carrey eventualmente dieron fruto y, para 1995, después del enorme éxito de taquilla de su película *Ace Ventura: Pet Detective* (Ace Ventura: Detective de Mascotas), *The Mask* (La Máscara) y *Dumb & Dumber* (Tonto y más Tonto), su precio de contratación había aumentado a $20 millones por película. Cuando murió el padre de Carrey en 1994, puso el cheque por diez millones de dólares sobre su ataúd como un tributo al hombre que había iniciado y alimentado sus sueños de convertirse en estrella.

CONSIDERACIONES, TEMORES Y OBSTÁCULOS

Es importante tener en cuenta que, tan pronto como se fija una meta, ocurrirán tres cosas que detienen a la mayoría de las personas—pero que no lo detendrán a usted, si sabe que son parte del proceso, y las podrá tratar entonces como lo que son—cosas que hay que saber manejar, en lugar de permitir que lo bloqueen.

Estos tres obstáculos para alcanzar el éxito son: las *consideraciones,* los *temores* y los *obstáculos.*

Piénselo bien. Tan pronto como diga que quiere duplicar sus ingresos para el año entrante, empezarán a surgir consideraciones como: *Tendré que trabajar dos veces más* o *no tendré tiempo para mi familia* o *mi mujer me va a matar.* Es posible que llegue a pensar, *He llegado al límite de mi territorio, No veo cómo podré lograr que los compradores de mi ruta actual me compren más productos.* Si dice que va a correr el maratón, es posible que una voz en su interior le diga: *Podrías lesionarte,* o *tendrás que levantarte dos horas más temprano cada mañana.* Inclusive le puede sugerir que ya está muy viejo para empezar a correr. Estos pensamientos son lo que se conocen como *consideraciones.* Son todas las razones por las cuales no debe intentar alcanzar esa meta, todas las razones por las cuales resulta imposible lograrla.

Sin embargo, conviene sacar estas consideraciones a la superficie. Son la forma como usted ha venido bloqueándose subconscientemente a todo lo largo de su vida. Ahora que las ha traído a su conciencia, las podrá manejar, confrontar y superar.

Los *temores,* por otra parte, son sentimientos. Es posible que experimente temor al rechazo, temor al fracaso, temor de hacer el tonto. Tal vez sienta temor de sufrir una lesión física o emocional. Tal vez lo asuste que pueda perder algún dinero que ya tiene ahorrado. Estos temores no son inusuales. Son sólo parte del proceso.

Por último se dará cuenta de los *obstáculos.* Son circunstancias puramente externas, mucho más allá de simples pensamientos o sentimientos internos. Un obstáculo puede ser que nadie quiere colaborar en su proyecto. Un obstáculo puede ser que no tenga el dinero que necesita para avanzar. Tal vez necesita otro inversionista. Los obstáculos pueden ser que su gobierno estatal o nacional tiene normas o leyes que prohíben lo que usted quiere hacer. Tal vez necesita presentar una petición al gobierno para cambiar las normas.

Stu Lichtman, experto en reestructuración de negocios, se hizo cargo de una muy conocida empresa de calzado en Maine que estaba en tan mala situación financiera que prácticamente estaba condenada a salir del mercado. El negocio tenía deudas de millones de dólares con sus acreedores y le faltaban dos millones para pagarles. Como parte de la reestructuración propuesta, Stu negoció la venta de una planta no utilizada cerca de la frontera con Canadá que le reportaría a la compañía la suma de $600,000. Sin embargo, el Estado de Maine tenía el derecho de retención sobre la planta y habría reclamado todas las utilidades de la venta. De manera que Stu fue a hablar con el gobernador de Maine para exponerle el dilema de la compañía. Le dijo: "Podríamos hacer dos cosas, declararnos en quiebra, en cuyo caso cerca de mil residentes de Maine quedarían muy pronto sin trabajo y entrarían a engrosar las filas de los que reciben subsidio por desempleo, lo que le costaría al gobierno millones de dólares, o la compañía y el gobierno podrían adoptar conjuntamente el plan de mantener la compañía a flote," contribuyendo al buen funcionamiento de la economía del estado al mantener a cerca de mil personas en sus puestos y darle un vuelco a la compañía en preparación para su adquisición por otra empresa. Sin embargo, la única forma de lograr esa meta era—ya lo adivinó—superar el *obstáculo* del derecho de retención estatal sobre la planta. En vez de desanimarse por esa pignoración, Stu decidió hablar con la persona que podía eliminar el obstáculo. Al final, el gobernador decidió cancelar la pignoración.

Claro está, que tal vez no encuentre obstáculos que exijan hablar con un gobernador, aunque también es cierto que, dependiendo de qué tan grande sea su meta, ¡es posible que tenga que hacerlo!

Los obstáculos son sólo eso, obstáculos que el mundo nos arroja, llueve cuando intentamos organizar un concierto al aire libre, su esposa no quiere trasladarse a Kentucky, donde usted tiene el apoyo financiero que requiere, y así sucesivamente. Los obstáculos son sólo circunstancias de la vida real que hay que resolver para poder avanzar.

Desafortunadamente, cuando se presentan estas consideraciones, temores y obstáculos, muchos los ven como señales de pare. Se dicen: "Por lo que estoy pensando, sintiendo y descubriendo, creo que desistiré de alcanzar esta meta después de todo." Pero le estoy diciendo que las consideraciones, temores y obstáculos no deben verse como señales de pare sino como parte normal del proceso, cosas que siempre encontrará. Cuando remodela su cocina, acepta el polvo, el desorden y la molestia de la obra como parte del precio que hay que pagar. Simplemente aprende a manejar la situación. Lo mismo ocurre con las consideraciones, los temores y los obstáculos. Se aprende a manejarlos.

De hecho, se supone que deben aparecer. Si no lo hicieran, significaría que no se ha fijado una meta lo suficientemente grande cómo para que le

ayude a progresar y a crecer. Significa que no tiene verdadero potencial de autodesarrollo.

Yo siempre tomo las consideraciones, temores y obstáculos cuando aparecen, como algo positivo porque, con mucha frecuencia, son precisamente las
cosas que no me habían dejado avanzar en la vida. Una vez que las puedo sacar del subconsciente y darme cuenta de que existen, puedo enfrentarlas, pro-
cesarlas y manejarlas. Cuando lo hago, me siento mejor preparado para el
siguiente proyecto que piense emprender.

LA MAESTRÍA ES LA META

*Debemos fijar una meta lo suficientemente grande como para que
en el proceso de lograrla nos convirtamos en alguien
en quien valga la pena convertirse.*

JIM ROHN
Millonario por mérito propio, exitoso entrenador y filósofo

Claro está que la última ventaja de superar estas consideraciones, temores y
obstáculos no es la de las recompensas, materiales que se disfruten sino el desarrollo personal que se logra en el proceso. El dinero, los autos, las casas, los
botes, el cónyuge atractivo, el poder y la fama pueden todos desaparecer en
un abrir y cerrar de ojos, pero lo que nunca le podrán quitar es aquello en lo
que usted se ha convertido en el proceso de alcanzar su meta.

Alcanzar una meta ambiciosa lo obliga, necesariamente, a crecer como
persona. Tendrá que desarrollar nuevas destrezas, aptitudes y capacidades.
Tendrá que esforzarse al máximo, dar lo mejor de sí, y al hacerlo, dará lo mejor de sí para siempre.

El 20 de octubre de 1991, un devastador incendio arrasó las lomas del
hermoso paisaje de Oakland y Berkeley en California, incendiando en llamas
un edificio cada 11 segundos durante más de diez horas y destruyendo por
completo 2,800 casas de familia y apartamentos. Un amigo mío, también escritor, perdió todas sus posesiones, incluyendo la totalidad de su biblioteca,
sus archivos repletos de investigaciones y el manuscrito prácticamente terminado del libro que estaba escribiendo. Aunque, sin lugar a dudas, quedó de-
vastado por un corto período de tiempo, pronto se dio cuenta de que aunque
todo lo que tenía se había perdido en el incendio, la persona que él tenía dentro, todo lo que había aprendido, todas sus capacidades y la confianza en sí
mismo que había desarrollado durante el proceso de escribir y promocionar
sus libros, seguía allí y ningún incendio la podía arrasar.

Puede perder cosas materiales pero nunca podrá perder su *maestría,* lo que se ha aprendido, la persona en la que se ha convertido en el proceso de lograr sus metas.

Creo que parte de lo que hemos venido a hacer a esta tierra es convertirnos en maestros en muchas destrezas. Cristo fue un maestro que convirtió el agua en vino, que curó a las gentes, que caminó sobre el agua y que calmó tormentas. Él dijo que también usted y yo podríamos hacer todas estas cosas *y aún más.* Definitivamente tenemos ese potencial.

Aún hoy, en la plaza de una pequeña ciudad alemana, hay una estatua de Cristo cuyas manos fueron destruidas durante el intenso bombardeo de la Segunda Guerra Mundial. Aunque los habitantes de la ciudad habían podido restaurar la estatua hace décadas, aprendieron esta lección aún más importante, colocaron una placa bajo la estatua que dice, "Cristo no tiene más manos que las tuyas." Dios necesita nuestras manos para completar sus obras en la tierra. Pero para convertirnos en maestros y hacer este gran trabajo, todos tenemos que estar dispuestos a enfrentar las consideraciones, los temores y los obstáculos.

¡HÁGALO YA!

Tómese el tiempo ahora, antes de pasar al siguiente capítulo, de hacer una lista de las metas que quiere lograr. Asegúrese de que sean metas mensurables (qué tanto, para cuándo), para todos los aspectos de su visión. Decida luego cuál es la meta realmente innovadora, escríbala en el anverso de su tarjeta de negocios y guárdela en su billetera. Luego cree una lista de 101 metas que quiera lograr antes de morir. El ser claro en cuanto al propósito, la visión y las metas, lo colocará en el 3 por ciento de las personas del mundo que logran lo que se proponen. Para llegar al 1 por ciento en la parte superior de la escala de triunfadores, todo lo que tiene que hacer es anotar en su lista de actividades diarias los pasos que le ayudarán a lograr sus metas. Luego, asegúrese de llevar a cabo, realmente, esas acciones.

Piénselo así: Si tiene una idea clara de hacia dónde va (sus metas) y cada día avanza varios pasos en esa dirección, eventualmente llegará. Si tomo rumbo norte al salir de Santa Barbara y camino cinco pasos cada día, eventualmente terminaré en San Francisco. De modo que, decida lo que quiere, póngalo por escrito, repáselo constantemente y haga algo cada día para avanzar hacia esas metas.

8

DIVIDA LOS TRABAJOS
EN SEGMENTOS

El secreto de avanzar es comenzar. El secreto de comenzar es
dividir las tareas complejas y abrumadoras en tareas pequeñas,
manejables, y empezar por la primera.

MARK TWAIN
Célebre autor y humorista norteamericano

A veces, nuestras principales metas parecen abrumadoras. Rara vez las consideramos como una serie de pequeñas tareas fáciles de lograr, pero en realidad, el separar una meta ambiciosa en tareas más pequeñas—y cumplir cada una de ellas a la vez—es exactamente la forma de lograr cualquier meta ambiciosa. Por lo tanto, una vez que haya decidido lo que realmente quiere y haya fijado metas mensurables, con fechas límite específicas, el siguiente paso consiste en determinar todos los pasos de acción individuales que debe tomar para cumplir su meta.

CÓMO SEPARARLA EN PARTES

Hay varias formas de definir los pasos que se requieren para lograr cualquier meta. Una de ellas es consultar a personas que ya hayan hecho lo que usted quiere hacer y preguntarle qué medidas adoptaron para lograrlo. Con base en su experiencia, podrán indicar todos los pasos que se requieren y advertirle acerca de posibles trampas u obstáculos que deban evitar. Otra forma es comprar un libro o manual que explique el proceso paso a paso. Otra forma más es comenzar por el final y mirar hacia atrás. Para hacer esto, sólo cierre los ojos e imagine que ya es el futuro y que ya ha logrado su meta. Luego mire hacia atrás y vea lo que tuvo que hacer para llegar donde se encuentra ahora. ¿Qué fue lo último que hizo? Y luego piense lo que hizo antes de eso y antes de eso otro hasta que llegue a lo primero que hizo cuando empezó.

Recuerde que es normal no saber cómo hacer algo. Está bien pedir orientación y consejo a quienes sí lo saben. A veces puedes tener este consejo gratis, otras veces tendrás que pagar por él. Acostúmbrese a preguntar: "¿Puede decirme cómo...?" o "¿qué tendría que hacer para...?" y "¿cómo hizo usted...?" Siga investigando y preguntando hasta que pueda elaborar un plan de acción realista que lo lleve de donde está a donde quiere ir.

¿Qué tendrá que hacer? ¿Cuánto dinero tendrá que ahorrar o conseguir? ¿Qué nuevas destrezas debe aprender? ¿Qué recursos tendrá que movilizar? ¿A quién tendrá que conseguir para que colabore en el logro de su visión? ¿A quién tendrá que pedirle ayuda? ¿Qué nuevas disciplinas o hábitos tendrá que desarrollar e incluir en su vida diaria?

Una técnica valiosa para elaborar un plan de acción que le permita alcanzar sus metas es lo que se llama el mapa mental.

USE UN MAPA MENTAL

La elaboración de un mapa mental es un proceso sencillo pero potente para crear una detallada lista de cosas que hacer a fin de alcanzar su meta. Le permite determinar la información que debe recopilar, las personas con las que debe hablar, las pequeñas medidas que debe tomar, cuánto dinero tendrá que ganar u obtener, cuáles serán las fechas límites que deba cumplir, y así sucesivamente, para cada una y todas sus metas.

Cuando empecé a crear mi primer álbum de grabaciones de audio para propósitos educativos—una de las metas extraordinarias que me permitió obtener ganancias excepcionales para mi y mi negocio—utilicé el mapa mental para ayudar a dividir en segmentos la gran meta que me había propuesto y determinar las distintas que tendría que realizar para por último producir el álbum.[11]

El mapa mental original que creé para mi álbum de grabaciones de audio está en la página 67. Para hacer un mapa mental de sus propias metas, siga estos pasos como se muestra en el ejemplo:

1. **Círculo central:** En el círculo central, anote el nombre de su meta propuesta, en este caso: Crear un programa educativo de audio.

2. **Círculos externos:** Luego, divida la meta en las principales cate-

---

11. Para educarse mejor sobre el mapa mental, vea *The Mind Map Book: How to Use Radiant Thinking to Maximize Your Brain's Untapped Potencial* (El Libro del Mapa Mental: Cómo Utilizar el Pensamiento Irradiante para Maximizar el Potencial Inexplotado de su Cerebro), por Tony Buzan y Barry Buzan (New York: Penguin Pluime, 1996).

gorías de las tareas que requiere completar para lograr la meta mayor, en este caso: *Título, Estudio, Temas, Audiencia,* etc.

3. **Radios:** Pinte entonces los radios de la rueda que radian de cada minicírculo y rotule cada uno de ellos (por ejemplo, *Escribir Copia, Foto a Colores para la Contracarátula* y *Organizar un Almuerzo*). En una línea aparte, conectada al minicírculo, anote todas las cosas que hay que hacer. Divida cada uno de los radios más detallados con acciones que le ayuden a crear una lista maestra de las cosas que se deben hacer.

LUEGO, ELABORE UNA LISTA DE COSAS PARA HACER DIARIAMENTE

Cuando haya terminado el mapa mental para su meta, convierta todos los puntos de cosas que hacer en puntos de una lista diaria de actividades, comprometiéndose con una fecha de cumplimiento para cada punto. Hecho esto, programe las actividades en el orden adecuado en su agenda y haga cuanto esté a su alcance por seguir la programación prevista.

COMIENCE POR EL PRINCIPIO

El objetivo es mantenerse dentro de la programación y terminar primero las tareas más importantes. En su excelente libro, *¡Eat That Frog! 21 Great Ways to Stop Procrastinating and Get More Done in Less Time* (¡Cómase ese Sapo! 21 Formas Excelentes de Dejar de Procrastinar y Hacer Más en Menos Tiempo), Brian Tracy revela no sólo la forma de dominar la tendencia a dejarlo todo para después sino cómo establecer prioridades y ocuparse de todos los puntos en la lista de cosas por hacer.

Con su exclusivo sistema, Brian aconseja a quienes establecen metas que identifiquen de una a cinco cosas que deban hacer cualquier día y elijan la que, desde todo punto de vista, deba hacerse primero. Será el equivalente al más grande y más feo de todos los sapos, y les sugiere que se encarguen de esa tarea primero, en otras palabras, que empiecen por comerse ese sapo, así las demás cosas que tengan que hacer les resultarán más fáciles. Es una excelente estrategia. Desafortunadamente, casi todos dejamos el sapo más grande y feo para el final, con la esperanza de que desaparezca o que, de alguna forma, se convierta en algo más fácil de hacer, cosa que nunca ocurre. Sin embargo, cumplir la tarea más difícil durante las primeras horas, establece el tono para el resto del día. Nos anima y aumenta nuestra confianza, dos factores que contribuyen a que avancemos cada vez más rápido hacia la meta.

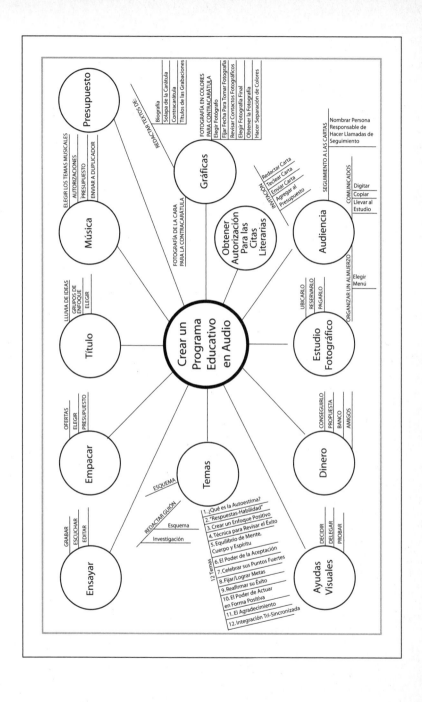

PROGRAME SU DÍA DESDE LA NOCHE ANTERIOR

Uno de los instrumentos más poderosos de quienes logran grandes cosas
dividiéndolas en pequeños segmentos, y así lograr el control de sus vidas y
aumentar su productividad, es programar cada día desde la noche anterior.
Son dos las razones por las cuales esta es una estrategia tan poderosa para
el éxito:

1. Si programa su día desde la noche anterior—elaborando una lista
   de cosas para hacer y dedicando unos minutos a visualizar exactamente cómo quiere que se desarrolle el día—su subconsciente
   trabajará en esas actividades toda la noche. Pensará en formas creativas de resolver cualquier problema, superar cualquier obstáculo y
   lograr los resultados deseados. Y si podemos creer en algunas de las
   más novedosas teorías de la física cuántica, emitirá ondas de energía
   que atraerán hacia usted a las personas y los recursos que necesita
   para alcanzar sus metas.[12]

2. Al elaborar la lista de cosas para hacer desde la noche anterior, podrá empezar su día sin demora. Sabrá exactamente lo que va a hacer y el orden en el que lo hará y ya tendrá listos los materiales que
   pueda necesitar. Si debe hacer cinco llamadas telefónicas, ya las
   tendrá anotadas en el orden en que piensa hacerlas, con los números de teléfono al lado del nombre de la persona a quien va a llamar
   y todos los materiales de apoyo a la mano. Para la mitad de la mañana, ya estará muy adelantado en sus tareas en relación con la mayoría de las personas que pierden la primera media hora del día
   despejando su escritorio, elaborando listas, encontrando los documentos que requieren, en otras palabras *preparándose apenas* para
   empezar a trabajar.

---

12. Véase *The Seven Spiritual Laws of Success: A Practical Guide to the Fulfillment of Your Dreams* (Las Siete
Leyes Espirituales del Éxito: Una Guía Práctica de Cómo Lograr Nuestros Sueños), por Deepak
Chopra (San Rafael, CA: Amber-Allen, 1995); *The Spontaneus Fulfillment of All Desire: Harnessing the In-
finite Power of Coincidence* (El Cumplimiento Espontáneo de Todo Deseo: Cómo Controlar el Infinito
Poder de la Coincidencia), por Deepak Chopra (New York: Harmony Books, 2003): *The Power of In-
tention: Learning to Co-Create Your World Way* (El Poder de la Intención: Aprender a Co-crear Nuestro
Mundo a Nuestra Manera), por Wayne W. Dyer (Carlsbad, CA: Hay House, 2004): y *The 11th Ele-
ment: The Key to Unlocking Your Master Blueprint for Wealth and Success* (El 11° Elemento: La Clave para
Descifrar el Plan Maestro para Lograr Éxito y Fortuna), por Robert Scheinfeld (Hoboken, NJ: John
Wiley & Sons, 2003).

APLIQUE EL SISTEMA DE ENFOQUE DE LOS
QUE LOGRAN EL ÉXITO

Una herramienta valiosa que lo mantendrá enfocado en el logro de todas
sus metas en las siete áreas que describimos dentro de su visión (ver las páginas 34–35) es el Sistema de Enfoque de los que Logran el Exito, desarrollado por Les Hewitt del Programa de Entrenamiento para Personas Exitosas.
Es un formulario de metas y pasos que puede utilizar para elaborar su plan
y responder usted mismo por trece semanas. Puede obtener una copia del
formulario y las instrucciones para su uso, sin costo alguno, del sitio Web
www.thesuccessprinciples.com.

EL ÉXITO DEJA PISTAS

El éxito deja pistas.

ANTHONY ROBBINS
Autor de *Unlimited Power* (Poder Ilimitado)

Una de las maravillas de vivir en nuestro mundo actual de abundancia y oportunidad, es que ya alguien ha hecho casi todo lo que queramos hacer, ya se trate de perder peso, correr una maratón, iniciar un negocio, lograr independencia económica, ganarle la batalla al cáncer de seno o ser el anfitrión o la anfitriona de la cena perfecta, ya alguien lo ha hecho y *ha dejado pistas,* en forma de libros, manuales, grabaciones y programas de video, cursos universitarios, cursos en el Internet, seminarios y talleres.

¿QUIÉN HA HECHO YA LO QUE USTED QUIERE HACER?

Si quiere jubilarse como millonario, por ejemplo, hay cientos de libros, desde *The Automatic Millionaire* (Hágase Automáticamente Millonario) hasta *The One Minute Millionaire* (Millonario en Un Minuto), y talleres que van desde el de Harv Eker, "Millionaire Mind" (La Mente del Millonario) hasta el de Marshall Thurber y D.C. Cordova "Money and You" (El Dinero y Usted).[13] Hay recursos que le enseñan cómo ganar millones invirtiendo en bienes raíces, en acciones, cómo iniciar su propio negocio, cómo convertirse en un supervendedor, e inclusive, como vender sus productos en el Internet.

Si quiere tener una mejor relación con su esposa, puede leer el libro de John Gray, *Men are from Mars, Women are from Venus* (Los Hombres son de

---

13. La información de los contactos para todos los libros, seminarios y programas de capacitación que se mencionan aquí se encuentra en la sección "Lecturas Recomendadas y otros Recursos" que comienza en la página 475. Puede acceder también a una extensa y constantemente actualizada serie de recursos en www.thesuccessprinciples.com.

Marte, las Mujeres son de Venus), asistir a un taller para parejas, o tomar el curso en el Internet de Gay y Kathlyn Hendricks, "The Conscious Relationship" (La Relación Consciente).

Hay libros y cursos sobre cómo hacer prácticamente cualquier cosa. Es más, basta levantar el teléfono para comunicarse con personas que ya han tenido éxito haciendo lo que quiere hacer y están disponibles como maestros, facilitadores, mentores, asesores, entrenadores y consultores.

Cuando haga uso de esta información comprobará que la vida es simplemente un juego de unir puntos, y esos puntos ya han sido identificados y organizados por alguien. Todo lo que hay que hacer es utilizar el mapa tal como ha sido diseñado, poner en práctica el sistema o trabajar con el programa que estas personas ofrecen.

POR QUÉ NADIE BUSCA LAS PISTAS

Cuando me preparaba para aparecer en un programa de noticias matutinas en Dallas, pregunté a la artista encargada del maquillaje en ese canal cuáles eran sus metas a largo plazo. Me dijo que siempre había pensado en abrir su propio salón de belleza, así que le pregunté qué estaba haciendo para lograrlo.

"Nada," me respondió, "Porque no sé cómo hacerlo."

Le sugerí que invitara a la dueña de un salón de belleza a almorzar y le preguntara cómo había iniciado su negocio.

"¿Puedo hacer eso?" exclamó la maquilladora.

Naturalmente. De hecho, es probable que haya pensado en consultar a un experto para que la asesore pero que haya desistido de hacerlo por pensar cosas como: *¿Por qué habría de querer alguien tomarse el tiempo de contarme qué hizo? ¿Por qué habría de enseñarme y crear su propia competencia?* Rechace esos pensamientos. Se dará cuenta de que a la mayoría le encanta hablar de la forma como inició su negocio y logró sus metas.

Pero, desafortunadamente, al igual que la maquilladora de ese canal en Dallas, casi nunca aprovechamos los recursos que tenemos a nuestra disposición. Y no lo hacemos por varias razones:

- Nunca se nos ocurre. No vemos que nadie lo haga, así que tampoco lo hacemos. Nuestros padres no lo hicieron, nuestros amigos no lo hacen, nadie en donde trabajamos lo hace.
- Nos quita tiempo. Tenemos que ir a la librería, a la biblioteca o a la universidad local. Tenemos que atravesar todo el tráfico de la ciudad en el automóvil para llegar a una reunión. Tenemos que separarnos del televisor, de la familia o de los amigos.

- Pedir consejo o información a los demás nos enfrenta al temor de ser rechazados. Nos da miedo correr el riesgo.
- Conectar dos puntos de manera novedosa representaría un cambio, y el cambio—aunque sea para nuestro bien—es incómodo. ¿Quién quiere incomodarse?
- Conectar los puntos significa esforzarse y trabajar duro y, francamente, muchos no están dispuestos a tanto.

BUSQUE LAS PISTAS

Las siguientes son tres formas de empezar a buscar pistas:

1. Busque un maestro, asesor o mentor; consiga un manual, un libro o un programa de audio; o un recurso de Internet, que le ayude a lograr una de sus principales metas.
2. Busque a alguien que haya hecho lo que usted quiere hacer y pregúntele si puede entrevistarse con él o con ella una media hora para que le indique cuál es la mejor forma de empezar.
3. Pregúntele a alguien si puede pasar un día con él o con ella para ver cómo trabaja. Otra alternativa es ofrecerse como voluntario(a), asistente o interno(a) para alguien de quien usted crea que puede aprender.

10

QUITE EL FRENO

Todo lo que usted desea está justo fuera de su zona de confort.

ROBERT ALLEN
Coautor de *The One Minute Millionaire* (Millonario en Un Minuto)

¿Alguna vez ha estado conduciendo su automóvil y súbitamente se ha dado cuenta de que no quitó el freno de emergencia? ¿Hundió más el acelerador para superar la acción del freno? No, claro que no. Simplemente quitó el freno...y sin ningún esfuerzo, comenzó a avanzar más rápido.

Muchos van por la vida con el freno de emergencia puesto. Se aferran a las imágenes negativas que tienen de ellos mismos o sufren los efectos de duras experiencias que aún no han podido superar. Permanecen dentro de una zona de confort que ellos mismos se han creado. Tienen ideas erróneas sobre la realidad o sentimientos de culpa y falta de confianza en sí mismos. Además, cuando intentan alcanzar sus metas—por mucho que se esfuercen—las imágenes negativas y las zonas de confort preprogramadas siempre terminan anulando sus buenas intenciones.

Por otra parte, quienes triunfan en la vida han descubierto que en lugar de utilizar una mayor fuerza de voluntad como el motor para impulsar su éxito, es mucho más fácil "quitar el freno," liberarse de lo que las reprime, cambiar sus conceptos limitantes y mejorar su autoimagen.

SALGA DE SU ZONA DE CONFORT

Considere su zona de confort como una prisión en la que vive, una prisión que, en gran medida, usted mismo se ha creado. Consiste en una serie de *No puedo, Debo, No debo* y otros conceptos infundados, producto de los pensamientos y decisiones negativas que ha acumulado y fomentado a lo largo de la vida. Tal vez ha sido inclusive *entrenado* a autolimitarse.

NO SEA TAN TONTO COMO UN ELEFANTE

A un bebé elefante lo entrenan desde que nace a permanecer confinado en un espacio muy pequeño. Su entrenador lo amarra de una pata con un lazo a una estaca enterrada profundamente en el suelo. Así, el bebé elefante queda confinado a un área determinada por la longitud del lazo, la zona de confort del elefante. Aunque inicialmente el bebé elefante intenta romper el lazo, éste es demasiado fuerte por lo que al fin aprende que no lo puede romper. Aprende a permanecer dentro del área definida por la longitud del lazo.

Cuando el elefante crece hasta convertirse en un coloso de cinco toneladas que fácilmente podría reventar el lazo, ni siquiera lo intenta, porque de pequeño aprendió que no lo podía romper. Así, el elefante ya grande puede permanecer confinado por el lazo más delgado que uno pueda imaginar.

Tal vez esto lo describa también a usted, aún atrapado dentro de una zona de confort por algo tan insignificante y débil como el delgado lazo y la estaca que controlan al elefante, excepto que su lazo está hecho de conceptos e imágenes limitantes que usted recibió y asimiló desde joven. Si esta situación lo describe, las buenas noticias son que puede cambiar su zona de confort. ¿Cómo? Hay tres formas de hacerlo:

1. Puede utilizar afirmaciones y autoargumentos positivos para reafirmar que ya tiene lo que quiere, ya está haciendo lo que desea y ya es lo que quiere ser.
2. Puede crear nuevas imágenes internas poderosas y atractivas de tener, hacer y ser lo que quiere.
3. Puede, sencillamente, cambiar su comportamiento.

Estos tres enfoques harán que cambie su antigua zona de confort.

¡DEJE DE REVIVIR UNA Y OTRA VEZ LA MISMA EXPERIENCIA!

Un concepto importante que entienden quienes alcanzan el éxito es que uno nunca queda *estancado*. Lo que sucede es que, si se sigue pensando lo mismo, creyendo lo mismo, diciendo lo mismo y haciendo lo mismo, se revive una y otra vez la misma experiencia.

Con demasiada frecuencia, nos quedamos estancados en un interminable círculo vicioso de comportamientos reiterativos, que nos mantienen atrapados en una constante espiral descendente. Nuestros pensamientos limitantes

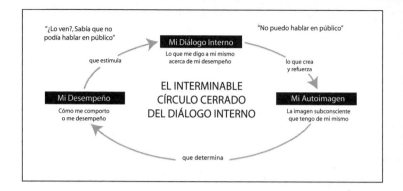

crean imágenes mentales que controlan nuestro comportamiento y esto, a su vez, refuerza los pensamientos limitantes. Imagine pensar que va a olvidar sus líneas cuando tenga que hacer una presentación en su trabajo. Ese pensamiento estimula la imagen de verse olvidando uno de los puntos clave de su presentación. Esa imagen crea una experiencia de temor, el miedo nubla su mente, le hace olvidar uno de sus puntos clave y esto refuerza su diálogo interno que le dice que no es capaz de hablar en público. *¿Lo ven?, sabía que iba a olvidar lo que debía decir. No puedo hablar en público.*

Mientras siga quejándose de sus circunstancias actuales, su mente se centrará en ellas. Al hablar, pensar y escribir constantemente acerca de cómo están las cosas, refuerza esas vías neurales de su cerebro que lo llevaron a donde se encuentra ahora. Y está enviando constantemente esas mismas vibraciones que seguirán atrayendo a las mismas personas y las mismas circunstancias que usted ya ha creado.

Para cambiar este ciclo, debe proponerse, en cambio, pensar, hablar y escribir acerca de la realidad que desea crear. Debe inundar su inconsciente de pensamientos e imágenes de esta nueva realidad.

Los problemas importantes que enfrentamos no podrán resolverse
con ideas del mismo nivel de las que los originaron.

ALBERT EINSTEIN
Ganador del Premio Nobel de Física

¿CUÁL ES SU TEMPERATURA FINANCIERA?

Su zona de confort funciona como un termostato. Cuando la temperatura de la habitación llega al límite del rango térmico que usted ha fijado, el termostato envía una señal eléctrica a la unidad de calefacción o de aire acondicionado para que se apague. A medida que empieza a cambiar la temperatura ambiental, la señal eléctrica sigue respondiendo a los cambios y mantiene el rango de temperatura dentro de los límites deseados.

De igual forma, usted tiene un termostato psicológico interno que gradúa su nivel de desempeño en el mundo. En lugar de señales eléctricas, el regulador interno que determina su desempeño utiliza señales de incomodidad para mantenerlo dentro de su zona de confort. Cuando su comportamiento o su desempeño se van aproximando al límite de esa zona, usted empieza a sentirse incómodo. Si esa incomodidad supera los parámetros de la autoimagen que tiene en su inconsciente, su cuerpo enviará señales de tensión mental e incomodidad física a su organismo. Para evitar ese malestar, usted se retrae inconscientemente a su zona de confort.

Mi padrastro, quien era gerente regional de ventas para NCR, observó que cada uno de sus vendedores tenía su propia autoimagen de vendedor. Se consideraban vendedores de $2,000 mensuales, o $3,000 mensuales.

Si la autoimagen de un vendedor era la de una persona que ganaba $3,000 mensuales en comisiones, sin importar si apenas hubiera comenzado el mes al alcanzar esa cifra, disminuía el esfuerzo por el resto de ese período.

Pero, si el mes estaba por terminar y sólo había ganado $1,500 en comisiones, se esforzaba hasta dieciséis horas diarias, incluyendo los fines de semana, para cumplir su cuota de ventas, y hacía cuanto estuviera a su alcance por alcanzar el nivel de $3,000 para ese mes.

En cualquier circunstancia, una persona con una autoimagen de $36,000 siempre produciría un ingreso de $36,000. Cualquier cifra superior la haría sentir incómoda.

Recuerdo un año en el que mi padrastro estaba vendiendo registradoras la noche de Año Nuevo. Estuvo fuera de la casa hasta mucho después de medianoche, empeñado en vender dos registradoras más a fin de clasificar para el viaje anual a Hawai que se concedía a los vendedores que cumplieran su cuota anual. Había ganado ese viaje durante varios años seguidos y su autoimagen no le permitía perderlo ese año. Vendió las registradoras e hizo el viaje. Cualquier otro resultado habría estado fuera de su zona de control.

Imagine la misma situación en relación con su cuenta de ahorros. Hay personas que están tranquilas mientras tengan $2,000 en la cuenta de ahorros. Otras se sienten incómodas si tienen una cifra menor al equivalente a ocho meses de ingresos, digamos $32,000 ahorrados. Otros se sienten tranquilos sin ahorros y con una deuda de $25,000 en su tarjeta de crédito.

Si la persona que necesita tener $32,000 ahorrados para sentirse cómoda tiene un gasto médico inesperado de $16,000, reduciría sus gastos, trabajaría horas extras, haría una venta de garaje, lo que fuera, para volver a tener un nivel de ahorros de $32,000. De igual forma, si heredara dinero de un momento a otro, probablemente gastaría apenas lo que le permitiera permanecer dentro de esa zona de confort de $32,000 de ahorro.

Habrá escuchado sin duda que muchas personas que se ganan la lotería pierden, gastan, dilapidan o regalan todo el dinero que acaban de recibir en el término de unos pocos años. De hecho, el 80 por ciento de los ganadores de lotería en los Estados Unidos ise declaran en quiebra en el término de cinco años! Esto se debe a que no pudieron desarrollar la forma de pensar de un millonario. Como resultado, recrean inconscientemente la realidad que se conforma a su antigua manera de pensar. Se sienten incómodos con tanto dinero, por lo que encuentran la forma de regresar a su antigua y familiar zona de confort.

Tenemos una zona de confort similar para el tipo de restaurante al que vamos, los hoteles en donde nos alojamos, el tipo de automóvil que conducimos, el tipo de casa donde vivimos, la ropa que usamos, las vacaciones que tomamos y las personas que frecuentamos.

Si alguna vez ha caminado por la 5ª Avenida de Nueva York o por Rodeo Drive en Beverly Hills, probablemente habrá tenido la experiencia de entrar en una tienda y sentir de inmediato que no pertenece allí. El almacén es demasiado sofisticado para usted. Se siente desubicado. Eso es el efecto de su zona de confort.

CAMBIE SU COMPORTAMIENTO

Cuando me mudé a Los Angeles por primera vez en 1981, mi nuevo jefe me llevó de compras a una elegante tienda de ropa para hombres en Westwood. Lo máximo que había pagado hasta entonces por una camisa de vestir era $35 en Nordstrom. La camisa más barata en esta tienda costaba ¡$95! Me sentí abrumado y comencé a sudar frío. Mientras mi jefe compró muchas cosas ese día, yo compré una camisa de diseño italiano por $95. Estaba tan lejos de mi zona de confort que prácticamente no podía respirar. A la semana siguiente, me puse la camisa por primera vez y quedé sorprendido de ver lo bien que me quedaba, lo cómoda que era y cómo mejoraba mi imagen. A los quince días, después de haberla usado una vez por semana, me enamoré de ella. Al cabo de un mes, compré otra. Al término de un año, sólo usaba esas camisas. Poco a poco, mi zona de control había cambiado porque me había habituado a algo mejor, aunque costara más.

Cuando entré a formar parte del Million Dollar Forum y de Income Builders International—dos organizaciones dedicadas a enseñar la forma de hacerse millonario—todas las sesiones de capacitación se realizaban en el

Hotel Ritz-Carlton en Laguna Beach, California, el Hotel Milton de la Isla Grande en Hawai y otros de los hoteles y centros vacacionales más lujosos. El objetivo era lograr que los participantes se acostumbraran a recibir tratamiento de primera clase. Era parte de la estrategia para ampliar sus zonas de confort, para que cambiaran la que ellos pensaban que era su imagen. Cada sesión de entrenamiento concluía con una cena bailable donde se requería ir vestido formalmente. Para muchos participantes era la primera vez que asistían a un evento formal, otra forma más de ampliar su zona de confort.

CAMBIE SU DIÁLOGO INTERIOR CON AFIRMACIONES

Siempre he creído en la magia. Cuando todavía no hacía nada en esta ciudad, subía todas las noches a Mulholland Drive, me sentaba allí y miraba la ciudad, extendía los brazos y decía:"Todos quieren trabajar conmigo. Soy un actor excelente. Tengo toda clase de ofertas para trabajar en magníficas películas." Repetía simplemente estas frases una y otra vez, convenciéndome, literalmente, de que me esperaban un par de películas. Conducía mi automóvil, montaña abajo listo a convertirme en el dueño del mundo mientras me decía: "Me esperan las ofertas para trabajar en películas. Sólo que aún no las escucho." Eran como afirmaciones de hechos cumplidos, antídotos para todo lo que proviene de mi trasfondo familiar.[14]

JIM CARREY
Actor

Una forma de ampliar su zona de confort es bombardear su subconsciente con pensamientos e imágenes—de una jugosa cuenta bancaria, una figura esbelta y sana, un trabajo emocionante, amigos interesantes, vacaciones memorables—de todas sus metas, como si ya las hubiera logrado. La técnica que se utiliza para hacerlo se conoce como *afirmaciones.* Una afirmación es un enunciado que describe una meta ya cumplida, como: "Estoy disfrutando el atardecer desde el balcón de mi hermoso condominio en la playa en la costa de Ka'anapali en Maui" o "Estoy celebrando la tranquilidad y la vitalidad de haber alcanzado el peso ideal de 135 libras."

---

14. Tomado de una entrevista en *Movieline.* Julio de 1994.

LAS NUEVE NORMAS PARA CREAR
AFIRMACIONES EFECTIVAS

Para que sus afirmaciones sean efectivas, deben elaborarse según estas nueve normas:

1. **Comience con la palabra *Soy*.** *Soy* es una de las palabras más poderosas del idioma. El subconsciente toma cualquier frase que empiece con la palabra *soy* y la interpreta como una orden, una instrucción que debe cumplirse.

2. **Use el tiempo presente.** Describa lo que desea como si ya lo tuviera, como si ya lo hubiera logrado.

   La forma equivocada: Conseguiré un nuevo Porsche Carrera 911 rojo.
   La forma correcta: Estoy disfrutando mientas conduzco mi nuevo Porsche Carrera 911 rojo.

3. **Enúncielo positivamente. Afirme lo que desea, no lo que no desea.** Enuncie sus afirmaciones positivamente. El inconsciente no escucha la palabra no. Esto significa que si escucha el enunciado: "No golpees la puerta," lo que en realidad capta es: "Golpea la puerta." El inconsciente piensa en imágenes y las palabras: "No golpees la puerta" y evoca la imagen de la puerta que se golpea. La frase: "Ya no tengo miedo a montar en avión," evoca la imagen de tener miedo a montar en avión, mientras que la frase: "Disfruto la emoción de volar," evoca una imagen de placer.

   La forma equivocada: Ya no me da miedo volar.
   La forma correcta: Disfruto la emoción de volar.

4. **Mantenga el enunciado corto.** Piense en su afirmación como si fuera una frase publicitaria. Actúe como si cada palabra costara $1,000. Tiene que estar lo suficientemente corto y fácil de recordar para no olvidarlo.

5. **Haga lo específico.** Los enunciados vagos producen estados vagos.

   La forma equivocada: Conduzco mi nuevo carro rojo.
   La forma correcta: Estoy conduciendo mi nuevo Porsche Carrera 911 rojo.

6. Incluya una palabra de acción que termine en endo o ando. El verbo activo añade el efecto al evocar una imagen de algo que está ocurriendo ahora.

La forma equivocada: Me expreso en forma abierta y franca.
La forma correcta: Me expreso en forma abierta y franca, seguro de mi mismo.

7. Incluya al menos un sentimiento dinámico o una palabra relacionada con los sentimientos. Incluya una situación emocional que quisiera experimentar como si ya hubiera alcanzado esa meta. Algunas palabras utilizadas comúnmente son: *disfrutar, feliz, alegre, celebrando, orgulloso, tranquilo, sosegado, encantado, entusiasta, amoroso, seguro, sereno y triunfante.*

La forma equivocada: Mantengo mi peso corporal perfecto de 178 libras.
La forma correcta: ¡Me siento ágil y en excelente forma con un peso de 178 libras!

Fíjese que la última suena como una cuña publicitaria. Al subconsciente le encanta el ritmo de la rima, es por eso que recordamos más fácilmente cosas como: "Haz el bien y no mires a quién" y "Que llevan la j como teje, maneje, sujeto, hereje, dije, ejercer."

8. Haga afirmaciones relacionadas con usted, no con los demás. Cuando elabore sus afirmaciones, hágalas de modo que describan su comportamiento, no el de los demás.

La forma equivocada: Veo a Juan arreglando su habitación.
La forma correcta: Le estoy comunicando a Juan con claridad lo que necesito y quiero.

9. Agregue *o algo aún mejor.* Cuando esté afirmando la forma de alcanzar una situación específica (un trabajo, una oportunidad, unas vacaciones), cosas materiales (una casa, un automóvil, un bote), o una relación (esposo, esposa, hijo), agregue siempre "o algo (alguien) mejor." A veces los criterios de lo que queremos provienen de nuestro ego o de nuestra experiencia limitada. A veces hay alguien o algo mejor disponible para nosotros, entonces, conviene que las afirmaciones que hagamos incluyan esta frase cuando resulte adecuada.

Por ejemplo: Estoy disfrutando de mi vida en mi hermosa casa de la playa en la costa Ka'anapali de Maui, o en otro lugar aún mejor.

UNA FORMA SENCILLA DE CREAR AFIRMACIONES

1. Visualice lo que le gustaría crear. Vea las cosas tal como le gustaría que fueran. Introdúzcase en la escena y véala desde su punto de vista. Si desea un automóvil, observe el mundo desde el interior de su vehículo, como si lo estuviera conduciendo.
2. Escuche los ruidos que oiría si ya hubiera logrado su visión.
3. Sienta la sensación que quiere sentir una vez que haya creado lo que desea.
4. Describa en una frase corta lo que experimenta, incluyendo lo que siente.
5. De ser necesario, redacte nuevamente su afirmación para que cumpla todas las normas ya descritas.

CÓMO UTILIZAR LA AFIRMACIÓN
Y LA VISUALIZACIÓN

1. Repase sus afirmaciones de una a tres veces por día. Los mejores momentos son a primera hora de la mañana, a medio día para volver a centrar su enfoque y en la noche, poco antes de irse a la cama.
2. De ser apropiado, lea cada una de las afirmaciones en voz alta.
3. Cierre los ojos y visualícese, como lo describe su afirmación. Véalo todo como si estuviera observando la escena desde su propio interior. En otras palabras, no se vea usted en la escena; contémplela como si fuera usted quien realmente la estuviera viviendo.
4. Escuche cualquier sonido que podría oír cuando haya tenido éxito en lograr lo que su afirmación describe, el ruido de las olas, el entusiasmo de la multitud, las notas del himno nacional. Incluya otras personas importantes en su vida que lo estén felicitando diciéndole lo contentos que están por su éxito.
5. Experimente las sensaciones que tendrá al alcanzar ese éxito. Entre más fuertes sean, más poderoso será el proceso. (Si tiene problemas para crear esas sensaciones, puede afirmar: "Disfruto el proceso de crear con dificultad sensaciones de poder mientras trabajo con eficiencia en el proceso de hacer afirmaciones").
6. Repita su afirmación de nuevo y luego repita todo el proceso con la siguiente afirmación.

OTRA FORMA DE UTILIZAR LAS AFIRMACIONES

1. Coloque tarjetas de 3 × 5 pulgadas con sus afirmaciones en distintos sitios de su hogar.
2. Coloque fotos de las cosas que quiere lograr en distintos sitios de su casa o de su habitación. Puede incluirse en la foto.
3. Repita sus afirmaciones durante los "ratos de inactividad" como mientras espera haciendo una cola, mientras hace ejercicio o mientas conduce su automóvil. Puede repetirlas mentalmente o en voz alta.
4. Grabe sus afirmaciones y escúchelas mientras trabaja, mientras conduce o mientras concilia el sueño. Puede utilizar cintas rotativas y una reproductora MP3 o un iPod.
5. Pida a alguno de sus compañeros que le haga una grabación con frases alentadoras que le gustaría que le dijeran o con palabras que lo animen o lo autoricen a hacer las cosas, frases que de verdad le gustaría escuchar.
6. Repita sus afirmaciones en primera persona ("Soy..."), en segunda persona ("Eres..."), y en tercera persona ("Él/Ella es...").
7. Escriba sus afirmaciones en el ahorrador de pantalla de su computadora para verlas cada vez que las utilice.

LAS AFIRMACIONES DAN RESULTADO

Aprendí por primera vez el poder de las afirmaciones cuando el Sr. W. Clement Stone me retó a fijarme una meta tan remota en relación con mis circunstancias que fuera totalmente asombroso para mí lograrla. Aunque pensé que el reto del Sr. Stone valía la pena, sólo lo puse realmente en práctica varios años después, cuando decidí pasar de ganar $25,000 al año a tener un ingreso anual de $100,000 o más.

Lo primero que hice fue grabar una afirmación copiada de una que había visto escrita por Florence Scovell Shinn. Mi afirmación era:

Dios es mi fuente infinita y me llegan sin demora y fácilmente grandes sumas de dinero, por la gracia de Dios, para el mayor beneficio de todos los interesados. Estoy ganado, ahorrando e invirtiendo, feliz y sin dificultad $100,000 al año.

Luego, hice una copia de un billete de cien mil, y lo pegué al techo encima de mi cama. Al despertarme, veía el billete, cerraba los ojos, repetía mi afirmación y visualizaba lo que disfrutaría si viviera una vida de una persona que gana $100,000 al año. Imaginaba la casa en la que viviría, los muebles, las obras de arte que poseería, el automóvil que conduciría y las vacaciones que tomaría. También creaba las sensaciones que experimentaría una vez que hubiera alcanzado ese estilo de vida.

Pronto, desperté una mañana con mi primera idea de $100,000. Se me ocurrió que podría vender 400,000 copias de mi libro, *100 Ways to Enhance Self-Concept in the Classroom* (100 Formas de Mejorar el Concepto De Sí Mismo en el Aula de Clase), sobre el que recibía regalías de $0,25 por copia, y recibiría un ingreso de $100,000. A mis visualizaciones matutinas agregué la imagen de mi libro volando de los estantes de la librería y a mi editor girándome un cheque por $100,000. No pasó mucho tiempo cuando un periodista independiente me contactó y escribió un artículo sobre mi trabajo para el *Matinal Enquirer*. Como resultado, se vendieron miles de copias adicionales de mi libro ese mes.

Casi todos los días se me ocurrían más y más ideas para ganar dinero. Por ejemplo, saqué pequeños anuncios y vendí el libro por mi cuenta, ganando $3 por copia en vez de $0,25. Inicié un sistema de ventas por catálogo ofreciendo otros libros sobre autoestima y gané aún más dinero de los mismos compradores. La universidad de Massachussets vio mi catálogo y me invitó a vender libros durante una conferencia de un fin de semana, lo que me ayudó a generar más de $2,000 en dos días y me introdujo a otra estrategia para ganar $100,000 al año.

Mientras visualizaba las grandes ventas de mi libro se me ocurrió la idea de generar más ingresos con mis talleres y seminarios. Cuando le pregunté a un amigo que tenía un trabajo similar, me informó que él *iya* estaba cobrando más del doble de lo que me pagaban a mí! Con estas palabras de aliento, tripliqué de inmediato mis tarifas y descubrí que los colegios que me contrataban para que dictara conferencias tenían presupuestos aún más altos que lo que yo pedía.

Mi afirmación estaba dando resultado en grande. Pero si no me hubiera fijado la meta de ganar $100,000 y no estuviera dedicado a afirmar y visualizar ese objetivo, nunca habría subido mi tarifa como orador, nunca habría iniciado la librería de pedidos por correo, nunca habría asistido a una conferencia importante y nunca me habrían entrevistado para una publicación de alta circulación.

Como resultado, ese año se dispararon mis ingresos, pasando de $25,000 ¡a más de $92,000!

Claro está que me faltaron $8,000 para cumplir mi meta pero puedo ase-

gurarles que eso no me deprimió. Por el contrario, estaba en éxtasis. Con el
poder de la visualización y las afirmaciones así como mi disposición para actuar tan pronto como se me ocurría una "idea inspirada," había cuadruplicado
prácticamente mis ingresos en menos de un año.

Después de nuestro año de $92,000 mi esposa me preguntó: "Si las afir-
maciones funcionaron para $100,000 ¿crees que funcionarían también para
un millón?" El uso de las afirmaciones y la visualización siguió logrando el
objetivo y desde ese entonces, mis ingresos anuales han sido de un millón de
dólares o más.

VISUALICE LO QUE QUIERE Y OBTENGA LO QUE VE

La imaginación lo es todo.
Es el avance de los próximos estrenos de la vida.

ALBERT EINSTEIN
Ganador del Premio Nobel de Física

La visualización—o el acto de crear imágenes mentales atractivas y reales— puede ser el más subutilizado de los instrumentos con los que usted cuenta para alcanzar el éxito porque es algo que acelera de tres poderosas formas el logro de cualquier meta.

1. La visualización activa el poder creativo del subconsciente.
2. La visualización hace que su cerebro adquiera un mayor enfoque al programar su *sistema de activación reticular* (SAR) para detectar los recursos disponibles que, aunque siempre han estado ahí, han pasado inadvertidos.
3. La visualización magnetiza y atrae hacia usted las personas, los recursos y las oportunidades que necesita para alcanzar su meta.

Los investigadores han podido constatar que al realizar cualquier tarea en la vida real, el cerebro utiliza procesos idénticos a los que usaría si sólo estuviera visualizando en forma muy real la actividad. En otros palabras, el cerebro no detecta ninguna diferencia entre visualizar algo o realmente hacerlo.

Este principio se aplica también a aprender cualquier cosa nueva. Los investigadores de la Universidad de Harvard han visto que los estudiantes que han visualizado de antemano lo que van a hacer se desempeñan con una precisión cercana al 100 por ciento, mientras que los que no lo visualizan logran una precisión de sólo el 55 por ciento.

La visualización complementa el nivel de logro del cerebro. Y aunque a ninguno nos enseñaron esto en la escuela, desde los años ochenta, los psicó-logos del deporte y los expertos en máximo rendimiento han venido popula-rizando el poder de la visualización. Ahora, casi todos los deportistas olímpicos y los atletas profesionales lo utilizan.

Jack Nicklaus, el legendario golfista, campeón de más de 100 torneos, con más de $5.7 millones en premios, dijo en una oportunidad: "Nunca doy un golpe, ni siquiera cuando practico, sin antes tener una imagen muy clara y nítida de ese golpe en mi mente. Es como una película en colores. Primero, 'Veo' a donde quiero que llegue la bola, la veo clara y blanca, reposando so-bre la hierba verde y brillante. La escena cambia entonces rápidamente, y veo la bola que llega allí: veo su ruta, su trayectoria y su forma; veo, inclusive, cómo se comporta al caer. Luego la imagen se desvanece por un segundo y en la próxima escena aparezco yo realizando el swing que hará que las imágenes previas se conviertan en realidad."

CÓMO FUNCIONA LA VISUALIZACIÓN PARA MEJORAR EL DESEMPEÑO

Al visualizar sus metas como si ya las hubiera cumplido, día tras día, todos los días, se va creando un conflicto en su subconsciente entre lo que visualiza y lo que realmente tiene. Su subconsciente intenta resolver ese conflicto convir-tiendo su realidad actual en una visión nueva y más excitante.

Cuando, con el tiempo, se intensifica este conflicto, a través de la visuali-zación constante, suceden en realidad tres cosas:

1. Se programa el SAR del cerebro para que empiece a traer a su con-ciencia cualquier cosa que le pueda ayudar a lograr sus metas.
2. Se activa su subconsciente para que cree soluciones que le permi-tan alcanzar las metas que desea. Comenzará a despertarse cada mañana con ideas nuevas. Se encontrará desarrollando sus ideas bajo la ducha, mientras da largas caminatas y mientras conduce su automóvil camino al trabajo.
3. Se crean nuevos niveles de motivación. Comenzará a notar que, inesperadamente, va haciendo cosas que lo acercan a su meta. De buenas a primeras, es usted el que levanta la mano en clase, el que se ofrece como voluntario para realizar nuevos proyectos en el tra-bajo, el que expresa su opinión en las reuniones de personal, el que pide directamente lo que quiere, el que ahorra dinero para lo que quiere lograr, el que cancela la deuda de su tarjeta de crédito o el que corre mayores riesgos en su vida personal.

Veamos más de cerca cómo funciona el SAR. En cualquier momento dado, fluyen a su cerebro unos ocho millones de bits de información, a la mayor parte de los cuales usted no puede prestar la atención que debiera. Por lo tanto, el SAR de su cerebro filtra la mayor parte y sólo le permite ser conciente de aquellas señales que pueden ayudarle a sobrevivir y a lograr sus metas más importantes.

Entonces, ¿cómo sabe el SAR qué dejar pasar y qué filtrar? Deja entrar cualquier cosa que le ayude a lograr las metas que usted ha fijado, visualizado y afirmado *constantemente*. También deja entrar cualquier cosa que concuerde con sus creencias y con sus imágenes en cuanto se relacionan a usted, a los demás y al mundo.

El SAR es un instrumento poderoso, pero sólo puede buscar formas de lograr las imágenes exactas que usted le ofrece. Su subconsciente creativo no piensa en palabras, sólo puede pensar en imágenes. Entonces, ¿cómo contribuye esto a su esfuerzo por alcanzar el éxito y lograr la vida de sus sueños?

Cuando le presenta a su cerebro imágenes específicas, coloridas y atractivamente vívidas para que se manifieste, buscará y captará toda la información necesaria para que esas imágenes lleguen a ser una realidad para usted. Si le presenta a su mente un problema de $10,000, le presentará una solución de $10,000. Si le presenta un problema de $1 millón, le dará una solución de $1 millón.

Si le presenta a su cerebro imágenes de una linda casa, una esposa amorosa, una profesión excitante y unas vacaciones exóticas, se ocupará de lograr todo eso. Si, por el contrario, lo alimenta constantemente de imágenes negativas, atemorizantes y angustiosas, ¿puede adivinar lo que ocurrirá?, también las hará realidad.

EL PROCESO PARA VISUALIZAR SU FUTURO

El proceso de visualizar el éxito es muy sencillo. Basta con cerrar los ojos y ver sus metas como si ya las hubiera logrado.

Si uno de sus objetivos es poseer una linda casa al borde de un lago, cierre sus ojos y véase caminando exactamente por la casa que desea tener. Llénela de detalles. ¿Cómo es su fachada? ¿Cómo es el paisaje que la circunda? ¿Qué tipo de vista tiene? ¿Cómo se ven la sala, la cocina, la alcoba principal, el comedor, el cuarto de estar y el estudio? ¿Cómo está amueblada? Vaya de habitación en habitación y llénelas de detalles.

Elabore imágenes tan nítidas y brillantes como sea posible. Esto es igualmente válido para cualquier meta que se proponga, ya se trate de trabajo, diversión, familia, finanzas personales, relaciones o filantropía. Escriba cada una de sus metas y objetivos y repáselos, afírmelos y visualícelos día tras día.

Luego, cada mañana al levantarse y cada noche antes de irse a la cama, lea la lista de metas en voz alta haciendo una pausa después de cada una para cerrar los ojos y crear en su mente la imagen visual de esa meta ya cumplida. Continúe así con todas las metas de la lista hasta haberlas visualizado todas y cada una como si ya estuvieran cumplidas y plenamente realizadas. El proceso total puede tomarle de diez a quince minutos, dependiendo del número de metas que tenga. Si acostumbra a meditar, visualice sus metas justo al terminar la meditación. Ese estado mental más profundo que ha alcanzado durante la meditación incrementará el impacto de sus visualizaciones.

CÓMO AGREGAR SONIDOS Y SENTIMIENTOS A SUS IMÁGENES

Para multiplicar muchas veces el efecto, agregue sonidos, aromas, sabores y sensaciones a sus imágenes. ¿Qué sonidos podría escuchar, qué aromas podría percibir, qué sabores podría estar saboreando, y lo que es más importante, qué emociones y sensaciones corporales estaría sintiendo si ya hubiera logrado su meta?

"No interrumpas a papá. Está visualizando un éxito sin precedentes en el mundo empresarial y, por

Si estuviera imaginando la casa de sus sueños en la playa, podría agregar el ruido de las olas golpeando contra la orilla frente a su casa, el ruido de los niños jugando en la arena y la voz de su esposa dándole las gracias por ser tan buen proveedor.

Agregue entonces el sentimiento de orgullo por ser propietario de ese lugar, su satisfacción por haber alcanzado su meta y sienta el sol sobre su cara mientras se encuentra sentado en la terraza del frente disfrutando la vista de un hermoso atardecer sobre el océano.

ALIMENTE SUS IMÁGENES CON EMOCIONES

Son, sin lugar a dudas, estas emociones las que impulsan y llevan su visión hacia adelante. Los investigadores saben que cuando una imagen o una escena está acompañada de emociones intensas, queda fija para siempre en la memoria.

Puedo asegurar que recuerda exactamente dónde se encontraba cuando fue asesinado John F. Kennedy en 1963 o el momento en que colapsó el World Trade Center, el 11 de septiembre de 2001. Su cerebro lo recuerda todo con lujo de detalles porque no sólo filtró la información que usted necesitaba para sobrevivir en esos momentos de gran tensión sino que las mismas imágenes fueron creadas con una emotividad intensa. Estas emociones intensas realmente estimulan el desarrollo de protuberancias espinosas dendríticas adicionales, las dendritas de las neuronas cerebrales que, en último término, crean más conexiones neurales y así fijan los recuerdos con una intensidad mucho mayor. Puede dar esa misma intensidad emocional a sus visualizaciones agregando música inspiradora, aromas de la vida real, profundos sentimientos de pasión, inclusive gritando sus afirmaciones a voz en cuello con entusiasmo exagerado. Entre más pasión, entusiasmo y energía pueda impartirles, más potente será el resultado final.

LA VISUALIZACIÓN DA RESULTADO

El medallista de oro olímpico, Peter Vidmar, describe su uso de la visualización en su exitosa búsqueda del oro:

> Para mantenernos enfocados en nuestra meta olímpica, comenzamos por terminar nuestras prácticas con la visualización de nuestro sueño. Nos veíamos compitiendo realmente en los Juegos Olímpicos y logrando nuestro sueño mediante la práctica de lo que pensábamos que sería el último escenario de las competencias de gimnasia.

Yo decía "Bien, Tim, imaginemos que son las pruebas finales del equipo masculino de gimnastas en los Juegos Olímpicos. El equipo de los Estados Unidos está participando en la última competencia de la noche, la barra alta. Los dos últimos competidores por los Estados Unidos son Tim Daggett y Peter Vidman. Nuestro equipo está hombro a hombro con el de la República Popular de China, los actuales campeones mundiales, y debemos desempañar nuestras rutinas a la perfección para ganar la medalla de oro del equipo olímpico."

En ese punto cada uno estaría pensando: *Sí, correcto. Nunca vamos a estar empatados con ellos. Fueron los primeros en el campeonato mundial de Budapest, mientras que nuestro equipo ni siquiera ganó una medalla. Eso no va a suceder.*

¿Y qué pasaría si ocurriera? ¿Cómo nos sentiríamos?

Cerrábamos los ojos y, en el gimnasio vacío, después de un largo día, visualizábamos un estadio olímpico con más de 13,000 espectadores en las graderías y 200 millones más viendo los juegos por televisión. Entonces practicábamos nuestras rutinas. En primer lugar yo era el maestro de ceremonias. Ponía mi mano contra mi boca en forma de megáfono y decía: "A continuación, de los Estados Unidos de América, Tim Daggett," luego Tim haría su rutina como si se tratara del evento real.

Y después Tim se retiraba hasta el rincón del gimnasio, colocaba sus manos alrededor de su boca a modo de megáfono y en su mejor voz de locutor decía: "Ahora, de los Estados Unidos de América, Peter Vidmar."

Luego era mi turno. En mi mente, tenía la oportunidad de realizar una rutina impecable para lograr que nuestro equipo ganara la medalla de oro. Si no lo lograba, perderíamos.

Tim gritaba: "Luz verde," y yo miraba al juez supremo que, por lo general, era nuestro entrenador Mako. Levantaba mi mano y él, a su vez, levantaba su mano derecha. Luego me volteaba, le daba la cara a la barra, me agarraba y empezaba mi rutina.

Bien, algo gracioso ocurrió el 31 de julio de 1984.

Eran las competencias finales del equipo de gimnasia masculino en los Juegos Olímpicos en el Pabellón Pauley del campus de la Universidad de California en Los Angeles. El estadio estaba lleno, con 13,000 espectadores y la audiencia por televisión se calculaba en más de 200 millones de personas en el mundo entero. Los dos últimos competidores por los Estados Unidos eran coincidencialmente Tim Daggett y Peter Vidmar. Tal como lo habíamos visualizado, nuestro equipo estaba hombro a hombro con el equipo de la República Popular China. Debíamos ejecutar las rutinas de la barra alta a la perfección para obtener la medalla de oro.

Miré al entrenador Mako, mi entrenador de los últimos doce años. Tan centrado como siempre, me dijo simplemente: "Bien, Peter, vamos. Sabes lo que tienes que hacer, lo has hecho mil veces, tal como lo haces todos los días en el gimnasio. Hagámoslo una vez más y nos vamos a casa. Estás listo."

Buena razón. Había previsto este momento y lo había visualizado cientos de veces. Estaba listo para realizar mi rutina. En lugar de verme realmente de pie en el estadio olímpico con los 13,000 espectadores en las graderías y 200 millones de televidentes, imaginé que estaba de nuevo en el gimnasio de UCLA al final del día, y que sólo quedaban allí dos personas.

Cuando el maestro de ceremonias dijo, "De los Estados Unidos de América, Peter Vidmar," imaginé que era mi amigo Tim Daggett quien lo decía. Cuando se encendió la luz verde, para indicar que era el momento de iniciar la rutina, imaginé que no era en realidad una luz verde sino Tim que gritaba: "¡Luz verde!" y cuando levanté la mano hacia el juez supremo de Alemania Oriental, en mi mente, la estaba levantando a mi entrenador, tal como lo había hecho todos los días al final de cientos de prácticas. En el gimnasio, siempre había visualizado que estaría en las finales de los Juegos Olímpicos. En las finales de los Olímpicos, me vi de nuevo en el gimnasio.

Di la vuelta, me paré frente a la barra, salté, me agarré de la barra y comencé la misma rutina que había visualizado y practicado día tras día en el gimnasio. Estaba repasando la memoria, volviendo a donde ya había estado cientos de veces. Rápidamente superé la peligrosa maniobra del doble giro libre que siempre había truncado mis posibilidades en los campeonatos mundiales. Realicé sin contratiempos el resto de mi rutina y terminé aterrizando limpiamente sobre los dos pies para esperar allí, ansioso, la calificación que me darían los jueces.

En un tono profundo, se escuchó por el parlante la voz del maestro de ceremonias: "El puntaje para Peter Vidman es 9.95." "¡Sí!," grité. "¡Lo logré!" El público gritaba entusiasmado mientras mis compañeros de equipo y yo celebrábamos nuestra victoria.

30 minutos más tarde, nos encontrábamos en la plataforma de las medallas olímpicas en el Estadio Olímpico con 13,000 espectadores en las graderías y más de 200 millones de televidentes observando, mientras nos colgaban oficialmente al cuello las medallas de oro. Tim, yo y nuestros compañeros de equipo, de pie en ese lugar lucíamos orgullosos nuestras medallas de oro mientras sonaban las notas del Himno Nacional y la bandera de los Estados Unidos era izada hasta lo más alto del estadio. Fue el momento que habíamos visualizado y practicado cientos de veces en el gimnasio. Sólo que esta vez, era de verdad.

¿QUÉ PASA SI NO VEO NADA AL VISUALIZAR?

Algunos son lo que los psicólogos llaman *visualizadores eidéticos*. Cuando cierran los ojos lo ven todo en imágenes brillantes, nítidas, tridimensionales y a todo color. Sin embargo, la mayoría somos visualizadores no eidéticos. Esto significa que realmente no *vemos* una imagen, sólo la *pensamos*. Esto está muy bien. Seguirá teniendo la misma efectividad. Practique dos veces por día el ejercicio de visualización para imaginar sus metas como si ya las hubiera logrado y obtendrá los mismos beneficios que las personas que sostienen que realmente ven la imagen.

UTILICE IMÁGENES IMPRESAS COMO AYUDA

Si tiene problemas en visualizar sus metas, utilice pinturas, imágenes y símbolos que coleccione para mantener su conciencia y su subconsciente enfocados en sus metas. Por ejemplo, si una de sus metas es ser dueño de un nuevo Lexus LS-430, debe ir con su cámara fotográfica a la agencia Lexus de su localidad y pedir a un vendedor que le tome una fotografía sentado tras el volante del automóvil.

Si su meta es viajar a París, busque un póster de la Torre Eiffel, recorte una fotografía suya de cuerpo entero y ponga su imagen en la base de la Torre Eiffel, como si se tratara de una fotografía suya tomada en París. Hace varios años hice esto con una fotografía de la Casa de la Opera en Sydney y en el término de un año me encontré en Sydney, Australia, frente a este lugar.

Si su meta es convertirse en millonario, puede girarse un cheque por un millón de dólares o hacer un extracto bancario donde su cuenta o su portafolio de acciones muestren un saldo de un millón de dólares.

Marck Victor Hansen y yo, creamos una imitación de la lista de bestsellers de *The New York Times* con el original de *Chicken Soup for the Soul*® en el primer lugar. En el término de 15 meses, ese sueño se hizo realidad. Cuatro años después, logramos un record en el *Libro Guinness* por tener siete libros simultáneamente en la lista de bestsellers de *The New York Times*.

Una vez que haya creado esas imágenes, puede colocarlas—una por página—en un fólder de tres argollas, para repasarlo todos los días. También puede hacer un tablero o un mapa del tesoro—un collage de todas las imágenes pegadas en una cartelera, en la pared, o en la puerta del refrigerador—en algún lugar donde los pueda ver todos los días.

Cuando la NASA estaba desarrollando el proyecto de llevar un hombre a la luna, pusieron una enorme fotografía de la luna que cubría del piso al techo toda la pared del salón principal donde estaban construyendo el cohete. Todos tenían muy clara la meta y la lograron ¡dos años antes de la fecha prevista!

LAS CARTELERAS Y LOS ÁLBUMES DE METAS HICIERON REALIDAD SUS SUEÑOS

En 1995, John Assaraf elaboró una cartelera con su visión y la colgó en la pared de su estudio, en su casa. Cada vez que veía alguna cosa que deseaba o un viaje que quería hacer, conseguía una fotografía de ese deseo y la pegaba en la cartelera. Luego se visualizaba ya disfrutando del objeto que deseaba.

En mayo del año 2000, apenas unas semanas después de haberse mudado a su nueva casa en el sur de California, se encontraba sentado en su oficina, a las 7:30 a.m., cuando su hijo de cinco años, Keenan, entró y se sentó sobre un par de cajas que habían estado guardadas durante cuatro años. Keenan preguntó a su padre qué había en las cajas. Cuando John le dijo que esas cajas contenían las carteleras de sus visiones, Keenan le contestó: "¿Las qué de tus visiones?"

John abrió una de las cajas y le mostró a Keenan una de las carteleras con sus visiones. Viendo la primera, John sonrió; tenía imágenes de un mercedes deportivo, un reloj y otros artículos, todos lo cuales ya había obtenido desde entonces.

Sin embargo, cuando sacó la segunda cartelera, comenzó a llorar. ¡Ahí estaba la fotografía de la casa que acababa de comprar, la casa donde ahora vivía! ¡No una casa similar sino la misma casa! ¡La casa de 7,000 pies cuadrados construida en un lote de seis acres, con paisajes espectaculares, con un área de 3,000 pies cuadrados con una habitación para huéspedes y una oficina, una cancha de tenis y 320 naranjos: ¡Su nuevo hogar era justamente la casa que había visto en una fotografía que había recortado de la revista *Dream Homes* cuatro años antes!

Caryl Kristensen y Marilyn Kentz—más conocidas como "The Momies" (Las Mamás) porque se ganan la vida contando chistes relacionados con los niños, la vida de familia y los problemas de la maternidad—conocen muy bien el poder de crear imágenes de las metas para convertir los sueños en realidad. Comenzaron su amistad y sus vidas profesionales en un pequeño pueblo agrícola de Petaluma, California, donde eran vecinas. Un día decidieron convertirse en humoristas profesionales y montar espectáculos. Hicieron un álbum de metas, en el que enumeraron todas las cosas que querían lograr y luego las ilustraron con fotografías. ¡Todo lo que incluyeron en ese álbum, sin excepción, se hizo realidad! Sus logros incluyen *The Mommies,* una comedia situacional de la NBC que se transmitió entre 1993 y 1995, *The Caryl and Marilyn Show,* un programa de opinión que se transmitió por ABC entre 1996 y 1997, dos programas especiales para televisión por cable, Showtime y Lifetime, y su exitoso libro, *The Mother Load* (El Trabajo de Ser Mamá).

Debido a que tanto Caryl como Marilyn son ilustradoras, la forma más fácil de representar sus sueños fue ilustrarlos; sin embargo, no hay que ser dibujante para hacer un álbum de metas. Ellas enunciaron sus metas en presente, y agregaron expresiones de sentimientos, como: "Estoy feliz y agradecida," "me siento tranquila y dichosa," y "vivir en esta maravillosa casa es tan divertido," y siempre incluyeron esta frase al final de cada página: "Esto o algo mejor se manifiesta para beneficio de todos los interesados."

Y esto o algo mejor fue lo que ocurrió.

COMIENCE YA

Reserve tiempo cada día para visualizar una a una sus metas como si ya las hubiera logrado. Esta es una de las cosas mas vitales que puede hacer para que sus sueños se conviertan en realidad. Algunos psicólogos sostienen que una hora de visualización equivalen a siete horas de esfuerzo físico. Eso es mucho decir, pero deja en claro un punto importante, la visualización es una de las herramientas más potentes de las que dispone para lograr el éxito. Asegúrese de usarla.

No tiene que dedicar toda una hora a visualizar sus logros futuros. Diez o quince minutos serán suficientes. Azim Jamal, un importante conferencista canadiense, recomienda lo que el llama: "La Hora del Poder," veinte minutos de visualización y meditación, veinte minutos de ejercicios y veinte minutos de lectura de libros inspiradores o de información. Imagine lo que puede ocurrir.

12

ACTÚE COMO SI....

Tenga fe y actúe como si fuera imposible fracasar.

CHARLES F. KETTERING
Inventor con más de 140 patentes y doctorados honorarios
de cerca de treinta universidades

Una de las grandes estrategias para el éxito es actuar como si *uno ya fuera lo que quiere ser.* Esto significa pensar como, hablar como, vestirse como, actuar como, y sentirse como la persona que ya ha logrado su meta. Actuar como si lo que se desea ya se hubiera logrado envía órdenes potentes al subconsciente para que encuentre formas creativas de alcanzar esas metas. Programa el sistema de activación reticular (SAR) de su cerebro para que comience a detectar cualquier cosa que pueda contribuir a su éxito y envía fuertes mensajes al universo de que esta meta final es algo que usted realmente desea.

COMIENCE A ACTUAR COMO SI...

La primera vez que observé este fenómeno fue en mi banco local. Había allí varios cajeros y observé que uno, en especial, estaba vestido formalmente y con corbata y, a diferencia de los otros dos que, aunque usaban corbata trabajaban en mangas de camisa, este joven tenía la apariencia de un ejecutivo.

Un año después me pude dar cuenta de que había sido ascendido; tenía su propio escritorio y allí atendía solicitudes de préstamo. Dos años después pasó a ser funcionario del departamento de préstamos y más tarde fue nombrado gerente de la sucursal. Le pregunté al respecto un día, y me respondió que siempre había sabido que llegaría a ser gerente de una sucursal por lo que analizó la forma como se vestían los gerentes y comenzó a vestirse igual. Estudió el trato que los gerentes daban a los clientes y comenzó a tratar a todos en la misma forma. Comenzó a actuar como si ya fuera el gerente de la sucursal mucho antes de llegar a serlo.

Para volar con la velocidad del pensamiento, para estar en cualquier lugar, debe comenzar por saber que ya está allí.

RICHARD BACH
Autor de *Juan Sebastián Gaviota*

CÓMO CONVERTIRSE EN CONSULTOR INTERNACIONAL

A fines de los setenta conocí un director de seminarios que acababa de regresar de Australia. Decidí que yo también quería viajar y dictar conferencias en todo el mundo. Me pregunté qué tenía que hacer para convertirme en consultor internacional. Llamé a la oficina de pasaportes y pedí que me enviaran una solicitud. Compré un reloj que mostraba las zonas horarias internacionales. Imprimí tarjetas de negocios que decían *Consultor Internacional*. Por último, decidí que Australia sería el lugar por donde me gustaría empezar, por lo que fui a una agencia de viajes y conseguí un enorme cartel turístico con fotografías de la Casa de la Opera de Sydney, la Roca Ayers y una señal de carretera que indicaba un cruce de canguros. Todas las mañanas, mientras tomaba el desayuno, observaba el cartel que colgaba de mi refrigerador e imaginaba que me encontraba ya en Australia.

Un año después fui invitado a dirigir seminarios en Sydney y Brisbane. Tan pronto como comencé a actuar como si fuera un consultor internacional, el universo respondió tratándome como tal, la poderosa Ley de la Atracción en acción.

La Ley de la Atracción sostiene simplemente que los iguales se atraen. Entre mayor sea la vibración—los estados mentales y emocionales—de ya poseer algo, más rápido lo atraerá hacia usted. Esta es una ley inmutable del universo y esencial para acelerar su carrera hacia el éxito.

ACTUAR COMO SI…EN LA PGA

Fred Couples y Jim Nantz eran dos muchachos a quienes les encantaba el golf y tenían sueños muy ambiciosos. La meta de Fred era ganar algún día el Torneo Masters y la de Jim era trabajar algún día como locutor deportivo para la CBS. Cuando Fred y Jim eran compañeros de habitación en la Universidad de Houston a finales de los años setenta, solían representar la escena en donde el ganador del Torneo Masters es escoltado a Butler Cabin para recibir su chaqueta verde y es entrevistado por el locutor deportivo de la CBS. Catorce años después la escena que habían ensayado muchas veces en Taub Hall de la Universidad de Houston, se desarrolló en realidad ante los ojos del mundo que veían a Fred Couples ganar el Torneo Masters, ser llevado por los funcionarios del torneo a Butler Cabin para ser entrevistado ni más ni menos que por Jim Nantz, el locutor deportivo de la CBS. Cuando las cámaras dejaron de grabar, los dos se abrazaron con lágrimas en los ojos. Siempre habían sabido que Fred ganaría el Torneo Masters y que Jim sería quien cubriera el evento para la CBS, el sorprendente poder de actuar como si... con absoluta certeza.

EL CÓCTEL MILLONARIO

En muchos de mis seminarios hacemos un ejercicio llamado El Cóctel Millonario. Todos se paran y socializan entre sí como si estuvieran de verdad en un cóctel. Sin embargo, todos deben actuar como si ya hubieran logrado las metas financieras de sus vidas. Actúan como si ya tuvieran todo lo que desean tener—la casa de sus sueños, la casa de vacaciones que siempre anhelaron, el automóvil con el que siempre soñaron y la profesión que imaginaron—como si ya hubieran alcanzado todas las metas personales, profesionales y filantrópicas mas importantes para ellos.

De pronto todos se muestran muy animados, llenos de energía y entusiasmo, muy extrovertidos. Aquellos que sólo unos minutos antes parecían tímidos, se muestran seguros de sí mismos y se presentan a los demás. La energía y el nivel de volumen llegan al máximo dentro del salón. Se cuentan animadamente sus logros, se invitan unos a otros a visitar sus casas de recreo en Hawai y en las Bahamas y hablan animadamente de sus recientes safaris en África y de sus misiones filantrópicas en los países del tercer mundo.

Después de unos cinco minutos, detengo el ejercicio y les pido que compartan lo que sintieron. Dicen haberse sentido entusiastas, apasionados, positivos, cooperadores, generosos, alegres, seguros de sí mismos y satisfechos.

Luego les pido que tengan en cuenta que sus sentimientos internos, tanto emotivos como psicológicos, fueron distintos, aunque en realidad sus circunstancias externas no cambiaron. En realidad no se han convertido en millonarios en la vida real, pero empezaron a sentirse como tales por el simple hecho de actuar como si lo fueran.

SEA, HAGA Y TENGA TODO LO QUE QUIERA....

A partir de ahora puede comenzar, desde ya, a actuar como si ya hubiera logrado cualquier meta que desee y esa experiencia externa de actuar como si...

creará la experiencia interna—la forma de pensar del millonario, por así decirlo—que lo llevará a la manifestación real de esa experiencia.

Una vez que elija lo que quiere ser, lo que quiere hacer o lo que quiere tener, basta con que comience a actuar como si ya lo fuera, ya lo hiciera o ya lo tuviera. ¿Cómo se comportaría si ya fuera un estudiante que obtiene sólo las más altas calificaciones, el mejor vendedor, un consultor muy bien remunerado, un potentado empresario, un atleta de clase mundial, un autor de libros en la lista de bestsellers, un artista de fama internacional, un conferencista famoso o un celebre músico o actor? ¿Cómo pensaría, cómo actuaría, cómo hablaría, cuál sería su porte, su forma de vestir, su forma de tratar a los demás, cómo manejaría el dinero, cómo comería, cómo viviría, cómo viajaría, etc.?

Una vez que tenga una imagen clara de esa situación, comience a actuar como si estuviera en ella, ¡desde ya!

Quienes alcanzan el éxito irradian seguridad en sí mismos, piden lo que desean y dicen lo que no les gusta. Piensan que todo es posible, aceptan los riesgos y celebran sus éxitos. Ahorran parte de sus ingresos y comparten parte de su fortuna con los demás. Usted puede hacer todo esto desde ya, antes de volverse rico y alcanzar el éxito. Son cosas que no cuestan dinero, sólo requieren voluntad. Tan pronto como empiece a actuar como si . . . comenzará a atraer a las personas y las cosas que le ayudarán a lograr su meta en la vida real.

Recuerde que el orden correcto de las cosas es comenzar desde ya y *ser* la persona que usted quiere llegar a ser, luego *hacer* las cosas que le corresponden hacer a esa persona y pronto verá que *tendrá,* sin dificultad, todo lo que desea en la vida, salud, riqueza y relaciones gratificantes.

LA FIESTA QUE PODRÍA CAMBIAR SU VIDA

En 1986, asistí a una fiesta ofrecida por Diana von Welanetz e Inside Edge que tuvo un profundo impactó en las vidas de todos los que estuvimos allí. Era una fiesta de "venga como será en 1991" organizada en el *Queen Mary* en Long Beach California. Los invitados debían imaginar lo que serían en 1991, dentro de cinco años. Después de haber creado nuestra visión ideal, debíamos forzar aún más nuestra imaginación, para que nuestra visión se expandiera aún más.

Una vez en la fiesta, debíamos actuar como si realmente estuviéramos en 1991 y nuestra visión fuera ya una realidad. Debíamos vestir como si, hablar como si, y traer con nosotros los objetos que demostraran que, nuestros sueños ya se habían materializado, libros escritos, premios obtenidos, jugosos cheques recibidos. Debíamos pasar toda la noche ufanándonos de nuestros logros, celebrando nuestros éxitos y los éxitos de los demás, hablando de lo felices y satisfechos que estábamos y contando a todos lo que haríamos después. Debíamos desempeñar ese papel toda la noche.

Cuando llegamos, nos recibieron veinte hombres y mujeres que habían sido contratados para actuar como fervientes admiradores y *paparazzis*. Los flashes de las cámaras fotográficas centellaban, nuestros admiradores gritaban nuestros nombres y nos pedían autógrafos.

Yo asistí como exitoso autor, con varios comentarios de prensa sobre mi éxito literario que era el número uno en la lista de bestsellers de *The New York Times* para mostrarlos a todos. Un hombre que asistió como multimillonario, vestido como si estuviera en la playa—su visión era jubilarse—pasó toda la noche repartiendo billetes de lotería a todos los asistentes. Una mujer trajo una imitación de un número de la revista *Time* con su fotografía en la portada por haberse hecho merecedora de un premio internacional como promotora de los movimientos de paz.

Un hombre que deseaba jubilarse y dedicar el resto de su vida a trabajar como escultor vino con un delantal de cuero, un martillo y un cincel y gafas protectoras, con fotografías de las esculturas que había hecho. Otro caballero que deseaba convertirse en un exitoso inversionista en la bolsa de valores se dedicó la noche entera a contestar las llamadas de su teléfono celular, sin dejar de hablar animadamente y dando órdenes: "Compre 5,000 acciones" o "venda 10,000 acciones." En realidad había contratado a alguien para que lo llamara cada 15 minutos durante la fiesta, ¡sólo para poder actuar "como si…"!

Un productor de cine vino vestido de esmoquin, porque se había imaginado ganando un premio por su coproducción con los rusos. Su esposa, quien acababa de iniciar su carrera como escritora y aún no había vendido ningún libro, llegó con supuestas copias de los tres libros que había escrito. Dentro del ambiente de respaldo mutuo a los sueños de los demás, todos le dijeron que la habían visto en los programas de *Ophra, Sally Jesse Raphael* y *The Today Show*. Otros la felicitaban porque su libro se encontraba en la lista de bestsellers y por ganar el premio Pulitzer. Y esto continuó durante toda la noche (muchos de ustedes conocen a esta escritora, Susan Jeffers, quien después de esa noche trasformadora publicó diecisiete libros de éxito incluyendo un clásico éxito aclamado a nivel internacional: *Feel the Fear and Do It Anyway* [Sienta el Miedo y Hágalo de Todos Modos]).

Además, como ya debe saberlo, si ha leído hasta aquí, lo mismo me ocurrió a mí. Terminé escribiendo, recopilando y editando más de ochenta libros, incluyendo once que llegaron a ocupar el primer lugar en la lista bestsellers de *The New York Times*. La fiesta, durante la que, durante más de cuatro horas nos comportamos permanentemente como las personas que seríamos en el futuro, inundó nuestros subconscientes de poderosas imágenes de nuestras aspiraciones ya realizadas. Estas experiencias vívidas, plenas de emociones positivas, generadas por los eventos de la noche, fortalecieron la vía neural positiva de nuestros cerebros que en algunos casos forjaron y en otros profundizaron nuestras nuevas autoimágenes de personas de extraordinario éxito.

Pero lo más importante de todo fue que dio resultado. Todos los que asistieron a la fiesta han logrado realizar los sueños que representaron esa noche y mucho, muchos más.

Comprométase a organizar una fiesta de "venga como será" para su más estrecho círculo de amigos, su empresa, sus socios de negocios, sus compañeros de clase o su grupo de mentes maestras. ¿Por qué no incluirlo en su convención o reunión anual de ventas? Piense en la energía creativa, la conciencia y el apoyo que esto podría generar.

La invitación podría ser como la de la página siguiente.

Y LA FIESTA CONTINÚA

Algunos años después de la fiesta de Long Beach, estuve en el programa de *Caryl y Marilyn* en ABC y compartí mi experiencia en el *Queen Mary*. Ellas reconocieron de inmediato el potencial de la idea y decidieron organizar una fiesta similar para todo su equipo y sus amigos. Incluyo a continuación lo que Marilyn escribió sobre esa fiesta, seis años después, en su libro *Not Your Mother's Midlife* (No la Edad Madura de Tu Madre):

Río cada vez que recuerdo nuestra Fiesta Meta de Cinco Años. Caryl y yo nos esmeramos al máximo, conseguimos supuestos paparazzi, entrevistas en *Entertainment Tonight* y una alfombra roja para la entrada. Yo había enviado con anterioridad a la casa donde se celebraría la fiesta telegramas de distintas personalidades que felicitaban a todos por sus logros. Caryl y yo nos paseábamos por todas partes con copias de nuestro nuevo libro *Mommy Book* (El Libro de Mamá). Quise hacer imitaciones de copias con una carátula en la que utilicé una fotografía loca donde aparecíamos las dos luciendo flamencos plásticos a modo de sombrero, la única foto que pude conseguir esa tarde. Y, en ese momento, ni siquiera teníamos un esquema del libro, ni mucho menos un contrato para publicarlo.

Dos años más tarde, HarperCollins publicó nuestro libro *The Mother Load* (El Trabajo de Mamá) y por pura coincidencia, de todas las fotografías que presentamos para la carátula, escogieron la que yo había usado en la cubierta "falsa" del libro. Fue un gran éxito, se vendieron tres ediciones en pasta dura y eventualmente también una edición de bolsillo.

Hace seis años, mi hija tenía diez y estaba en primaria. Por miedo a que durante los próximos cinco años se convirtiera en una adolescente horri-

¡VENGA COMO LO QUE SERÁ ... EN 2010!

■

Lo invitamos a acompañarnos en una celebración que llevará su imaginación al máximo y lo lanzará a su futuro como una catapulta.

■

Cuándo: _____

Dónde: _____

Ofrecida por: _____

Responda a: _____

Venga como la persona que será dentro de cinco años. Luzca sus mejores galas. Hable sólo en presente toda la noche como si fuera ya el 2010, como si ya hubiera logrado su meta y todos sus sueños fueran realidad.

El momento de su llegada quedará registrado en un video. Traiga con usted los objetos que desee para demostrarles a todos lo que ha logrado durante estos años, como por ejemplo, sus libros que han estado en la lista de libros más vendidos, las portadas de revistas donde usted ha aparecido, los premios que ha ganado y los recortes de periódico con las fotografías y los artículos acerca de sus logros. Durante toda la noche tendrá la oportunidad de aplaudir a los demás por sus éxitos y recibir felicitaciones.

ble, rebelde e inmanejable, contraté a una joven de quince años para que desempeñara el papel de mi adorable "buena aunque normal" hija adolescente. Le preparé un guión con lo que debía decir. Entró en la casa como un torbellino, me besó en la mejilla y exclamó cuán maravilloso era que tuviéramos esta relación tan especial en la que hablábamos de todo y casi nunca discutíamos. Me dijo que no podía quedarse más tiempo porque estaba de camino a una fiesta adonde la llevaría un conductor asignado para ese fin y, aunque era una adolescente saludable y normal, realmente yo no tenía de qué preocuparme porque nunca bebía ni fumaba marihuana. También tuve que incluir lo siguiente: Me explicó que se ibá a ver con el hijo de Denzel Washington en la fiesta. Toda esta rutina causó risas entre los asistentes.

Adelantemos el video para ver lo que ocurrió seis años después. En primer lugar, mi hija y yo tenemos esa relación especial con la que yo soñé. No sé por qué, pero hablamos de todo. (Bueno, no soy tonta... algunas cosas las reserva para sus amigos íntimos y sus hermanos). Rara vez discutimos, es una adolescente conciente y moderada y realmente va a fiestas con el hijo de Denzel. ¡En serio! Cuando elaboré esta pequeña rutina, no tenía ni idea de si Denzel vivía aquí en Los Angeles o en Nueva York. Ni siquiera sabía si tenía hijos. ¿Cuáles eran las probabilidades de que mi hija asistiera a la misma escuela de secundaria que su hijo? ¡Que Locura de Fiesta Meta de Cinco Años! [15]

El propósito de una fiesta de "venga como será" es crear una experiencia con una gran carga emocional de cómo serán las cosas cuando se hayan logrado los sueños. Cuando se vive una noche en el estilo de vida que uno desea y merece, se crea en el subconsciente un intenso plan preliminar que se convertirá después en la base que le ayude a detectar las oportunidades, crear poderosas soluciones, atraer a las personas correctas y tomar las decisiones adecuadas para alcanzar sus sueños y sus metas.

Debe entender que una fiesta como esta no basta para cambiar por sí sola todo su futuro. Para eso tendrá que hacer otras cosas. Constituye, sin embargo una pieza más de todo el sistema de estrategias de "actuar como si..." que respaldarán su creación del futuro que desea.

---

15. *Not Your Mother's Midlife: A Ten-Step Guide to Fearless Aging* (No la Edad Madura de Tu Madre: Diez Pasos para Envejecer Sin Miedo) por Nancy Alspaugh y Marilyn Kentz. Kansas City, MO: Andrews McMeel Universal, 2003. Páginas 180–181.

13

HÁGALO

Es posible que las cosas lleguen a darse para quienes esperan,
pero sólo serán aquellas cosas que hayan dejado quienes las ponen por obra.

ABRAHAM LINCOLN
Decimosexto presidente de los Estados Unidos

Lo que pensemos, o lo que sepamos o lo que creamos es, en último término,
poco importante. Lo único que importa es lo que hagamos.

JOHN RUSKIN
Escritor, crítico de arte y comentador inglés

El mundo no nos paga por lo que sepamos; nos paga por lo que hagamos. Un axioma del éxito que nunca pierde validez es que: "El universo recompensa la acción." Sin embargo, a pesar de ser algo tan sencillo y cierto, es sorprendente el número de personas que se pierde en el proceso de analizar, planificar y organizar, cuando todo lo que hay que hacer es actuar.

Al hacer las cosas, se desencadenan toda clase de efectos que inevitablemente conducen al éxito. Demostramos a todos los que nos rodean que nuestras intenciones son serias. Las personas se interesan y comienzan a prestar más atención. Otras personas con metas similares se nos unen. A través de la experiencia, comenzamos a aprender cosas que no se aprenden escuchando a los demás ni leyendo muchos libros. Empezamos a recibir retroalimentación de cómo hacer las cosas mejor, con mas eficiencia y en menos tiempo. Lo que antes parecía confuso empieza a ser más claro. Lo que parecía difícil se hace más fácil. Empezamos a atraer a otros que respaldan y alientan nuestro esfuerzo. Una vez que nos decidimos a actuar nos empiezan a ocurrir toda una serie de cosas buenas.

¡HABLAR ES BARATO!

A lo largo de muchos años de enseñar y entrenar en mi compañía y en mis seminarios, he podido ver que lo que aparentemente separa a las personas de éxito de las que fracasan, más que cualquier otra cosa, es que quienes logran sus objetivos en la vida son personas que actúan. Simplemente piensan y hacen lo que hay que hacer. Una vez que han desarrollado un plan, comienzan, lo ponen en obra. Aún si al comienzo lo que hacen no es perfecto, aprenden de sus errores y corrigen lo que sea necesario sin dejar de actuar, van adquiriendo cada vez más impulso hasta que, por último, logran el resultado que se habían fijado o algo aún mejor que lo que se propusieron al comienzo.

Para tener éxito hay que hacer lo que hacen quienes lo logran y quienes lo alcanzan son personas muy orientadas a actuar. Ya he explicado cómo crear una visión, fijar metas, dividirlas en pequeños pasos, prever los obstáculos y programar la forma de superarlos, visualizar y reafirmar el éxito y tener fe en uno mismo y en sus sueños. Ahora ha llegado el momento de actuar. Matricúlese en el curso, obtenga la capacitación necesaria, llame al agente de viajes, comience a escribir ese libro, empiece a ahorrar para la primera cuota de su casa, inscríbase en un club de salud, matricúlese en esas lecciones de piano, o redacte esa propuesta.

NADA VA A OCURRIR A MENOS QUE ACTÚE

Si el barco que le trae su oportunidad no llega, salga nadando a encontrarlo.

JONATHAN WINTERS
Comediante, actor, escritor y artista ganador de un premio Grammy

Para demostrar en mis seminarios el poder de actuar, saco un billete de cien dólares y pregunto: "¿Quién quiere este billete de cien dólares?" Invariablemente, casi todos en el auditorio levantan la mano. Algunos la agitan vigorosamente hacia adelante y hacia atrás; otros llegan hasta a gritar: "Yo lo quiero" o "yo lo recibo" o "démelo." Pero me quedo tranquilo ahí, de pie, sosteniendo el billete, hasta que *lo entienden.* Eventualmente, alguno se levanta de su sitio, corre al frente del salón y me quita el billete de la mano.

Cuando esta persona vuelve a su puesto—con cien dólares más en el bolsillo gracias a sus esfuerzos—pregunto al auditorio: "¿Qué hizo esta persona que nadie más hizo? Se paró y actuó. Hizo lo que hay que hacer para obtener dinero. Es exactamente lo que deben hacer si quieren tener éxito en la vida. Hay que actuar, y en algunos casos entre más pronto mejor." Luego pregunto: "¿Cuántos pensaron en pararse y venir a tomar el dinero pero no se decidieron?" Luego les pido que recuerden qué pensaron que les impidió ponerse de pie.

Las respuestas suelen ser:

"No quería parecer tan ansioso por tenerlo."
"No estaba seguro de que realmente me lo fuera a dar."
"Estaba muy atrás en el salón."
"Otros lo necesitan más que yo."
"No quería parecer ambiciosa."
"Me dio miedo hacer algo mal y que me criticaran o se burlarán de mí."
"Esperaba más instrucciones."

Luego les digo que cualquier cosa que los haya detenido es lo que siempre hacen y lo que los detiene en sus vidas.

Hay una verdad universal y es que "la forma como haga algo es como lo hará todo." Si es cauteloso aquí, probablemente será cauteloso en cualquier parte. Si se reprime por temor a que lo consideren tonto, probablemente se reprime por ese mismo temor en todas partes. Debe identificar esos patrones y superarlos. Es hora de dejar de reprimirse e ir en busca del oro.

RUBÉN GONZÁLEZ FUE POR EL ORO EN LOS JUEGOS OLÍMPICOS

Desde que estaba en tercero de primaria, Rubén González quería ser un atleta olímpico. Respetaba a los atletas olímpicos porque eran ejemplo de gente que estaba dispuesta a comprometerse con una meta, a enfrentarse al riesgo de la adversidad en su afán por alcanzarla, a fracasar y volver a intentar hasta lograrla.

Pero fue sólo cuando llegó a la universidad y vio a Scott Hamilton competir en los juegos de Sarajevo en 1984, cuando tomó realmente la decisión de entrenarse para los Juegos Olímpicos. Rubén se dijo: *Si ese hombrecito puede hacerlo ¡yo también! ¡Competiré en los próximos Juegos Olímpicos! Está decidido. Sólo tengo que encontrar un deporte.*

Después de investigar un poco acerca de los deportes olímpicos, Rubén decidió que debía elegir un deporte que aprovechara sus puntos fuertes. Sabía que era un buen atleta, aunque no excelente. Su punto fuerte era la perseverancia. Nuca se daba por vencido en nada. De hecho, se había ganado el apodo de Bulldog en la secundaria. Pensó que debía encontrar un deporte tan duro, que implicara tantos huesos rotos, que muchos se dieran por vencidos. Así, alcanzaría el primer lugar ¡con base en la tasa de deserción! Finalmente se decidió por el luge.

Después, envió una carta a *Sports Illustrated* (eso fue antes de que existiera el Internet) y preguntó: "¿Adónde puedo ir a aprender luge?" Le respondieron: "A Lake Placid, en Nueva York, la sede de los Juegos Olímpicos en 1936 y 1980. Ahí está la pista." Rubén levantó el teléfono y llamó a Lake Placid.

"Soy un atleta de Houston y quiero aprender luge para competir en los Juegos Olímpicos dentro de cuatro años. ¿Podrían ayudarme?"

La persona que atendió el teléfono le preguntó:

"¿Cuántos años tiene?"

"Veintiuno."

"¿Veintiuno? Ya es muy viejo, llamó diez años tarde. A esa edad comenzamos a entrenarlos, cuando tienen diez años, olvídelo."

Pero Rubén no se dio por vencido y comenzó a contarle a este hombre la historia de su vida a fin de ganar tiempo hasta que se le ocurriera algo. En el curso de su narración, dijo que había nacido en Argentina.

De pronto, el hombre al otro lado de la línea se entusiasmó. "¿En Argentina? ¿Por qué no lo dijo antes? Si compite por Argentina, le ayudaremos." El hecho era que el luge estaba a punto de ser eliminado de los Juegos Olímpicos por falta de suficientes países que compitieran en él a nivel internacional. "Si compite por Argentina, y de alguna forma logramos que quede entre los cincuenta clasificados del mundo en los próximos cuatro años, que es lo que tendrá que lograr para llegar a los Juegos Olímpicos, tendríamos otro país para competir en luge y así fortaleceríamos este deporte. Si lo logra, estaría ayudando al equipo de los Estados Unidos. Antes de que venga hasta Lake Placid, debe saber dos cosas. En primer lugar: Si quiere lograrlo a su edad, y hacerlo en sólo cuatro años, será un trabajo brutal. Nueve de cada diez personas se dan por vencidas. En segundo lugar: prepárese para romperse algunos huesos."

¡Excelente! pensó Rubén, *esto coincide justo con mi plan. Yo no me doy por vencido. Cuanto más difícil sea, más fácil resultará para mí.*

Unos días después, Rubén González estaba caminando por Main Street en Lake Placid, buscando el U.S. Olympic Training Center. Al día siguiente, se encontraba en una clase de principiantes con otros 14 aspirantes a los Juegos Olímpicos. El primer día fue horrible, e inclusive pensó en renunciar pero, con la ayuda de un amigo, se comprometió una vez más con su sueño olímpico y, aunque todos los otros 14 aspirantes se retiraron eventualmente

EL ÉXITO SE COMPONE DE 10 % DE INSPIRACIÓN Y 90 % DE TRANSPIRACIÓN

MORRIS

"Me preguntaba por qué olía tan mal aquí."

antes de que terminara la temporada, Rubén completó el entrenamiento de verano.

Cuatro agotadores años después, Rubén González hizo realidad su sueño al marchar en la ceremonia de inauguración de los Juegos Olímpicos de Calgary en 1988. Volvió de nuevo en Albertville en 1992 y en Salt Lake City para los Juegos de Invierno del 2000. Debido a que actuó de inmediato y con persistencia, Rubén González alcanzó su sueño y será para siempre el "tricampeón olímpico."

QUIENES ALCANZAN EL ÉXITO ESTÁN ORIENTADOS A LA ACCIÓN

Casi todas las personas de éxito que conozco no toleran mucho el exceso de planificación o de análisis de un plan. Quieren actuar, comenzar de inmediato. No ven la hora de que empiece la competencia. Un buen ejemplo es Otis, el hijo de mi amigo Bob Kriegel. Cuando Otis vino a casa en el verano con su nueva novia, después de su primer año de universidad, ambos empezaron a buscar trabajo. Mientras Otis hacía llamadas y buscaba quién pudiera necesitarlo, su novia pasó las primeras semanas escribiendo una y otra vez su hoja de vida. Para el segundo día, al final de la tarde, Otis ya tenía trabajo. Su novia seguía rescribiendo su hoja de vida. Otis actuó. Pensó que si alguien le pedía su hoja de vida, la haría después.

Es importante hacer planes, pero hay que mantenerlos en perspectiva. Hay quienes gastan toda la vida esperando el momento perfecto para hacer algo. Rara vez hay un momento "perfecto" para cualquier cosa. Lo importante es comenzar. Entrar al juego. Salir a la cancha. Así se irá recibiendo retroalimentación que ayudará a hacer las correcciones necesarias para alcanzar el éxito. Al empezar a actuar, el aprendizaje será mucho más rápido.

¡LISTOS, FUEGO, APUNTEN!

Creo que todos hemos oído la frase "¡Listos, apunten, fuego!," el problema está en que muchos gastan la vida entera apuntando y nunca disparan. Siempre están alistándose, asegurándose de que todo esté perfecto. La forma más rápida de dar en el blanco es disparar, ver dónde golpeó la bala y luego ajustar la puntería según convenga. Si el tiro dio dos pulgadas por encima del blanco, hay que bajar un poquito la mira. Disparar de nuevo, ver adónde da el tiro. Seguir disparando y seguir ajustando la mira. En poco tiempo estaremos dando en el blanco. Esto se aplica a cualquier situación.

Cuando empezamos a vender el primer libro de *Chicken Soup for the Soul,*® pensé que sería buena idea repartir copias del libro sin costo alguno a los pequeños periódicos locales, a cambio de que sacaran un recuadro al final de la nota indicando que la historia estaba tomada de *Chicken Soup for the Soul*® que podía obtenerse en la librería más cercana o llamando a nuestro número 800. Era algo que nunca había hecho antes, por lo que no estaba seguro de si había una forma correcta de enviar una historia a un periódico o a una revista. Por consiguiente, sin más formalismos, envié una historia del libro titulada "Remember, You Are Raising Children, Not Flowers" (Recuerde que está Educando Hijos, no Cultivando Flores) que había escrito sobre mi vecino y su hijo, junto con una carta de presentación al editor de la revista *L.A. Parent*. La carta decía:

Diciembre 13 de 1993

Jack Bierman
L.A. Parent

Apreciado Jack,
    Quisiera presentar este artículo para su publicación en *L.A. Parent*. He incluido una breve biografía. Quisiera que imprimieras la pequeña nota

que escribí sobre mi nuevo libro *Chicken Soup for the Soul,* junto con mi artículo. Si quisieras una copia del libro ¡sería un placer enviártela!

Gracias por su tiempo.

Cordialmente,
Jack Canfield

Anexo: Artículo "Recuerde que está Educando Hijos, no Cultivando Flores"

Semanas después recibí la siguiente respuesta:

Apreciado Jack:

Me molestó tu fax. ¿Cómo te atreves a decirme que incluya "la pequeña nota sobre tu libro"? ¿Cómo te atreves a pensar que estaría interesado en este trabajo no solicitado de procesamiento de palabras? Luego leí tu artículo.

¡Sobra decir que sacaré tu pequeña nota y algo más! Me conmovió este análisis y no me cabe duda de que conmoverá a nuestros más de 200,000 lectores del área local de San Diego.

¿Se ha publicado en algún lugar dentro de mi área demográfica? De ser así ¿dónde? Espero trabajar contigo en educar hijos, no cultivar flores.

Saludos,
Jack Bierman, Editor en Jefe

No sabía cómo presentar una carta de presentación a un editor. Había una forma de hacerlo, pero yo no la conocía. Después, Jack Bierman me llamó por teléfono y generosamente me enseñó la forma correcta de presentar un artículo a una revista. Me dio retroalimentación sobre cómo hacerlo mejor la próxima vez. Ya era parte del juego y estaba aprendiendo de mi experiencia. ¡Listo, fuego, apunte!

En un mes envié el mismo artículo a más de cincuenta publicaciones locales y regionales de todos los Estados Unidos, sobre el tema del arte de ser padres y la educación de los hijos. Treinta y cinco de estas revistas lo publicaron e hicieron la presentación de *Chicken Soup for the Soul*® a más de seis millones de padres.

NO ESPERE MÁS

Ya es hora de dejar de esperar

La perfección
La inspiración

El permiso
El apoyo
El cambio en alguien
La persona adecuada
Que los hijos crezcan y se vayan del hogar
Un horóscopo más favorable
Que se posesione el nuevo presidente
La ausencia de riesgo
Que alguien lo descubra
Un conjunto de instrucciones claras
Más seguridad en sí mismo(a)
Que desaparezca el dolor

¡Comience ya!

LA SATISFACCIÓN VIENE DE HABER HECHO LO SUFICIENTE

¿Se ha dado cuenta de que las últimas seis letras de la palabra *satisfacción* son *a-c-c-i-ó-n*? En latín, el término *satis* significa "suficiente." Los antiguos romanos tenían muy claro el concepto de que hacer lo suficiente, en último término, produce satisfacción.

¡HÁGALO YA!

Mi mentor, el Sr. W. Clement Stone, repartía broches para la solapa que decían: "Hágalo ya." Si de pronto siente el impulso de hacer algo, hágalo ya. Ray Kroc, fundador de McDonald's, decía: "Son tres las claves del éxito: 1. estar en el sitio correcto en el momento correcto. 2. saber que uno está ahí. 3. actuar."

El 24 de marzo de 1975, Chuck Wepner, un boxeador relativamente desconocido con un porcentaje de apuestas de treinta a uno, hizo lo que nadie creyó que pudiera hacer, resistió quince asaltos con el campeón mundial de peso pesado, Muhammad Ali. En el noveno asalto, alcanzó el mentón de Ali con su derecha derribándolo a la lona, lo que dejó escandalizados tanto a Ali como a sus fanáticos que presenciaban la pelea. Wepner estaba apenas a unos segundos de convertirse en campeón mundial de los pesos pesados. Sin embargo, Ali ganó el decimoquinto round y conservó su título.

A más de mil millas de distancia, un actor que luchaba por abrirse camino, llamado Sylvester Stallone, veía la pelea en su recién comprado televisor. Aunque, antes de ver la pelea entre Ali y Wepner, Stallone había considerado la idea de escribir un guión sobre un boxeador en mala situación y golpeado por la mala suerte, que lograba obtener un título, pensó que no era una trama factible. Sin embargo, después de ver a Wepner, a quien casi nadie conocía, peleando contra el boxeador más famoso de todos los tiempos, lo único que pensaba era: *necesito un lápiz.* Empezó a escribir esa misma noche y tres días más tarde había terminado el guión de *Rocky,* que luego ganó tres premios Oscar, incluyendo uno como la mejor película, lo que representó el lanzamiento de Stallone a su multimillonaria carrera en el cine.

¡DAME UNA OPORTUNIDAD!

Una anécdota cuenta que un hombre va a la Iglesia y ora: "Dios, necesito una oportunidad. Necesito ganar la lotería estatal. Cuento contigo, Dios." Sin ganar la lotería, el hombre regresa a la Iglesia una semana después y ora de nuevo: "Dios, acerca de la lotería estatal...he sido bueno con mi esposa. He dejado de beber. He sido realmente bueno. Dame una oportunidad. Permite que gane la lotería."

Una semana después, sin haber ganado un peso, vuelve a pedir una vez más: "Dios, parece que no me estoy comunicando contigo acerca de este asunto de la lotería estatal. He estado utilizando autoconversación positiva, usando afirmaciones y visualizando el dinero. Dios, dame una oportunidad. Que me gane la lotería."

De pronto se abre el cielo, y mientras una luz blanca y una música angelical inundan la Iglesia, se escucha una voz profunda que dice: "Hijo mío, ¡dame una oportunidad! ¡Compra un billete de lotería!"

FRACASE PARA AVANZAR

*Nadie ha llegado a ser excelente o bueno, excepto
a través de muchos y grandes errores.*

WILLIAM E. GLADSTONE
Ex primer ministro de Gran Bretaña

Muchas personas se abstienen de actuar por miedo al fracaso. Quienes logran el éxito, por otra parte, se dan cuenta de que el fracaso es parte importante del proceso de aprendizaje. Saben que el fracaso es sólo una forma de aprender por el sistema de prueba y error. No sólo hay que dejar de temerle al fracaso sino que hay que estar dispuestos a fracasar, inclusive ansiosos de fracasar. Este fracaso instructivo es lo que llamo "el fracaso que nos hace avanzar." Comience, equivóquese, preste atención a la retroalimentación, corrija y siga adelante tras su meta. Cada experiencia le brindará información más útil que podrá poner en práctica la próxima vez.

Este principio tal vez se demuestre de forma más convincente en el campo de la iniciación de nuevos negocios. Por ejemplo, los capitalistas de riesgo saben que la mayoría de los negocios fracasan. Pero en la industria de capital de riesgo, se empieza a ver una nueva estadística. Si el empresario fundador tiene cincuenta y cinco años o más, el negocio tiene una probabilidad de 73 por ciento o más de sobrevivir. Estos empresarios mayores ya han aprendido de sus errores. Tienen una mejor tasa de riesgo porque, después de toda una vida de estar aprendiendo de sus errores, han desarrollado una base de conocimientos, un conjunto de destrezas y una confianza en sí mismos que les permiten superar los obstáculos para alcanzar el éxito.

Nunca podemos aprender menos; sólo podemos aprender más.
La razón por la cual sé tantas cosas es que he cometido muchos errores.

BUCKMINSTER FULLER
Matemático y filósofo que nunca obtuvo un título universitario
pero recibió cuarenta y seis doctorados honorarios

Una de mis historias favoritas tiene que ver con un famoso científico investigador que hizo varios importantes descubrimiento médicos. Fue entrevistado por un reportero de un periódico que le preguntó cual creía que fuera la razón de qué el pudiera lograr tanto más que la persona promedio. En otras palabras ¿Qué lo hacía tan diferente de los demás?

Respondió que todo se lo debía a una lección que su madre le había enseñado cuando tenía apenas tenía dos años de edad. Había estado tratando de

sacar una botella de leche del refrigerador, se le resbaló de las manos y toda la leche se derramó en el piso de la cocina. Su madre, en lugar de reprenderlo, le dijo: "¡Qué lindo reguero hiciste! Pocas veces he visto un charco de leche de ese tamaño. Bueno, ya el daño está hecho. ¿Quieres acurrucarte y jugar con la leche antes de que limpiemos el piso?"

Y eso fue lo que hizo, naturalmente. Después de unos minutos, su madre continuo: "¿Sabes? Siempre que hagas un reguero así, eventualmente tendrás que limpiarlo. Entonces ¿te gustaría hacerlo? Podemos usar una toalla, una esponja, o un trapero. ¿Qué prefieres?"

Cuando terminaron de limpiar la leche, ella le dijo: "Lo que tenemos aquí es un experimento fracasado sobre cómo trasportar una botella de leche con dos manos pequeñitas. Vamos al patio de atrás, te voy a llenar la botella de agua y veremos si puedes descubrir la forma de llevarla de un lado a otro sin dejarla caer." Y eso hicieron.

¡Que maravillosa lección!

El científico comentó entonces que fue en ese momento cuando supo que no debía tener miedo a equivocarse. Entendió, en cambió, que los *errores son sólo oportunidades para aprender algo nuevo*, después de todo, de eso se tratan los experimentos científicos.

La botella de leche derramada lo llevó a toda una vida de experiencias de aprendizaje, ¡experiencias que se convirtieron en los bloques constructores de toda una vida de éxitos y descubrimientos médicos mundialmente reconocidos!

INCLÍNESE EN
LA DIRECCIÓN CORRECTA

No se puede cruzar el océano limitándose a mirar el agua.

RABINDRANATH TAGORE
Premio Nobel de Literatura en 1913

Con frecuencia, el éxito llega cuando uno se inclina hacia él—cuando uno se abre a las oportunidades y está dispuesto a hacer lo que sea necesario para obtenerlo—sin contrato, sin promesas de éxito, sin la menor expectativa. Simplemente se comienza, se inclina uno en esa dirección. Ve como se siente y sabe si desea continuar, en lugar de sentarse en la orilla a analizar, reflexionar y contemplar.

INCLINARSE HACIA LA META DA IMPULSO

Una de las ventajas más extraordinarias de inclinarse hacia algo es que uno empieza a adquirir impulso, esa energía invisible que nos atrae más oportunidades, más recursos y más personas que pueden ayudarnos y que llegan aparentemente en el momento justo en el que más nos podemos beneficiar de su ayuda.

Muchos de los más famosos "éxitos repentinos" en el cine, en el mundo empresarial, en los proyectos filantrópicos y otros, se han dado porque alguien respondió favorablemente a una pregunta: "¿Alguna vez ha pensado en...?" o "¿podría convencerlo de...?" o "¿quisiera darle un vistazo a...?" Estas personas se inclinaron hacia algo.

ESTÉ DISPUESTO A COMENZAR SIN VER LA TOTALIDAD DEL CAMINO

Suba el primer peldaño con fe. No tiene que ver toda la escalera.
Sólo dé el primer paso.

MARTIN LUTHER KING JR.
Legendario líder de los derechos humanos

Claro está que el simple hecho de inclinarse hacia un proyecto o una oportunidad significa también que hay que estar dispuesto a comenzar sin ver necesariamente todo el camino desde el comienzo. Debe estar dispuesto a inclinarse en esa dirección y ver cómo se va desplegando.

Con frecuencia tenemos un sueño y debido a que no podemos ver cómo lo vamos a lograr, nos da miedo comenzar, nos da miedo comprometernos porque el camino es incierto y el resultado no es seguro. Pero para inclinarse hacia algo se requiere estar dispuesto a explorar, a entrar en aguas desconocidas, confiando en que aparecerá un puerto.

Sólo comience, luego continúe dando lo que parecen ser los próximos pasos lógicos y el viaje lo llevará por último a donde quiere ir, *o tal vez a un lugar incluso mejor.*

A VECES, NI SIQUIERA TIENE QUE TENER UN SUEÑO CLARO

Desde que tiene memoria, Jana Stanfield quiso ser cantante. No sabía a dónde la llevaría eventualmente su sueño, pero sí sabía que tenía que descubrirlo. Se inclinó en esa dirección y tomó algunas lecciones de canto, después de un tiempo, consiguió un trabajo cantando los fines de semana en un club campestre local. Se inclinó en esa dirección y a los veintiséis años, empacó sus maletas y se fue a Nashville, Tennessee, en busca de su sueño de convertirse en compositora y grabar discos con sus canciones.

Vivió y trabajó en Nashville por tres largos años y pudo ver cientos de artistas inteligentes, talentosos y merecedores, muchos más que los contratos disponibles para grabar discos. Jana empezó a ver la industria de la música como una habitación llena de máquinas tragamonedas que pagaban sólo lo suficiente para mantenerlo a uno interesado en jugar. Un productor encuentra excelente tu trabajo, un artista considera tu canción para su próximo álbum y tal vez una compañía disquera dice que eres excelente, pero rara vez las máquinas tragamonedas te recompensan el esfuerzo con el premio gordo, el tan anhelado contrato para grabar un disco.

Después de varios años de trabajar en una compañía promotora de discos para conocer el negocio "desde adentro," Jana tuvo que enfrentar los hechos: no había garantías, podía seguir jugando en las máquinas tragamonedas para siempre y envejecer en Nashville.

Finalmente tuvo que aceptar que insistir en obtener un contrato para grabar un disco era como golpearse la cabeza contra una pared. En ese momento no se dio cuenta de que, por lo general, cuando uno se inclina hacia algo, aparecen obstáculos en la vida que nos obligan a tomar un desvío, un camino que puede ser más adecuado para el propósito que realmente buscamos.

Por cada fracaso, hay un curso de acción alternativo.
Sólo hay que encontrarlo. Al llegar a un obstáculo, tome un desvío.

MARY KAY ASH
Fundadora de Mary Kay Cosmetics

EN BUSCA DE SU MOTIVACIÓN SUBYACENTE

Jana había aprendido lo que muchas personas de éxito han aprendido también: que aún cuando no es posible avanzar, se puede voltear a la derecha o a la izquierda, pero hay que seguir moviéndose. Descubrió, a través de algunos cursos de desarrollo personal, que a veces, en la prisa por alcanzar los sueños, es posible quedar atrapados en la que pareciera ser la única forma de alcanzar ese sueño, en el caso de Jana, un contrato para grabar un disco.

Pero como Jana pronto aprendió, hay muchas formas de alcanzar la meta si se sabe realmente lo que se busca. Porque tras su deseo de lograr un contrato para grabar un disco se escondía la necesidad motivadora más profunda. La verdadera motivación de su sueño: utilizar su música para animar, inspirar y ofrecer esperanza a la gente.

Quiero combinar la música, la comedia, la narración de historias y la motivación con la misión para la que estoy aquí, escribió en su diario. *Soy una artista y mi arte se está desplegando frente a mi. Ha desaparecido el obstáculo que me impedía avanzar en mi camino.*

Con la osadía que obtuvo gracias a esta nueva comprensión, Jana empezó a interpretar su música en cualquier lugar donde se lo permitieran. "Donde dos o más estén reunidos, llevaré mi guitarra," fue la frase que adoptó como su lema. Cantaba en casa de familias, frente a las puertas de los garajes, en las escuelas, en las iglesias, donde pudiera.

"NO ESTOY PERDIDA, ESTOY EXPLORANDO"

Pero Jana aún no podía definir la forma de combinar sus talentos para poder ayudar a las personas y obtener ingresos modestos. No había nadie que hiciera lo que ella quería hacer, combinar la música, la comedia, la narración y la motivación. Nadie había abierto esa carrera para poderla seguir, no había huellas sobre las cuales caminar. Estaba descubriendo un nuevo territorio. No sabía a dónde iba ni cuál sería el resultado, pero seguía inclinada en esa dirección.

SIGA INCLINÁNDOSE Y APARECERÁ EL CAMINO

Jana comenzó a trabajar en todo tipo de trabajos—siempre inclinada hacia su fin—intentando descubrir la forma de convertir su pasión por su arte y su deseo de ayudar a las personas en algo que pudiera tomar forma real. *Estoy dispuesta a utilizar mis dones para hacer de este mundo un lugar mejor,* escribió en su diario. *No sé exactamente cómo usar mis talentos para lograrlo, pero ya le he dicho a Dios que estoy lista.*

Una vez más se inclinó hacia su fin. Jana golpeó a la puerta de las iglesias diciendo: "Si me permiten venir a cantar durante el servicio, les daré la oportunidad de conocerme y de conocer la forma en la que puedo ser útil. Luego, al cabo de pocos meses, tal vez quieran que vuelva y dé un concierto en la tarde."

EL MOMENTO DECISIVO

Después de sólo dos o tres canciones, los miembros de la iglesia se le acercaban y le preguntaban si tenía grabaciones de sus canciones. Había una canción, *If I Had Only Known* (Si Sólo Hubiera Sabido) que le pedían más que cualquier otra. Decían: "Pude observar que muchos lloraban mientras la escuchaban. Tuve una pérdida tan dolorosa que no puedo llorar aquí en la Iglesia porque no sé si una vez que comience, pueda dejar de llorar. ¿Quisiera hacerme una copia de esta canción para que la pueda tener y oírla cuando esté sola y pueda realmente experimentar los sentimientos que usted me hace sentir?"

Jana dedicó mucho tiempo a grabar casetes y enviarlos a las distintas personas, mientras que todos sus amigos le insistían en que grabara un álbum. "Tienes todas esas canciones que grabaste cuando tratabas de conseguir un contrato para un disco," le decían, "tómalas y conviértelas en un álbum."

Jana pensó: *No podré hacerlo. No sería un álbum de verdad, con un sello disquero. No contaría para nada. Sólo sería una muestra del fracaso que he sido.* Pero sus amigos insistían y, eventualmente, Jana se inclinó en esa dirección una vez más.

Pagó $100 a un ingeniero para que grabara diez de sus canciones a las que se refería jocosamente como "una recopilación de mis diez canciones más rechazadas." Hizo las carátulas en Kinko's y reprodujo cien casetes, con los que, según recuerda ahora riendo, "tendría ganancias para toda la vida." Mientras iba de la sala de una casa de familia a otra y de una iglesita a otra, colocaba sus casetes sobre una mesa de jugar cartas y los vendía después de sus presentaciones.

Luego llegó el momento decisivo.

"Mi esposo me acompañó a una iglesia en Memphis," recuerda Jana. "No pensaron que la mesa de jugar cartas con mis CDs se viera bien dentro de la iglesia, por lo que la colocaron afuera, en el nuevo estacionamiento que acababan de construir. Estaba recién pavimentado y, con una temperatura de 95 grados, el asfalto estaba caliente, negro y pegajoso. Cuando, por fin salió el último automóvil, nos montamos al nuestro, encendimos el aire acondicionado, y empezamos a contar nuestras ganancias."

Para sorpresa de Jana, había vendido $300 en casetes, $50 más de lo que había ganado en toda la semana trabajando por su cuenta en un trabajo que había aceptado en la televisión para equilibrar su presupuesto. Con los $300 en la mano, Jana se dio cuenta, por primera vez, que *podía* ser su propio jefe, haciendo lo que más le gustaba hacer.

En la actualidad, la compañía de Jana Keynote Concerts[16] produce más de cincuenta conciertos motivadores al año para grupos en el mundo entero. Comenzó su propia empresa disquera, Relatively Famous Records, que produjo ocho de los CDs de Jana y ha vendido más de cien mil copias. Las canciones de Jana han sido grabadas por Reba McEntire, Andy Williams, Suzy Bogguss, John Schneider y Megon McDonough. Estuvo en la presentación inaugural de Kenny Loggins e hizo un tour con la compositora Melody Beatty. Su música *heavy metal* ha aparecido en *Ophra, 20/20, Entertainment Tonight* y estaciones de radio de costa a costa así como en la película *8 Seconds* (8 Segundos).

Jana Stanfield hizo realidad su sueño de convertirse en compositora y estrella disquera, todo porque se inclinó en la dirección correcta y confió en que el camino iría apareciendo. También usted puede llegar de donde está adonde quiere ir si sólo confía en que al inclinarse en la dirección correcta, el camino se irá abriendo ante usted. A veces será como conducir en medio de

---

16. Puede obtener más información sobre el trabajo de Jana y sus CDs en www.janastanfield.com.

la niebla, donde sólo se puede ver a diez yardas de distancia. Pero, si sigue avanzando, aparecerá un nuevo trecho de camino y, eventualmente, llegará a la meta.

Elija un área de su vida, su profesión, sus finanzas, sus relaciones, su salud y su estado físico, su recreación, sus acciones o sus contribuciones, en el que quisiera explorar, y sólo inclínese en esa dirección.

SIENTA MIEDO PERO HÁGALO DE TODOS MODOS

*Pasamos por aquí una sola vez. Podemos ir por la vida en
puntas de pie y llegar a la muerte sin haber sufrido demasiados golpes,
o podemos vivir una vida plena y completa alcanzando nuestras metas y
haciendo realidad nuestros más ambiciosos sueños.*

BOB PROCTOR
Millonario por mérito propio, celebridad de radio y televisión y
capacitador en el logro del éxito

*Hay cosas que me hacen sentir inseguro, pero siempre que me encuentre
ante algo que me inspire inseguridad, no lo analizo, sigo adelante y digo:
"¿De qué tengo miedo?" Apuesto que cualquiera que haya alcanzado el éxito
podrá decirle que fueron muchas más veces las que fracasó que las que
triunfó. Por cada comercial que he logrado, hubo 200 que no logré.
Debe buscar lo que le hace sentir temor.*

KEVIN SORBO
Protagonista de la serie de televisión *Hercules: The Legendary Journeys*
(Hércules: Los Viajes Legendarios)

A medida que avanza en su trayecto de donde está adonde quiere llegar, tendrá que enfrentarse a sus miedos. El miedo es algo natural. Siempre que empiece un nuevo proyecto, inicié una nueva empresa o se exponga, por lo
general, sentirá miedo. Desafortunadamente, muchos permiten que el miedo
los disuada de dar los pasos necesarios para alcanzar sus sueños. Por otra
parte, las personas de éxito sienten miedo, al igual que cualquiera, pero no
permiten que les impida hacer lo que quieren o *lo que tienen que hacer.* Saben
que el miedo es algo que tiene que aceptarse, sentirse y considerarse como
algo normal. Como lo sugiere la escritora Susan Jeffers, han aprendido a sentir el miedo y a hacerlo de todos modos.

¿POR QUÉ SENTIMOS TANTO TEMOR?

Hace millones de años, el miedo era la forma como nuestro cuerpo nos indicaba que habíamos salido de nuestra zona de confort. Nos advertía de un posible peligro y nos daba la descarga de adrenalina que requeríamos para huir. Desafortunadamente, aunque ésta era una respuesta útil en los días en los que los tigres de dientes de sable nos perseguían, ahora, la mayoría de nuestras amenazas no representan riesgos tan grandes para la supervivencia.

En la actualidad el temor es más bien una señal de que debemos ser cautelosos y estar alerta. Podemos sentir temor, pero no por eso debemos dejar de avanzar. Piense en su miedo como si fuera un niño de dos años que no quiere ir al supermercado con usted. No dejaría que la mentalidad de un niño de dos años manejara su vida. Debido a que tiene que comprar alimentos, debe llevar al niño de dos años con usted. El miedo no es diferente. En otras palabras, hay que reconocer que existe pero no podemos dejar que nos impida realizar cosas importantes.

TIENE QUE ESTAR DISPUESTO A SENTIR MIEDO

Hay quienes hacen cualquier cosa por evitar la desagradable sensación del miedo. Si usted pertenece a ese grupo, corre un riesgo aún mayor de nunca lograr lo que desea en la vida. La mayoría de las cosas que valen la pena implican riesgos. La naturaleza de un riesgo es que las cosas no siempre funcionan. Las personas pierden sus inversiones, olvidan sus enfoques, se caen de las montañas, mueren en accidentes. Pero como lo dice tan sabiamente el antiguo refrán: "Quien nada arriesga, nada gana."

Cuando entrevisté a Jeff Arch, autor del guión para la película *Sleepless in Seattle* (Desvelado en Seattle) me dijo:

> Estoy a punto de correr el mayor riesgo de mi vida—escribir y dirigir una comedia de dos millones de dólares, sin haber dirigido nada antes, además, lo estoy haciendo con mi propio dinero y busco también otros fondos para financiarla—y realmente necesito tener éxito. De verdad, se trata de una situación de todo o nada. Y lo que siento en este momento, algo que creo que es verdaderamente importante y que muchos de los que escriben acerca del éxito olvidan, es que hay que estar dispuesto a sentir terror. Porque estoy aterrorizado de lo que estoy a punto de hacer. Pero eso no me paraliza. Es un terror bueno; es un terror que me mantiene alerta.
>
> Sé que tengo que hacerlo porque tuve una visión muy clara y estoy

dispuesto a hacerlo por mi cuenta, sin haber obtenido la aprobación de la industria, algo que me enteré que había que tener cuando estaba promoviendo *Sleepless in Seattle*. Créeme que cuando uno está vendiendo una idea sobre una historia de amor en donde los protagonistas nunca se encuentran, nadie te apoya. Todo el mundo me dijo: "Estás totalmente chiflado." Y lo que descubrí es que cuando todos dicen que uno está loco es posible que lo que uno se propone sea bueno. Así que, tenía estos puntos de referencia de mi experiencia. Estaba sólo en ese entonces, y estaba en lo cierto y he aprendido que hay que creer en los sueños, porque aunque todo el mundo te diga que estas equivocado, es posible que eso no signifique nada, es posible que tengas la razón.

Se llega a un punto en el que te dices: "Esto es. Voy a poner todo lo que tengo aquí. Y tiene que dar resultado." Es como el conquistador español Hernán Cortés en 1519. Para evitar cualquier idea de abandonar su visión, una vez que pisó tierra en México, quemó todos sus barcos. Bien, yo alquilé barcos nuevos, barcos sólo para poder quemarlos. Tomé préstamos sobre barcos que no eran ni siquiera míos. Le estoy invirtiendo dinero, credibilidad—todo lo que hay—a este nuevo proyecto. Y va a ser un jonrón o un ponche—ni un sencillo ni un doble.

Sé que se siente terror al hacer algo así, pero también hay que tener confianza. No me va a matar. Tal vez me lleve a la quiebra, tal vez quede endeudado, tal vez me haga perder credibilidad y tal vez haga que el viaje de vuelta sea mucho más difícil. Pero, a diferencia de Cortés, no estoy en un negocio en el que corra el riesgo de que me maten si me equivoco. Creo que uno de los secretos de mi éxito es que estoy dispuesto a sentir terror; y pienso que no muchos estarían dispuestos a sentir un miedo de muerte. Es por eso que no logran sus mayores sueños.

EXPERIENCIAS DEFORMADAS POR LA FANTASÍA QUE PARECEN REALES

Otro aspecto importante que hay que recordar acerca del miedo es que, como humanos, también hemos evolucionado a una etapa en la que casi todos nuestros miedos son producto de nuestra imaginación. Nos asustamos con los resultados negativos imaginarios de una actividad que podríamos desarrollar o experimentar. Por suerte, porque somos quienes elaboramos las fantasías, también podemos poner fin al miedo y entrar en un estado de lucidez y paz que nos permita enfrentar los hechos tal y como son en vez de rendirnos a nuestra imaginación. Podemos elegir ser sensatos. Los psicólogos han interpretado el temor con un acrónimo de la palabra *miedo* en inglés (fear):

Fantasías
Experiencias
Apariencia
Real

Para ayudarle a entender mejor la forma como permitimos que el miedo infundado entre en nuestras vidas, haga una lista de las cosas que teme *hacer*. No es una lista de cosas a las que les tenga miedo, como tener miedo a las arañas, sino de las cosas que le da miedo hacer, como sentir miedo a agarrar una araña con la mano. Por ejemplo, *me da miedo:*

- Pedir un aumento a mi jefe
- Invitar a Sally a salir
- Lanzarme en picada desde un avión
- Dejar a mis hijos solos en casa con una niñera
- Dejar el trabajo que detesto
- Irme de la oficina por dos semanas
- Pedir a mis amigos que miren mi nueva oportunidad de negocios
- Delegar una parte de mi trabajo a otros

Ahora vuelva atrás y redacte de nuevo cada uno de sus miedos utilizando el siguiente formato:

Quiero _____ y yo mismo me asustó al imaginar que _____.

Las palabras claves son: *Yo mismo me asusto al imaginar.* Todos los miedos los creamos nosotros mismos al imaginar un resultado negativo en el futuro. Utilizando algunos de los mismos miedos antes enumerados, el nuevo formato se vería así:

- Quiero pedir un aumento a mi jefe y yo mismo me asusto al imaginar que me dirá que no o que se disgustará porque se lo pida.
- Quiero invitar a Sally a salir y yo mismo me asusto al imaginar que me dirá que no o que me dará vergüenza pedírselo.
- Quiero lanzarme en picada desde un avión y yo mismo me asusto al imaginar que el paracaídas no se va a abrir y que me mataré.
- Quisiera dejar a mis hijos en casa con una niñera, pero yo misma me asusto al imaginar que algo terrible les va a ocurrir.
- Quiero dejar este trabajo que odio para hacer lo que toda la vida he soñado, y yo mismo me asusto al imaginar que quebraría y perdería mi casa.

- Quiero pedir a mis amigos que consideren entrar conmigo en mi nueva oportunidad de negocios, y yo mismo me asusto al imaginar que puedan pensar que sólo me interesa ganar dinero a costa de ellos.

¿Se da cuenta que el miedo lo crea usted mismo?

CÓMO ELIMINAR EL MIEDO

He vivido muchos años y he tenido muchos problemas,
la mayoría de los cuales nunca ocurrieron.

MARK TWAIN
Célebre escritor y humorista norteamericano

Una forma de hacer desaparecer definitivamente el miedo es preguntarse qué es lo que imagina que lo asusta tanto y reemplazar esa imagen por su imagen opuesta, positiva.

Cuando volaba hacia Orlando, hace poco tiempo, para dictar una conferencia, pude observar que la mujer que iba sentada junto a mi se aferraba con tanta fuerza a los brazos de la silla que sus nudillos se estaban poniendo blancos. Me presenté, le dije que era un capacitador y le dije que no había podido evitar observar sus manos. Le pregunté: "¿Tiene miedo?"

"Sí."

"¿Estaría dispuesta a cerrar los ojos y decirme qué imágenes o qué pensamientos pasan por su mente?"

Después de cerrar los ojos, me respondió:

"No dejo de imaginar que el avión no despega de la pista y se estrella."

"Ya entiendo. Dígame, ¿cuál es el motivo de su viaje a Orlando?"

"Voy a pasar cuatro días con mis nietos en Disney World."

"Magnífico. ¿Cuál es su atracción favorita en Disney World?"

"El Pequeño Mundo."

"Maravilloso. ¿Puede imaginar que está en Disney World en una de las góndolas, con sus nietos, en El Pequeño Mundo?"

"Sí."

"¿Puede ver sus sonrisas y las expresiones de asombro al ver las marionetas y las figuras de los distintos países saltando y girando?"

"Uh-huh."

En ese punto comencé a cantar: "Qué pequeño es el mundo; que pequeño es el mundo…"

Su expresión se tranquilizó, su respiración se hizo más estable y sus manos soltaron los brazos de la silla.

En su mente, estaba en Disney World. Había reemplazado la imagen catastrófica del accidente aéreo por la imagen positiva que esperaba, lo que hizo que sus miedos desaparecieran de inmediato.[17]

Puede utilizar esta misma técnica para disipar cualquier miedo que llegue a experimentar.

REEMPLAZAR LAS SENSACIONES FÍSICAS PRODUCIDAS POR EL MIEDO

Otra técnica que da resultado para aliviar el miedo es centrarse en las *sensaciones físicas* que se están experimentando, sensaciones que probablemente usted sólo identifica como miedo. Luego, concéntrese en los sentimientos que le *gustaría* experimentar a cambio: valor, confianza en sí mismo, calma, felicidad.

Fije esas dos impresiones diferentes en su visión mental. Luego vaya lentamente de una a otra varias veces, deteniéndose unos quince segundos en cada una. Después de uno o dos minutos, el miedo se habrá disipado y se encontrará en un punto céntrico, neutro.

RECUERDE LAS OCASIONES EN LAS QUE LOGRÓ VENCER EL MIEDO

¿Alguna vez aprendió a tirarse a la piscina desde un trampolín? De ser así, probablemente recuerde la primera vez que avanzó hasta el borde de la tabla y miró hacia abajo. El agua se veía mucho más profunda de lo que realmente era. Y considerando la altura del trampolín y la altura a la que estaban sus ojos con relación al nivel de la tabla, es probable que la distancia le haya parecido muy grande.

Sintió miedo. Pero ¿miró a su mamá o a su papá o al instructor y dijo: "Sabes, me da demasiado miedo hacer esto ahora. Creo que voy a asistir a

---

17. Ron Nielsen, Tim Piering y yo, usamos esta misma técnica para crear un nuevo programa diseñado para ayudar a quienes tienen miedo a volar a superar su miedo a los aviones. Para mayor información o para adquirir una copia de *El Kit para Volar de Chicken Soup for the Soul*® para usted o para un amigo, visite www.fearless-flight.com.

unas sesiones de terapia acerca de esto para poder deshacerme de mi miedo, volveré y ensayaré de nuevo…"?

¡No! no lo dijo.

Sintió miedo, de alguna parte sacó el valor, y saltó al agua. Sintió miedo pero lo hizo de todos modos.

Cuando salió a la superficie, probablemente nadó desesperado hasta el borde de la piscina y tomó unas bien merecidas bocanadas de aire. En algún lugar, se produjo una pequeña descarga de adrenalina, la emoción de haber sobrevivido al riesgo, más la emoción de saltar por el aire hasta caer en el agua. Es probable que al minuto lo haya hecho de nuevo y luego lo haya repetido una y otra vez, hasta convertirlo en algo realmente divertido. Muy pronto, el miedo había desaparecido por completo y estaba cayendo como bala de cañón para salpicar a todos sus amigos y tal vez estaba aprendiendo también a tirarse de espaldas dando una vuelta en el aire.

Si recuerda la experiencia de la primea vez que condujo un automóvil o la primera vez que besó a alguien en una cita, tiene el modelo para todo lo que le suceda en la vida. Las nuevas experiencias siempre nos darán un poco de miedo. Así se supone que debe ser. Así son las cosas. Pero cada vez que enfrentamos el miedo y seguimos adelante de todos modos, adquirimos mucha más confianza en nuestras capacidades.

REDUZCA EL NIVEL DE RIESGO

Anthony Robbins dice: "Si no puede, debe hacerlo y si debe hacerlo, puede." Estoy de acuerdo. Son justamente aquellas cosas a las que más tememos las que nos dan el mayor sentido de liberación y crecimiento.

Si un miedo es tan grande que lo paraliza, reduzca el grado de riesgo. Enfrente retos más pequeños y vaya avanzando poco a poco. Si comienza su primer trabajo en ventas, llame primero a los prospectos o a los clientes a quienes piense que puede ser más fácil venderles. Si está pidiendo dinero para su negocio, practique en las fuentes de préstamo de las que no quisiera tomar un préstamo, de cualquier forma. Si le asusta asumir nuevas responsabilidades en su trabajo, comience por pedir que le asignen esas partes del proyecto que a usted más le interesan. Si está aprendiendo un nuevo deporte, comience en los niveles más bajos. Domine esas habilidades que tiene que aprender, supere sus miedos y luego acepte retos mayores.

CUANDO SU MIEDO ES EN REALIDAD
UNA FOBIA

Algunos miedos son tan fuertes que realmente lo pueden inmovilizar. Si tiene una fobia declarada, como fobia a los aviones o fobia a entrar en un ascensor, ésta puede inhibir considerablemente su capacidad de alcanzar el éxito. Afortunadamente hay una solución sencilla para la mayoría de las fobias. La Cura de Cinco Minutos para las Fobias, desarrollada por el Dr. Roger Callahan, es fácil de aprender, y se la puede administrar uno mismo o también la puede administrar un profesional.

Aprendí esta técnica mágica del libro y el video del Dr. Callahan y la he utilizado con éxito en mis seminarios durante más de quince años. El proceso utiliza un patrón simple pero preciso de dar pequeños golpes en distintos puntos del cuerpo mientras imaginan los objetos o la experiencia que estimula su reacción fóbica. Actúa de la misma manera que opera un virus en un programa de computadora, al interrumpir permanentemente el "programa" con la secuencia de eventos que se producen en el cerebro entre el momento de la perfección inicial de lo que le produce miedo (como una serpiente o abordar un avión) y la respuesta física (como transpiración, temblor, respiración superficial y debilidad en las rodillas).

En una oportunidad, en la que dirigía un seminario para vendedores de bienes raíces, una mujer confesó que tenía fobia a subir una escalera. De hecho, la había experimentado esa misma mañana, cuando le pidió al botones que le dijera cómo llegar al seminario y él le señaló la escalera que conducía al gran salón. Por fortuna, también había un gran ascensor, de manera que pudo llegar sin problema. De lo contrario, habría dado media vuelta y se habría ido a su casa. Admitió que nunca había subido al segundo piso de ninguna casa de las que había vendido. Hacía de cuenta que ya había estado allí, explicaba a los compradores potenciales lo que encontrarían en el segundo piso, basándose en lo que había leído en la hoja de registro de las características de la propiedad, y los dejaba que fueran a explorar solos el segundo piso.

Le administré la Cura de Cinco Minutos para las Fobias y luego llevé a las cien personas que asistían al seminario a la escalera que la había petrificado esa mañana. Sin vacilar, sin respiración entrecortada y sin hacer dramas, subió y bajó dos veces la escalera. Es así de fácil.[18]

---

18. Si tiene una fobia que lo está limitando, visite el sitio Web de Roger Callahan en www.tttrx.com o llame al 800-359-2873 para hacer el pedido del video de La Cura en Cinco Minutos para las Fobias o programar una sesión telefónica con el Dr. Callahan. Puede también búscar en el Internet, escriba "five-minute phobia cure" o "Thought Field Therapy" y busque un especialista dentro de su área.

¡DÉ UN GRAN SALTO!

Vengan al borde, les dijo.
Ellos dijeron: nos da miedo.
Vengan al borde, les dijo.
Ellos vinieron. Él los empujó,
y ellos volaron ...

GUILLAUME APOLLINAIRE
Poeta vanguardista francés

Todas las personas de éxito que conozco han estado dispuestas a correr el riesgo—a dar ese salto de fe—a pesar del miedo. A veces, estaban aterroriza-das pero sabían que, a menos que actuaran, perderían la oportunidad. Confia-ron en su intuición y simplemente se arriesgaron.

El progreso siempre implica riesgo;
no se puede robar segunda base
y tener un pie en primera.

FREDERICK WILCOX

Mike Kelley vive en su propio paraíso y es propietario de varias compañías bajo el nombre común de Beach Activities of Maui. Con sólo un año de preu-niversitario como preparación (nunca fue a recoger su diploma), Mike dejó Las Vegas a la edad de 19 años y se fue a las islas de Hawai para terminar ven-diendo loción bronceadora a la orilla de la piscina de un hotel de Maui. Con este precario comienzo, Mike llegó a crear una compañía que cuenta con 175 empleados y más de $5 millones en ganancias anuales, que ofrece experien-cias recreativas (navegación en Catamarán y excursiones de buceo con careta, *scuba diving*) a los turistas y servicios de conserjería y centro de negocios para muchos de los hoteles de la isla.

Mike atribuye gran parte de su éxito a que siempre estuvo dispuesto a dar el salto cuando fue necesario. Cuando Beach Activities of Maui intentaba am-pliar sus actividades, había un importante hotel que él quería conseguir como cliente, pero un competidor tenía allí un contrato desde hacía más de quince años. Para mantener una ventaja competitiva, Mike siempre lee las publicaciones financieras y está atento a todo lo que ocurre en su segmento de negocios. Un día, leyó que este hotel estaba cambiando de gerente y que vendría un nuevo gerente que vivía en Copper Mountain, Colorado. Esto dejó pensando a Mike. Dada la dificultad de superar tantas barreras para conseguir una cita con un gerente general, tal vez debía tratar de contactarlo antes de que realmente llamara a Hawai. Mike le dio muchas vueltas en su mente pensando en la mejor forma de hacerlo. ¿Debía escribirle una carta? ¿Debía llamarlo por teléfono? Mientras pensaba en estas opciones, su amigo Doug le sugirió: "¿Por qué no tomas un avión y vas a verlo?"

Mike, siempre dispuesto a actuar sin demora, redactó rápidamente una carta de introducción y una propuesta, y a la noche siguiente, abordó un avión. Después de volar toda la noche, llegó a Colorado, alquiló un automóvil, condujo por dos horas hasta Copper Mountain y se presentó sin anunciarse en la oficina del nuevo gerente general. Le explicó quién era, lo felicitó por su nuevo ascenso, le dijo que esperaba verlo pronto en Maui y le pidió que le concediera unos momentos para hablarle de su compañía y lo que le podía ofrecer al hotel.

Mike no obtuvo el contrato durante esa primera reunión, pero el hecho de que un muchacho joven tuviera la suficiente confianza en sí mismo y en sus servicios como para dar un salto de fe, montarse en un avión, volar hasta Denver y atravesar la mitad del estado de Colorado por carretera con la remota probabilidad de poder hablar con él, le causó tal impresión al gerente general que cuando por último llegó a Hawai, Mike consiguió el contrato que durante los siguientes quince años le ha reportado cientos de miles de dólares en ganancias utilidades netas.

DAR EL SALTO PUEDE TRANSFORMAR SU VIDA

La autoridad se da en un 20 por ciento, se toma en un 80 por ciento...
por consiguiente, ¡Tómela!

PERTER UEBERROTH
Organizador de los Juegos Olímpicos de Verano de 1984 y comisionado de las
Grandes Ligas de Béisbol, 1984–1988

El multimillonario John Demartini ha alcanzado un nivel de éxito sin precedentes, desde cualquier punto de vista. Está casado con una hermosa e inteligente mujer—Athena Star—la famosa astróloga que responde consultas y escribe para 24 reconocidas revistas, incluyendo *Vogue*. Son propietarios de varias casas en Australia y pasan más de sesenta días al año recorriendo el mundo en su lujoso apartamento de $3 millones a bordo del buque *World of ResidenSea* de $550 millones, residencia que compraron después de vender su apartamento en Trump Tower, en la ciudad de Nueva York.

Autor de cincuenta y cuatro programas de capacitación y trece libros, John pasa el año viajando por el mundo, dictando conferencias y dirigiendo sus cursos sobre éxito financiero y dominio de la vida.

Sin embargo, John no comenzó como una persona rica y exitosa. A los siete años se le diagnosticó una discapacidad de aprendizaje y se le dijo que nunca aprendería a leer, escribir ni comunicarse normalmente. A los catorce años abandonó la escuela, dejó su hogar en Texas y se marchó a la costa de California. Cuando cumplió diecisiete años se encontraba en Hawai, haciendo surfing sobre las olas de la famosa Playa Norte de Oahu, donde por poco muere envenenado con estricnina. Su proceso de recuperación lo llevó a conocer al Dr. Paul Bragg, un hombre de noventa y tres años, que cambió por completo la vida de John dándole una simple frase para repetir: "Soy un genio y aplico mi sabiduría."

Inspirado por el Dr. Bragg, John fue a la universidad, obtuvo su título de Bachelor de la Universidad de Houston y más tarde un doctorado del Texas College of Chiropractic.

Cuando abrió su primer consultorio de quiropráctica en Houston, John comenzó en una oficina de apenas 970 pies cuadrados. En el término de nueve meses, estaba en una oficina dos veces más amplia y ofrecía clases gratis para los que quisieran aprender a llevar una vida sana. Cuando sus alumnos aumentaron, John estaba listo para ampliarse de nuevo y fue entonces cuando dio el salto que cambió para siempre su profesión.

"Era un lunes," dice John. "El almacén de calzado del local vecino se había trasladado durante el fin de semana."

Sería un lugar perfecto para una sala de conferencias, pensó John mientras, sin pensarlo dos veces, llamaba a la compañía encargada de arrendarlo.

Cuando nadie le devolvió la llamada, John concluyó que no lo alquilarían muy pronto; entonces, dio el salto.

"Llamé a un cerrajero para que viniera a abrir el lugar," dijo John. "Pensé que lo peor que me podía pasar era que me cobraran el alquiler."

Muy pronto convirtió ese espacio en una sala de conferencias y en unos pocos días estaba dando charlas gratis todas las noches. El local quedaba al lado de un cine, entonces, instaló un altoparlante para que quienes salían del cine pudieran escuchar sus conferencias mientras iban a buscar su automóvil. Cientos de personas comenzaron a asistir a las clases y, eventualmente, se convirtieron en pacientes.

La clientela de John creció rápidamente. Sin embargo, trascurrieron casi seis meses antes de que la persona encargada de administrar la propiedad viniera a investigar.

"Usted es muy osado," le dijo el administrador. "Me recuerda mi forma de actuar." De hecho, le impresionó tanto la osadía de John, que inclusive ¡le rebajó seis meses de alquiler!, "Cualquiera que tenga el valor de hacer lo que usted ha hecho se lo merece," le dijo. Más adelante, el administrador invitó a John a su oficina donde le ofreció $250,000 al año para que trabajara con él. John rechazó la oferta porque tenía otros planes, pero fue una importante muestra de aprobación de su valiente actitud.

Dar el salto había ayudado a que John estableciera un negocio boyante que más tarde vendió para empezar un servicio de consultoría de tiempo completo con otros quiroprácticos.

"Dar ese salto me abrió una nueva oportunidad," dijo John. "Si no lo hubiera hecho...si hubiera sido cauteloso...no hubiera logrado el progreso que me dio la oportunidad de llevar la vida que llevo ahora."

BUENO, QUÉ MÁS DA, ¡HÁGALO!

¿Quiere permanecer seguro y llegar a ser bueno o quiere arriesgarse y llegar a ser excelente?

JIMMY JOHNSON
Entrenador que llevó al equipo de fútbol americano
Dallas Cowboys a ganar dos campeonatos consecutivos
del Super Bowl en 1992 y 1993

Cuando Richard Paul Evans escribió su primer libro, *The Christmas Box* (La Caja de Navidad), fue sólo un regalo de amor para sus dos hijas pequeñas. Después, hizo copias para su familia y sus amigos y rápidamente se difundió la noticia de su conmovedora historia. Animado por esta reacción positiva, Rick buscó un editor para el libro. Al no encontrarlo, decidió publicarlo él mismo.

Para promover el libro, alquiló un kiosco en una conferencia nacional de la American Book-sellers Association, donde, entre otras actividades, varios escritores famosos autografiaban sus obras en un extremo del salón de exhibiciones. Rick pudo observar que estos autores famosos eran los únicos que recibían la atención de los periodistas. También pudo observar que cuando llegó el siguiente grupo de escritores famosos para cumplir con su horario programado, uno de los autores no cumplió la cita. Superando su miedo con su valentía y su compromiso con su sueño, Rick decidió dar el salto. Tomó dos cajas de libros, se dirigió a la silla vacía, se sentó y comenzó a firmar.

Al verlo en la mesa, una mujer que trabajaba en el evento se le acercó para pedirle que se fuera. Imperturbable, Evans la miró y antes de que ella le pudiera hablar le dijo: "Lo siento, se me hace tarde." La mujer lo miró asombrada y le preguntó: "¿Le puedo traer algo de beber?" Al año siguiente, Evans fue el escritor debutante en este evento y su libro llegó a ocupar el primer lugar en la lista de bestsellers de *The New York Times*. Desde entonces, *The Christmas Box* (La Caja de Navidad) ha vendido más de ocho millones de copias en dieciocho idiomas y la CBS hizo una película que ganó un premio EMI. El libro que había sido rechazado por varias importantes editoriales fue comprado eventualmente por Simon & Schuster por la suma récord de $4.2 millones.

Vivir al borde del riesgo es saltar al precipicio
y desarrollar alas mientras se desciende.

RAY BRADBURY
Autor de más de 500 obras literarias

ESTÉ DISPUESTO A ARRIESGARLO TODO POR ALCANZAR SU SUEÑO

Sólo los que se atreven a fracasar en grande pueden
alcanzar grandes logros,

ROBERT F. KENNEDY
Ex procurador general y senador de los Estados Unidos

En enero de 1981, Robert Allen, inversionista de bienes raíces, aceptó un reto—arriesgándolo todo—que reafirmaría o pondría fin a su nueva carrera como escritor y director de seminarios. Buscaba formas de promover su nuevo libro *Nothing Down: How to Buy Real Estate with Little or no Money Down* (Sin Cuota Inicial: Cómo Comprar Bienes Raíces Con una Cuota Inicial muy Baja o Sin Cuota Inicial). Frustrado con el anuncio publicitario creado por el departamento de relaciones públicas de su editor, Bob puso en palabras la primera idea que le vino a la mente sobre lo que la publicidad debía decir: "Tenemos que demostrar que cualquiera puede comprar una propiedad sin cuota inicial."

Su editor respondió: "¿Qué quiere decir?"

"No lo sé," respondió Bob. "Usted puede llevarme a una ciudad, quitarme mi billetera y darme cien dólares y yo podría comprar una propiedad."

"¿Cuánto tiempo le tomaría?"

"No lo sé, tal vez una semana, tal vez tres o cuatro días, setenta y dos horas."

"¿Puede hacer eso?"

Bob se encontró mirando hacia el abismo, al darse cuenta de que nunca antes lo había hecho y no sabía a ciencia cierta si lo podría hacer ahora. Su cabeza decía no y su corazón decía sí.

Bob se decidió por su corazón y dijo: "Sí, probablemente lo podría hacer."

"Bueno, si puede hacer eso, ese es el título del aviso que vamos a publicar. 'Entonces me dijo que me quitaría la billetera, me daría un billete de cien dólares y me enviaría a comprar una propiedad raíz sin utilizar nada de mi propio dinero.'"

"Bob dijo, 'Bueno, que se imprima,' y luego sacó el aviso, que tuvo gran éxito." En el término de unos meses, después de su publicación, su libro llegó al primer lugar en la lista de bestsellers de la revista *Time* y terminó apareciendo en la lista de bestsellers de *The New York Times* durante cuarenta y seis semanas.

Más tarde, ese mismo año, Bob recibió la llamada de un reportero de *Los Angeles Times* que le dijo: "No creemos que pueda hacer lo que dice."

Bob respondió, "Bien, con gusto aceptaré el reto," y luego dijo, "¿Qué tal una fecha, digamos, en 2050?" Pero el *Times* hablaba en serio, quería demostrar, en serio, que Bob estaba equivocado. El reportero le dijo: "Voy a demostrar que se equivoca. No nos gusta su anuncio. Lo consideramos un fraude y lo vamos a desenmascarar." Asustado pero decidido, no le quedó más remedio que aceptar el reto, Bob fijó la fecha para cuatro semanas más tarde.

El 12 de enero de 1981, el reportero del *Times* se encontró con él en el Hotel Marriott, al este del aeropuerto internacional de Los Angeles. Bob no había dormido mucho la noche anterior, de hecho no había dormido mucho en el último mes. Permanecía despierto toda la noche preguntándose si realmente podría hacerlo en tan poco tiempo. Había pensado que aceptar el reto era lo correcto, pero todavía no sabía si lo podría hacer.

Los dos abordaron un avión y llegaron a San Francisco. Desde que el avión aterrizó, Bob comenzó a correr. Fue inmediatamente a una oficina de bienes raíces y empezó a escribir ofertas sin cuota inicial y, antes de que pudiera protestar, lo estaban sacando de la oficina, lo que, según recuerda Bob: "No fue la mejor forma de empezar."

Pensó: *"Oh, oh, ahora sí estoy en problemas. Lo perderé todo, se acabó. No voy a ser capaz de salir adelante con esto ¿Qué estaba pensando?"* ¿Estaba asustado? "Oh si, estaba aterrado." Pero hizo una llamada tras otra y, por último, hacia el final del primer día, empezó a tener algo de éxito y encontró una propiedad que alguien estaba dispuesto a venderle. Para la mañana siguiente tenía ya una oferta firmada.

Esto significó que le había tomado un poco más de 24 horas comprar su primera propiedad. Luego Bob dijo: "No hemos terminado aún. Usted me dio 72 horas. He programado mi vida para hacer esto durante los próximos tres días. Veamos cuántas propiedades podemos conseguir." En este punto, el periodista se había convertido en su animador. Después de todo, ya había perdido la apuesta y entre mayor fuera su pérdida, mejor sería la historia.

Antes, estaba diciendo, "Voy a probar que está equivocado." Ahora decía, "Oye Bob, hazlo, adelante, muchacho. Si me vas a ganar, gáname en forma." Y eso fue lo que Bob hizo. Compró siete propiedades por un valor de $700,000 en el término de cincuenta y siete horas y le devolvió al periodista $20 de los $100 con los que había empezado.

El artículo que apareció publicado como consecuencia de este reto, que fue sindicado por *Los Angeles Times* y reproducido por docenas de diarios de todo el país, fue el lanzamiento de la carrera de Bob. Se lo había jugado todo iy había ganado en grande! Su libro *Nothing Down* (Sin Cuota Inicial) vendió más de un millón de copias y se convirtió en el undécimo libro de pasta dura más vendido de los años ochenta.[19]

EL RETO

Si quiere alcanzar grandes metas, tendrá que correr algunos riesgos.

ALBERTO SALAZAR
Ganador de tres maratones consecutivas de la ciudad de Nueva York
en 1980, 1981 y 1982, y ahora vocero de Nike

La vida de Robert Allen parece estar hecha de un salto al vacío tras otro para comprobar que sus métodos pueden dar resultado—para todos, cualquiera que sea su nivel—y producir fortuna y abundancia en sus vidas. Aún después de este sorprendente éxito de comprar siete casas en setenta y dos horas sin cuota inicial alguna, en San Francisco, la prensa todavía lo retaba diciéndolo,

---

19. Si le interesa invertir en bienes raíces, puede ver el libro más reciente de Robert, *Nothing Down for the 2000: Dynamic New Wealth Strategies in Real Estate* (Sin Cuota Inicial Para el 2000: Nuevas y Dinámicas Estrategias para Hacer Fortuna en Bienes Raíces) (New York: Simon & Schuster, 2004).

"Bien, claro que *usted* lo puede hacer, pero la persona promedio no podría." El mensaje de Bob era que *cualquiera* podía comprar una propiedad sin cuota inicial, pero la prensa continuaba contradiciéndolo y diciendo "Bien, usted no es cualquiera."

Bob me comentó: "Me enfurecí tanto con la prensa que les dije: 'Pueden enviarme a cualquier fila de desempleados'—y recuerdo que seguí diciendo muchas cosas, sin saber de dónde salían—'permítanme seleccionar a alguien que esté en quiebra, desempleado y desanimado y en dos días le enseñaré los secretos de hacer fortuna. Y en noventa días volverá recuperado con $5,000 en el banco y no tendrá que volver jamás a la fila de los desempleados'."

Bob fue a San Louis y le pidió al ex alcalde que supervisara el proyecto, fue a la oficina de desempleo y repartió 1,200 volantes en los que ofrecía enseñar cómo convertirse en una persona económicamente independiente. Esperaba que el salón se llenara hasta las vigas y había preparado 300 sillas, pero sólo llegaron cincuenta personas, y de esas, la mitad se fue durante el primer receso, tan pronto como supieron todo el trabajo que tendrían que hacer. Después de un prolongado proceso de entrevistas, sólo quedaron tres parejas. Trabajó con ellas, y aunque todas hicieron negocios en los primeros noventa días, en términos técnicos, sólo una ganó $5,000 en efectivo en un período de tres meses. Todas estas parejas hicieron más negocios ese año y cambiaron sus vidas en distintas formas. La pareja que ganó los $5,000 en efectivo en los primero noventa días llegó a ganar también $100,000 en los doce meses siguientes. Una vez más, corriendo un enorme riesgo, lanzándose al vacío, Bob había probado su punto y había logrado, finalmente, que la prensa se retractara.

Más adelante escribió un libro acerca de su experiencia, titulado *The Challenge* (El Reto).[20] Aunque fue su libro menos exitoso y sólo vendió 65,000 copias, resultó ser el más rentable porque fue el primero en el que incluyó su nombre, su dirección y sus números de teléfono. Más de 4,000 lectores lo llamaron y eventualmente pagaron $5,000 por asistir al programa de capacitación continuada de Bob. Eso suma $20 millones, nada mal, a cambio de estar dispuesto a pagar el precio de arriesgar una vez más su reputación.

---

20. *The Challenge* (El Reto), por Robert Allen (New York: Simon & Schuster, 1987).

El secreto de mi éxito fue que mordí más de lo que podía mascar
y masqué lo más rápido que pude.

PAUL HOGAN
Actor protagonista de *Cocodrilo Dundee*

GRANDES PROPÓSITOS... BAJO NIVEL DE APEGO

Si quiere tener calma y tranquilidad durante toda su vida, deberá tener miras
muy altas y un bajo nivel de apego. Se hace lo que se pueda por lograr los resultados que se desean y luego se deja de pensar en eso. A veces no conseguimos los resultados deseados para la fecha prevista. Así es la vida. Hay que
seguir avanzando hacia la meta hasta alcanzarla. A veces el universo tiene
otros planes y generalmente son mejores que los que uno tenía en mente. Por
eso le recomiendo agregar la frase, "Esto, o algo mejor," al final de sus afirmaciones.

Mientras estaba de vacaciones con mi familia en un crucero en Tahití,
hace dos veranos, salí con mi hijo Christopher y mi hijastro Trevis, ambos de
doce años en ese entonces, a hacer un tour guiado en bicicleta por la isla, con
otras personas que venían en el crucero. Mi intención para ese día era estre-
char los lazos de amistad con mis dos hijos. El viento era realmente fuerte y el
recorrido difícil. En un momento dado, Stevie Eller, quien pedaleaba al lado
de su nieto de once años, tuvo una dura caída y se hizo una herida profunda
en una pierna. Debido a que sólo quedaban unos pocos entre los que iban a la
zaga del grupo, nos quedamos para ayudarle. No había casas ni almacenes y
prácticamente no había tráfico en el extremo más remoto de la isla, lo que
significaba que no había forma de pedir ayuda, por lo que, después de intentar algunas medidas muy rudimentarias de primero auxilios, decidimos continuar el camino todos juntos. Cansados por la lentitud, mis hijos se
adelantaron y pasé las siguientes horas pedaleando y caminando junto a mi
nueva amiga hasta que, por último, llegamos a un hotel donde ella pidió un
taxi y yo me encontré con mis hijos que se habían detenido allí a nadar, y terminé con ellos el recorrido alrededor de la isla. Esa noche Stevie y su marido
Kart nos invitaron a cenar con ellos y con su familia.

Dio la casualidad de que eran miembros del Comité de Nominaciones
para la Cumbre del Logro Internacional de 2004, patrocinada por la Academia de Logros, cuya misión era, "Inspirar a la juventud con nuevos sueños de
logros en un mundo de oportunidades ilimitadas," reuniendo más de 200 es-

tudiantes y ex alumnos universitarios de todo el mundo para interactuar con líderes contemporáneos que han logrado objetivos difíciles o imposibles en el servicio a los demás. Después del rato que pasamos juntos, decidieron nombrarme miembro de la academia, candidato a recibir su premio de La Placa de Oro, y entrar a formar parte del grupo de personas que lo habían recibido con anterioridad, como el ex presidente Bill Clinton, Plácido Domingo, George Lucas, el alcalde de Nueva York Rudolph Giuliani, el senador de los Estados Unidos John McCain, el ex primer ministro de Israel Shimon Peres y el arzobispo Desmond Tutu. Gracias a que mi nombramiento fue aceptado, tuve la oportunidad de asistir al evento anual de cuatro días con algunos de los más brillantes líderes del futuro y algunas de las personas de éxito más interesantes del mundo en 2004, y podré asistir a este evento cada año durante el resto de mi vida. ¡Inclusive puedo llevar a mis hijos a una de las próximas reuniones!

Si hubiera estado totalmente apegado al resultado original del plan que había previsto de pasar el día en compañía de mis hijos, y hubiera dejado a Stevie para que otros se ocuparan de ella, habría perdido una oportunidad aún mejor que, de forma imprevista, se me presentó en el camino. He aprendido, a través de los años, que siempre que aparentemente se cierra una puerta, otra se abre. La única condición es mantener una actitud positiva, estar alerta y atento para saberla encontrar. En lugar de disgustarse cuando las cosas no resultan como estaban previstas, hay que preguntarse siempre: "¿Qué posibilidad hay aquí?"

16

ESTÉ DISPUESTO A PAGAR EL PRECIO

*Si la gente supiera cuánto tuve que esforzarme para
lograr el grado de maestría que poseo,
no les parecería tan maravilloso.*

MIGUEL ÁNGEL
Escultor y pintor renacentista que estuvo cuatro años acostado
boca arriba pintando el techo de la Capilla Sixtina

Detrás de todo gran logro hay una historia de educación, capacitación, práctica, disciplina y sacrificio. Hay que estar dispuestos a pagar el precio.

Tal vez el precio es dedicarse a una única actividad o dejar pendiente todo lo demás que hay en la vida. Tal vez sea invertir todos los haberes o ahorros personales. Tal vez sea la disponibilidad de dejar a un lado la seguridad de la situación actual.

Sin embargo, aunque se requieren normalmente muchas cosas para alcanzar un resultado exitoso, la *voluntad* de hacer lo que se requiere agrega otra dimensión a la mezcla de factores que nos ayudan a perseverar ante retos abrumadores, problemas, dolor e incluso lesiones personales.

EL DOLOR ES SÓLO TRANSITORIO…
LOS BENEFICIOS SON PARA SIEMPRE

Recuerdo cuando, en los Juegos Olímpicos de Verano de 1976, la competencia gimnástica masculina capturó la atención del mundo entero. Con el rugir de la multitud como música de fondo, Shun Fujimoto de Japón ejecutó un triple salto mortal perfecto, un giro y un desmonte impecable de los anillos para hacerse acreedor de medalla de oro en gimnasia en equipo. Con su rostro contorsionado por el dolor y sus compañeros de equipo conteniendo el aliento, Fujimoto desempeñó una rutina casi impecable logrando un aterrizaje sorprendente y perfecto, sobre una rodilla derecha *fracturada*. Fue una extraordinaria muestra de valor y compromiso.

Al ser entrevistado después del triunfo, Fujimoto reveló que aunque se había lesionado la rodilla durante un ejercicio de manos libres, a medida que la competencia avanzaba fue evidente que la medalla de oro para el equipo se decidiría con la prueba de los anillos, en la que él se desempeñaba mejor. "El dolor me traspasaba como una lanza," dijo. "Se me salían las lágrimas. Pero ahora tengo la medalla de oro y ya no hay dolor."

¿Qué le dio a Fujimoto el extraordinario valor ante un dolor intolerable y un riesgo muy real de una lesión grave? Su voluntad de pagar el precio—y probablemente una larga historia de pagar el precio día tras día en el camino a merecerse un lugar para competir en los Juegos Olímpicos.

¡PRACTICAR, PRACTICAR, PRACTICAR!

Cuando jugué con Michael Jordan en el equipo olímpico, había una enorme brecha entre su capacidad y la capacidad de los otros excelentes integrantes del equipo. Pero lo que más me impresionó fue que siempre era el primero en llegar a la cancha y el último en irse.

STEVE ALFORD
Ganador de la medalla de oro olímpica, jugador de la NBA y principal entrenador
de básquetbol de la Universidad de Iowa

Antes de llegar a ser senador por el estado de New Jersey, Bill Bradley fue un sorprendente jugador de básquetbol. Un deportista all-American de la Universidad de Princeton, ganó una medalla de oro olímpica en 1964, jugó en los campeonatos de la NBA con los New York Knicks, ingresó al Salón de la Fama del Básquetbol. ¿Cómo hizo para tener tanto éxito en su deporte? Bien, en primer lugar, durante sus años de secundaria, practicó cuatro horas diarias, sin falta.

En su memorias de 1996, *Time Present, Time Past* (Tiempo Presente, Tiempo Pasado), Bradley hace el siguiente recuento de su rutina de entrenamiento de básquetbol impuesta por él mismo: "Me quedaba a practicar después de que mis compañeros de equipo se iban. Mi rutina de práctica tenía que terminar con quince canastas seguidas desde cada uno de los cinco puntos de la cancha." Si perdía un lanzamiento, empezaba de nuevo desde el principio. Continuó con esta práctica durante todos sus años de universidad y toda su carrera profesional.

Desarrolló este sólido compromiso de práctica cuando fue a los campa-

mentos de verano de básquetbol patrocinados por "Easy," Ed Macauley de los
St. Louis Hawks, donde aprendió la importancia de practicar: "Cuando uno
no está practicando, otro lo está haciendo. Y cuando los dos se encuentran,
dada una habilidad relativamente igual, ganará el que practicó." Bill tomó este
consejo a pecho. Las horas de duro trabajo dieron resultado. Bill Bradley
anotó más de 3,000 puntos en cuatro años de básquetbol en la secundaria.

LOS ATLETAS OLÍMPICOS PAGAN EL PRECIO

Aprendí que la única forma de alcanzar algo en la vida es esforzarse por lograrlo.
Ya se trate de un músico, un escritor, un atleta o un empresario,
no hay otra forma de hacerlo.
Si lo hace, triunfará, si no lo hace, no lo logrará.

BRUCE JENNER
Ganador de la medalla de oro olímpica en el decatlón

Según John Troup, en un artículo publicado en *USA Today:* "El atleta olímpico promedio entrena cuatro horas al día, al menos 310 días al año, antes de
triunfar. Mejorar comienza con la práctica diaria. Para las 7:00 a.m. la mayoría de los atletas han hecho más de lo que muchos otros hacen en un día ... dados iguales talentos, el atleta mejor entrenado generalmente puede superar al
que no puso todo su empeño y, por lo general, el que mostraba una mayor
confianza, se esforzó en serio y generalmente tiene un mayor grado de confianza dentro del grupo al inicio de la competencia. Durante los cuatro años
anteriores a los Juegos Olímpicos, Greg Louganis probablemente practicó
cada uno de sus clavados 3,000 veces. Kim Zmeskal probablemente había hecho cada uno de los movimientos de su rutina gimnástica al menos 20,000
veces y Janet Evans había completado más de 240,000 piscinas. El entrenamiento da resultado pero no es fácil ni simple. Los nadadores entrenan un
promedio de diez millas por día a velocidades de cinco millas por hora en la
piscina. Tal vez eso no parezca una gran velocidad, pero sus frecuencias car-
diacas alcanzan 160 durante todo el tiempo que permanecen en la piscina. Intente subir las escaleras corriendo y luego compruebe su frecuencia cardiaca.
Imagine, entonces, lo que es tener que hacer eso ¡durante cuatro horas!
Quienes corren el maratón alcanzan un promedio de 160 millas por semana a
diez millas por hora."[21]

---

21. John Troup, *USA Today,* julio 29 de 1992. Página 11E.

Aunque pocos de quienes lean este libro llegarán a ser atletas Olímpicos o querrán serlo, usted puede alcanzar un nivel de clase mundial en cualquier cosa que haga si le dedica la disciplina necesaria para sobresalir en el oficio, arte o profesión que elija. Para ganar en cualquier deporte al que se dedique, tendrá que estar dispuesto a pagar el precio.

No es la voluntad lo que importa, todos la tienen.
Lo que importa es la voluntad de prepararse para ganar.

PAUL "BEAR" BRYANT
El entrenador de fútbol universitario con mayor número de triunfos,
que logró 323 victorias, incluyendo seis campeonatos nacionales
y trece títulos de la Southeastern Conference

DIEZ VECES CON PERFECCIÓN

Si pierdo un día de práctica, yo lo noto. Si pierdo dos días,
mi entrenador lo nota. Si pierdo tres días, mi público lo nota.

ANDRÉ PREVIN
Pianista, director y compositor

Tom Boyer es ahora consultor de productividad y trabaja con importantes empresas como Siemens, Motorola, Polaroid y Weyerhaeuser. Sin embargo en su adolescencia y hasta los veintitantos años, Tom fue un clarinestista dedicado a su instrumento. Debido a que estaba dispuesto a pagar el precio de dos horas de práctica diarias—aún durante las vacaciones familiares—ganó en forma consistente todas las competencias estatales en Ohio. En una oportunidad, el director de la orquesta de la escuela secundaria incluyó la obertura de "Semiramide" de Rossini en el programa del concurso estatal, porque pensó que nadie más tendría un clarinestista capaz de tocar el solo de clarinete al nivel de Tom. Lo que no sabía era que, aunque se tratara de un solo de apenas veinte a treinta segundos, era un pasaje musical increíblemente difícil de interpretar a cualquier nivel imaginable, tal vez el más difícil de los solos para clarinete que se haya escrito jamás.

Cuando Tom llegó a su próxima lección con Robert Marcellus, el primer clarinete de la Orquesta de Cleveland en ese entonces, lo miró y le dijo: "¿Cómo podré lograrlo?"

Marcellus lo miró y le dijo: "Con algo tan difícil... si lo puedes tocar diez veces seguidas en el salón de ensayos, tienes una *probabilidad* de lograrlo en el escenario." Y a continuación le ordenó: "Tócalo." Cuando Tom lo tocó completo sin equivocaciones, su maestro levantó un dedo y dijo: "Una. Tócalo de nuevo." Luego levantó dos dedos. "Dos. Tócalo de nuevo." Luego levantó tres dedos. "Tócalo de nuevo." Y, entonces, Tom se equivocó.

Marcellus unió su índice y su pulgar para formar un cero. "Empieza de nuevo. Vuélvelo a tocar…Uno…Tócalo de nuevo…Dos…Tócalo de nuevo." Y así sucesivamente durante cuarenta y cinco minutos antes de que Tom lograra interpretar el sólo de treinta segundos diez veces sin equivocarse ni una sola vez. y todo lo que su maestro estaba haciendo era levantar dedos: uno, dos, tres…Cuando Tom logró interpretar el solo diez veces seguidas sin errores, su maestro lo miró con el rostro iluminado por una sonrisa y dijo: "Ahora, dime qué aprendiste." Entonces, y sólo entonces, le indicó a Tom un par de cosas que debía hacer al interpretar la pieza para que le resultara un poco menos difícil.

Tom interpretó el solo con perfección en la competencia, y más tarde, después de seis años en el Instituto de Música de Cleveland, pudo entrar a formar parte de la Orquesta de Cleveland, donde permaneció dos años.

El legendario violinista Isaac Stern se encontró después de un concierto con una mujer de edad madura que le dijo:"¡Oh, daría la vida por tocar como usted!" "Señora," respondió Stern en tono bastante agrio,"¡Eso fue lo que hice!"

DECIDIDO A CONVERTIRSE EN ARTISTA A CUALQUIER COSTO

Era la década de los setenta y Wyland era el clásico artista muerto de hambre que le apostó todo a su sueño. Pintaba y se iba abriendo camino a codazos. Montaba exposiciones en su escuela secundaria local y vendía pinturas originales por sólo $35, sabiendo que la única forma de surgir como artista era vendiendo sus pinturas por lo que le dieran y así ganar dinero suficiente para comprar los instrumentos necesarios para seguir pintando.

Entonces, un día, el que sería el momento decisivo para el joven artista, su madre le dijo: "El arte no es un trabajo, es una afición. Ahora sal y búscate un trabajo de verdad." Al día siguiente, lo llevó a la oficina de desempleados y lo dejó allí. Pero, para desgracia de Wyland, fue despedido de tres trabajos diferentes en tres días consecutivos. No podía concentrarse en las aburridas rutinas de una fábrica, quería crear y pintar. Una semana después, armó un estudio en el sótano y trabajó día y noche para crear un portafolio que eventualmente le obtuvo una beca completa para la escuela de bellas artes en Detroit.

Wyland pintaba cada momento que tenía y logró vender algunas de sus obras; sin embargo, durante muchos años, sólo obtuvo lo suficiente para sobrevivir. Pero, como estaba decidido a que el arte era todo lo que quería, siguió trabajando centrado en su oficio.

Un día, Wyland se dio cuenta de que tenía que ir donde otros artistas prosperaban y donde surgían nuevas ideas. Su destino fue la famosa colonia de arte de Laguna Beach en California, y, con su sueño muy claro ante sus ojos, se mudó a un atiborrado y pequeño estudio en el que trabajó y vivió por varios años. Eventualmente, fue invitado a participar en el festival de arte anual donde aprendió a hablar sobre su obra y a interactuar con los coleccionistas. Poco después, las galerías de Hawai lo descubrieron pero solían vender sus pinturas sin siquiera pagarle, con la excusa de que sus gastos de operación eran altos. Frustrado por terminar vendiendo pinturas a un alto precio sólo para que el dinero desapareciera, Wyland se dio cuenta de que tenía que ser el dueño de sus propias galerías. En sus propias galerías podría controlar todos los aspectos de la venta de sus obras, desde cómo enmarcarlas y colgarlas hasta cómo se vendían y por quién. Ahora, veintiséis años después de haber abierto su primera galería en Laguna Beach, realiza hasta 1,000 obras de arte al año (algunas de las cuales vende por $200,000), crea colaboraciones artísticas con la gente de Disney, es dueño de cuatro casas en Hawai, California y Florida y vive la vida que siempre soñó.

Tal vez usted, al igual que Wyland, quiera convertir su afición en su profesión. Puede alcanzar un alto grado de éxito haciendo lo que le gusta si está dispuesto a pagar el precio. "Al comienzo, hay que sufrir un poco," dice Wyland, "cediendo ante todos los demás. Pero no hay nada mejor que lograr eventualmente el éxito en nuestros propios términos."

CUESTE LO QUE CUESTE

En 1987, un joven llamado John Assaraf se mudó de Toronto, Ontario, a Indianápolis, Indiana, para asociarse en una operación de concesión de una nueva empresa de bienes raíces bajo el nombre de RE/MAX. John estaba definitivamente dispuesto a pagar el precio.

Mientras sus amigos iban a un bar a beber, John seguía trabajando por lograr su sueño de convencer a las agencias de bienes raíces de entrar a formar parte del sistema RE/MAX. John habló diariamente con al menos cinco agentes de bienes raíces por espacio de cinco años.

Al principio, todos se reían y sacaban a John de sus oficinas. ¿Por qué iban a repartir parte de sus ingresos o su reputación actual y entrar a formar parte de una nueva concesionaria que ya había tenido dos fracasos? Pero John sentía verdadera pasión por su sueño. Con verdadero celo, intentó convencer a varias de las principales agencias de bienes raíces de Indiana en eses entonces. Todas pensaron que estaba loco. Pero John persistió y, apenas cinco años después, él y sus socios superan la marca de ventas de 1,000 millones y ocupan el primer lugar. En realidad, los 1.500 socios de ventas de RE/MAX de Indiana generan más de $4,000 millones en ventas al año y ganan más de $100 millones anuales en comisiones.

Ahora John recibe un muy reconfortante ingreso residual de su compañía en Indiana y vive en el sur de California, con tiempo más que suficiente para jugar con sus dos hijos, dedicarse a otros intereses, escribir libros y enseñar a otros su fórmula de éxito para "clonar el éxito."

INVERTIR EL TIEMPO NECESARIO

Parte de pagar el precio es estar dispuesto a hacer lo que se requiere para llevar a término el trabajo. Esta voluntad proviene de un compromiso que hace con usted mismo de hacer lo que haya que hacer, cueste lo que cueste, cualquiera que sea el tiempo que requiera, cualesquiera que sean los inconvenientes que surjan. Es un compromiso en firme. Usted se responsabiliza de los resultados que pretende lograr. Sin excusas, sólo un desempeño de clase mundial o unos resultados sobresalientes en los que se pueda contar. Considere lo siguiente:

- Michael Crichton es el creador de la serie de televisión E.R (Sala de Emergencias) ganadora del EMI y del premio Peabody. Sus libros han vendido más de cien millones de copias en treinta idiomas y doce de ellos se han convertido en películas, siete de las cuales han sido dirigidas por él mismo. Sus libros y películas incluyen *Jurassic Park, The Andrómeda Strain, Congo, Coma, Twister,* y *Westworld.* Es el único que ha tenido a la vez el libro más vendido, la película más vista y el programa de televisión número uno en los Estados Unidos. Con todo su talento natural, Michael todavía sostiene que "los libros no se escriben, se reescriben...es una de las cosas más difíciles de aceptar, especialmente después de la séptima vez que se reescribe y aún no está totalmente terminado."
- Ernest Hemingway reescribió treinta y nueve veces su obra *A Farewell to Arms* (Adiós a las Armas). Esta dedicación a la excelencia lo llevaría más tarde a ganar los premios Pulitzer y Nobel de literatura.
- M. Scott Peck recibió sólo $5,000 de anticipo por *The Road Less Traveled* (El Camino Menos Recorrido); sin embargo, estuvo dispuesto a pagar el precio por concretar su sueño. Durante el primer

año, después de la publicación del libro, participó en 1,000 entrevistas de radio para anunciar y promover su obra. Continuó haciendo un mínimo de una entrevista por día durante los siguientes doce años y mantuvo el libro en la lista de bestsellers de *The New York Times* por más de 540 semanas (un tiempo récord) y vendió más de diez millones de copias en más de veinte idiomas.

El talento cuesta menos que la sal de mesa. Lo que separa a la persona talentosa de la exitosa es una considerable cantidad de trabajo y esfuerzo.

STEPHEN KING
Autor de obras que han alcanzado las lista de bestsellers, con más de cuarenta libros publicados, muchos de los cuales se han llevado al cine

LO IMPORTANTE ES ADQUIRIR IMPULSO

Cuando la NASA lanza un cohete de Cabo Cañaveral, éste utiliza un alto porcentaje de su carga total de combustible sólo para superar la fuerza de gravedad de la tierra. Una vez que lo ha logrado, puede virtualmente deslizarse por el espacio por el resto de su trayectoria. De igual forma, el atleta amateur suele dedicarse a entrenar día tras días, año tras año, con disciplina espartana. Sin embargo, una vez que ha ganado una medalla de oro o un campeonato mundial, las ofertas para endosar productos, los contratos como vocero de empresas, los compromisos para dictar conferencias, los acuerdos para ventas de artículos al pormenor, y otras oportunidades de negocios, comienzan a llegar a raudales, permitiéndole desacelerar, hasta cierto punto, y aprovechar el impulso adquirido en el curso de su carrera.

Al igual que en cualquier negocio o profesión, una vez que se ha pagado el precio de establecerse como experto, como persona íntegra que entrega resultados de alta calidad a tiempo, se cosechan los beneficios de ese esfuerzo por el resto de la vida. Cuando empecé como orador, nadie me conocía. A medida que fui dando más y más conferencias y seminarios, que ofrecían los resultados que el cliente esperaba, mi reputación fue creciendo. Tenía un archivo lleno de entusiastas cartas testimoniales y una larga trayectoria de credibilidad que se fue acumulando a lo largo de muchos años de ofrecer conferencias y charlas gratis hasta que perfeccioné mi arte. Lo mismo ocurrió con los libros que escribí. Me tomó muchos años llegar a hacerlo bien.

Cuando se trabaja en mercadeo en red, al comienzo hay que invertir incontables horas, sin recibir lo que vale ese trabajo. Es posible que haya que trabajar meses enteros sin recibir un ingreso real, pero, eventualmente, el efecto multiplicador de la creciente línea descendente comienza a surtir efecto y, de pronto, uno se encuentra ganado mucho más dinero del que jamás imaginó.

Crear impulso es parte importante del proceso del éxito. De hecho, las personas de éxito saben que si se está dispuesto a pagar el precio al comienzo, se podrán cosechar los beneficios por el resto de la vida.

NECESIDAD DE PASAR POR EL PERÍODO
DE INEPTITUD

El consultor de negocios Marshall Thurber sostiene que: "cualquier cosa que valga la pena hacer bien, vale la pena hacerla mal al comienzo." ¿Recuerda cuando aprendió a conducir un automóvil, a montar en bicicleta, a interpretar un instrumento musical, o a practicar un deporte? Desde el principio sabía que al comienzo le iba a costar mucho trabajo. Supuso que su ineptitud era sólo parte de lo que se necesitaba para aprender la nueva habilidad que deseaba adquirir.

No debe sorprenderle, por lo tanto, que esta ineptitud inicial se aplique a cualquier cosa que emprenda, y que, por lo tanto, debe estar dispuesto a pasar por esta etapa de falta de experiencia a fin de convertirse en experto. Los niños se dan este lujo. Pero, tristemente, cuando llegamos a la edad adulta, solemos sentir tanto miedo de equivocarnos que no nos permitimos ser ineptos, y por consiguiente, no aprendemos como lo hacen los niños. Tenemos demasiado temor a hacer las cosas mal.

Sólo aprendí a esquiar cuando tenía más de cuarenta años y, al comienzo, francamente, lo hacía bastante mal. Con el tiempo, después de tomar clases, fui mejorando. Empecé a tocar piano a los cincuenta y ocho años y me tomó mucho tiempo aprender a hacerlo bien.

Inclusive, la primera vez que besé una muchacha, me resultó bastante incómodo. Pero para adquirir una nueva destreza o mejorar en *cualquier cosa* que hagamos hay que estar dispuestos a seguir adelante aunque por un tiempo parezcamos tontos y nos sintamos estúpidos.

DETERMINE EL PRECIO QUE TENDRÁ QUE PAGAR

Claro está que si no sabe cuál es el precio, no podrá decidir si estará dispuesto a pagarlo. A veces, el primer paso consiste en investigar las etapas que se requerirán para alcanzar la meta que deseamos.

Por ejemplo, muchos—tal vez usted entre ellos—dicen que desean tener un yate. Sin embargo, ¿ha averiguado alguna vez cuánto dinero tendría que ganar para poder comprarlo...o cuánto le costaría mantener el yate en el puerto en su marina local...o cuánto es el costo de su mantenimiento mensual, el combustible, el seguro y la licencia? Tal vez tenga que investigar qué costos tuvieron que pagar otros por lograr sueños similares a los suyos. Es posible que quiera elaborar una lista de varias personas que ya hayan hecho lo que usted quiere hacer y entrevistarse con ellas para saber qué sacrificios tuvieron que hacer para lograrlo.

Tal vez descubra que algunos de los costos son más altos de lo que está dispuesto a pagar. Talvez no quiera arriesgar su salud, sus relaciones o los ahorros de toda su vida por una determinada meta. Tendrá que sopesar todos los factores. Tal vez el trabajo de sus sueños no justifique poner en juego su matrimonio o sus hijos, o arriesgarse a perder la estabilidad en su vida. Sólo usted puede decidir qué le conviene y qué precio *usted* está dispuesto a pagar. Tal vez, en último término, lo que desea no le convenga. Pero, si le conviene, investigue qué debe hacer y póngalo en marcha.

17

¡PIDA! ¡PIDA! ¡PIDA!

*Tiene que pedir. En mi opinión, pedir es el secreto más potente y más
olvidado para alcanzar el éxito y la felicidad.*

PERCY ROSS
Millonario por mérito propio y filántropo

La historia está llena de ejemplos de fortunas increíbles y asombrosos beneficios recibidos por el simple hecho de pedirlos. No obstante, por mucho que
sorprenda, pedir—uno de los principios de éxito más potente de todos—
sigue siendo un reto ante el que muchos se echan atrás. Sin embargo, si no
le da miedo pedir cualquier cosa a cualquier persona, puede pasar este capítulo por alto. En cambio, si es como la mayoría, puede ser que se esté
reprimiendo y esté dejando de pedir la información, la ayuda, el apoyo, el dinero y el tiempo que requiere para cumplir su visión y convertir en realidad
sus sueños.

POR QUÉ DA MIEDO PEDIR

¿Por qué da tanto miedo pedir? Son muchas las cosas que la mayoría teme,
como ser considerados indigentes, que los crean locos y parecer tontos. Sin
embargo, el mayor temor es enfrentar el rechazo. Temen oír la palabra no.

Lo triste es que se están rechazando ellos mismos de antemano. Se están
diciendo ellos mismos que no, antes de que otro haya tenido la oportunidad
de hacerlo.

Cuando era estudiante de postrado en la facultad de educación de la Universidad de Chicago, participé en un grupo de autodesarrollo con veinte personas más. Durante uno de los ejercicios, uno de los hombres pidió a una de
las mujeres que le dijera si lo encontraba atractivo. Quedé sorprendido por la
osadía de la pregunta y a la vez sentí vergüenza por quien la planteaba, te-
miendo la respuesta que pudiera recibir. El hecho fue que ella le respondió

que sí. Animado por su éxito, yo me atreví a preguntarle si *me* encontraba atractivo. Después de este pequeño ejercicio para aprender a "hacer preguntas osadas" varias de las mujeres nos dijeron que no podían creer que a los hombres les diera tanto miedo invitar a una mujer a salir. Una de ellas nos dijo: "Ustedes se dicen que no antes de darnos la oportunidad de hacerlo. Atrévanse, es posible que digamos que sí."

No suponga que la respuesta va a ser no. Atrévase a pedir lo que necesite y lo que quiera. Si le dicen que no, no estará en situación peor que cuando empezó. Si le dicen que sí, estará en una situación mucho mejor. Sólo por estar dispuesto a preguntar, puede obtener un aumento de sueldo, una donación, una habitación con vista al mar, un descuento, una muestras gratis, una cita para salir, una mejor asignación de trabajo, el pedido que desea obtener, una fecha de entrega más conveniente, una prórroga, tiempo libre, o ayuda con el trabajo del hogar.

CÓMO PEDIR LO QUE SE DESEA

Hay una ciencia específica para pedir y obtener lo que se desea o se necesita en la vida, y Mark Victor Hansen y yo hemos escrito todo un libro al respecto. Además, aunque le recomiendo que aprenda más leyendo nuestro libro *The Aladdin Factor* (El Factor de Aladino), las siguientes son unas cuantas indicaciones rápidas para empezar:

1. **Pida como si esperara recibir.** Pida con una expectativa positiva. Pida como si ya se lo hubieran dado. Es un trato hecho. Pida como si esperara un sí por respuesta.

2. **Suponga que puede.** No empiece con la suposición de que no lo va a obtener. Si va a suponer, suponga que *puede* conseguir una mejora. Suponga que *puede* lograr que le den la mesa al pie de la ventana. Suponga que *puede* devolver el artículo aunque haya perdido el recibo de compra. Suponga que *puede* obtener una beca, que *puede* obtener un aumento de sueldo, que *puede* conseguir los boletos aunque falten pocos días para el viaje o para la función de teatro. Nunca suponga en contra suya.

3. **Pídale a quien esté en capacidad de darle lo que usted quiere.** Califique a la persona. "¿Con quién tendría que hablar para conseguir…?" "¿Quién está autorizado para tomar una decisión acerca de…?" "¿Qué tendría que ocurrir para que pueda conseguir…?"

4. **Sea claro y específico.** En mis seminarios, suelo preguntar:

"¿Quién desea tener más dinero?" Elijo a alguien que haya levantado la mano y le doy un dólar. Le digo, "Ahora tiene más dinero. ¿Está satisfecho?"

Por lo general, esa persona responde: "No, quiero más que esto."

Entonces, le doy un par de monedas y le pregunto: "¿Basta con eso?"

"No, quiero más que eso."

"Muy bien, ¿cuánto más quiere? Podríamos seguir jugando este juego de 'más' por varios días y nunca llegar a lo que usted desea."

Por lo general, la persona me da una cifra específica y luego les hago ver lo importante que es ser concretos. Los pedidos vagos producen resultados vagos. Sus pedidos deben ser específicos. Cuando se trata de dinero, hay que pedir una suma determinada.

No diga: Deseo un aumento.
Diga: Deseo un aumento de $500 al mes.

Cuando se trata del momento en que quiere que algo se haga, no diga "pronto" o "cuando le resulte más conveniente." Indique una fecha y hora específicas.

No diga: Quisiera pasar algún tiempo contigo el fin de semana.
Diga: Quisiera que saliéramos a cenar y fuéramos al cine el sábado en la noche. ¿Te parece bien?

Cuando se trata de una solicitud relacionada con una conducta, sea específico. Diga exactamente qué quiere que la otra persona haga.

No diga: Quiero más ayuda en el trabajo de la casa.
Diga: Quiero que me ayudes a lavar los platos todas las noches después de la comida y que saques la basura los lunes, miércoles y viernes en la noche.

5. **Pida en forma repetitiva.** Uno de los más importantes principios del éxito es ser persistente, no darse por vencido. Siempre que esté pidiendo a otros que participen en el cumplimiento de sus metas, algunos dirán que no. Pueden tener otras prioridades, otros compromisos u otras razones para no participar. No es nada que tenga relación con usted.

Acostúmbrese a la idea de que va a encontrar muchos rechazos en su camino hacia el premio final. La clave está en no darse por vencido. Cuando alguien diga no, siga pidiendo. ¿Por qué? Porque cuando usted sigue pidiendo, aún a la misma persona, una y otra vez, es posible que en un momento dado obtenga un sí...

Otro día
Cuando esa persona esté de mejor humor
Cuando usted tenga nuevos datos que mostrar
Después de que usted haya probado su compromiso con ellos
Cuando las circunstancias sean otras
Cuando usted haya aprendido mejor cómo cerrar una venta
Cuando usted haya establecido una mejor relación con esa persona
Cuando la persona le tenga mayor confianza
Cuando haya pagado sus cuotas vencidas
Cuando haya mejorado la situación económica

Es posible que los niños entiendan mejor que cualquiera este principio del éxito. Piden lo mismo a la misma persona una y otra y otra vez sin vacilar. Eventualmente esa persona se rinde por cansancio.

En una oportunidad leí una historia en un número de la revista *People* acerca de un hombre que le pidió a la misma mujer más de treinta veces que se casara con él. Sin importar cuántas veces le había dicho que no, se lo pedía una y otra vez, eventualmente, ¡ella dijo sí!

UNA ESTADÍSTICA QUE DICE MUCHO

Herbert True, un especialista en mercadeo de la Universidad de Notre Dame, pudo determinar que:

- El 44 por ciento de todos los vendedores se da por vencido después de la primera visita.
- El 24 por ciento se da por vencido después de la segunda visita.
- El 14 por ciento se da por vencido después de la tercera visita.
- El 12 por ciento deja de intentar venderle algo a ese posible cliente después de la cuarta visita.

Esto significa que el 94 por ciento de los vendedores se dan por vencidos a la cuarta llamada. Sin embargo, el 60 por ciento de todas las ventas se hacen después de la cuarta llamada. Esta reveladora estadística demuestra que el 94 por ciento de los vendedores no se dan la oportunidad con el 60 por ciento de los posibles compradores.

Es posible que tenga la capacidad, ¡pero también tiene que tener la tenacidad! Para tener éxito tiene que ¡pedir!, ¡pedir!, ¡pedir!, ¡pedir!, ¡pedir!

PEDID Y SE OS DARÁ

En el año 2000, Sylvia Collins viajó desde Australia a Santa Barbara para asistir a uno de mis seminarios de una semana y allí aprendió acerca del poder de pedir. Un año después me escribió la siguiente carta:

Cambié de orientación en el desarrollo de mi profesión y estoy vendiendo nuevos proyectos urbanísticos en la Costa de Oro con una compañía llamada Gold Coast Property. ¡Trabajo con un equipo de personas que se encuentran todas en la tercera década de la vida! Las destrezas que adquirí en sus seminarios me han ayudado en mi desempeño y me han permitido ¡formar parte activa de un equipo ganador! Debo contarle el impacto que ha tenido en esta oficina el elevar el nivel de autoestima y ¡no tener miedo a pedir!

En una reciente reunión de personal, nos preguntaron qué querríamos hacer para nuestro día mensual del reforzamiento del trabajo en equipo. Pregunté a Michelle, el director administrativo: "¿Cuál sería la meta que tendríamos que alcanzar para que nos lleve a una isla por una semana?"

Todos los asistentes a la reunión quedaron en silencio con los ojos fijos en mi; era evidente que mí pregunta estaba fuera de la zona de confort de todos los que se encontraban alrededor de la mesa. Michael los miró a todos y luego me miró a mi y dijo "Bueno, si llegan a . . . y ahí fijó una meta financiera," ¡llevaré al equipo (éramos diez) al *Great Barrier Reef!*

Bueno, al mes siguiente alcanzamos la meta y nos fuimos para Lady Elliott Island por cuatro días—pasajes tiquetes aéreos, alojamiento, alimentación y actividades, todo pagado por la compañía. Pasamos los cuatro días más sorprendentes—hicimos snorkel juntos, hicimos fogatas en la playa, nos hicimos bromas ¡y nos divertimos muchísimo!

Después, Michael nos dio otra meta y dijo que nos llevaría a Fiji si la cumplíamos; y ¡la logramos en diciembre! Aunque la compañía paga todos estos viajes, Michael le lleva una gran ventaja a la competencia por el ¡enorme nivel de aumento en las ventas!

AL PEDIR, NADA TIENE QUE PERDER
Y SÍ MUCHO QUE GANAR

Para tener éxito, hay que correr riesgos, y uno de los riesgos es estar dispuesto a encontrarse con un rechazo. El siguiente es un correo electrónico que recibí de Donna Hutcherson, quien me oyó hablar durante la convención de su compañía en Scotsdale, Arizona.

> Mi esposo Dale y yo tuvimos la oportunidad de escucharlo en la convención en Walsworth a principios de enero;... Dale asistió como cónyuge... le impresionó especialmente lo que usted dijo acerca de que nada se pierde con preguntar o intentar. Después de oír su conferencia, se propuso lograr una de las metas de su vida (uno de los mayores deseos de su corazón), un puesto como principal entrenador de fútbol. Presentó su solicitud para cuatro vacantes dentro de mi territorio de ventas y, al día siguiente, lo llamaron de Sebring High School y le recomendaron que llenara la solicitud en el Internet. Lo hizo de inmediato y esa noche prácticamente no pudo dormir. Después de dos entrevistas, lo eligieron de entre sesenta y un aspirantes. Hoy, Dale aceptó el cargo como entrenador principal en Sebring High School de Sebring, Florida.
>
> Gracias por su visión e inspiración.

Este es un aparte de otro correo electrónico que recibí de Donna el verano pasado:

> Después de hacerse cargo de un programa que tenía ya varias temporadas previas con un récord de un partido ganado y nueve perdidos (y la reputación de darse por vencidos), Dale llevó al equipo a un récord de triunfos (con cuatro partidos ganados, después de que los cuatro habían empezado con su equipo en desventaja, logrando las anotaciones del triunfo en los últimos tres minutos), un campeonato del condado y sólo el tercer playoff en los setenta y ocho años de historia del colegio. Además, lo nombraron Entrenador del Año del Condado y Personaje Deportivo del Año. Lo más importante es que cambió las vidas de muchos de los jugadores, miembros del personal y estudiantes con quienes trabajó.

¿ME DARÍA DINERO?

En 1997, Chad Pregracke, de veintiún años, emprendió solo la misión de limpiar el río Mississippi. Comenzó con un bote de veinte pies y sus dos manos. Desde entonces, ha limpiado más de 100 millas del Mississippi y 435 millas más del Río Illinois, sacando más de un millón de toneladas de desechos de las orillas de estos ríos. Utilizando el poder de pedir, ha podido recaudar más de $2,500,000 en donaciones y ha reclutado a más de 4,000 personas para ayudarle en su cruzada.

Cuando Chad se dio cuenta de que necesitaría más barcazas, camiones y equipo. Pidió ayuda a los funcionarios estatales y locales, pero no obtuvo respuesta. Sin dejarse disuadir, Chad recurrió al directorio telefónico, buscó en las listas de empresas y llamó a Alcoa, "porque," relata, "comenzaba con A."

Armado sólo de su apasionado compromiso con su sueño, Chad pidió hablar con el "jefe." Eventualmente, Alcoa le dio $8,400. Más adelante, continuando aún con la A, llamó a Anheuser-Busch. Como se informó en la revista *Smithsonian,* Mary Alice Ramírez, directora de la oficina de ayuda comunitaria ambiental de Anheuser-Busch, recuerda así su primera conversación con Chad:

"¿Me daría algún dinero?" preguntó Chad.

"¿Quién es usted?" respondió la señora Ramírez.

"Quiero eliminar toda la basura del Río Mississippi," dijo Chad.

"¿Puede mostrarme una propuesta?," le preguntó la señora Ramírez.

"¿Qué es una propuesta?" le respondió Chad.

Eventualmente, la señora Ramírez invitó a Chad a reunirse con ella y le giró un cheque por $25,000 para ampliar su Proyecto de Embellecimiento y Restauración del Río Mississippi.[22]

Más importante que saber cómo conseguir fondos era el evidente deseo de Chad de marcar una diferencia, su inagotable entusiasmo, su total dedicación al proyecto y su voluntad de pedir.

Eventualmente, Chad consiguió todo lo que necesitaba pidiéndolo. Ahora tiene una junta directiva compuesta por abogados, contadores y funcionarios empresariales. Tiene varios empleados en su equipo que trabajan tiempo completo y miles de voluntarios.

En el proceso, no sólo ha limpiado muchas millas de las riveras de los ríos Mississippi, Illinois, Anacostia, Potomac, Missouri, Ohio, y Rock— eliminando más de 1 millón de toneladas de desechos—sino que ha creado

---

22. "Trash Talker," *Smithsonian,* abril de 2003, páginas 116–117.

conciencia de la importancia de restaurar y recuperar la belleza de todos los ríos y de que todos compartimos la responsabilidad de mantenerlos limpios.[23]

EMPIECE A PEDIR HOY MISMO

Tómese el tiempo de hacer una lista de las cosas que quiere y que no pide en su casa, en su escuela o en el trabajo. Escriba frente a cada una lo que le impide pedirla. ¿Qué teme? Luego escriba lo que le cuesta no pedirla. A continuación escriba las ventajas que obtendría si la pidiera.

Tómese el tiempo para elaborar la lista de lo que tiene que pedir en cada una de las siete categorías siguientes que he enumerado en el Principio 3 ("Decida Qué Quiere"): finanzas, profesión, esparcimiento y recreación, salud, relaciones, proyectos y aficiones personales y contribuciones a la comunidad (ver páginas 34–35). Esto puede incluir un aumento de sueldo, un préstamo, dinero para iniciar una empresa, retroalimentación sobre su desempeño, una recomendación, un endorso, tiempo libre para obtener más capacitación, alguien que cuide a sus hijos, un masaje, un abrazo, ayuda con un proyecto de voluntariado.

---

23. Para más información sobre el Proyecto de Embellecimiento y Restauración del Río Mississippi o sobre cómo participar en el programa: Adopte una Milla del Río Mississippi, puede visitar el sitio Web de Chad en www.livinglandsandwaters.org, llamar al 309-496-9848 o escribir a Living Lanas & Waters, 17615 Route 84 N., Great River Road, East Moline, IL 61244.

18

RECHACE EL RECHAZO

Insistimos una y otra vez, con más decisión, no con menos,
porque no vamos a permitir que el rechazo nos derrote.
Sólo logrará reforzar nuestra determinación.
No hay otra forma de alcanzar el éxito.

EARL G. GRAVES
Fundador y editor de la revista *Black Enterprise*

Para poder tener éxito, es necesario aprender a manejar el rechazo. El rechazo es parte normal de la vida. Nos rechazan cuando no nos escogen para formar parte de un equipo, cuando no obtenemos el papel en una obra de teatro, cuando no nos eligen, cuando no entramos al preuniversitario ni a la escuela de postgrado que queríamos, cuando no conseguimos el trabajo o el ascenso que deseamos, cuando no obtenemos el aumento de sueldo que queremos, cuando no logramos la cita que solicitamos, cuando no nos aceptan la invitación que hacemos, cuando no nos dan el permiso que pedimos, cuando nos despiden. Somos rechazados cuando no nos aceptan un manuscrito, una propuesta, una idea para un nuevo producto, cuando ignoran nuestra solicitud para recaudar fondos, cuando nuestro concepto de diseño no se tiene en cuenta, cuando la solicitud para ingresar como miembro de una entidad o asociación es negada o cuando no aceptan nuestra oferta de matrimonio.

¡EL RECHAZO ES UN MITO!

Para superar el rechazo hay que ser conscientes de que éste no es más que un mito. No existe. Es sólo un concepto que está en la mente. Piénselo bien. Si invita a Patricia a cenar y ella le dice que no, no tenía con quién cenar antes de invitarla y no tiene a nadie con quien cenar después de haberla invitado. No está en peor situación; su situación sigue igual. Sólo empeorará si usted enta-bla un diálogo consigo mismo y empieza a decirse otras cosas, como: "¿Lo ves?, mamá tenía razón. No le agradaré nunca a nadie. ¡Soy un gusano del universo!"

Si presenta una solicitud para ingresar a la escuela de postgrado de Har-vard y no obtiene un cupo, no estaba en Harvard antes de presentar su solici-tud y después de haberla presentado no está en Harvard. Una vez más, la situación no se alteró; permaneció igual. Realmente, no ha perdido nada. Y, véalo así, ha pasado su vida entera sin ir a Harvard, eso es algo que puede manejar.

Lo cierto es que no pierde nada con preguntar y, debido a que tal vez ob-tenga un beneficio, no dude en hacerlo.

UNOS SÍ, UNOS NO, QUÉ IMPORTA, ALGUIEN SERÁ

Cuando pida algo a alguien, recuerde lo siguiente "unos sí, unos no, qué im-porta, alguien será." Algunos dirán que sí, otros que no. ¡Qué importa! Al-guien en algún sitio lo espera a usted y a sus ideas. Es sólo un juego de números. Hay que seguir pidiendo hasta que alguien diga sí. Como le gusta afirmar a mi socio Mark Victor Hansen: "Lo que uno quiere lo quiere a uno." Sólo hay que permanecer en el juego lo suficiente para que, eventualmente, obtenga un sí.

OCHENTA Y UN NO, NUEVE SÍ DIRECTOS

Debido a que había logrado un cambio tan dramático en su vida, una de las alumnas que tomó mi seminario sobre "Autoestima y Máximo Desempeño" trabajaba como voluntaria en las noches llamando gente para que se inscri-biera en el próximo seminario que tenía programado en Saint Louis. Se com-prometió a llamar a tres personas cada noche durante un mes. Muchas de sus llamadas terminaban en largas conversaciones con las personas que hacían miles de preguntas. Hizo en total noventa llamadas. Las primeras ochenta y una personas decidieron no asistir al seminario. Las siguientes nueve se ins-cribieron todas. Tuvo una relación de éxito de 10 por ciento, que es muy buena para registros por teléfono, pero las nueve personas que se inscribieron correspondieron a las últimas nueve llamadas. ¿Qué habría pasado si se hu-biera dado por vencida después de las primeras cincuenta llamadas y hubiera dicho: "Esto es inútil. Nadie se quiere inscribir"? Pero debido a que soñaba con poder compartir con otros la experiencia que había trasformado su vida, insistió, a pesar del gran número de rechazos, conciente de que se trataba, de hecho, de un juego de cifras. Y su compromiso de lograr resultados valió la pena, fue el contacto clave para ayudar a nueve personas a trasformar sus vidas.

Si está comprometido con una causa que le inspire pasión y compromiso, aprenderá siempre de sus experiencias y mantendrá su rumbo hasta el final, eventualmente logrará el resultado que desea.

Nunca abandone sus sueños . . . La perseverancia es lo más importante.
Si no tiene en lo más íntimo de su ser el deseo y confianza de insistir
después de que le han dicho que desista, nunca lo logrará.

TAWNI O'DELL
Autor de *Back Roads* (Senderos Alternos) una selección del
Club del Libro de Oprah

SÓLO DIGA "¡EL SIGUIENTE!"

Hágase la idea de que va a encontrar muchos rechazos en su trayectoria hacia el anillo de oro. El secreto del éxito está en no darse por vencido. Cuando alguien le diga no, usted dirá: "¡El siguiente!" Siga pidiendo. Cuando el coronel Harlan Sanders salió de su casa con su olla a presión y su receta especial para preparar pollo frito al estilo sureño, recibió más de 300 rechazos antes de encontrar a alguien que creyera en su sueño. Debido a que rechazó el rechazo más de 300 veces, hay ahora 11,000 restaurantes KFC en ochenta países del mundo.

Si alguien le dice que no, pregunte a otra persona. ¡Recuerde que hay más de 5,000 millones de personas en este mundo! Alguien en algún lugar en algún momento dirá sí. No se quede estancado en su miedo o su resentimiento. Insista con el siguiente. Es un juego de números. Alguien lo espera para decirle que sí.

CHICKEN SOUP FOR THE SOUL®

En el otoño de 1991, Mark Victor Hansen y yo iniciamos nuestro proceso de vender nuestro primer libro de la serie *Chicken Soup for the Soul*® a un editor. Viajamos a Nueva York con nuestro agente Jeff Herman, y nos reunimos, con los principales editores que nos concedieron una cita. Todos dijeron no estar interesados. "Las colecciones de historias cortas no se venden." "Las historias no son significativas." "El título nunca dará resultado." Después de ser rechazados por otros veinte editores que habían recibido el manuscrito por correo poco tiempo antes, después de oír el rechazo de treinta editores en total, nuestro agente nos devolvió el libro y dijo: "Lo siento, no lo puedo vender" ¿Qué hicimos? Dijimos: *"¡El próximo!"*

También sabíamos que teníamos que salirnos del límite. Después de semanas de exprimirnos el cerebro, se nos ocurrió una idea que pensamos que podría dar resultado. Imprimimos un formato de promesa de comprar el libro cuando se publicara. Incluía un espacio para el nombre, la dirección y la cantidad de libros que quien lo llenara se comprometía a comprar.

En el curso de varios meses, pedimos a todos los que asistían a nuestras conferencias o seminarios que llenaran el formulario si deseaban comprar una copia del libro cuando se publicara. Eventualmente obtuvimos promesas de comprar 20,000 libros.

En la primavera del año siguiente, Mark y yo asistimos a la convención de la American Book-sellers Association en Anaheim, California y fuimos de kiosco en kiosco a hablar con cualquier editor que estuviera dispuesto a escucharnos. Llevábamos también copias de las promesas de compra ya firmadas para demostrar que había mercado para el libro, y fuimos rechazados una y otra vez; pero una y otra vez dijimos: *"¡El próximo!"* Al final de un largísimo segundo día, entregamos una copia de las primeras treinta historias publicadas en el libro a Peter Vegso y Gary Seidler, copresidentes de Health Communications Inc., una empresa editorial que empezaba a surgir, especializada en libros sobre adicción y recuperación, quienes aceptaron llevarse la copia y estudiarla. Más tarde esa misma semana, Gary Seidler tomó el manuscrito, se lo llevó a la playa y lo leyó. Le encantó y decidió darnos una oportunidad. ¡Esos cientos de "El próximo" habían dado resultado! Después de 130 rechazos ese primer libro vendió ocho millones de copias y dio inicio a una serie de ochenta libros que han llegado a la lista de bestsellers y han sido traducidos a treinta y nueve idiomas.

Y ¿qué pasó con los formatos de promesa de compra? Cuando por último se publicó el libro, adjuntamos un anuncio a los formatos firmados y los enviamos a la persona correspondiente a la dirección allí indicada esperando recibir de vuelta un cheque. Prácticamente todos los que habían prometido comprar el libro cumplieron su compromiso. De hecho un empresario de Canadá compro 1,700 copias y se las regaló a cada uno de sus clientes.

Este manuscrito suyo que acaba de recibir de vuelta de otro editor
es un paquete precioso. No lo considere rechazado. Dígase:
"Lo he enviado al editor que puede apreciar mi trabajo" y
piense que sólo le fue devuelto con una nota de "destinatario no conocido
en esta dirección." Sólo siga buscando la dirección correcta.

BARBARA KINGSOLVER
Autora del libro *The Poisonwood Bible* que llegó a la lista de bestsellers

155 RECHAZOS NO LO DETUVIERON

Cuando Rick Little, a los diecinueve años, quiso iniciar un programa en la secundaria para enseñar a los niños cómo manejar sus sentimientos, cómo manejar los conflictos, cómo tener una idea clara de sus metas y aprender destrezas de comunicación y valores que les ayudarían a llevar vidas más eficientes y plenas, escribió una propuesta y buscó respaldo en mas de 155 fundaciones. Durmió en el asiento de atrás de su automóvil y comió mantequilla de maní con galletas durante casi todo un año. Pero nunca alcanzó su sueño. Eventualmente la fundación Kellogg le dio $130,000 (lo que representa cerca de $1,000 por cada "no" que tuvo que soportar). Desde entonces, Rick y su equipo han recaudado más de $100 millones para poner en práctica el Programa Quest en más de 30,000 escuelas de todo el mundo. Cada año, tres millones de niños aprenden importantes destrezas para la vida porque un muchacho de diecinueve años rechazó el rechazo e insistió hasta obtener un sí.

En 1989, Rick recibió una donación de $65,000,000, la segunda más grande que se haya otorgado en los Estados Unidos, para crear la International Youth Foundation (Fundación Internacional de la Juventud). ¿Qué hubiera pasado si Rick se hubiera dado por vencido después del centésimo rechazo y hubiera pensado: *Bueno, creo que simplemente esto no estaba destinado a hacerse.* Qué gran pérdida hubiera sido esa para el mundo y para la mayor razón de ser de Rick.

LLAMÓ A 12,500 PUERTAS

Interpreto el rechazo como si alguien hiciera sonar una corneta en mi oído para despertarme e invitarme a actuar, no a retirarme.

SYLVESTER STALLONE
Actor, escritor y director

Cuando el Dr. Ignatius Piazza era un joven quiropráctico, recién graduado, decidió que deseaba montar su consultorio en el área de la Bahía de Monterey en California. Cuando visitó la Asociación Local de Quiroprácticos para pedir ayuda, le aconsejaron que se estableciera en algún otro lugar. Le dijeron que allí no tendría éxito porque en esa área había demasiados quiroprácticos. Sin inmutarse, aplicó el Principio de "¡El próximo!" Durante meses, fue de puerta en puerta desde la mañana hasta el atardecer, sin dejar de golpear en ninguna. Después de presentarse como un nuevo doctor en la ciudad, hacía unas pocas preguntas:

"¿Dónde debería montar mi consultorio?"

"¿En qué periódicos debo publicar avisos para llegar a sus vecinos?"

"¿Debo abrir temprano en la mañana o debo mantener el consultorio abierto hasta por la noche para los que trabajan de nueve a cinco?"

"¿Debo ponerle a mi clínica el nombre de Chiropractic West o la debo llamar Ignatius Piazza Chiropractic?"

Por último, preguntaba: "¿Cuando haga la inauguración, le gustaría recibir una invitación?" Si las personas decían que sí, anotaba sus nombres y direcciones y continuaba su camino... día tras día, mes tres mes. Cuando terminó, había llamado a más de 12,500 puertas y había hablado con más de 6,500 personas. Recibió muchos no. Encontró muchos lugares donde no había nadie con quien hablar. Hasta se quedó atrapado en la entrada de una casa—por un enorme pitbull—¡durante toda una tarde! Pero también recibió suficientes sí como para atender en su consultorio a 233 pacientes nuevos durante el primer mes de práctica y recibir un ingreso récord de $72,000, en un área en la que "¡no necesitaban otro quiropráctico!"

Recuerde que para obtener lo que desea va a tener que pedir, pedir, pedir y decir *el próximo, el próximo, el próximo,* ¡hasta que logre el sí (o los sí) que está buscando! Pedir es, fue y siempre será un juego de números. No lo tome como algo personal, porque no lo es. Lo que ocurre es que, simplemente, las cosas no concuerdan hasta que, al fin, lo hacen.

ALGUNOS RECHAZOS FAMOSOS

*La niña, en mi concepto, no tiene una percepción o un sentimiento
especial que pudiera hacer que ese libro alcanzara un nivel superior
al de una mera "curiosidad."*

Tomado de una nota de rechazo para *The Diary of Anne Frank*
(El Diario de Anna Frank)

Todos los que han llegado a la cima han tenido que soportar rechazos. Sólo
tiene que aceptar que no son nada personal. Considere lo siguiente:

- Cuando Alexander Graham Bell ofreció los derechos del teléfono por $100,000 a Carl Orton, presidente de Western Union, Orton le contestó: "¿Qué podría hacer esta compañía con un juguete eléctrico?"
- A Angie Everhart, quien comenzó a modelar a los dieciséis años, la dueña de una agencia de modelaje, Eileen Ford, le dijo en una oportunidad, que nunca podría tener éxito como modelo. ¿Por qué no? "Las modelos pelirrojas no tienen demanda." Poco después, Everhart se convirtió en la primera pelirroja en la historia en aparecer en la cubierta de la revista *Glamour,* tuvo una excelente carrera como modelo y después actuó en veintisiete películas y numerosos programas de televisión.
- El novelista Stephen King casi comete un error multimillonario al tirar a la basura su manuscrito de *Carrie,* porque estaba cansado de que se lo rechazaran. "No nos interesa la ciencia ficción si se ocupa de utopías negativas," le dijeron. "Esos libros no se venden." Por suerte, su esposa sacó el manuscrito de la basura. Con el tiempo, *Carrie* fue publicada por otro editor, vendió más de cuatro millones de copias y fue llevada al cine para convertirse en un éxito.
- En 1998, los cofundadores de Google, Sergey Brin y Larry Page, contactaron a Yahoo y sugirieron una fusión. Yahoo hubiera podido obtener la compañía por unas cuantas acciones, en cambio, sugirieron que los jóvenes fundadores de Google siguieran trabajando en su pequeño proyecto escolar y volvieran cuando hubieran madurado. En el término de cinco años, Google tenía una capitalización de mercado calculada en $20,000 millones. En el otoño de 2004, los

empresarios de Google hicieron una subasta pública que llegó a
generar $1,670 millones.

Es imposible vender historias de animales en los Estados Unidos.

De una nota de rechazo del libro de George Orwell,
Animal Farm (Rebelión en la Granja)

El récord del mayor y más sorprendente número de rechazos sería probablemente el de John Creasey. Este popular autor de novelas de misterio británico
acumuló ¡743 notas de rechazo antes de vender su primer libro! Sin dejar que
eso lo inmutara, durante los siguientes cuarenta años publicó ¡562 libros largos bajo veintiocho pseudónimos distintos! Si John Creasey puede manejar
743 rechazos, también usted podrá.

USE LA RETROALIMENTACIÓN EN BENEFICIO PROPIO

La retroalimentación es el desayuno de los campeones.

KEN BLANCHARD Y SPENCER JOHNSON
Coautores de *The One Minute Manager* (El Manager al Minuto)

Una vez que empiece a actuar, comenzará a recibir retroalimentación acerca de si lo que está haciendo es lo correcto. Recibirá datos, consejos, ayudas, sugerencias, instrucciones, e inclusive críticas que le ayudarán a calcular la eficacia de sus acciones y a seguir avanzando mientras aumenta cada vez más sus conocimientos, capacidades, actitudes y relaciones. Sin embargo, pedir retroalimentación es, en realidad, apenas la primera parte de la ecuación. Una vez que reciba la retroalimentación, debe estar dispuesto a responder a ella.

HAY DOS TIPOS DE RETROALIMENTACIÓN

Pondrá encontrar dos clases de retroalimentación, negativa y positiva. Tendemos a preferir la positiva, es decir, resultados, dinero, elogios, un aumento de sueldo, un ascenso, clientes satisfechos, premios, felicidad, paz interior, intimidad, placer. Todo esto nos produce una sensación más agradable. Nos indica que vamos en la dirección correcta, que estamos haciendo las cosas como debe ser.

Normalmente, no nos gusta la retroalimentación negativa, ausencia de resultados, poco o ningún dinero, críticas, conceptos desfavorables, no ser tenidos en cuenta para un aumento de salario o un ascenso, quejas, insatisfacciones, conflicto interior, soledad, dolor. No obstante, en la retroalimentación negativa hay tantos datos útiles como en la positiva. Nos indica que hemos equivocado el rumbo, que vamos en sentido contrario, que no estamos haciendo lo que deberíamos hacer. Esta es también información valiosa.

De hecho, es tan valiosa que uno de los proyectos más útiles que se pue-

den poner en práctica es el de cambiar el sentimiento que despierta en nosotros la retroalimentación negativa. Me gusta referirme a ella como información sobre "oportunidades de mejorar." El mundo me está diciendo qué y
cómo puedo mejorar en lo que estoy haciendo. Es lo que me permitirá avanzar, corregir mi comportamiento para acercarme más a lo que me propongo
lograr: más dinero, mayores ventas, un ascenso, una mejor relación, mejores
calificaciones o un mayor éxito en atletismo.

Para alcanzar más rápidamente la meta, es necesario agradecer, recibir y
aceptar la retroalimentación que nos den.

CALIENTE, FRÍO, CALIENTE, FRÍO

Hay muchas formas de responder a la retroalimentación, algunas de ellas funcionan (lo acercan más a los objetivos que desea alcanzar), otras no (le impiden avanzar o lo alejan aún más de sus metas).

Cuando dicto los cursos de capacitación sobre los Principios del Éxito,
ilustro este punto pidiendo a un voluntario de la audiencia que vaya a la
parte de atrás del salón y permanezca ahí de pie. El voluntario representa
la meta que deseo alcanzar. Mi tarea consiste en atravesar el salón y llegar
al sitio donde él se encuentra. Si lo logro, habré tenido éxito en alcanzar
mi meta.

Le indico al voluntario que debe actuar como una máquina que genere
retroalimentación constante. A cada paso que doy, él debe decir, "Caliente," si
estoy avanzando en dirección a él, y "Frío," si me estoy desviando, aunque sea
levemente, hacia cualquiera de los dos lados.

Entonces, empiezo a caminar muy despacio hacia donde él se encuentra.
A cada paso que doy en la dirección correcta, el voluntario dice, "Caliente."
Después de unos cuantos pasos, me desvío a propósito y el voluntario dice,
"Frío." Inmediatamente corrijo mi curso. Después de otros pasos me desvío
otra vez y vuelvo a corregir mi curso en respuesta a su retroalimentación de
"frío." Después de un largo zigzagueo, eventualmente llego a la meta…y le
doy un abrazo.

Pido a la audiencia que me diga cuál de las dos palabras repitió el voluntario con más frecuencia, "caliente" o "frío." La respuesta siempre es "frío." Y
este es el punto interesante. Estuve fuera de rumbo más de lo que estuve en el
rumbo correcto y sin embargo alcancé la meta…gracias a que actué constantemente adaptando mi orientación de acuerdo con la retroalimentación que
recibía. Lo mismo ocurre en la vida real. Todo lo que tenemos que hacer es
empezar a actuar y luego responder a la retroalimentación. Si lo hacemos con
la suficiente diligencia y por el tiempo necesario, eventualmente alcanzare-
mos las metas y haremos realidad nuestros sueños.

FORMAS DE RESPONDER A LA
RETROALIMENTACIÓN
QUE NO DAN RESULTADO

Aunque hay muchas formas de responder a la retroalimentación, algunas no dan resultado:

1. **Darse por vencido y abandonar el empeño:** Como parte del ejercicio No.1 del seminario, ya descrito, repito el proceso de avanzar hacia mi meta; sin embargo, en esta oportunidad cambio de rumbo a propósito, y mientras mi voluntario sigue repitiendo constantemente, "Frío," una y otra vez, yo comienzo a llorar. "No lo soporto más. La vida es demasiado dura. No puedo soportar esta crítica negativa. ¡Renuncio!"

   ¿Cuántas veces ha visto a alguien que conoce recibir retroalimentación negativa y simplemente derrumbarse? Lo único que se logra con eso es quedar estancado.

   Es más fácil no dejarse hundir por la retroalimentación negativa si se tiene presente que la retroalimentación es sólo información. Considérela como una guía para corregir el rumbo, no como una crítica. Piense en ella como si se tratara del sistema de piloto automático de un avión. Este sistema le indica constantemente al avión que va muy alto, muy bajo, muy a la derecha o muy a la izquierda. El avión corrige permanentemente el rumbo en respuesta a la retroalimentación que recibe. No pierde súbitamente el control ni deja de funcionar correctamente como consecuencia de la retroalimentación que recibe. Deje de considerar la retroalimentación como algo personal. Es sólo información destinada a ayudarle a corregir el rumbo para alcanzar más pronto su meta.

2. **Enfurecerse con la fuente de la retroalimentación:** Una vez más, comienzo a caminar hacia el otro extremo del salón, mientras, a propósito, cambio de rumbo, lo que hace que el voluntario diga, "Frío" una y otra vez. Pero, en esta oportunidad, pongo una mano sobre mi cadera, proyecto el mentón hacia adelante, señalo con el dedo al voluntario y le grito, "¡Cretino!, ¡cretino!, ¡cretino! ¡lo único que sabe hacer es criticarme! Es tan negativo. ¿Por qué no puede decir nada positivo?"

   Piénselo. ¿Cuántas veces ha reaccionado con ira y hostilidad contra alguien que le esté dando retroalimentación realmente útil?

Lo único que logra con esa actitud es aumentar la distancia entre las dos personas.

3. **Ignorar la retroalimentación:** Para mi tercera demostración, imagíneme tapándome los oídos con los dedos y avanzando decidido en la dirección contraria. El voluntario puede estar diciendo "Frío, frío," pero yo no puedo oír nada porque tengo los oídos tapados con mis dedos.

No escuchar o ignorar la retroalimentación es otra respuesta que no funciona. Todos conocemos personas que se cierran a cualquier punto de vista excepto el suyo propio. Simplemente no les interesa lo que piensen los demás. No quieren saber nada de lo que otro quiera decirles. Lo triste es que la retroalimentación podría cambiar significativamente sus vidas, si sólo se tomarán el trabajo de escuchar.

Por lo tanto, como puede ver, cuando alguien le dé retroalimentación, hay tres reacciones posibles que no dan resultado: (1) llorar, derrumbarse, hundirse, y darse por vencido; (2) enfurecerse contra la persona que ofrece la retroalimentación, y (3) negarse a escuchar o ignorar la retroalimentación por completo.

Llorar y desanimarse, es una reacción inútil. Puede aliviar, transitoriamente, cualquier tipo de emociones reprimidas que haya venido acumulando, sin embargo, este tipo de reacción lo sacará del juego. No lo llevará a nada. Simplemente lo inmoviliza. ¡No es una gran estrategia para alcanzar el éxito! Derrumbarse y darse por vencido tampoco funciona. Tal vez lo haga sentir más seguro e interrumpa el flujo de retroalimentación "negativa" pero ¡no le aporta nada bueno! Es imposible ganar en el juego de la vida ¡si uno no está presente en el estadio!

Perder el control y enfurecerse con la persona que le da la retroalimentación ¡es igual de ineficaz! Sólo logra que la fuente de esa valiosa retroalimentación contraataque o simplemente se vaya. ¿De qué servirá eso? Es posible que lo haga sentir transitoriamente mejor, pero no incrementa su probabilidad de éxito.

En el tercer día de mi seminario avanzado, cuando ya todos se conocen bastante bien, hago que todo el grupo (unas cuarenta personas) se pongan de pie, vayan por ahí y pregunten lo siguiente a tantas personas como les sea posible: "¿Cómo cree que me esté limitando?," después de hacer esto durante treinta minutos, todos vuelven a sus sitios y anotan lo que escucharon. Se podría pensar que es difícil escuchar esto durante treinta minutos, pero es una retroalimentación tan valiosa que, en realidad, los asistentes agradecen la oportunidad de darse cuenta de los comportamientos que los limitan y reemplazarlos por comportamientos que los lleven al éxito. Después, todos desarrollan un plan de acción para superar su comportamiento limitante.

Recuerde que la retroalimentación es sólo información. No hay que tomarla como algo personal. Sólo hay que agradecerla y utilizarla. La respuesta más inteligente y productiva es decir: "Gracias por la retroalimentación, gracias por preocuparse lo suficiente como para tomarse el tiempo de decirme lo que ve y lo que siente. Se lo agradezco."

PIDA RETROALIMENTACIÓN

Por lo general, nadie le dará retroalimentación espontáneamente. Todos temen una situación incómoda al mostrarle realmente cómo es usted. No quieren herir sus sentimientos, temen su reacción. No quieren arriesgarse a que usted no apruebe lo que hacen. Por consiguiente, para obtener retroalimentación franca y abierta, tendrá que pedirla...y hacer que la persona que se la dé no perciba ningún riesgo. En otras palabras, no dispare contra el emisario.

Una pregunta importante que debe hacer a parientes, amigos y colegas es: "¿Cómo crees que me esté limitando?" Podría pensar que le resultará difícil escuchar las respuestas, pero por lo general, la información es tan valiosa que todos agradecen lo que les dicen. Armados con esta nueva retroalimentación, pueden elaborar un plan de acción para reemplazar sus comportamientos limitantes por otros más efectivos y productivos.

PROBABLEMENTE LA PREGUNTA MÁS VALIOSA QUE PODRÁ APRENDER A HACER EN SU VIDA

En 1980, un empresario multimillonario me enseñó a hacer una pregunta que radicalmente cambió la calidad de mi vida. Si lo único que obtiene de este libro es el uso consistente de esta pregunta en su vida tanto personal como de negocios, habrá valido la pena el dinero y el tiempo que invirtió en leerlo. ¿Cuál es, entonces, esta pregunta mágica que puede mejorar la calidad de todas las relaciones que usted establezca, todos los productos que elabore, todos los servicios que preste, todas las reuniones que organice, todas las clases que enseñe y todas y cada una de las transacciones que realice? Aquí la tiene:

En una escala de uno a diez, ¿cómo calificaría usted la calidad de nuestra relación (servicio/producto) durante las(los) últimas(os) (dos semanas/ meses/trimestres/semestres/temporadas)?

Estas son variaciones de la misma pregunta que me han dado buen resultado a través de los años:

> En una escala de uno a diez, ¿cómo calificaría usted la reunión a la que acaba de asistir? ¿Cómo me calificaría como director? ¿Como padre? ¿Como maestro? ¿Cómo calificaría esta clase? ¿Esta comida? ¿Los platos que preparo? ¿Cómo calificarías nuestra vida sexual? ¿Cómo calificaría este negocio? ¿Este libro?

Cualquier respuesta que obtenga una calificación menor de diez recibirá la siguiente pregunta de seguimiento:

> ¿Qué se requeriría para que la calificación fuera de diez?

De aquí es de donde viene la información importante. No basta con saber que alguien ha quedado insatisfecho. Conocer en detalle qué se requiere para su plena satisfacción ofrece la información necesaria para saber lo que hay que hacer a fin de desarrollar un producto, un servicio o una relación de éxito.

Adquiera el hábito de terminar todo proyecto, toda reunión, clase, capacitación, consulta e instalación con esas dos preguntas.

CONVIERTA ESTA COSTUMBRE EN UN RITUAL SEMANAL

Todos los sábados en la noche le hago a mi esposa estas dos preguntas. La siguiente es la situación típica:

"¿Cómo calificarías la calidad de nuestra relación durante esta semana?"

"Ocho."

"¿Qué se requiere para que sea diez?"

"Acostar a los niños sin que tenga que recordarte que ya es hora. Llegar a cenar a tiempo o llamarme para decirme que vas a llegar tarde. Detesto tener que sentarme a esperar y pensar qué habrá pasado. Dejar que termine el chiste que estoy contando sin interrumpir y hacerte cargo de la historia porque piensas que lo puedes contar mejor que yo. Echar la ropa sucia al canasto de la ropa en lugar de dejarla apilada en el piso."

Esta pregunta la hago también a mis colaboradores todos los viernes por la tarde. La siguiente es una de las respuestas que recibí de Deborah al poco tiempo de haberla contratado:

"Seis."

"¡Cielos! ¿Qué se necesitaría para que fuera diez?"

"Se suponía que íbamos a tener una reunión esta semana para analizar mi revisión trimestral, pero se pospuso por otros asuntos. Me hace sentir poco importante y tengo la impresión de que no se preocupa tanto por mí como por otras personas que trabajan aquí. Tengo muchas cosas de qué hablar con usted y realmente pienso que no se me tiene en cuenta. Otra cosa que siento es que usted no me está aprovechando lo suficiente. Sólo me delega las cosas más fáciles. Quiero más responsabilidad. Quiero que me tenga más confianza y me dé cosas más importantes que hacer. Necesito mayores retos. Este trabajo ha sido aburrido y poco interesante para mí. Necesito un reto más grande. De lo contrario, no voy a lograr aquí lo que espero."

No fue fácil oír esto, pero era cierto y produjo dos resultados maravillosos. Me ayudó a delegarle "cosas más importantes" y así quitarme un poco de trabajo y obtener más tiempo libre, además, pude tener una asistente más satisfecha capaz de prestar un mejor servicio tanto para mí como para la compañía.

ESTÉ DISPUESTO A PREGUNTAR

Muchos temen pedir retroalimentación correctiva por miedo de lo que puedan oír. No hay nada que temer. La verdad es la verdad. Es mejor saberla que ignorarla. Cuando se sabe, se puede hacer algo al respecto. No se puede arreglar lo que no se sabe que está mal. No puede mejorar. No puede mejorar su vida, sus relaciones, su juego, su desempeño, sin retroalimentación.

¿Qué es lo peor de este enfoque de no querer afrontar las cosas en la vida? Usted es el único que no conoce el secreto. Por lo general, la otra persona ya ha comentado lo que le desagrada de usted con su cónyuge, sus amigos, sus padres, sus socios de negocios y otros clientes potenciales. Como se analizó en el Principio No.1 (Sea 100 por ciento Responsable de Su Vida), la mayoría preferiría quejarse antes que actuar y resolver sus problemas. El único problema es que se quejan a la persona equivocada. Se lo debían decir a usted, pero no están dispuestos a hacerlo por miedo a su reacción. Como resultado, lo están privando de exactamente aquello que necesita para mejorar sus relaciones, su producto, su servicio, su forma de enseñar o su forma de educar a sus hijos. Para remediar esto debe hacer dos cosas.

En primer lugar, debe pedir retroalimentación de manera intencional y activa. Pídala a su cónyuge, a sus amigos, a sus colegas, a su jefe, a sus empleados, a sus clientes, a sus padres, a sus maestros, a sus alumnos y a sus entrenadores. Use la pregunta con frecuencia. Acostúmbrese a pedir siempre retroalimentación colectiva. "¿Qué puedo/qué podemos hacer para mejorar? ¿Qué se requeriría para que usted me calificara con un diez?"

En segundo lugar, debe agradecer la retroalimentación. No adopte una posición defensiva. Limítese a decir: "¡Gracias por preocuparse lo suficiente para compartir esa información conmigo!" Si está realmente agradecido por la retroalimentación, se forjará la reputación de una persona que está siempre abierta a recibirla. Recuerde que la retroalimentación es un regalo que le ayuda a mejorar su eficiencia.

Agradézcala.

No se quede con la cabeza enterrada en la arena, sáquela y ¡pregunte!, ¡pregunte!, ¡pregunte! Después compruebe consigo mismo para ver que concuerde con usted y aplique la retroalimentación útil. Adopte las medidas que sean necesarias para mejorar la situación, incluyendo un cambio en su propio comportamiento.

Hace unos años, nuestra compañía dejó de utilizar los servicios de un impresor, porque otro nos ofreció un mejor servicio a un precio más bajo. Unos cuatro meses más tarde, nuestro impresor original llamó y dijo: "He notado que no han vuelto a utilizar mis servicios últimamente. ¿Qué requerirían para volverme a dar contratos?"

Le respondí: "Precios más bajos y un tiempo de entrega más corto, así como servicio de recoger y entregar los trabajos. Si nos garantiza estas tres cosas, le daré una pequeña parte de nuestros trabajos de impresión y ensayaré de nuevo sus servicios." Eventualmente, recuperó la mayor parte de nuestros trabajos de impresión porque nos ofrecía mejores precios que los demás, recogía y entregaba los trabajos, los terminaba a tiempo y nos ofrecía una calidad más que aceptable. Gracias a que hizo la pregunta: "¿Qué se requeriría…?," obtuvo la información que necesitaba para garantizar una relación continua de éxito con nosotros.

PREGUNTANDO SE ABRIÓ CAMINO AL ÉXITO EN SÓLO TRES MESES

Uno de los libros de métodos para adelgazar más vendidos que se hayan publicado fue *Thin Thighs in 30 Days* (Muslos Delgados en Treinta Días). Pero, lo más interesante, es la forma como se desarrolló el proyecto, solo con base en la retroalimentación. Su autora, Wendy Stehling, trabajaba en una agencia de publicidad, pero detestaba su trabajo. Quería establecer su propia agencia pero no tenia dinero para hacerlo. Sabía que necesitaría unos $100,000, entonces comenzó a preguntar, "¿cuál es la forma más rápida de obtener $100,000?"

La retroalimentación le indicó: *venda un libro.*

Decidió escribir un libro del que pudiera vender 100,000 copias en noventa días y obtener una ganancia de un dólar por libro, así obtendría los

$100,000 que necesitaba. Pero ¿qué tipo de libro podría interesar a 100,000 personas? "Bien, ¿cuáles son los libros que más se venden en los Estados Unidos?," preguntó.

Los de métodos para perder peso, fue la respuesta que obtuvo de la retroalimentación.

"Está bien pero ¿cómo podría convertirme en experta en ese tema?," preguntó.

Pregunte a otras mujeres, fue la respuesta de la retroalimentación.

Salió entonces al mercado y preguntó: "¿Si pudiera perder peso en sólo una parte de su cuerpo, qué parte elegiría?" Una abrumadora mayoría de mujeres respondió *Los muslos.*

"¿En qué época del año le gustaría perder ese peso?," preguntó.

Entre abril y mayo, en la temporada de los trajes de baño, fue la retroalimentación que obtuvo.

¿Qué hizo entonces? Escribió un libro titulado *Thin Thighs in 30 Days* (Muslos Delgados en Treinta Días) que salió al mercado el 15 de abril. Para junio, ya había vendido las 100,000 copias, todo porque preguntó al mercado lo que deseaba y respondió a la retroalimentación que obtuvo.

CÓMO MOSTRARSE COMO PERSONA BRILLANTE CON POCO ESFUERZO

Virginia Satir, autora del libro clásico sobre el arte de ser padres, *Peoplemaking* (Cómo Hacer Personas), fue probablemente la más famosa y exitosa terapeuta de familia que haya existido.

Durante su larga e ilustre carrera, fue contratada por el Departamento de Servicios Sociales del Estado de Michigan para elaborar una propuesta sobre la forma de rediseñar y reestructurar el Departamento de Servicios Sociales para que pudiera prestar un mejor servicio a sus clientes. En sólo sesenta días, presentó al departamento un informe de 150 páginas, que fue considerado como el trabajo más sorprendente que se hubiera visto jamás. "¡Es brillante!" exclamaron, "¿de dónde sacó todas estas ideas?"

Ella respondió: "Oh, sólo fui a donde todos los trabajadores sociales de su sistema y les pregunté qué hacía falta para que el sistema funcionara mejor."

PRESTE ATENCIÓN A LA RETROALIMENTACIÓN

Los humanos recibieron un pie izquierdo y uno derecho para cometer
un error primero a la izquierda, luego a la derecha,
de nuevo a la izquierda y luego repetirlos.

BUCKMINSTER FULLER
Ingeniero, inventor y filósofo

Ya sea que se pida o no, la retroalimentación llega en distintas formas. Puede venir en forma verbal, de un colega. O se puede recibir en una carta del gobierno. Puede ser que el banco niegue un préstamo. O puede ser una oportunidad especial que se presente por alguna decisión que se tomó.

De cualquier forma que venga, es importante prestarle atención. Basta dar un paso... y escuchar. Dar otro paso y escuchar. Si lo que oye es "frío," dé un paso en la dirección que crea que puede ser la correcta... y escuche. Escuche también lo que otros le puedan estar diciendo desde afuera, pero no olvide escuchar también, en su interior, lo que le pueden estar diciendo sus sentimientos, su cuerpo y su intuición: "Estoy contento. Esto me gusta. ¿Es este el trabajo correcto para mí?" o "¿estoy cansado, estoy emocionalmente exhausto, no me gusta esto tanto como pensé. Esa persona no me inspira confianza."

Cualquier a que sea la retroalimentación que obtenga, no ignore las alertas amarillas. Nunca vaya en contra de sus instintos. Si algo no le parece correcto, probablemente no lo es.

¿ES CORRECTA TODA LA RETROALIMENTACIÓN?

No toda la retroalimentación es útil ni correcta. Debe tener en cuenta la fuente de donde proviene. Alguna retroalimentación está contaminada por distorsiones psicológicas de la persona que las suministra. Por ejemplo, si su esposo ebrio le dice: "Eres una buena para nada," es probable que eso no sea retroalimentación verídica ni útil. Sin embargo, el hecho de que su esposo esté ebrio y disgustado, *si es una retroalimentación a la que hay prestar atención.*

DETECTE LOS PATRONES

Además, debe buscar patrones en la retroalimentación que obtiene. Como suele decir mi amigo Jack Rosenblum: "Si alguien dice que uno es un caballo, esa persona está loca. Si tres personas dicen que uno es un caballo, están tramando una conspiración. Si diez personas dicen que uno es un caballo, es hora de comprar una silla de montar."

El hecho es que si varias personas dicen lo mismo, probablemente haya una parte de verdad. ¿Por qué negarlo? Tal vez piense que, en último término, es usted quien tiene la razón, pero lo que debe preguntarse es: "¿Prefiero tener la razón o ser feliz? ¿Prefiero tener la razón a tener éxito?"

Tengo un amigo que prefiere ser feliz que tener éxito. Se enfurecía con todo el que tratara de darle retroalimentación. "No me hable así, jovencita." "No me diga cómo manejar mi negocio. Es mi negocio y lo manejo como quiero." "Me importa un pepino lo que usted piense." Era una persona de esas que "o lo hace a mi modo o se va." No le interesaba la opinión de nadie y menos la retroalimentación. En el proceso, ahuyentó a su esposa, a sus dos hijas, a sus clientes y a todos sus empleados. Terminó con dos divorcios, unos hijos que no querían hablarle y dos negocios en quiebra. Pero él "siempre tenía la razón." Aunque así sea, usted no puede caer en esa trampa. Es un callejón sin salida.

¿Qué retroalimentación ha estado recibiendo de su familia, de sus amigos, de personas del sexo opuesto, de sus compañeros de trabajo, de su jefe, de sus socios, de sus clientes, de sus vendedores y de su fuero interno, a la que deba prestar más atención? ¿Hay patrones detectables? Haga una lista y frente a cada punto, anote una medida que pueda adoptar para rectificar el rumbo.

QUÉ DEBE HACERSE EN CASO DE QUE LA RETROALIMENTACIÓN INDIQUE QUE SE HA FRACASADO

Cuando todos los indicadores indiquen que ha habido una "experiencia de fracaso," hay varias cosas que se deben hacer para responder en forma adecuada y seguir avanzando:

1. Reconozca que hizo lo mejor que pudo con la percepción, el conocimiento y las destrezas que poseía en ese momento.
2. Reconozca que sobrevivió y que puede enfrentar plenamente todos y cualesquiera que sean los resultados y las consecuencias.

3. Anote todo lo que aprendió de esa experiencia. Anote todos sus conceptos internos, todas las lecciones que recibió guárdelas todas en un archivo en su computadora o en un diario titulado *Comprensiones y Lecciones*. No deje de mirarlo con frecuencia. Pregunte a otras personas involucradas—a su equipo, a sus empleados, a sus clientes y a otros—qué aprendieron. Generalmente hago que mi personal escriba, "aprendí que"...en la parte superior de una hoja de papel y luego describan al comienzo de una hoja "aprendí que..." y que a continuación escriban todo lo que puedan pensar al respecto en cinco minutos. Después hacemos una lista titulada "Formas de Hacerlo Mejor la Próxima Vez."

4. Asegúrese de agradecer a todos su retroalimentación y sus conceptos. Si alguien se muestra hostil al entregarle la retroalimentación, recuerde que es una expresión de su nivel de miedo, no una expresión de lo que piensen con relación a usted en cuanto a su nivel de incompetencia o falta de aprecio. De nuevo, limítese a agradecerles su retroalimentación. Explicar, justificar y culpar es sólo una pérdida de tiempo para todo el mundo. Limítese a recibir la retroalimentación, use lo que sea aplicable y valioso para el futuro y deseche el resto.

5. Resuelva cualquier malentendido que se haya creado y envíe cualquier comunicación que sea necesaria para completar la experiencia, incluyendo cualquier disculpa o reparación que fuere necesaria. No intente ocultar el fracaso.

6. Tómese el tiempo necesario para volver a repasar sus éxitos. Es importante recordar que tiene muchos más éxitos que fracasos. Son más las cosas que ha hecho bien que las que ha hecho mal.

7. Reconstituya su grupo de amistades. Propóngase pasar más tiempo con sus amigos, parientes y compañeros de trabajo que tengan una actitud positiva y que lo aprecien, que puedan reafirmar sus méritos y sus contribuciones.

8. Dé un nuevo enfoque a su visión. Incorpore las lecciones aprendidas, comprométase de nuevo con su plan original, o cree un plan de acción nuevo y póngalo en práctica. No se dé por vencido, avance hacia el logro de sus sueños. Serán muchos los errores que cometa en el trayecto. Sacúdase el polvo, monte de nuevo su caballo y siga su camino.

COMPROMÉTASE CON UN MEJORAMIENTO CONSTANTE

Tenemos un deseo innato de aprender, mejorar y desarrollarnos
incesantemente. Queremos llegar a ser más de lo que ya somos.
Cuando cedemos a esta inclinación de mejorar en forma continua e
incesante, podemos llevar una vida de infinitos logros y satisfacciones.

CHUCK GALLOZZI

Me consideran perfeccionista, pero no lo soy. Soy un "correctista."
Me dedico a algo hasta que quede bien y luego paso a lo siguiente.

JAMES CAMERON
Ganador de un Oscar, director de la película *Titanic* y de la serie *Terminator*

El término para mejoramiento constante e incesante en japonés es *kaizen*. No solamente es una filosofía de operación para los negocios japoneses modernos sino la antigua filosofía de los guerreros, y se ha convertido también en el mantra personal de millones de personas de éxito.

Quienes alcanzan grandes logros—ya sea en los negocios, en los deportes o en las artes—están comprometidos con el mejoramiento continuo. Si se desea alcanzar mayor éxito, hay que aprender a preguntarse: "¿Cómo puedo hacer esto mejor? ¿Cómo lo puedo hacer con mas eficiencia? ¿Cómo lo puedo hacer de manera más rentable? ¿Cómo lo puedo hacer con más amor?"

EL RITMO DE CAMBIO ACELERADO QUE ATURDE LA MENTE

El mundo de hoy, requiere un cierto grado de mejoramiento para mantenerse al día con el acelerado ritmo de cambio. Recibimos noticias de nuevas tecnologías casi todos los meses. Se descubren nuevas técnicas de producción con una frecuencia cada vez mayor. Aparecen nuevos términos en el lenguaje corriente cada vez que se impone una nueva tendencia. Y lo que aprendemos sobre nosotros mismos y nuestra salud y sobre la capacidad del pensamiento humano sigue aumentando a un ritmo casi descontrolado.

Por consiguiente es necesario mejorar para sobrevivir. Pero para progresar y crecer, como lo hacen las personas de éxito, se requiere un enfoque más orientado al mejoramiento.

MEJORAR PAULATINAMENTE

Siempre que se disponga a mejorar sus capacidades, cambiar su comportamiento o mejorar su vida de familia o su negocio, comience por incrementos pequeños y manejables que le darán una mejor oportunidad de alcanzar el éxito a largo plazo. Querer hacer demasiado en poco tiempo sólo logrará abrumarlo (o abrumar a todos los que estén involucrados en la mejora), puede condenar el esfuerzo al fracaso, reforzando el concepto de que es difícil, si no imposible, alcanzar el éxito. Si se comienza con objetivos pequeños, fáciles de alcanzar, se fortalece la fe en la posibilidad de mejorar.

DECIDA QUÉ DEBE MEJORAR

En su trabajo, su meta puede ser que su compañía mejore la calidad de su producto o servicio, su programa de servicio al cliente o su publicidad. En cuanto a su vida profesional, tal vez desee mejorar sus conocimientos del manejo de la computadora, su velocidad para teclear, sus conocimientos de ventas o su capacidad de negociación. En el hogar, tal vez desee mejorar sus habilidades como padre, sus destrezas de comunicación, o sus habilidades culinarias. También podría centrarse en mejorar su salud y su estado físico, sus conocimientos de cómo invertir y manejar el dinero, o su forma de tocar el piano. Tal vez quiera desarrollar un mayor nivel de paz interior a través de la meditación, el yoga y la oración. Cualquiera que sea su meta decida lo que quiere mejorar y las medidas que tendrá que adoptar para lograrlo.

¿Se trata de aprender una nueva habilidad? Tal vez pueda encontrar lo que quiere aprender en una clase nocturna en la universidad de su comunidad. Si se trata de mejorar su servicio a la comunidad, tal vez pueda encontrar formas de dedicar una hora más por semana al trabajo voluntario.

Para no perder de vista esa mejoría constante, pregúntese cada día: "¿Cómo puedo/cómo podemos mejorar hoy? ¿Qué puedo/que podemos hacer mejor? ¿Dónde puedo aprender una nueva habilidad o desarrollar una nueva destreza?" Si lo hace, habrá emprendido un camino vitalicio de mejoramiento que garantizará su éxito.

NO ES POSIBLE SALTARSE NINGUNO DE LOS PASOS QUE CONDUCEN AL ÉXITO

Quien deja de mejorar deja de ser bueno.

OLIVER CROMWELL
Político y soldado británico (1599–1658)

Una de las realidades de la vida es que los grandes avances toman tiempo; no se logran de la noche a la mañana. Sin embargo, debido a que tantos productos y servicios hoy en día prometen la perfección de un día para otro, hemos llegado a esperar una recompensa instantánea, y nos desanimamos cuando no la obtenemos. No obstante, si se compromete a aprender algo nuevo cada día, a mejorar apenas un poco cada día, eventualmente—con el tiempo—alcanzará sus metas.

Convertirse en maestro toma tiempo. ¡Se requiere práctica, práctica, práctica! Hay que perfeccionar las capacidades a través de su uso y refinamiento constantes. Toma años alcanzar la profundidad y la amplitud de experiencia que caracteriza a un verdadero experto, visionario y sabio. Cada libro que lee, cada clase que toma, cada experiencia que tiene es otro bloque constructor en su vida profesional y personal.

No se estafe, no corra el riesgo de no encontrarse preparado cuando aparezca su gran oportunidad. Asegúrese de haber hecho sus deberes y haber perfeccionado su arte; por lo general un actor debe tener un largo y arduo período de preparación—clases de drama, representaciones en el teatro comunitario, piezas de teatro que se presentan fuera de Broadway, pequeños papeles secundarios en cine y programas de televisión, más clases de actuación, lecciones de manejo de voz, entrenamiento en acentos, lecciones de danza, entrenamiento en artes marciales, clases de equitación, papeles secundarios— hasta que, un día, están listos para el papel de sus sueños que los está esperando.

Los basquetbolistas famosos aprenden a lanzar con la mano no dominante, mejoran su lanzamiento de tiros libres y tiros de tres puntos. Los artistas experimentan con distintos medios. Los pilotos de aviación se capacitan para todo tipo de emergencias en un simulador de vuelo. Los médicos vuelven a estudiar para aprender nuevos procedimientos y obtienen certificaciones de estudios avanzados. Todos están involucrados en un proceso constante e interminable de mejoramiento.

Comprométase a continuar mejorando cada vez más, día tras día, en todos los aspectos. Si lo hace, tendrá ese sentimiento de creciente autoestima y confianza en sí mismo que proviene del automejoramiento y, en último término, del éxito que, inevitablemente, vendrá después.

EL MARGEN DE LA FAMA

En el deporte de béisbol profesional, la mayoría de los jugadores respetables tienen un promedio de bateo de .250 o sea, un hit cada cuatro turnos al bate. Si un bateador de .250 es además bueno a la defensiva, puede aspirar a tener una buena actuación en las ligas mayores. Sin embargo, cualquiera que tenga un promedio de bateo de .300, o tres hits cada diez turnos al batear, se considera una estrella. Para el final de la temporada, de miles de jugadores en las ligas, sólo aproximadamente una docena habrá alcanzado un promedio de .300. Estos bateadores son honrados como los mejores y tienen contratos para jugar por muchos millones de dólares, además de obtener el patrocinio de las empresas comerciales.

Pero tenga en cuenta lo siguiente: la diferencia entre quienes son realmente buenos y el jugador promedio es de ¡sólo un de cada! Un jugador con un promedio de bateo de .250 batea cinco hits por cada veinte turnos al bate; pero un jugador con un promedio de .300 logra seis hits por cada veinte veces al bate. ¿No es sorprendente? En el béisbol profesional, el margen de grandeza es de ¡sólo un hit más por cada veinte turnos al bate! Se requiere apenas un poco más de esfuerzo en el desempeño para pasar de bueno a famoso.

LLEVE SU PUNTAJE
DEL ÉXITO

Debe medir aquello de lo quisiera tener más.

CHARLES COONRADT
Fundador de *The Game of Work* (El Juego del Trabajo)

¿Recuerda cuando estaba creciendo y sus padres lo medían cada tantos meses para ver cómo aumentaba su estatura, marcándola en una pared cerca de la puerta de la despensa? Era una representación visible que le permitía saber en qué punto estaba en relación con su estatura anterior y su meta futura (que por lo general era llegar a ser tan alto o tan alta como su madre o como su padre). Le permitía saber cómo estaba avanzando. Era un incentivo para comer bien y tomarse la leche a fin de seguir creciendo.

Bien, las personas que alcanzan el éxito toman el mismo tipo de medidas. Llevan el puntaje de los avances excitantes, de los comportamientos positivos, de las ganancias financieras... cualquiera que sea el factor que deseen incrementar.

En su novedoso libro *The Game of Work* (El Juego del Trabajo),[24] Charles Coonradt dice que el llevar el puntaje nos anima a crear más de los resultados positivos que estamos registrando. Es un método que refuerza en realidad el comportamiento que dio lugar a esos resultados en primer lugar.

Piénselo. Siempre querrá, por inclinación natural, mejorar su puntaje. Si lleva el puntaje de cinco cosas que le ayudarían a avanzar en el logro de sus metas, tanto personales como profesionales, imagine cuán motivado estaría cada vez que las cifras mejoraran a su favor.

---

24. *The Game of Work: How to Enjoy Work as Much as Play* (El Juego del Trabajo: Cómo Disfrutar el Trabajo Tanto Como el Juego), por Charles A. Coonradt (Park City, UT: Game of Work, 2001). Ver también *Scorekeeping for Success* (Cómo Llevar el Puntaje del Éxito) por Charles A. Coonradt (Park City, UT: Game of Work, 1999) y *Managing the Obvious: How to Get What You Want Using What You KNow* (Cómo Administrar lo Obvio: Cómo Obtener lo que Quiere Utilizando lo que Sabe) por Charles A. Coonradt con Jack M. Lyon y Richard Williams (Park City, UT: Game of Work, 1997).

MIDA LO QUE DESEA, NO LO QUE NO DESEA

Desde muy temprano en la vida aprendemos el valor de llevar la contabilidad de lo que vale. Contamos las veces que saltamos el lazo, el número de jacks que recogemos, el número de canicas que coleccionamos, el número de bases que robamos en las ligas infantiles de béisbol y el número de cajas de galletas de las niñas exploradoras que vendemos. Los promedio de bateo en béisbol nos indican el número de veces que golpeamos la pelota, no el número de veces que fallamos. Llevamos el puntaje, ante todo, de lo que es bueno porque eso es lo que queremos aumentar.

Cuando Mike Walsh, en High Performers Internacional, quería incrementar sus utilidades netas, llevaba la cuenta no solo del número de personas que se inscribían en su compañía sino de cuántas llamadas infructuosas hacían sus empleados, cuantas citas personales concertaban y cuántas de esas citas terminaban en afiliaciones. Con base en ese sistema de llevar el puntaje, Mike pudo determinar un incremento del 39 por ciento en sus ingresos en sólo seis meses.

YA NO ES ALGO RESERVADO ÚNICAMENTE A PROPIETARIOS DE NEGOCIOS

Cuando Tyler Williams entró a la liga junior de básquetbol, su padre, Rick Williams, coautor de *Managing the Obvious* (Cómo Administrar lo Obvio) decidió contrarrestar el enfoque negativo de los deportes para jóvenes creando una "tarjeta de puntaje para padres" en la que llevaba el registro de lo que Tyler hacía bien, no de lo que hacía mal.

Llevaba la cuenta de siete cosas que su hijo podía hacer para contribuir al éxito del equipo, anotaciones, rebotes, ayudas, robos de balón, lanzamientos bloqueados, etc., y le adjudicaba a Tyler un punto cada vez que hacía una de esas jugadas positivas. Mientras que las estadísticas que llevaban los entrenadores se centraban principalmente en anotaciones y rebotes, las dos formas tradicionales de medida utilizadas para el básquetbol junior, el padre de Tyler le anotaba puntos por casi todas las jugadas positivas que hacía durante el juego

No pasó mucho tiempo antes de que Tyler fuera corriendo durante los *timeouts* para ver cómo iban sus puntos de contribución. Al llegar a casa después del juego, Tyler corría a su habitación, en donde tenía colgada en la pared una gráfica en la que marcaba su progreso. Con una simple gráfica, hecha por él mismo, Tyler podía ver en qué aspectos mejoraba. A medida que avanzaba la temporada, la línea de su gráfica subía constantemente. Sin una sola palabra dura ni de su entrenador ni de su padre, Tyler se había convertido en un mejor jugador de básquet y, además, disfrutaba el proceso.

CÓMO LLEVAR EL PUNTAJE EN SU HOGAR

Claro está que la práctica de llevar el puntaje no se limita a los negocios, los deportes y la escuela. Puede aplicarse también a su vida personal. En el número de mayo de 2000 de la revista *Fast Company,* Vinod Khosla, fundador y director ejecutivo de Sun Microsystems, dijo:

> Es muy bueno saber cómo recargar las baterías. Pero es aún más importante asegurarse de cargarlas. Yo llevo el registro de las veces que llego a casa a tiempo para cenar con mi familia; mi asistente me informa el número exacto de días que lo logro cada mes. Tengo cuatro hijos entre los siete y los once años. Poder estar un tiempo con ellos es lo que me mantiene activo.
>
> Su empresa mide sus prioridades. También las personas necesitan utilizar la métrica con las prioridades personales. Paso unas cincuenta horas a la semana en el trabajo y podría fácilmente trabajar cien horas. Por lo tanto, siempre me aseguro de que, en último término, pueda llegar a casa a tiempo para cenar con mis hijos. Después, les ayudo a hacer sus deberes escolares y juego con ellos... Mi meta es estar en casa a tiempo para la cena al menos veinticinco noches al mes. Tener una meta establecida es clave. Conozco personas en mi negocio que tienen suerte si llegan a casa cinco noches al mes. No creo ser menos productivo que ellas.[25]

EMPIECE A LLEVAR EL PUNTAJE DESDE HOY

Decida lo que necesita para llevar el puntaje a fin de reflejar su visión y lograr sus metas.

Asegúrese de llevar el puntaje para todos los distintos aspectos de su vida: financiero, profesional, escolar, recreativo, de esparcimiento, salud y buen estado físico, familiar y otras relaciones, proyectos personales y contribuciones para beneficio de otros.

Coloque sus puntajes donde estén fácilmente visibles tanto para usted como para las demás personas que intervienen en el juego.

---

25. "Don't Burn Out" ("No Se Queme"), *Fast Company,* mayo de 2000, página 106.

22

PRACTIQUE
LA PERSISTENCIA

Muchos se dan por vencidos cuando están a punto de lograr el éxito.
Desisten en la línea de una yarda.
Renuncian al último minuto del juego,
cuando falta sólo un pie de distancia para anotar un gol.

H. ROSS PEROT
Multimillonario norteamericano y ex candidato
a la presidencia de los Estados Unidos

La persistencia es probablemente una cualidad específica y más común de quienes alcanzan grandes logros. Son personas que, sencillamente, se niegan a darse por vencidas. Entre más persista en su empeño, mayor será la posibilidad de que algo bueno le ocurra. No importa cuán difícil parezca. Entre más persevere más probabilidad tendrá de triunfar.

NO SIEMPRE SERÁ FÁCIL

Algunas veces tendrá que persistir ante grandes inconvenientes—obstáculos ocultos—que ni la más completa y previsiva programación podría predecir. En ocasiones, el universo pondrá a prueba el grado de compromiso que usted tenga con su meta. El trayecto puede ser difícil y puede exigirle negarse a renunciar mientras aprende nuevas lecciones, desarrolla nuevos aspectos de su personalidad y toma decisiones difíciles.

La historia ha demostrado que la mayoría de los campeones famosos generalmente encontraron obstáculos desalentadores antes de alcanzar el triunfo. Ganaron porque se negaron a dejarse desanimar por sus derrotas.

B.C. FORBES
Fundador de la revista *Forbes*

Hugh Panero, director ejecutivo de XM Satellite Radio es un ejemplo de compromiso y perseverancia sorprendentes en el sector corporativo. Después de dos años de reclutar inversionistas que incluyen desde la General Motors y Hughes Electronics hasta DIRECTV y Clear Channel Communications, el sueño de Panero de convertirse en el mayor servicio mundial de radio por suscripción estuvo a punto de fracasar en el último minuto, cuando los inversionistas amenazaron con retractarse, a menos que pudieran llegar a un acuerdo aceptable para la media noche del 6 de junio de 2001. Después de exhaustivas negociaciones y un esfuerzo de diplomacia que lo llevó a visitar varios lugares en un mínimo de tiempo, Panero y su presidente de la junta directiva, Gary Parsons, lograron compromisos por $225 millones apenas unos minutos antes de la hora límite.

Menos de un año después, el lanzamiento de uno de los satélites XM con un valor de $200 millones fue abortado justo once segundos antes del lanzamiento, cuando un ingeniero leyó mal un mensaje en la pantalla de su computadora, lo que obligó a la compañía a esperar hasta la siguiente fecha disponible para el lanzamiento ¡dos meses más tarde!

Panero, sin embargo, perseveró y, por último, fijó la fecha de la inauguración de los 101 canales de programación de XM Radio para el 12 de septiembre de 2001. Pero cuando los terroristas atacaron el World Trade Center en la mañana del 11 de septiembre—apenas un día antes de la inauguración programada—Panero se vio obligado a cancelar la fiesta para celebrar el lanzamiento del cohete y a retirar la publicidad de televisión sobre la inauguración de la XM que mostraba a una estrella de rap pasando en un cohete por encima de un conjunto de enormes rascacielos.

El equipo de Panero le recomendó posponer el lanzamiento de la compañía por un año más. Sin embargo, al final, Panero siguió fiel a su sueño e inauguró el servicio apenas dos semanas más tarde.

En la actualidad, superando todos los obstáculos y demoras, la mayoría de los cuales hacen que nuestras propias dificultades palidezcan por comparación, la XM domina el negocio de radio por satélite con más de 1,700,000 suscriptores que pagan mensualmente por disfrutar sesenta y ocho canales de música libre de comerciales mas treinta y tres canales de los principales deportes, programas de opinión, comedias, programas infantiles y programas de entretenimiento, además de información sobre el tráfico y el estado del tiempo. Por si fuera poco, el precio de las acciones ha aumentado de su valor original de $12 a $25 por acción.[26]

SÓLO UN POSTE DE TELÉFONO MÁS

Si caes siete veces, levántate ocho.

PROVERBIO JAPONÉS

En 1980, después de perder su pierna derecha a cause de un cáncer, Ferry Fox emprendió una carrera con el nombre de el Maratón de la Esperanza, a través de Canadá, para recaudar fondos destinados a la investigación del cáncer. Su estilo de correr saltando y arrastrándose le permitió avanzar unas veinticuatro millas por día—casi una maratón completo de veintiséis millas, cada día—¡con una pierna artificial! Logró correr durante 143 días y cubrió una distancia de 3,339 millas desde su punto de partida en St. John, Newfoundland, hasta Thunder Bay, Ontario, donde se vio obligado a abandonar su esfuerzo cuando los médicos le detectaron cáncer en los pulmones. Murió unos meses más tarde, pero su inspirador ejemplo dejó un legado: se celebran carreras anuales Ferry Fox en Canadá y en el mundo entero que hasta el momento han recaudado $340 millones para la investigación del cáncer. Cuando le preguntaron cómo había logrado seguir corriendo cuando ya estaba exhausto y le faltaban aún miles de millas por recorrer, respondió: "Sólo corría hasta el siguiente poste de teléfono."

---

26. Para información adicional, se puede visitar el sitio Web www.xmradio.com. El precio de las acciones corresponde a la cotización del 1ro de junio de 2004.

CINCO AÑOS

El "no" es una palabra en el camino al "sí." No se rinda demasiado pronto.
Ni siquiera si sus parientes, amigos y colegas bien intencionados le indican
que debe buscar "un trabajo de verdad." Sus sueños son su verdadero trabajo.

JOYCE SPIZER
Autora de *Rejections of The Written Famous* (Rechazos de Obras Famosas)

Cuando Debbie Macomber decidió ir tras su sueño de convertirse en escritora, alquiló una máquina de escribir, la puso sobre la mesa de la cocina y empezó a teclear todas las mañanas, cuando los niños salían para la escuela. Por la tarde, cuando volvían a casa, retiraba la máquina de escribir y les preparaba la comida. Cuando se acostaban, volvía a poner la máquina de escribir sobre la mesa de la cocina y tecleaba un poco más. Debbie siguió esta rutina durante dos años y medio. La supermamá se había convertido en una escritora esforzada y disfrutaba cada minuto.

Sin embargo, una noche, su esposo Wayne se sentó con ella y le dijo: "Lo siento, querida, pero no estás contribuyendo al ingreso del hogar. No podemos seguir así. No podemos sobrevivir sólo con lo que yo gano."

Esa noche, con el corazón destrozado y la mente demasiado ocupada para poder conciliar el sueño, permaneció con la mirada fija en el techo de la alcoba sin luz. Debbie sabía que—con todas las responsabilidades del trabajo de la casa y de llevar a los niños a sus actividades de deportes, a la iglesia y a las reuniones de los niños exploradores—un trabajo de cuarenta horas semanales no le dejaría tiempo para escribir.

Intuyendo su desesperación, su esposo se despertó y le preguntó: "¿Qué te pasa?"

"Realmente creo que habría podido ser una buena escritora. Realmente lo creo."

Wayne permaneció en silencio por largo tiempo, luego se sentó, encendió la luz y le dijo: "Está bien, mi amor, hazlo."

Así que Debbie regresó a su sueño y a su máquina de escribir sobre la mesa de la cocina, donde tecleó página tras página durante otros dos años y medio. Su familia renunció a las vacaciones, ahorró hasta el último centavo y todos se vistieron, durante ese tiempo, con ropa heredada de los parientes.

Pero, por último, el sacrificio y la persistencia dieron resultado. Después de cinco años de lucha, Debbie vendió su primer libro. Luego otro. Y otro más. Hasta ahora, Debbie ha publicado más de cien libros muchos de los cuales han llegado a la lista de bestsellers de *The New York Times* y tres de los cuales han sido llevados al cine. Se han impreso más de sesenta millones de copias de sus obras y cuenta con millones de leales admiradores.

¿Y Wayne? Todo ese sacrificio apoyando a su esposa, le reportó grandes beneficios. Pudo jubilarse a los cincuenta años y ahora dedica su tiempo a construir un avión en el sótano de su mansión de 7,000 pies cuadrados.

Los hijos de Debbie recibieron un regalo mucho más importante que unas cuantas vacaciones en campamentos de verano. Como adultos, ahora se dan cuenta de que lo que Debbie les dio fue mucho más importante, el permiso y el entusiasmo necesarios para ir tras sus propios sueños.

Ahora, Debbie tiene aún otros sueños que desea alcanzar, una serie de televisión basada en sus libros, un premio EMI, un libro en el primer lugar de la lista de bestsellers de *The New York Times*.

Para lograrlos, tiene una rutina: Se levanta a las 4:30 todas las mañanas, lee La Biblia y escribe en su diario. Para las 6:00, ya está nadando en la piscina y a las 7:30 está en su oficina respondiendo el correo. Escribe de 10:00 a.m. a 4:00 p.m. y produce tres nuevos libros por año con disciplina y perseverancia.

¿Qué podría lograr usted si siguiera los anhelos de su corazón, tuviera esa misma disciplina y nunca se diera por vencido?

NUNCA RENUNCIE A SUS ESPERANZAS NI A SUS SUEÑOS

La persistencia y la determinación por sí solas son omnipotentes. El lema "siga adelante" ha resuelto y siempre resolverá los problemas de la raza humana.

CALVIN COOLIDGE
Trigésimo presidente de los Estados Unidos

Tenga esto en cuenta:

- El almirante Robert Peary intentó llegar al polo norte siete veces antes de lograrlo en el octavo intento.
- En sus veintiocho intentos por enviar cohetes al espacio, la NASA tuvo veinte fracasos.
- Oscar Hammerstein tuvo cinco piezas de teatro musicales que fueron un fracaso y, en conjunto, estuvieron menos de seis semanas en cartelera, todas antes de *Oklahoma,* que alcanzó 269 semanas de representaciones ininterrumpidas y recaudó $7 millones.

- La carrera de Tawni O'Dell como escritora es una prueba de su perseverancia. Al cabo de trece años de esfuerzo, había escrito seis novelas inéditas y había acumulado 300 notas de rechazo. Por último publicó su primera novela *Back Roads* (Senderos Secundarios) en enero de 2000. Oprah Winfrey eligió su libro para el Oprah Book Club y la novela recién ungida alcanzó el primer puesto en la lista de bestsellers de *The New York Times,* donde permaneció por ocho semanas.

NUNCA, NUNCA, NUNCA DESISTA

Durante la Guerra de Vietnam, H. Ross Perot, el multimillonario tejano de las computadoras, decidió dar un regalo de navidad a cada uno de los prisioneros de guerra norteamericanos que se encontraban en Vietnam. Según David Frost, quien relata la historia, Perot hizo empacar y preparar para despachar miles de paquetes. Alquiló una flotilla de aviones Boeing 707 para llevar los regalos a Hanoi, pero la guerra estaba en su apogeo, y el gobierno de Hanoi indicó que se negaría a cooperar. No era posible realizar ninguna campaña caritativa, explicaron los oficiales, mientras los bombarderos norteamericanos devastaban todos los pueblos vietnamitas. Perot se ofreció a contratar firmas constructoras norteamericanas para ayudar a reconstruir lo que los norteamericanos habían arrasado. El gobierno, aún así, se negó a cooperar. Se aproximaba ya la Navidad y los paquetes aún no se habían enviado. Negándose a desistir, Perot emprendió el viaje con su flotilla alquilada y voló hasta Moscú, donde, desde la oficina central de correos, sus asistentes enviaron, uno por uno los paquetes que llegaron intactos.[27] ¿Entiende ahora por qué este hombre se convirtió en la persona de éxito que llegó a ser? Sencillamente, se negó a desistir.

PERSISTA

_____

¡Siempre es demasiado pronto para desistir!

NORMAN VINCENT PEALE
Escritor inspirador

Si persiste lo suficiente, eventualmente alcanzará su meta. Piense en la carrera del beisbolista de las grandes ligas, Pat Tabler. Pat jugó siete temporadas en las

---

27. Adaptado del libro de *David Frost Millionaires, Multimillionaires, and Really Rich People* (Millonarios, Multimillonarios y Realmente Ricos) (New York: Random House, 1984).

ligas menores y diez temporadas completas en las ligas mayores. Jugó en una Serie Mundial y en el Juego de las Estrellas. Al ver sus estadísticas, no parece que durante los siete primeros años le haya ido muy bien, pero observe cómo aumentaron sus ingresos durante toda su carrera, porque perseveró hasta alcanzar su sueño.

	SUELDOS	PROMEDIO DE BATEO
Ligas Menores		
1976	$2,500	.231
1977	$3,000	.238
1978	$3,500	.273
1979	$4,750	.316
1980	$5,000	.296
1981	$15,000	.301
1981	$25,000	.342
Cleveland Indians		
1983	$51,000	.291
1984	$102,000	.290
1985	$275,000	.275
1986	$470,000	.326
1987	$605,000	.307
Cleveland Indians, Kansas City Royals y New York Mets		
1988	$800,000	.282
1989	$825,000	.259
1990	$725,000	.273
Toronto Blue Jays		
1991	$800,000	.216
1992	$800,000	.252
Total	**$5.546.750**	

CÓMO SUPERAR LOS OBSTÁCULOS

Por cada fracaso, hay un curso de acción alternativo. Sólo hay que encontrarlo. Al llegar a un obstáculo, tome un desvío.

MARY KAY ASH
Fundadora de Mary Kay Cosmetics

Cuando se encuentra un obstáculo o un bloqueo en el camino, hay que detenerse e imaginar tres alternativas para superarlo: saltándolo, rodeándolo o atravesándolo. Para cada obstáculo hay que desarrollar tres estrategias que permitan resolverlo. Hay muchas posibilidades, pero sólo las encontrará si dedica suficiente tiempo a buscarlas. Sus ideas deben ir siempre orientadas a encontrar la solución. Persevere hasta que la encuentre.

Las dificultades son oportunidades de hacer las cosas mejor; son los puntos de apoyo que nos conducen a adquirir mayor experiencia . . . cuando se cierra una puerta, siempre hay otra que se abre, tiene que ser así, por ley natural, tiene que haber un equilibrio.

BRIAN ADAMS

APLIQUE LA REGLA DE CINCO

El éxito es la suma de pequeños esfuerzos repetidos día tras día.

ROBERT COLLIER
Autor de libros que han estado en las listas de bestsellers y
editor de *The Secret of the Ages* (El Secreto de las Edades)

Cuando Mark Victor Hansen y yo publicamos el primer libro de *Chicken Soup for the Soul,*® estábamos tan ansiosos y tan comprometidos con nuestro proyecto de que llegara a estar entre los libros más vendidos que pedimos a quince autores de libros en la lista de bestsellers, desde John Gray (*Men are from Mars, Women are from Venus* [Los Hombres son de Marte, las Mujeres son de Venus]) y Barbara DeAngelis (*How to Make Love All the Time* [Cómo Hacer el Amor Todo el Tiempo]) a Ken Blanchard (*The One Minute Manager* [Gerente en Un Minuto]) y Scott Peck (*The Road Less Traveled* [El Camino Menos Recorrido]) que nos orientaran y nos aconsejaran. Recibimos toneladas de valiosa información acerca de qué hacer y cómo hacerlo. Luego fuimos a ver al gurú en publicación y mercadeo de libros, Dan Poynter, quien nos dio información aún más valiosa. Después, compramos y leímos la obra de John Kremer *1001 Ways to Market Your Book* (1001 Formas de Vender su libro).

Después de todo eso, quedamos abrumados ante tantas posibilidades. A decir verdad, quedamos medios locos. No sabíamos por donde empezar, además, ambos teníamos que ocuparnos de nuestro negocio de conferencias y seminarios.

CINCO FACTORES ESPECÍFICOS QUE LE AYUDAN A AVANZAR HACIA LA META

Buscamos la asesoría de Ron Scolastico, un excelente profesor, quien nos dijo: "Si van todos los días a un árbol muy grande y le dan cinco hachazos muy fuertes, eventualmente, por grande que sea el árbol, tendrá que caer." ¡Cuán simple y cuán cierto! De ahí, desarrollamos lo que hemos llamado la regla de cinco. Significa, simplemente, que cada día hacemos cinco cosas específicas que nos acercan a la meta.

Con la meta de llevar a *Chicken Soup for the Soul®* al primer lugar en la lista de bestsellers de *New York Times,* esto significaba cinco entrevistas de radio o enviar cinco copias de comentarios sobre el libro a los editores que estudiarían el libro o llamar a cinco compañías de mercadeo en red y pedirles que compraran el libro como elemento de motivación para su personal de ventas, u organizar un seminario para al menos cinco personas y vender el libro en la parte posterior del salón. Algunos días, sólo enviábamos cinco copias gratis del libro a las personas que aparecían en el *Celebrity Address Book* (Libro de Direcciones de los Famosos), personas como: Harrison Ford, Barbra Streisand, Paul McCartney, Steven Spielberg y Sidney Poitier. Como resultado de esa actividad, terminé conociendo a Sidney Poitier—a solicitud de él—y después supimos que el productor del programa de televisión *Touched by an Angel* (El Toque de Un Ángel), exigió a todas las personas que trabajaban en su programa que leyeran *Chicken Soup for the Soul®* para que adquirieran "la mentalidad correcta." Un día enviamos copias del libro a todos los jurados del juicio de O.J. Simpson. Una semana más tarde, recibimos una amable carta del juez Lance Ito, agradeciéndonos el haber pensado en los jurados, que estaban aislados y no podían ver televisión ni leer el periódico. Al día siguiente, los periodistas vieron a cuatro de los jurados leyendo el libro, lo que resultó ser una valiosa contribución de relaciones públicas para nuestra obra.

Llamamos a personas que pudieran escribir comentarios sobre el libro, redactamos comunicados de prensa, llamamos a los programas de opinión (a algunos de ellos a las 3:00 a.m.), regalamos copias del libro en nuestras conferencias, enviamos el libro a los ministros de las iglesias para que lo utilizaran como fuente de datos para sus sermones, dictamos conferencias gratis sobre *Chicken Soup for the Soul®* en las iglesias, firmamos libros en las librerías donde nos lo permitieron, pedimos a las empresas que hicieran compras masivas del libro para distribuirlo a sus empleados, llevamos el libro a los PXs de las bases militares, pedimos a otros colegas conferencistas que vendieran el libro en sus presentaciones, pedimos a las empresas organizadoras de seminarios que incluyeran el libro en sus catálogos, compramos un directorio de catálogos y pedimos a todos los catálogos adecuados que incluyeran el libro, visitamos tiendas de regalos y tiendas de tarjetas de saludo y les pedimos que vendieran el libro, fuimos a gasolineras, panaderías y restaurantes a vender el libro. Fue un gran esfuerzo—un mínimo de cinco cosas cada día todos los días, día tras día—durante más de dos años.

ESTA ES LA PRUEBA DE LO QUE UN ESFUERZO CONSTANTE PUEDE LOGRAR

¿Valió la pena? ¡Sí! Eventualmente vendimos ocho millones de copias del libro en treinta y nueve idiomas.

¿Esto se dio de la noche a la mañana? ¡No! pasó un año desde su publicación, ¡un año!, antes de que el libro llegara a la lista de bestsellers. Pero fue un esfuerzo sostenido de aplicar la regla de cinco durante dos años lo que nos llevó a alcanzar el éxito, una acción a la vez, un libro a la vez, un lector a la vez. Pero, poco a poco, con el tiempo, cada lector le contó a otro lector y, eventualmente, como una carta de cadena que progresa lentamente, se difundió la noticia y el libro se convirtió en un gran éxito, lo que la revista *Time* llamara "el fenómeno editorial de la década." No fue tanto un fenómeno editorial como un fenómeno de esfuerzo persistente, miles de actividades individuales que, sumadas, representaron un gran éxito.

En *Chicken Soup for the Gardener's Soul* (Sopa de Pollo para el Alma del Jardinero), Jaroldeen Edwards describe el día en que su hija Carolyn la llevó al lago Arrowhead a ver una maravilla de la naturaleza, campos y más campos de narcisos que se extendían hasta donde alcanzaba la vista. Desde la cima de una montaña que descendía suavemente por muchos acres a través de collados y valles entre los árboles y los arbustos, siguiendo las ondulaciones del terreno, hay ríos de narcisos florecidos, literalmente una alfombra de todos los tonos de amarillo desde el marfil más pálido hasta el amarillo limón más oscuro, hasta llegar a un fuerte naranja salmonado. Hay aparentemente más de un millón de bulbos de narciso sembrados en este hermoso paraje de la naturaleza. Es un espectáculo que quita el aliento.

Mientras caminaban hacia el centro de ese mágico lugar, se encontraron de pronto ante un letrero que decía: "Respuestas a las Preguntas que Sé que Se Está Haciendo." La primera respuesta era: "Una Mujer, Dos Manos, Dos Pies y Muy Poco Cerebro." La segunda era: "Uno a la Vez." La tercera: "Comencé en 1958."

Una mujer había cambiado para siempre el mundo, durante un periodo de cuarenta años, sembrando un bulbo a la vez. Lo que podríamos lograr si hiciéramos un poquito—cinco cosas—cada día, durante los próximos cuarenta años, para lograr nuestra meta. Si escribiera cinco páginas por día, eso equivaldría a 73,000 páginas de texto, el equivalente a 243 libros de 300 páginas cada uno. Si ahorrara $5 al día, equivaldría a $73,000, ¡suficiente para cuatro viajes alrededor del mundo! Si invirtiera $5 por día con un interés compuesto de sólo 6 por ciento anual, al término de cuarenta años habría amasado una pequeña fortuna de unos $305,000.

La regla de cinco. Un principio muy potente ¿no le parece?

24

EXCEDA LAS EXPECTATIVAS

Nunca hay una multitud en el trayecto de esa milla adicional.

WAYNE DYER
Coautor de *How to Get What You Really, Really, Really Want*
(Cómo Obtener lo que De veras, De veras, De veras, Desea)

¿Es usted alguien que se proponga de manera consistente recorrer esa milla adicional y exceder rutinariamente en sus promesas? No es algo frecuente en estos días, pero es el distintivo de quienes logran grandes cosas, de quienes saben que superar las expectativas les ayuda a destacarse entre la multitud. Casi por la fuerza de la costumbre, las personas que alcanzan el éxito simplemente se exigen más. Como resultado, experimentan no sólo mayores retribuciones financieras por sus esfuerzos adicionales sino también una trasformación personal, adquieren mayor seguridad y confianza en sí mismas y ejercen una mayor influencia en quienes las rodean.

RECORRA ESA MILLA ADICIONAL

La empresa de tostadores de café Dillanos Coffee Roasters, con base en Seattle, tuesta y distribuye café en grano a todos los vendedores minoristas de café en casi todos los cincuenta estados de la Unión. El enunciado de la misión de Dillano es el siguiente: "Ayudar a la gente, hacer amigos y divertirse." La compañía tiene seis valores centrales que orientan todas sus actividades. La empresa está tan comprometida con estos valores que las veintiocho personas que conforman su personal lee la lista al unísono al final de cada reunión de personal. El número dos en esta lista es "Brinde un nivel de servicio de 'milla adicional,' dando siempre al cliente más de lo que espera." Esto significa que tratan a cada uno de sus clientes como tratarían a uno de sus mejores amigos, alguien por quien se está dispuesto a recorrer esa milla adicional.

En 1997, uno de esos amigos, Marty Cox, dueño de cuatro It's a Grind Coffee Houses en Long Beach, California, era apenas "un cliente que compraba cantidades promedio" pero Marty tenía grandes planes para el futuro. El fundador y director ejecutivo David Morris quería ayudar a su "amigo" a realizar el mayor de sus sueños. Dillanos despachaba su café en grano por UPS. Pero en 1977, UPS entró en huelga, lo que ponía en riesgo la fuente de ingresos de Marty. ¿Cómo hacer que el café en grano—la fuente de su negocio—pudiera llegarle a Marty de Seattle a Long Beach?

Dillanos consideró la opción de utilizar los servicios de la oficina de correos pero la compañía tenía noticias extraoficiales de que tanto las oficinas postales como FedEx estaban sobrecargadas debido a la huelga de UPS y no quería correr el riesgo de que el café en grano llegara demasiado tarde. Entonces Morris alquiló un remolque y llevó él mismo su pedido de 800 libras de café hasta el negocio de Marty, por dos semanas consecutivas. David condujo diecisiete horas desde Seattle a Long Beach, entregó el suministro de una semana de café a Marty, regresó, consiguió más café, volvió a Long Beach a la siguiente semana y entregó de nuevo el pedido. Esto convirtió a Marty en un cliente fiel a largo plazo. ¿Y qué significó eso para Dillanos? En sólo seis años, los seis negocios de Marty se convirtieron en 150 concesiones, con operaciones minoristas en nueve estados. Ahora Marty es el principal cliente de Dillanos. ¡Vale la pena recorrer esa milla adicional!

Como resultado de recorrer la milla adicional para todos sus clientes, Dillanos ha pasado de ser una sola empresa tostadora de veinticinco libras en un espacio de 1,600 pies cuadrados, que tostaba 200 libras de granos de café por mes en 1992 a un negocio de dos tostadoras con capacidad para 800 libras en un espacio de 26,000 pies cuadrados con instalaciones capaces de despachar mucho más de 1 millón de libras de café en grano al año, con ventas anuales de más de $10 millones y una tasa de crecimiento que permite prever una duplicación cada tres años.

DE EMPLEADO DEL CUARTO
DE LA CORRESPONDENCIA
A PRODUCTOR EN CUATRO AÑOS

Si está dispuesto a hacer más trabajo que aquel por el que le pagan,
eventualmente recibirá un mayor pago para que haga más de lo que hace.

FUENTE DESCONOCIDA

Hace tiempo, cuando el productor de televisión y guionista cinematográfico Stephen J. Cannell tenía 2,000 personas trabajando para él, su compañía contrataba jóvenes talentosos recién salidos de la escuela de cinematografía, para que trabajaran en el cuarto de la correspondencia e hicieran otros trabajos de menor importancia. Con frecuencia, Cannell escuchaba quejas por el salario de entrada de $7 por hora, o por la cantidad de horas extras y no podía menos que pensar: *Cielos, parece que no entienden. Este trabajo y este sueldo y mi compañía van a estar por muy corto tiempo en las vidas de estos jóvenes. En vez de ver que podrían convertir esta experiencia en una excelente plataforma de lanzamiento, se quejan por factores a corto plazo, como el dinero. Ni siquiera alcanzan a captar que el nivel que puedan alcanzar en la vida podría estar determinado por el tiempo y esfuerzo que dediquen a su trabajo en el cuarto de la correspondencia en el sótano.*

Después, un día, Cannell empezó a oír comentarios acerca de un nuevo empleado que la compañía acababa de reclutar. Tenía cuarenta años y había sido baterista de *rock and roll* con ingresos de más de $100,000 al año en el campo de la música. Con su esposa embarazada, quería dejar de viajar y estaba dispuesto a aceptar un puesto con salario mínimo en el cuarto de la correspondencia de Cannell.

"¿Ya conoce a este hombre?," le preguntaban.

Pronto todos hablaban de su ética en el trabajo, de su actitud y de su entusiasmo. Steve Beers era una de esas personas que siempre procuraba prestar ese servicio adicional, siempre alerta a los proyectos que había que realizar.

Un día, cuando reemplazaba al conductor de la limosina de Cannell, lo oyó decir que necesitaba mandar a la lavandería un traje para una próxima función. Al día siguiente, su traje, recién salido de la lavandería, estaba colgado en un gancho en la limosina. Cuando Cannell preguntó cómo había llegado allí ese traje, él le respondió: "Se lo pedí a su esposa y lo llevé a la lavandería."

Cuando oyó que una secretaria necesitaba enviar unos cheques al banco de inmediato, se ofreció a llevarlos en su hora de almuerzo. Cuando los muchachos del cuarto de la correspondencia protestaban por que debían entregar los guiones a los actores en sus casas a media noche, cuando habían invitado unas chicas a salir, Beers les dijo: "Dénmelos. Yo los llevo." Sin embargo, nunca cobró horas extras ni buscó reconocimiento por sus esfuerzos.

Cuando dos de los productores de Cannell pidieron el mismo día que Beers fuera productor asociado de sus nuevos programas, Cannell entusiasmado lo asignó a *21 Jump Street,* un gran salto desde el cuarto de la correspondencia.

Un año después, Cannell lo ascendió a productor de *21 Jump Street* y poco después lo nombró productor ejecutivo de ese programa y de *"Booker,"* con una remuneración de más de $500,000 al año.

En palabras de Cannell: "No es un escritor, realmente no tenía ninguna de las cualidades que se requerirían para llegar a ser productor ejecutivo, a excepción de una, estaba dispuesto a trabajar tanto que sobresalía de los hombros para arriba por sobre cualquiera otra persona, y esto me indicó exactamente cómo eran su actitud y su dedicación."

Desde que se convirtió en coproductor ejecutivo de *21 Jump Street,* Beers ha producido numerosos pilotos y series de televisión, incluyendo la miniserie de ciencia ficción de Steven Spielberg, *Taken.* En la actualidad, Beers es coproductor ejecutivo de la serie de éxito de Showtime, *Dead Like Me* (Muerto Como Yo), los créditos de las habilidades de dirección de Beers incluyen episodios como *Dead Like Me, Magnificent Seven* (Los Siete Magníficos), *Seaquest* y, claro está, *21 Jump Street.*

¿Cuál fue el principio del éxito que llevó a Steve Beers a ascender del cuarto de la correspondencia al más alto nivel, de ganar $7 la hora a recibir $500,000 al año? Estar dispuesto a recorrer esa milla adicional y superar las expectativas de todos.

¿Qué podría lograr usted si estuviera dispuesto a recorrer la milla adicional, a esforzarse un poquito más, a ofrecer un poquito más de servicio? ¿Hay ahora mismo circunstancias en su vida en las que podría hacer más, ofrecer mayor valor, dar más de lo que se espera, o mejorar lo que se le pide? ¿Tiene la oportunidad—y además la iniciativa personal—de recorrer esa milla adicional?

DÉ MÁS DE LO QUE TODOS ESPERAN

Cuando Mike Nelly (a quien conocieron ya en la página 128) llegó por primera vez a la isla de Maui, trabajó en varios hoteles vendiendo loción bronceadora a los turistas. Mike, quien más tarde llegó a ser propietario de varios negocios prósperos en las islas, siempre estaba dispuesto a recorrer esa milla adicional para servir mejor a sus clientes. Uno de sus producto es era un gel de aloe vera para aliviar las quemaduras de sol. Les mostraba el producto y luego les preguntaba: "¿Conocen el aloe?" (Esto era hace mucho tiempo, en los años ochenta, cuando la mayoría de los norteamericanos no lo conocían). "Les traeré un poco en unos minutos para mostrárselo." Entonces salía de la playa del hotel, se trepaba a la parte más alta de una roca que se proyectaba hacia el océano, cortaba un pedazo de una gran planta de aloe que crecía allí y la picaba en trocitos hasta que salía la sustancia gelatinosa. Luego les llevaba la hoja de aloe y les ponía un poco de la sustancia gelatinosa sobre sus quemaduras. Quedaban tan sorprendidos por este esfuerzo adicional que casi siempre hacía una venta.

¿POR QUÉ RECORRER ESA MILLA ADICIONAL?

¿Qué se gana? Cuando uno da más de lo que se espera lo más probable es que a cambio obtenga ascensos, aumentos de sueldo, bonificaciones y beneficios adicionales. No tendrá que preocuparse por la seguridad en el trabajo. Será siempre la primera persona a la que contraten y la última que despidan. Su negocio será más productivo y atraerá una clientela fiel de por vida. Comprobará además que, como resultado, obtendrá más satisfacciones.

Pero debe empezar ahora mismo para comenzar a recibir las recompensas.

DÉ ALGO MÁS DE LO QUE SE ESPERA

Si realmente quiere sobresalir en su profesión u oficio—convertirse realmente en una persona de éxito sin precedentes en su escuela, en su negocio o en su vida—dé más de lo que se le pida, dé siempre algo adicional, algo que nadie espera. Un negocio que recorra esa milla adicional se gana el respeto, la lealtad y las recomendaciones de sus clientes.

Cuando Mike Foster manejaba un negocio de computadoras, nunca permitía que nadie saliera de su almacén cargando una caja de componentes. Él entregaba la computadora, la impresora, los módems y los demás componentes y dedicaba dos horas a instalar todo el sistema, dejar todo en perfecto orden y luego ofrecía capacitación para utilizarlo. El almacén de Mike dominó la industria de computadoras en el condado Deaf Smith en Texas.

Cuando Harv Eker vendía equipos para hacer gimnasia, los entregaba, los instalaba y luego enseñaba al cliente el uso correcto de la máquina. La compañía de Harv creció tan rápido que pasó de no tener ni un dólar a convertirse en millonario en sólo dos años.

Si sólo tiene en cuenta sus necesidades, puede pensar que dar más de lo que se espera no es justo. ¿Por qué habría de hacer ese esfuerzo adicional sin ninguna compensación ni reconocimiento? Debe confiar en que eventualmente esta actitud se notará y la compensación y el reconocimiento que merece llegarán. La crema, como dice el viejo refrán, con el tiempo sube siempre a la superficie. Lo mismo ocurrirá con usted y su compañía. Ganará una reputación impecable y ese es uno de los puntos más valiosos que puede tener.

A continuación incluyo algunos otros ejemplos de dar más de lo que se espera:

- Un cliente paga por un cuadro al óleo y usted se lo enmarca sin costo adicional.
- Vende a un cliente un automóvil y se lo entrega con el tanque lleno de gasolina.
- Vende a alguien una casa y cuando esta persona se traslada encuentra una botella de champaña y un certificado de regalo de $100 para un restaurante gourmet de la localidad.

- Como empleado, no sólo hace todo lo que se espera de usted en su trabajo sino que trabaja en su día libre cuando otro de sus compañeros falta por enfermedad, acepta nuevas responsabilidades sin exigir aumento de sueldo, se ofrece a capacitar a un nuevo empleado, prevée los problemas y los evita antes de que ocurran, se ocupa de que se haga lo que hay que hacer y hace las cosas sin esperar a que se las pidan; además, está siempre alerta para ver en qué otra forma puede contribuir y ser útil. En lugar de pensar únicamente en cómo hacer para ganar más, se centra en lo que puede hacer para dar más.

¿Qué puede hacer para recorrer esa milla adicional y ofrecerle más valor a su jefe, más servicio a sus clientes o más valor a sus estudiantes? Una forma de hacerlo es sorprender a los demás dándoles más de lo que esperan.

Conozco a un vendedor de automóviles en Los Angeles que ofrece a todos sus clientes servicio gratis de lavado de automóvil todos los sábados en su agencia. Nadie lo espera y a todos les encanta. Así llegan muchos otros clientes remitidos por quienes ya lo conocen, porque no dejan de hablar de lo satisfechos que están con su servicio.

EL HOTEL FOUR SEASONS SIEMPRE RECORRE ESA MILLA ADICIONAL

El nombre *Four Seasons* se ha convertido ya en sinónimo de servicio hasta en el menor detalle. Esta cadena hotelera siempre recorre la milla adicional. Si pide indicaciones a cualquiera de los miembros de su personal, para llegar a algún lugar, nunca le explicarán por dónde debe ir, lo llevarán. Tratan a todos los huéspedes como miembros de la realeza.

Dan Sullivan cuenta de un hombre que estaba pensando llevar a su hija a San Francisco un fin de semana y se dio cuenta de que no podría hacerle las trenzas como se las hacía su mamá. Cuando llamó al hotel Four Seasons para saber si habría allí una persona que pudiera ayudarle, le dijeron que había una mujer en el personal ya asignada para ese trabajo. Era algo que el gerente había previsto que algún día se podría necesitar, y que los hoteles no incluyen por lo general en sus servicios. Eso es recorrer la milla adicional.

Otra cadena hotelera conocida por su extraordinario servicio es el Ritz-Carlton. Cuando llegué a mi habitación durante mi última estadía en ese hotel en Chicago, encontré un termo de sopa de pollo con fideos esperándome sobre el escritorio. Había al pie un pequeño letrero que decía: "sopa de pollo para el cuerpo de Jack Canfield." Venía con una maravillosa tarjeta del gerente en la que me decía cuánto habían disfrutado él y su personal los libros de *Chicken Soup*.

NORDSTROM RECORRE ESA MILLA ADICIONAL

Nordstrom es otra cadena de tienda reconocida por recorrer esa milla adicional. El personal de Nordstrom siempre ha ofrecido un servicio extraordinario. Sus vendedores son famosos por llegar hasta el punto de llevarle al cliente la mercancía cuando salen del trabajo para ir a su casa.

Nordstrom tiene también la política de que sus clientes pueden devolver cualquier cosa en cualquier momento. ¿Abusan los clientes de esta política? ¡Claro que sí! Pero gracias a ella, Nordstrom tiene una extraordinaria reputación de alta calidad de servicio al cliente. Es parte de la bien cuidada imagen del nombre de la compañía. Como resultado, Nordstrom es muy rentable.

Comprométase, a partir de hoy, a llegar a ser de clase mundial, como la cadena de hoteles Four Seasons, Ritz-Carlton y la tienda Nordstrom, recorriendo esa milla adicional y superando las expectativas.

SEGUNDA PARTE

Transfórmese para el Éxito

La mayor revolución de nuestra generación es el descubrimiento de que los seres humanos, al cambiar sus actitudes mentales internas, pueden cambiar el aspecto externo de sus vidas.

WILLIAM JAMES
Psicólogo de Harvard

SÁLGASE DEL CLUB
DE LOS "PESIMISTAS"...
Y RODÉESE
DE PERSONAS DE ÉXITO

Usted es el promedio de las cinco personas con las que pasa
la mayor parte de su tiempo.

JIM ROHN
Millonario por mérito propio y exitoso escritor

Cuando Tim Ferris tenía doce años, una persona no identificada dejó esta frase de Jim Rohn en su contestador. Cambió su vida para siempre. Por muchos días no pudo sacarse esa idea de su cabeza. Apenas a los doce años, Tim se dio cuenta de que los niños con los que estaba no eran los que quería que influyeran en su futuro. Fue entonces adonde su mamá y su papá y les pidió que lo enviaran a un colegio privado. Cuatro años en St. Paul School lo iniciaron en el camino que lo condujo a un año de pregrado en Japón, estudiando judo y meditación Zen; cuatro años en la Universidad de Princeton, donde se convirtió en un luchador all-American; a un campeonato nacional de kickboxing y, eventualmente, al inicio de su propia empresa a la edad de veintitrés años. Tim sabía lo que todos los padres saben por intuición, que nos convertimos en seres similares a las personas con las que pasamos la mayoría del tiempo.

¿Cuál, si no, sería entonces la razón por la cual los padres dicen a sus hijos que no les gusta que anden con "esos muchachos"?, porque sabemos que los niños (¡y los adultos!) se convierten en personas iguales a aquellas con las que pasan la mayor parte del tiempo. Por eso es tan importante estar con personas a quienes nos queramos parecer. Si quiere tener más éxito, tiene que empezar a rodearse de gente más exitosa.

Hay muchos sitios donde encontrar gente de éxito. Entre a una asociación de profesionales. Asista a conferencias relacionadas con su profesión. Hágase miembro de la Cámara de Comercio. Compre una acción de un club campestre. Inscríbase como miembro de la Young Presidents Organization (Organización de Presidentes Jóvenes) o de la Young Entrepreneurs Association (Asociación de Empresarios Jóvenes). Ofrézcase como voluntario para puestos de liderazgo. Hágase miembro de grupos cívicos como los Kiwanis, Optimists International y Rotary International. Ofrézcase como voluntario para servir junto con otros líderes en su iglesia, templo o mezquita. Asista a conferencias, simposios, cursos, seminarios, clínicas, campamentos y retiros dictados por aquellos que ya han logrado lo que usted quiere lograr. Viaje en primera clase o en clase ejecutiva siempre que le sea posible.

UNO SE ASEMEJA A LAS PERSONAS CON LAS QUE PASA LA MAYOR PARTE DEL TIEMPO

Esté dispuesto a pagar cualquier precio por permanecer
en presencia de gente extraordinaria.

MIKE MURDOCK
Autor de *The Leadership Secrets of Jesus* (Los Secretos del Liderazgo de Jesús)

John Assaraf es un exitoso empresario que aparentemente lo ha hecho todo, incluyendo viajar por el mundo durante un año cuando estaba en la tercera década de su vida, ser el propietario y director de una empresa de concesiones cuyos ingresos anuales por bienes raíces superaron los $3,000 millones, y ayudar a desarrollar el pionero de los tours virtuales de Internet, Bamboo.com (ahora IPEX), llevándolo de un equipo inicial de seis personas a uno de 1,500 en espacio de apenas un año, con millones en ventas mensuales; y llevar a término una exitosa propuesta inicial para una licitación pública en NASDAQ, después de sólo nueve meses.

John era un niño de la calle que se había visto enredado en el mundo de las drogas y las pandillas. Cuando obtuvo un trabajo en un gimnasio en un centro de una comunidad judía al frente de su apartamento en Montreal, su vida cambió gracias al poderoso principio de que uno llega a parecerse a las personas con las que pasa la mayor parte del tiempo. Además de ganar $1.65 por hora, tuvo acceso al club de salud masculino. John cuenta que se inició en el aprendizaje de los negocios en el sauna para hombres. Todas las noches después del trabajo, de 9:15 a 10:00 p.m., se le podía encontrar en el sauna lleno de vapor, escuchando los relatos de los triunfos y fracasos de exitosos hombres de negocios.

Muchos de estos hombres de éxito eran inmigrantes provenientes de Canadá que habían venido a los Estados Unidos en busca de fortuna y John quedaba fascinado tanto por sus derrotas como por sus logros. Las historias de lo que había salido mal en sus negocios, en sus familias y en su salud le servían de inspiración, porque su propia familia experimentaba enormes retos y dificultades y John pudo darse cuenta que era normal que estas situaciones se presentaran, ya otras familias habían pasado también por crisis similares y habían podido llegar a la cima.

Estas personas de éxito le enseñaron a no abandonar nunca sus sueños. "No importa cuál sea el fracaso," le dijeron, "intenta de otra forma; intenta superarlo saltándolo, rodeándolo o atravesándolo, pero nunca te rindas. Siempre hay una forma." John aprendió también de esos hombres de éxito que no importa el origen, la raza ni el color, tampoco la edad ni si uno proviene de una familia rica o pobre. La mayoría de los hombres que venían a ese sauna no hablaban un inglés perfecto; unos eran solteros, otros divorciados; algunos estaban felizmente casados, otros no; algunos tenían buena salud, otros se encontraban en un estado de salud lamentable; algunos tenían títulos universitarios, otros no; algunos ni siquiera habían ido a la secundaria. Por primera vez, John se dio cuenta de que el éxito no está reservado únicamente a los que nacen en familias ricas, sin retos que enfrentar, a quienes se les han dado todas las posibilidades. Se dio cuenta de que, sin importar el tipo de vida que se tenga, existe siempre la posibilidad de lograr una vida de éxito. Estaba en presencia de hombres de los más diversos campos de actividad, y los más diversos orígenes, que lo habían logrado y compartían libremente sus conocimientos y experiencias con él.

Todas las noches, John asistía a su propia escuela de negocios privada, en un sauna en un centro de la comunidad judía. También usted debe rodearse de personas que lo han logrado; tiene que frecuentar gente que tenga una actitud positiva, una visión de la vida orientada a las soluciones, personas que sepan que pueden lograr cualquier cosa que se propongan.

La confianza es contagiosa. También lo es la falta de confianza.

VINCE LOMBARDI
Principal entrenador de los Green Bay Packers
que llevó a su equipo a ganar seis títulos de división,
cinco campeonatos de la NFL y dos juegos del Super Bowls (I y II)

RENUNCIE AL CLUB DE LOS PESIMISTAS

Hay dos tipos de personas, anclas y motores. Hay que alejarse
de las anclas y unirse con los motores porque estos van a algún lugar
y se divierten más. Las anclas sólo lo halarán hacia abajo.

WYLAND
Pintor de marinas de fama mundial

Cuando fui profesor de historia de primer año en la escuela de secundaria de
Chicago, muy pronto dejé de ir a la sala de profesores que al poco tiempo había bautizado "el Club de los Pesimistas." Peor que la constante y espesa nube
de humo de cigarrillo que lo inundaba, era la nube de negatividad emocional.
"¿Pueden creer lo que quieren que hagamos ahora?" "Este año me volvió a
tocar ese muchacho Simmons en matemáticas. Es el terror en persona." "No
hay forma de enseñar a estos muchachos. Están totalmente fuera de control."
Era un torrente constante de juicios negativos, críticas, culpas y quejas. Poco
después, descubrí un grupo de maestros dedicados, que se reunían en la biblioteca, y comían juntos en dos mesas en el comedor de profesores. Eran
personas positivas y creían que podían superar y manejar cualquier cosa a la
que se enfrentaran. Puse en práctica todas las nuevas ideas que me dieron así
como unas cuantas que había obtenido de mis clases de fin de semana en la
universidad de Chicago. Como resultado, los estudiantes me eligieron como
maestro del año cuando apenas completaba mi primer año de enseñar allí.

SEA SELECTIVO

No gasto mi tiempo con nadie con quien no quiera estar.
Punto. Para mí, eso es una bendición y me permite ser siempre positivo.
Paso mi tiempo con gente feliz, que esté mejorando, que quiera aprender,
gente a quien no le importe decir lo siento, o gracias . . . y que disfrute la vida.

JOHN ASSARAF
Autor de *The Street Kid's Guide to Having It All*
(La Guía del Niño de la Calle para Tenerlo Todo)

Me gustaría que hiciera un valioso ejercicio que mi mentor W. Clement
Stone hizo conmigo. Haga una lista de todas las personas con las que pasa su

tiempo normalmente, los miembros de su familia, sus compañeros de trabajo, sus vecinos, sus amigos, las personas de su organización cívica, los demás miembros de su grupo religioso, etc.

Una vez que la haya hecho, repásela y coloque un signo (–) al lado de las personas que son negativas y tóxicas y un signo (+) al lado de aquellas que son positivas y afectuosas. Al decidir acerca de cada una de ellas podrá ver que comienza a surgir un patrón. Tal vez el lugar donde trabaja esté totalmente lleno de personalidades tóxicas. O es posible que estas personas se encuentren entre esos amigos que practican todo lo que usted hace. O tal vez sean algunos miembros de su familia que constantemente lo menosprecian y debilitan su autoestima y su confianza en sí mismo.

Quisiera que hiciera lo que el Sr. Stone me hizo hacer, que dejara de estar con aquellos junto a cuyos nombres colocó el signo de menos. Si eso resulta imposible (y, recuerde, no hay nada imposible; siempre es cuestión de elección), reduzca considerablemente el tiempo que pasa con esas personas. Tiene que liberarse de la influencia negativa de los demás.

Piénselo bien. Estoy seguro de que conoce personas que con sólo entrar en la habitación le roban toda su energía. Son los que yo llamo vampiros psíquicos. Literalmente nos chupan toda la energía. Deje de verlos.

¿Hay personas en su vida que siempre se estén quejando y culpando a otros por sus circunstancias? ¿Hay personas que siempre están juzgando a los demás, difundiendo comentarios negativos y hablando de lo mal que está todo? Deje de frecuentarlas también.

¿Hay personas en su vida que, sólo con llamar por teléfono, pueden causarle tensión y estrés y trastornar todo su día? ¿Hay ladrones de sueños que le digan que sus sueños no son posibles e intenten disuadirlo de creer que vale la pena avanzar hacia sus metas? ¿Tiene amigos que se empeñen en hacerlo descender de nuevo al nivel donde ellos se encuentran? De ser así, ¡es hora de buscar nuevos amigos!

EVITE LAS PERSONAS TÓXICAS

Hasta que llegue al punto de su autodesarrollo donde ya no permita que los demás lo afecten con su negatividad, tiene que evitar a toda costa a las personas tóxicas. Será mucho mejor para usted estar sólo por algún tiempo que estar acompañado por personas que le impiden avanzar por su mentalidad de víctimas y sus normas mediocres.

Haga un esfuerzo consciente por rodearse de personas positivas, que le aporten algo y que lo ayuden a llegar más alto, personas que tengan fe en usted y lo animen a perseguir sus sueños, que aplaudan sus victorias. Rodéese de personas visionarias, idealistas, que piensen en las posibilidades.

RODÉESE DE GENTE DE ÉXITO

Uno de los clientes que me contrató para enseñar estos principios de éxito a sus vendedores es uno de los principales fabricantes de lentes ópticos. Mientras conversaba con los vendedores antes del evento, pregunté a cada uno que iba conociendo si sabía quiénes eran los cinco mejores vendedores de la compañía. La mayoría respondieron que sí y rápidamente enumeraron sus nombres. Esa noche, pedí a las 300 personas presentes en el auditorio que levantaran la mano si conocían los nombres de los cinco mejores vendedores. Prácticamente todos lo hicieron. Luego les pedí que levantaran la mano de nuevo si alguna vez se habían acercado a cualquiera de estas cinco personas a pedirles que compartieran con ellos sus secretos del éxito. Nadie lo hizo. ¡Piénselo! Todos sabían quienes eran los mejores vendedores de la compañía, pero debido a un miedo infundado al rechazo, nadie había pedido a estos líderes en ventas que compartieran sus secretos.

Para tener éxito, debe empezar a tratar a personas que lo hayan logrado. Tiene que pedirles que compartan sus estrategias para el éxito con usted. Luego ensáyelas para ver si le sirven. Ensaye a hacer lo que ellos hacen, leer lo que leen, pensar como piensan, etc. Si estas nuevas formas de pensar y comportarse funcionan, adóptelas. De lo contrario olvídelas y siga buscando y ensayando.

RECONOZCA SU
PASADO POSITIVO

Miro mi vida y la veo como el trabajo de un buen día,
ya todo está hecho y estoy satisfecha.

GRANDMA MOSES
Pintora folklórica estadounidense que vivió 101 años

Casi todos en nuestra cultura recuerdan más sus fracasos que sus éxitos. Esto se debe al método utilizado en la crianza, la educación y el manejo de los hijos, tan generalizado en nuestra sociedad. De niños, nuestros padres nos dejaban tranquilos cuando estábamos jugando o éramos dóciles y nos golpeaban cuando hacíamos demasiado ruido, cuando los incomodábamos o cuando nos metíamos en problemas. Es probable que recibiéramos un comentario automático de "bien hecho" cuando obteníamos una A como calificación, y que nos dieran un sermón interminable si llegábamos a obtener una C, una D o (Dios no lo quisiera) una F en la escuela; la mayoría de los maestros marcaban nuestras respuestas equivocadas con una X en lugar de marcar las correctas con un signo de admiración o una estrella. En deportes, nos gritaban cuando dejábamos caer el balón de fútbol o la pelota de béisbol. Casi siempre se producía más intensidad emocional como resultado de nuestros errores, fallas y fracasos que como resultado de nuestros éxitos.

Dado que el cerebro recuerda más fácilmente los eventos acompañados de emociones fuertes, la mayoría subestima y desprecia los éxitos que ha alcanzado en relación con el número de fracasos que ha tenido. Una de las formas de contrarrestar este fenómeno es centrarnos conscientemente en nuestros éxitos y celebrarlos. Entre los ejercicios que aplico en mis seminarios corporativos hay uno en el que hago que los participantes compartan un éxito que hayan logrado la semana anterior. Siempre me sorprende ver cuán difícil es para muchos. Varios piensan que no han tenido ninguno. Pueden recordar sin dificultad diez situaciones en las que hicieron las cosas mal durante los últimos siete días pero les cuesta mucho más trabajo hablar de los diez triunfos que obtuvieron.

La triste realidad es que todos tenemos más triunfos que derrotas, lo que pasa es que colocamos la barra demasiado alta para medir lo que consideramos un éxito. Uno de los participantes en el programa GOALS (Gaining Opportunities and Life Skills [Cómo Ganar Oportunidades y Destrezas para la Vida]) que desarrollé para ayudar a las personas a salir de las filas de desempleados que reciben dinero de bienestar social en California,[28] realmente dijo que no había tenido ningún éxito. Cuando le pregunté acerca de su acento, nos contó que había salido de Irán en 1979, cuando el Sha fue derrocado. Se fue con toda su familia para Alemania, donde aprendió alemán y se convirtió en mecánico de automóviles. Más recientemente, emigró con toda su familia a los Estados Unidos, aprendió inglés y ahora asistía a un programa para aprender soldadura, ¡pero no creía haber tenido ningún éxito! Cuando el grupo le preguntó qué consideraba un éxito, respondió que tener una casa en Beverly Hills y conducir un Cadillac. En su mente, nada menos que eso podría considerarse un logro. Poco a poco, con algo de orientación, comenzó a darse cuenta de que había tenido muchas experiencias exitosas cada semana. Las cosas simples, como llegar al trabajo a tiempo, entrar al programa GOALS, aprender inglés, ganar lo suficiente como para sostener a su familia y haberle comprado a su hija su primera bicicleta, constituían éxitos.

LA TEORÍA DE LA FICHA DE PÓQUER DE LA AUTOESTIMA Y EL ÉXITO

¿Por qué enfatizo tanto la importancia de reconocer los éxitos alcanzados en el pasado? Lo hago porque son muy importantes debido al impacto en su autoestima. Imagine, por un momento, que su autoestima es como una pila de fichas de póquer. Luego piense que usted y yo jugamos una partida de póquer y que usted tiene diez fichas mientras yo tengo 200. ¿Quién cree que va a jugar de manera más conservadora en esta partida de póquer? Correcto, usted. Si pierde dos apuestas de cinco fichas, quedará fuera del juego. Yo puedo perder cinco fichas cuarenta veces antes de quedar fuera, por lo que yo me arriesgaré más debido a que puedo darme el lujo de asumir las pérdidas. Lo mismo se aplica a su nivel de autoestima. Entre más autoestima tenga, más riesgos estará dispuesto a correr.

---

28. Para mayor información sobre el Programa GOALS que desarrollamos para el Estado de California a fin de que las personas dejaran de recibir subsidios por desempleo, puede comunicarse con la Foundation for Self-Esteem, 6035 Bristol Parkway, Culver City, CA 90230. Teléfono: 310-568-1505. Hasta el momento, se han graduado 355,000 personas de este programa.

La investigación ha demostrado una y otra vez que entre más reconozcamos los éxitos del pasado, más confianza tendremos para iniciar nuevas empresas y llevarlas a cabo con éxito. Sabrá que, aunque fracase, el fracaso no lo destruirá porque su autoestima es alta. Y entre mayor sea el riesgo que corra, más ganará en la vida. Entre más intentos haga, más oportunidades tendrá de ganar.

Saber que ha tenido éxitos en el pasado le dará confianza en sí mismo y podrá tener más éxitos en el futuro. Entonces veamos algunas formas sencillas pero muy efectivas de reforzar y mantener un alto nivel de confianza y autoestima.

EMPIECE CON NUEVE ÉXITOS IMPORTANTES

La siguiente es una forma sencilla de iniciar un inventario de sus principales éxitos. (Considere también hacer este ejercicio con su cónyuge o con toda su familia). Comience por dividir su vida en tres períodos de tiempo iguales, por ejemplo, si tiene cuarenta y cinco años, sus tres períodos serían desde al nacimiento hasta los quince años, de los dieciséis a los treinta y de los treinta y uno a los cuarenta y cinco. Luego haga una lista de tres éxitos que haya alcanzado durante cada período. Para ayudarle a comenzar, he enumerado a continuación mis propios éxitos:

Primer Tercio: Del nacimiento a los veinte años

1. Fui elegido jefe de patrulla de los niños exploradores.
2. Atrapé el pase que llevó al gol ganador para el juego del campeonato.
3. Fui aceptado en la Universidad de Harvard.

Segundo Tercio: De los veinte a los cuarenta años

1. Obtuve mi título de maestría en educación de la Universidad de Massachussets.
2. Publiqué mi primer libro.
3. Fundé el Centro de Nueva Inglaterra para Desarrollo Personal y Organizacional.

Último Tercio: De los cuarenta a los sesenta años

1. Fundé los Seminarios de Autoestima.
2. Chicken Soup for the Soul® llegó al puesto No. 1 en la lista de bestsellers de *The New York Times*.
3. Logré la meta de haber dictado conferencias en todos los cincuenta estados.

¿PUEDE ENUMERAR CIEN ÉXITOS?

Para convencerse realmente de que es una persona de éxito capaz de seguir logrando grandes cosas, realice el siguiente paso de este ejercicio elaborando una lista de cien o más éxitos que haya alcanzado durante su vida.

Mi experiencia es que suele ser fácil enumerar los primeros treinta o un poco más, y luego se va haciendo más difícil. Para llegar a cien, tendrá que incluir cosas como aprender a montar bicicleta, cantar un solo en la iglesia, obtener su primer empleo de vacaciones, la primera vez que anotó una carrera en la liga infantil de béisbol, cuando ingresó al grupo de porristas, cuando obtuvo su licencia para conducir, cuando escribió un artículo para el periódico de la escuela, cuando obtuvo una A en la clase de historia del Sr. Simmons, cuando pudo sobrevivir al entrenamiento básico, cuando aprendió a hacer *surfing,* cuando ganó una medalla en la feria del condado, cuando modificó su primer automóvil, cuando se casó, cuando tuvo su primer hijo, y cuando dirigió una campaña de recolección de fondos para la escuela de su hijo. Son todas cosas a las que probablemente no les daría mayor importancia, pero deben ser tenidas en cuenta como éxitos a lo largo de la trayectoria de su vida. Según su edad, tal vez tenga que recurrir incluso a incluir "aprobé el quinto año de primaria, aprobé el segundo grado, aprobé el tercer grado," eso está bien. El objetivo es simplemente llegar a cien.

CREE UN REGISTRO DE TRIUNFOS

Otra forma muy efectiva de seguir agregando fichas de póquer a la pila es llevar un registro de sus éxitos. Puede ser tan simple como una lista continua en un cuaderno de espiral, o un documento hecho en su computadora, o puede ser tan elaborado como un diario encuadernado en cuero. Al recordar y anotar sus éxitos de cada día los registrará en su memoria remota lo que mejorará su autoestima y reforzará su confianza en sí mismo. Después, si necesita reafirmar esa confianza, podrá releer lo que ha escrito.

Peter Thigpen, quien fuera vicepresidente de Levi Strauss & Co., llevaba este tipo de registro de triunfos y lo mantenía en su escritorio, cada vez que lograba un triunfo o una victoria, lo anotaba. Y cuando tenía que hacer algo aterrador, como negociar un préstamo multimillonario con un banco, o pronunciar una conferencia ante la junta directiva, leía su registro de triunfos para reforzar su seguridad en sí mismo. Su lista incluía anotaciones como: *Abrí China como mercado, logré que mi hijo adolescente arreglara su habitación y logré que la junta aprobara el nuevo plan de expansión.*

Muchas personas, cuando están a punto de hacer algo que los atemoriza, tienden a centrarse en las veces que han intentado hacerlo antes y no lo han logrado lo que debilita su confianza y alimenta su temor de fallar de nuevo. En cambio, llevar y repasar el registro de éxitos lo mantendrá centrado en sus triunfos.

Inicie su propio registro de éxitos, tan pronto como le sea posible. Si lo desea, puede hacerlo más artístico, como si se tratara de un álbum de recortes, fotografías, certificados, memorandos y otros recordatorios de las veces que ha triunfado.

TENGA LOS SÍMBOLOS DE SUS ÉXITOS A LA VISTA

Los investigadores han descubierto que lo que se ve en el entorno tiene un impacto psicológico en el estado de ánimo, la actitud y el comportamiento. Su entorno influye significativamente en usted. Pero hay otro hecho aún más importante. Usted tiene control total sobre su entorno inmediato. Es usted quien elige los cuadros que cuelga en las paredes de su habitación o en su oficina. Los recuerdos que pega en la puerta del refrigerador o en la puerta de su casillero y los recuerdos que mantiene sobre su escritorio o en su estación de trabajo.

Otra técnica muy útil que le ayudará a incrementar su autoestima y lo motivará a alcanzar mayores éxitos en el futuro es la práctica de mantener a su alrededor los premios, las fotografías y otros objetos que le recuerden sus triunfos. Tal vez sean las medallas que le otorgaron cuando estuvo en el ejército, la fotografía del gol que anotó, la fotografía del día de su boda, un trofeo, una copia enmarcada de un poema que publicó en el periódico local, una carta de agradecimiento, su título universitario y su galardón de niño explorador águila la medalla de oro de mejor niña exploradora.

Tenga un estante, o un lugar especial en la parte superior de su armario, o en la puerta del refrigerador, un "muro de la victoria" en algún lugar de la casa por el que pase a diario y llénelo con todos sus símbolos de éxito. Saque de ese cajón de los recuerdos todos los símbolos de sus logros y póngalos donde los pueda ver a diario. Tendrán un poderoso efecto en su subconsciente. Programarán, de forma muy sutil, el concepto que tiene de usted mismo como ipersona que triunfa y alcanza un éxito tras otro en la vida! Trasmitirá también ese mensaje a los demás. Aumentará su confianza en sí mismo y la confianza de los demás en usted.

Es también una buena técnica para practicarla con sus hijos. Exhiba orgullosamente sus símbolos de éxito, trabajos, premios, obras de arte, sus fotografías en uniforme de béisbol o tocando el violín, fotografías de sus momentos felices, sus trofeos, medallas y otros galardones. Si hay niños pequeños en su casa, enmarque sus mejores dibujos y cuélguelos en las paredes de la cocina, en sus habitaciones y en los corredores de la casa. Cuando vean estos objetos enmarcados y colgados en la pared, aumentará su autoestima.

EL EJERCICIO DEL ESPEJO

Somos imanes vivientes. Lo que atraemos a nuestras vidas concuerda con nuestros pensamientos dominantes.

BRIAN TRACY
Una de las principales autoridades en el desarrollo del
potencial humano y la efectividad personal

Así como reconoce sus grandes éxitos, tiene que reconocer también sus pequeños triunfos de cada día. El Ejercicio del Espejo se basa en el principio de que todos necesitamos reconocimiento, pero el más importante de todos los reconocimientos es el propio.

El Ejercicio del Espejo es una forma de acariciar positivamente su subconsciente y ofrecerle el reconocimiento que requiere para ir tras nuevos logros, y a la vez, contribuye a cambiar los conceptos negativos que pueda tener en cuanto al elogio y los logros, ayudándole a asumir una actitud abierta al triunfo. Practique este ejercicio por un mínimo de tres meses. Después podrá decidir si desea continuar. Conozco personas muy exitosas que practican este ejercicio todas las noches desde hace muchos años.

Justo antes de irse a la cama, párese frente al espejo y agradézcase lo que ha logrado durante el día. Comience mirando fijamente a los ojos, por unos pocos segundos, a la persona del espejo, el reflejo de su propia imagen. Luego diríjase a usted por su nombre y comience a elogiarse *en voz alta* por lo siguiente:

- Cualquier logro: comercial, financiero, educativo, personal, físico, espiritual o emocional.
- Cualquier disciplina personal que haya practicado: dieta, ejercicios, lectura, meditación, oración.
- Cualquier tentación a la que no haya cedido: comer postre, decir mentiras, ver demasiada televisión, permanecer despierto hasta muy tarde, beber demasiado.

Mantenga el contacto visual con usted mismo durante todo el ejercicio. Cuando termine de felicitarse, complete el ejercicio mirándose siempre fijamente a los ojos y diciéndose "te quiero." Luego, permanezca allí por una segundos más para sentir realmente el impacto de esta experiencia, como si fuera la persona del espejo que acaba de oír todos estos elogios. La clave durante esta parte del ejercicio es no retirarse del espejo con la sensación de haber hecho el ridículo o pensando que usted o el ejercicio son tontos o bobos.

El siguiente es un ejemplo de cómo podría sonar su ejercicio:

Jack, hoy quiero elogiarte por lo siguiente. En primer lugar, deseo elogiarte porque anoche te fuiste a la cama a tiempo sin quedarte levantado hasta tarde mirando televisión de modo que te levantaste temprano esta mañana y tuviste una conversación realmente buena con Inga. Luego meditaste durante veinte minutos antes de ducharte. Ayudaste a preparar la merienda de los niños, tomaste un desayuno saludable bajo en grasas y carbohidratos. Llegaste a tiempo al trabajo y moderaste una muy buena reunión de personal con tu equipo de apoyo. Hiciste un buen trabajo ayudándoles a todos a escuchar los sentimientos y las ideas de cada uno. Además, animaste a los que permanecían callados a que se expresaran.

Veamos... ah, luego tomaste un almuerzo realmente saludable—sopa y ensalada—y no comiste el postre que te ofrecieron. Tomaste los diez vasos de agua que te comprometiste a tomar cada día. Y luego... veamos... terminaste de revisar el nuevo manual de personal y adelantaste mucho en la programación del programa de capacitación de verano. Anotaste la información en tu registro de enfoque en los éxitos del día antes de salir de la oficina. Ah, agradeciste a tu asistente su trabajo del día. Fue maravilloso ver cómo se le iluminó la cara.

Además, llegaste temprano a casa para dedicarle tiempo a los niños, en especial a Christopher, y les leíste a todos un cuento. Fue algo especial. Ahora te vas a la cama temprano de nuevo, sin quedarte toda la noche navegando en el Internet. Estuviste muy bien hoy.

Ah, otra cosa Jack, ¡te amo!

No es inusual experimentar una serie de reacciones las primeras veces que se practica este ejercicio. Puede sentirse tonto, avergonzado, puede llegar a sentir deseos de llorar (o puede realmente ponerse a llorar), puede tener una reacción en la piel, puede sentir oleadas de calor y comenzar a transpirar, puede sentirse algo mareado. Todas estas son reacciones normales, puesto que se trata de algo muy extraño a lo que no estamos acostumbrados. Normalmente no nos elogiamos. De hecho, nos han condicionado a lo contrario: *No te alabes. No seas pretencioso. No seas engreído. El orgullo es pecado.* A medida que empezamos a actuar con una actitud más positiva y amable hacia nosotros mismos, es natural que experimentemos reacciones físicas y emocionales a medida que nos liberamos de las antiguas heridas resultantes de los métodos de crianza negativos utilizados por nuestros padres, de las expectativas poco

realistas y de las autocríticas. Si experimenta cualquiera de estas reacciones—
no todos lo hacen—no deje que eso lo detenga. Son transitorias y desaparece-
rán después de unos días de practicar el ejercicio.

Cuando empecé a hacerlo, habían pasado apenas cuarenta días cuando
noté que todo mi autodiálogo interno negativo había desaparecido para
ser reemplazado por el enfoque diario positivo del Ejercicio del Espejo. Solía
menospreciarme por no recordar dónde dejaba las llaves del automóvil o mis
gafas. Esa voz crítica simplemente desapareció. Lo mismo puede ocurrirle
a usted, pero sólo si se toma el tiempo de practicar realmente el ejercicio.

Recuerde: Si ya se ha acostado y cae en cuenta de que no ha hecho el Ejercicio del Espejo, levántese y hágalo. Verse en el espejo es parte crítica del ejercicio. Un consejo más para terminar: Asegúrese de contarles a todos, su
esposa, sus hijos, sus compañeros de habitación o sus padres, de antemano,
que estará practicando este ejercicio cada noche durante los próximos tres
meses o más. Lo último que querría sería que alguno entrara y pudiera pensar
¡que se ha vuelto loco!

RECOMPENSE AL NIÑO QUE HAY EN USTED

Todos llevamos dentro tres estados de ego totalmente distintos que funcionan al unísono para conformar nuestra personalidad única. Tenemos un ego
paternal, un ego adulto y un ego infantil que se comportan de forma muy similar a como lo hacen los padres, los adultos y los niños en la vida real.

Su estado de ego adulto es su parte racional. Reúne datos y toma decisiones lógicas carentes de emoción. Programa su horario, reconcilia su che-
quera, calcula sus impuestos y determina el momento de rotar las llantas de
su automóvil.

Su ego paternal le dice que se amarre los zapatos, que se cepille los dientes, que coma sus vegetales, que haga sus deberes escolares, que haga ejercicio, que cumpla sus fechas de entrega y que termine sus proyectos. Es su
crítico interno, esa parte que lo juzga cuando no vive según las normas que él
le impone. Pero es también la parte que lo mima, que se asegura de que esté
protegido y cuidado y de que tenga todo lo que necesita. Es además la parte
que lo valida, lo aprecia y lo elogia cuando hace las cosas bien.

Por otra parte, su ego infantil hace lo que hacen todos los niños, lloriquea,
busca atención, ansía que lo abracen y arma una pataleta si no se satisfacen sus
necesidades. A medida que avanzamos por la vida, es como si tuviéramos
un niño de tres años prendido a nosotros, preguntando constantemente: *¿Por
qué estamos sentados ante este escritorio?¿Por qué no estamos divirtiéndonos más? ¿Por
qué estoy todavía despierto a las tres de la mañana? ¿Por qué estoy leyendo este aburrido
informe?*

Como padre de este "niño interior," uno de sus más importantes deberes es mantenerlo interesado y recompensarlo por comportarse bien mientras usted termina lo que tiene que hacer.

Si tuviera un niño de tres años en la vida real, le diría: "Mami tiene que acabar esta propuesta en los próximos veinte minutos. Pero una vez que mami termine vamos a comprar un helado o a jugar un juego de video." Su niño de tres años en la vida real probablemente respondería: "Bueno, me portaré bien, porque me darás algo bueno después."

No es de sorprender que su niño interior no sea distinto. Cuando le pide que se porte bien y que le permita terminar su trabajo, quedarse hasta tarde, etc., se comportará siempre que sepa que tendrá una recompensar al final por comportarse. En algún momento, tiene que saber que podrá leer una novela, ir al cine, jugar con un amigo, oír música, salir a bailar, hacer lo que quiera, salir a comer, recibir un nuevo "juguete," o irse de vacaciones.

Gran parte del proceso de alcanzar el éxito en su vida tiene que ver con recompensarse cuando lo alcanza. En realidad, recompensarse por sus éxitos es algo que mantiene contento a su niño interior y hace que obedezca la próxima vez que deba comportarse. Sabe que puede confiar en que eventualmente usted cumplirá sus promesas. Si no lo hace, al igual que lo haría un niño de verdad, comenzará a sabotear sus esfuerzos haciendo cosas como enfermarse, sufrir accidentes o cometer errores que pueden costarle un ascenso o incluso su trabajo, de modo que se ve *obligado* a tomarse un descanso. Eso sólo lo alejará más del éxito que realmente desea.

UNA SENSACIÓN DE PLENITUD

Otra razón para celebrar sus éxitos es que no se sentirá pleno hasta que no haya recibido reconocimiento. Esto le da un sentido de logro y de recibir el crédito que merece. Si dedica semanas a elaborar un informe y su jefe no se lo reconoce, se siente vacío. Si le envía a alguien un regalo y no recibe respuesta, se tiene esa sensación de que algo falta, de que hay algo incompleto que está ocupando unidades de atención en su interior. Su mente necesita completar el ciclo.

Claro está que, aún más importante que ese sentido de plenitud, el simple y placentero acto de agradecer y recompensar nuestros éxitos hace que el subconsciente diga: *Oye, el éxito es maravilloso. Siempre que tenemos un éxito, podemos hacer algo divertido. Jack nos va a comprar algo que queremos y nos va a llevar a algún sitio divertido. Tengamos más éxitos para que Jack nos pueda llevar a jugar.*

Recompensarse por sus logros es algo que refuerza poderosamente el deseo de su subconsciente de trabajar más por usted. Es, sencillamente, la base de la naturaleza humana.

NO PIERDA DE VISTA
EL PREMIO

*Es fácil ser negativo y no estar motivado, pero se necesita esfuerzo
para ser positivo y sentirse motivado. Como no hay botones para controlar
estos estados de ánimo, usted puede hacer cosas para ayudarse al respecto
y cambiar su enfoque negativo a positivo.*

DONNA CARDILLO, R.N.
Oradora, empresaria, humorista y maestra de motivación

Quienes alcanzan el éxito mantienen un enfoque positivo en la vida sin importar lo que suceda a su alrededor. Mantienen su atención en los éxitos que han logrado más que en los fracasos que han tenido y se concentran en los pasos que deberán dar para acortar la distancia que los separa de sus metas, más que en las demás distracciones que la vida les presenta. Son siempre proactivos en la búsqueda de los objetivos que han elegido.

LOS CUARENTA Y CINCO MINUTOS MÁS
IMPORTANTES DEL DÍA

Una parte importante de cualquier régimen orientado a centrarse en los propósitos es que debe reservar un tiempo al final del día—justo antes de irse a la cama—para repasar las metas, concentrarse en los éxitos del futuro y hacer planes específicos para lo que se quiere lograr al día siguiente.

¿Por qué sugiero que se haga *al final* del día? Porque lo que uno lea, escuche, diga y experimente durante los últimos cuarenta y cinco minutos del día influye, en gran medida en el sueño y en la forma como se desarrolle su día. Durante la noche, su inconsciente repite y procesa este insumo con una frecuencia hasta seis veces mayor que cualquier otra experiencia que haya tenido en el curso del día. Esa es la razón por la cual estudiar intensamente la noche anterior a un examen puede dar resultado y la explicación de por qué ver una película de terror antes de dormir hace que tengamos pesadillas. También es la razón de la importancia de leer historias adecuadas a los niños en las noches, no sólo con el propósito de hacerlos dormir, sino porque los mensajes, las lecciones y la moraleja, repetidas una y otra vez entran a formar parte de la conciencia del niño.

Al quedarse dormido, se entra en un estado de conciencia de ondas cerebrales alfa—un estado en el que la mente es altamente sugestionable. Si se queda dormido mientras ve el noticiero de la once de la noche eso será lo que estará imprimiendo su conciencia—guerra, crímenes, accidentes de tránsito, violaciones, asesinatos, ejecuciones, guerras de pandillas, francotiradores que disparan desde un vehículo en movimiento, secuestros y escándalos en la sala de juntas y en la bolsa de valores.

Piense cuánto mejor sería leer una autobiografía inspiradora o un libro de autodesarrollo. Imagine el poder de meditar, escuchar un programa de audio de autoayuda o tomarse el tiempo de programar bien las actividades del día siguiente antes de conciliar el sueño.

Además, incluyo aquí algunos ejercicios que le ayudarán a seguir avanzando centrado en su meta al final del día.

LA REVISIÓN DE LA NOCHE

Siéntese con los ojos cerrados, respire profundo y dese una de las siguientes órdenes:

- Muéstrame en qué habría podido ser más efectivo hoy.
- Muéstrame cuándo podría haber hecho las cosas más a conciencia hoy.
- Muéstrame cómo hubiera podido ser un mejor (incluya aquí su profesión: gerente, maestro, etc.) hoy.
- Muéstrame cuándo pude haber demostrado más amor hoy.
- Muéstrame dónde habría podido ser más positivo hoy.
- Muéstrame dónde podría haber sido más (incluya aquí cualquier característica) hoy.

Mientras permanece sentado, tranquilo, en un estado de receptividad, irá viendo varios eventos del día en su mente. Limítese a observarlos sin ninguna clase de juicio ni autocrítica. Cuando no aparezcan más eventos en su mente, tome cada uno de los incidentes y repítalo mentalmente *en la forma en que hubiera preferido hacerlo* si hubiera estado más conciente y dispuesto en ese momento. Así se creará una imagen en su subconsciente que le ayudará a tener el comportamiento deseado la próxima vez que se encuentre en una situación similar.

EL DIARIO DE ENFOQUE EN EL ÉXITO DE CADA DÍA

Otra poderosa herramienta para mantenerse centrado en los aspectos positivos y no perder de vista el premio es el diario de enfoque en el éxito de cada día. Es una variación avanzada del registro de triunfos que se analizó en el capítulo anterior. Si practica este ejercicio todos los días durante un mes, aumentará su confianza en sí mismo y mejorará su desempeño en todos los aspectos de su vida.

Al final de cada día identifique sólo cinco cosas que logró ese día. Estas pueden estar relacionadas con cualquier aspecto de su vida: trabajo, escuela, familia, espiritualidad, finanzas, salud, desarrollo personal o servicio comunitario.

Cree una versión en blanco del formato que se presenta a continuación,[29] luego, cuando haya identificado un éxito, anótelo en la primera casilla bajo el encabezamiento que dice: "Éxito." Después, piense por qué es importante para usted ese logro y anote esa razón en la segunda casilla bajo el encabezamiento que dice: "Razón." Después, identifique la forma de avanzar en este mismo punto enumerado bajo el encabezamiento que dice: "Progreso Adicional." Por último, escriba una acción específica que le permita ese progreso y anótela en la siguiente casilla bajo: "Qué hacer ahora." Por ejemplo, en el formato de muestra que se incluye aquí, el primer éxito es: "Dirigí una excelente reunión de personal." La razón de su importancia es que "creó el espíritu de equipo que hacía falta." La casilla de "Progreso Adicional" tendrá que ser algo más que pudiera hacer para reforzar el espíritu de equipo, que en este caso es programar un día de desarrollo personal en algún lugar fuera de la oficina. Una "Próxima Acción" que podría realizar es constituir un comité, con Ann y Bob para programar las actividades del día. Este proceso rápido y simple me mantiene en constante movimiento hacia el fortalecimiento del espíritu de equipo y me ayuda a progresar en muchas otras áreas.

Una vez que haya llenado el formato, trasfiera todos los puntos de acción a la columna "Próxima Acción" de su agenda o gráfico de planeación. Programe un tiempo específico para cada columna de forma que realmente la realice. Inclúya los puntos en su agenda o en su lista de cosas por hacer. ¿Se da cuenta del impulso que este tipo de ejercicio podría darle a su vida?

Si es un gerente, considere la posibilidad de que todos los miembros de su personal practiquen este ejercicio de treinta días al mismo tiempo que usted. Los mantendrá enfocados y reforzará su confianza. También da resultado

---

29. Puede bajar gratis una versión en formato de 8½ × 11 pulgadas del sitio Web www.thesuccess principles.com.

DIARIO DE ENFOQUE EN LOS ÉXITOS DE CADA DÍA

Día: Lunes   **Fecha:** 2/15/05

	LOGRO	RAZÓN	PROGRESO ADICIONAL	PRÓXIMA ACCIÓN ESPECÍFICA
1	Realicé una excelente reunión de personal.	Creé el espíritu de equipo que hacía falta.	Programar un día de desarrollo personal en un lugar fuera de la oficina.	Constituir un comité con Ann y Bob.
2	Hice reservaciones para un fin de semana largo en el Ojai Spa and Inn para Inga y para mi.	Realmente necesitamos alejarnos por unos días y refrescar nuestra relación.	Comenzar a programar las actividades de verano con Patty y Jeff.	Hablar con Patty sobre la mejor hora para reunirnos.
3	Hice treinta minutos de ejercicio en los escalones de la escalera.	Es importante para mi salud y para mi meta de perder peso.	Agregar levantamiento de pesas a mi rutina de ejercicio.	Hablar con Martin sobre su entrenador personal.
4	Tuve una excelente conversación durante la comida y una sesión de deberes escolares con Christopher.	Es importante para profundizar y reforzar nuestra relación.	Volverlo a hacer el miércoles.	Consultar mi agenda y acomodar tiempo para hacerlo.
5	Terminé de corregir el informe técnico para mi jefe.	Será una ayuda para conseguir la mejora que necesitamos para el programa de computadora de la oficina.	Obtener aprobaciones para los gastos.	Programar una reunión del comité ejecutivo.

como ejercicio para toda la familia. He visto muchos adolescentes que progresan de forma sorprendente después de practicarlo por sólo treinta días.

CREE SU DÍA IDEAL

Otra poderosa herramienta para mantenerse centrado en crear su vida tal como la desea es tomarse unos minutos después de haber programado el horario del día siguiente y visualizar todo el día tal como usted desea que se desarrolle. Visualice a todo el mundo llegando a tiempo, a la hora que usted les indicó. Visualice que todas las reuniones comienzan y terminan a tiempo y que todas sus prioridades han sido atendidas, todos sus encargos se han cumplido sin problema, todas las ventas se han hecho, etc., véase desempeñándose en la mejor forma en cada una de las situaciones en las que se encontrará al día siguiente. Así, le dará trabajo para toda la noche a su subconsciente que se encargará de crear las formas de que todo suceda como usted lo ha previsto.

Desarrolle el hábito de visualizar su día siguiente ideal la noche anterior. Esto representará una enorme diferencia en su vida.

ORDENE SUS DESÓRDENES
Y CONCLUYA LO INCONCLUSO

Si un escritorio desordenado es signo de una mente desordenada,
¿qué significa un escritorio ordenado?

LAURENCE J. PETER
Educador y autor norteamericano

Observe el diagrama que aparece arriba. Se conoce como el Ciclo de Completar uno de estos pasos—Decida, Planifique, Comience, Continúe, Termine y Concluya—es necesario para tener éxito en cualquier cosa, para obtener un resultado deseado, para terminar. Sin embargo, ¿cuántos de nosotros nunca *concluimos* nada? Llegamos hasta la etapa final, pero dejamos lo último sin hacer.

¿Hay áreas de su vida en las que haya dejado proyectos inconclusos o no haya logrado un cierre con las personas? Cuando no se concluyen las cosas del pasado, no puede haber libertad para abarcar plenamente el presente.

EL NO CONCLUIR LE ROBA VALIOSAS UNIDADES DE ATENCIÓN

Cuando inicia un proyecto o llega a un acuerdo o cuando identifica un cambio que hay que hacer, eso entra en su banco de memoria actual y ocupa lo que yo llamo una unidad de atención. Sólo podemos prestar atención a un determinado número de cosas a la vez y cada promesa, cada acuerdo, cada punto de su lista de cosas por hacer deja menos unidades de atención libres para dedicarlas a concluir las tareas actuales y atraer nuevas oportunidades y abundancia a su vida.

Entonces, ¿por qué las personas no concluyen? Por lo general, las cosas que quedan inconclusas representan áreas de nuestra vida en las que no tenemos conceptos claros o donde hay bloqueos psicológicos y emocionales.

Por ejemplo, puede tener muchas solicitudes, proyectos, deberes y otras cosas sobre su escritorio a los que realmente quiere decir que no, pero teme que lo perciban como una mala persona. Por consiguiente, demora dar su respuesta para evitar decir que no. Entre tanto, las notas autoadhesivas y los cerros de papel se van apilando y distraen su atención. También puede haber circunstancias en las que debe tomar decisiones difíciles o incomodas. Entonces, en lugar de enfrentarse a la incomodidad, permite que la pila de asuntos inconclusos siga creciendo.

Algunos de esos asuntos son el resultado de la falta de sistemas, conocimientos o experiencia adecuada para manejarlos. Otros aspectos inconclusos se acumulan por nuestros malos hábitos de trabajo.

ADQUIERA CONCIENCIA DE LA IMPORTANCIA DE CONCLUIR

Pregúntese constantemente: *¿Qué se requiere para concluir realmente esta tarea?* Entonces podrá empezar a dar concientemente el próximo paso para archivar los documentos ya tramitados, enviar los formularios que deben enviarse o presentarle a su jefe un informe indicándole que el proyecto esta completo. Lo cierto es que veinte cosas *terminadas* son más poderosas que cincuenta cosas por concluir. Por ejemplo, un libro terminado, que puede salir publicado e influir en el mundo es mejor que trece libros que tiene en proceso de terminar. En vez de iniciar quince proyectos que terminan inconclusos y ocupan espacio en su casa, es mejor iniciar sólo tres y terminarlos.

LAS CUATRO ALTERNATIVAS PARA CONCLUIR

Una forma de ocuparse de las cosas por hacer es algo que hemos visto en los cursos de gestión del tiempo: Hágalo, deléguelo, pospóngalo o deséchelo. Cuando tome en la mano un papel piense en ese mismo instante si alguna vez hará algo con él. De no ser así, deséchelo. Si puede hacer en diez minutos lo que haya que hacer con él, hágalo de inmediato. Si aún quiere ocuparse de eso personalmente, pero sabe que le tomará más tiempo, pospóngalo archivándolo en una carpeta de cosas para atender después. Si es algo que no puede hacer personalmente o de lo que no se quiera ocupar, deléguelo a alguien en quien confíe para que lo lleve a cabo. Asegúrese de que la persona le presente un informe cuando haya terminado el proceso para que sepa qué se ha hecho.

ABRIR ESPACIO PARA ALGO NUEVO

Además de los aspectos incompletos en el terreno profesional, la mayoría de los hogares también están abrumados bajo el peso de un exceso de desorden, demasiados papeles, ropa totalmente desgastada, juguetes que nunca se utilizan, efectos personales que han quedado olvidados y cosas obsoletas, rotas e innecesarias. En los Estados Unidos, toda la industria de almacenamiento en pequeña escala ha surgido en respuesta a las necesidades de los propietarios de hogares y pequeños negocios de encontrar dónde guardar todo aquello que no encuentran donde acomodar en sus casas u oficinas.

Pero ¿realmente necesitamos todo eso? Claro que no.

Una de las formas de liberar unidades de atención es despejar su vida y su ambiente de trabajo de la carga mental de este desorden. Cuando desechamos lo viejo, abrimos campo para lo nuevo.

Eche una mirada al clóset donde guarda su ropa, por ejemplo, si tiene uno de esos clóset a los que ya no les cabe una sola cosa más—donde sacar un vestido o una camisa es una lucha—tal vez sea esa la razón por la cual no tiene más ropa nueva. No hay dónde ponerla. Si hay algo que no haya utilizado en los últimos seis meses y no es un artículo de temporada o algo que se utilice sólo en ocasiones especiales, como un vestido de fiesta o un esmoquin, deséchelo.

Si hay cualquier cosa nueva que desee en su vida, tiene que abrirle campo. Quiero decir abrirle campo tanto psicológica como físicamente.

Si desea un nuevo hombre en su vida, tiene que dejar ir (perdonar y olvidar) al último hombre con el que dejo de salir hace cinco años. Porque de no hacerlo, cuando un nuevo hombre la conozca, el mensaje tácito que recibirá es: "Esta mujer tiene vínculos afectivos con otra persona. No la ha dejado ir."

Mi buen amigo Martin Rutte, me dijo una vez que siempre que desea iniciar un nuevo negocio, limpia completamente su oficina, su casa, su automóvil y su garaje. Cada vez que lo hace, empieza a recibir llamadas y cartas de personas que quieren trabajar con él. A otros, la limpieza de primavera les ayuda a despejar los problemas, los retos, las oportunidades y las relaciones.

Cuando no desechamos lo inservible y los objetos que ya no necesitamos, es como si no confiáramos en nuestra capacidad de manifestar la abundancia necesaria en nuestras vidas para obtener otros nuevos. Sin embargo, los aspectos inconclusos como estos impiden que esa abundancia se manifieste. Tenemos que completar el pasado para que el presente se nos muestre en mayor plenitud.

VEINTICINCO FORMAS DE CONCLUIR ANTES DE SEGUIR ADELANTE

¿Cuántas cosas debe concluir, desechar o delegar antes de seguir adelante o de introducir una nueva actividad, más abundancia, nuevas relaciones y emoción en su vida? Use la lista de verificación que he incluido aquí para activar sus ideas, elabore una lista y luego escriba la forma como terminara cada tarea.

Una vez que tenga la lista, elija cuatro aspectos y empiece a concluirlos. Elija los que le permitirían liberar más tiempo, más energía o más espacio, ya sea mental o físico.

Como mínimo, le recomiendo que despeje un aspecto inconcluso importante cada tres meses. Si realmente quiere acelerar el proceso, programe un "fin de semana para concluir" y dedique dos días enteros al mayor número posible de las cosas que aparecen en la siguiente lista:

1. Actividades de negocios del pasado
2. Promesas no cumplidas no reconocidas o no renegociadas
3. Deudas no pagadas o compromisos financieros (dinero adeudado a otros o a usted)
4. Clósets atiborrados de ropa que nunca usa
5. Un garaje desordenado lleno de cosas viejas
6. Registros de impuestos mal guardados o desorganizados
7. Chequeras sin conciliar o cuentas que deben cerrarse
8. "Gavetas llenas de basura," de objetos inservibles
9. Herramientas que faltan o rotas

10. Un desván lleno de cosas que nunca se usan
11. La cajuela o el asiento trasero del automóvil llenos de basura
12. Mantenimiento incompleto del automóvil
13. Un sótano desorganizado lleno de objetos desechados
14. Alacenas repletas de proyectos terminados o no realizados
15. Papeles y documentos por archivar
16. Archivos de computador sin un programa de respaldo o datos que deben convertirse para archivar
17. El escritorio lleno de papeles y objetos en desorden
18. Fotografías familiares que nunca ha puesto en un álbum
19. Ropa para remendar, planchar u otro artículos que deben repararse o desecharse
20. Mantenimiento del hogar pospuesto
21. Relaciones personales con resentimientos o agradecimientos no expresados
22. Personas que tiene que perdonar
23. Tiempo que no ha dedicado a otras personas a las que se ha propuesto frecuentar
24. Proyectos inconclusos o proyectos entregados sin cierre o sin retroalimentación
25. Agradecimientos que deben darse o reclamarse

¿QUÉ LO IRRITA?

Al igual que las cosas inconclusas, lo que nos irrita es igualmente nocivo para el éxito, porque también ocupa unidades de atención. Tal vez se trate de un botón que falta en su vestido favorito lo que le impide usarlo para una reunión importante o la malla de la puerta del patio que deja entrar insectos molestos. Lo mejor que se puede hacer para avanzar y llegar sin demora al camino que lleva al éxito es arreglar, reemplazar, reparar o descartar esos aspectos irritantes y molestos que no puede sacar de su mente.

Talane Miedaner, autor de *Coach Yourself to Success* (Guíese Hacia el Éxito) recomienda recorrer cada habitación de su casa, y garaje y toda la propiedad, haciendo una lista de todas las cosas que lo irritan, le disgustan y lo preocupan y luego hacer los arreglos necesarios para resolverlas una a una. Claro está que, tal vez ninguna de esas cosas sea urgente para su vida de negocios ni ponga en riesgo la vida de su familia. Pero cada vez que las vea y quisiera que fueran distintas, serán cosas que le roben energía. Están restándole energía a su vida en forma imperceptible, en vez de ayudar a energizarla.

CONSIDERE LA POSIBILIDAD DE CONTRATAR
UN ORGANIZADOR PROFESIONAL PARA EMPEZAR

La misión de la Asociación Nacional de Organizadores Profesionales (NAPO, por sus siglas en inglés) es la de ayudar a despejar su vida y elaborar sistemas que garanticen que las cosas permanezcan ordenadas. Es posible que necesite a alguien que, con ojos desinteresados, y libres de afecto, pueda ver más allá de sus lazos afectivos y de familiaridad, más allá de sus miedos, con una imparcialidad que usted no puede lograr. Además, los miembros de esta organización son expertos en la forma de manejar las cosas de manera fácil y eficiente. Esa es su profesión.[30]

Por el precio de varios almuerzos de negocios, puede contratar un organizador de su área local para un día de trabajo. Adicionalmente, puede contratar personas que limpien su hogar y se encarguen de esos pequeños detalles irritantes, de los trabajos de mantenimiento y de otras tareas que no quiere o no puede hacer.

Si sus finanzas no le permiten contratar un organizador profesional, pida ayuda a un amigo. Contrate el hijo adolescente de un vecino o a la señora que permanece en su hogar y vive a dos cuadras de su casa. También puede leer uno de los muchos libros de cómo hacer las cosas y encargarse usted mismo del trabajo.[31] Recuerde que no tiene que hacerlo todo a la vez. Elija una cosa cada vez. Organizar y terminar las cosas inconclusas es algo tan importante para su éxito futuro, que prácticamente no hay excusa para soportar la desorganización en su vida.

---

30. Podrá encontrar organizadores en su área visitando el sitio Web de NAPO en www.napo.net y haciendo clic en "Find and Organizer" ("Encuentre un Organizador"). También los siguientes sitios Web pueden ayudarle a encontrar organizadores profesionales cerca de usted: www.organizersinca-nada.com y www.organizerswebring.com que incluye listas para siete países. Martha Ringer es la guía de productividad que me ha ayudado a organizar mi escritorio y el flujo de mi trabajo. En dos días, mi oficina parecía un lugar totalmente nuevo y mi flujo de trabajo es ahora limpio y eficiente. La puede encontrar en www.martharinger.com.

31. Los siguientes son algunos de los mejores:

—*Getting Organized* (Como Organizarse) por Stephanie Winston (New York: Bantam Books, 1978).

—*Organizing from the Inside Out* (Como Organizarse de Adentro Hacia Afuera) (segunda edición), por Julie Morgenstern (New York: Henry Holt, 2004).

—*Organizing from the Inside Out for Teens* (Como Organizarse de Adentro Hacia Fuera para Adolescentes) por Julie Morgenstern y Jessi Morestern-Colon (New York: Henry Holt, 2002).

—*How to Be Organized in Spite of Yourself* (Como ser Organizado A pesar de Usted Mismo) (edición revisada) por Sunny Schlenger y Roberta Roesch (New York: Signet Books, 1999).

—*Let Go of Clutter* (Salga de la Basura) por Harriet Schecter (New York: McGraw-Hill, 2001).

CONCLUYA EL PASADO
PARA ABRIRSE AL FUTURO

Nadie puede cambiar el ayer pero todos podemos cambiar el mañana.

COLIN POWEL
Secretario de Estado de los Estados Unidos de América
bajo la administración del presidente George W. Bush

¿Le suena familiar? Algunos van por la vida como si arrastraran una pesada ancla que los retiene. Si pudieran liberarse, podrían avanzar más rápido y alcanzar más fácilmente el éxito. Tal vez ese sea su caso, aferrado a heridas del pasado, a pasados inconclusos, a iras o temores antiguos. Sin embargo, soltar estas amarras puede ser el paso final que requiere para concluir su pasado y abrirse al futuro.

He conocido personas que han perdonado a sus padres y después en unos pocos meses han duplicado sus ingresos así como su productividad y su capacidad de logro. Conozco otros que han perdonado a sus agresores por daños recibidos en el pasado y se han aliviado de dolencias físicas reales.

La verdad es que... tenemos que soltar el pasado para abrirnos al futuro. Uno de los métodos que utilizo para lograrlo es lo que llamo el Proceso de La Verdad Total.

EL PROCESO DE LA VERDAD TOTAL Y
LA CARTA DE LA VERDAD TOTAL

El Proceso de La Verdad Total y la Carta de La Verdad Total son herramientas para ayudar a liberar sentimientos negativos del pasado y recuperar el estado natural de amor y alegría en el presente.[32]

---

32. Les agradezco a John Gray y Barbara DeAngelis quienes me enseñaron este proceso.

La razón por la que llamo a este proceso de verdad *total* es que con frecuencia, cuando estamos molestos, no comunicamos la *totalidad* de nuestros verdaderos sentimientos a la persona con la que estamos disgustados. Nos quedamos estancados al nivel de la ira o el dolor y rara vez superamos este escollo para alcanzar un estado emocional de conclusiòn. Como resultado, puede resultar difícil sentirse unido—o inclusive tranquilo—con la otra persona después de una confrontación que implique ira o dolor.

El Proceso de Verdad Total nos ayuda a expresar nuestros verdaderos sentimientos para poder recobrar el cariño, la proximidad y la cooperación que son parte de nuestro estado natural.

El proceso tiene como propósito no permitir que desechemos ni abandonemos los sentimientos negativos en relación con otra persona sino que nos permitamos superar los sentimientos negativos y liberarlos para recobrar el estado de amor y aceptación que es nuestra forma natural de ser, y de dónde pueden fluir la felicidad y la creatividad.

Las Etapas de La Verdad Total

El Proceso de La Verdad Total puede realizarse ya sea verbalmente o por escrito. Cualquiera que sea el método que elija, el objetivo es expresar la ira y el dolor, y luego avanzar al perdón y al amor.

Si participa verbalmente—siempre con el permiso del otro—comience por expresar su ira y luego avance por cada etapa hasta la etapa final de amor, compasión y perdón. Puede utilizar las siguientes ayudas para no perder el enfoque a medida que pasa de una etapa a otra. Para que el proceso tenga éxito, hay que dedicarle el mismo tiempo a cada una de las seis etapas.

1. Ira y resentimiento

Siento ira porque...	Estoy cansado(a) de...
Detesto cuando...	Me molesta que...

2. Dolor

Me duele cuando...	Me duele que...
Me da tristeza cuando...	Me decepciona que...

3. Miedo

Me dio miedo que...	Me da miedo cuando tu...
Me da miedo cuando...	Temo que yo...

4. Remordimiento, pesar y responsabilidad

Siento que...	Me da lástima con...
Por favor perdóname por...	No quise...

5. Deseos

Todo lo que quiero (quería)...   Quiero (quería)...

Quiero que tu...   Me merezco...

6. Amor, comprensión, perdón y agradecimiento

Entiendo que...   Te perdono que...

Te agradezco...   Gracias por...

Te quiero mucho por...

Si expresarlo verbalmente lo hace sentir incómodo, o si la otra persona no puede o no quiere participar, ponga sus sentimientos por escrito utilizando la Carta de La Verdad Total para expresar sus verdaderos sentimientos.

La Carta de La Verdad Total

Siga estos pasos al escribir la Carta de La Verdad Total:

1. Escriba una carta a la persona que lo ha disgustado, en la que partes relativamente iguales de la carta expresen cada uno de los sentimientos en el Proceso de La Verdad Total.

2. Si la otra parte no es alguien que esté dispuesta a cooperar en este proceso, tal vez prefiera tirar la carta a la basura una vez que la haya escrito. Recuerde que el propósito principal es liberarse de sentimientos no expresados, no cambiar a la otra persona.

3. Si la persona con la cual está molesto está dispuesta a participar, haga que le envíe también a usted una Carta de La Verdad Total. Luego, intercambien cartas. Ambos deben estar presentes al leer las cartas. Luego analicen la experiencia. Evite intentar defender su posición. Esfuércese por entender el origen de los argumentos de la otra persona.

Con un poco de práctica, podrá ver que completa las seis etapas del proceso de forma rápida y menos formal, pero en momentos de gran dificultad, convendrá que utilice los seis pasos a manera de guía.

PERDONE Y SIGA AVANZANDO

Mientras no perdone lo que sea a quien quiera que sea, eso ocupará espacio en su mente que podría utilizar para algo más.

ISABELLE HOLLAND
Autora de veintiocho libros y ganadora de varios premios

Aunque pueda parecer poco usual hablar de perdón en un libro sobre cómo alcanzar un mayor éxito, lo cierto es que la ira, el resentimiento y el deseo de venganza pueden restar energía valiosa que *podría* invertirse en hacer lo necesario para alcanzar una meta positiva.

A la luz de la Ley de la Atracción ya hemos dicho que uno atrae más de los mismos sentimientos que esté experimentando. Tener una actitud negativa, estar disgustado y no perdonar las heridas del pasado sólo garantiza que atraerá más de estos mismos sentimientos a su vida.

PERDONE Y ESFUÉRCESE POR VOLVER AL PRESENTE

En el mundo de los negocios, en la vida de familia y en las relaciones personales, también nosotros tenemos que venir de un lugar de amor y perdón, tiene que soltarse del pasado para poder avanzar. Tiene que perdonar a un socio de negocios que le mintió y lo perjudicó en el aspecto financiero. Tiene que perdonar a un compañero de trabajo que se adjudicó el crédito del trabajo que usted hizo o habló mal de usted a sus espaldas. Tiene que perdonar a un ex cónyuge que lo engañó, y luego se portó mal durante el divorcio. No necesariamente tiene que aceptar lo que hizo ni volver a confiar en él, pero sí tiene que asimilar las lecciones que le hayan quedado, perdonar y seguir adelante.

Cuando perdona, se vuelve a ubicar en el presente, donde le pueden ocurrir cosas buenas, y donde puede actuar para crear ganancias futuras para usted, para su equipo, para su compañía, para su familia. Si permanece atado al pasado, estará desperdiciando valiosa energía y perdiendo la fuerza que requiere para seguir forjando lo que desea lograr.

SIN EMBARGO, ES MUY DIFÍCIL SOLTARSE

Sé lo difícil que puede ser perdonar y soltarse. He sido secuestrado y atacado por un extraño, he sido físicamente maltratado por un padre alcohólico, he sido víctima del racismo, he tenido empleados que me han estafado llevándose grandes sumas de dinero; me han demandado y procesado por aspectos descaradamente frívolos, y se han aprovechado de mi en varias transacciones de negocios.

Pero, después de cada experiencia, apliqué el método de procesar la situación y perdonar a la otra parte, porque sabía que, de no hacerlo, esos resentimientos me roerían y me impedirían centrar toda mi atención en la vida futura que deseaba crear.

Además, con cada experiencia aprendí cómo evitar que me ocurriera de nuevo. Aprendí a confiar más en mi intuición. Aprendí cómo proteger mejor a mi familia y a mi patrimonio tan arduamente logrado. Y cada vez, al liberarme, al final de la experiencia, me sentí más liviano, más libre y más fuerte, con más energía para centrarme en las tareas más importantes que tenía entre manos. Se acabó el autodiálogo negativo. Se acabaron las recriminaciones amargas.

Sentir resentimiento es como tomar veneno
y esperar que mate a los enemigos.

NELSON MANDELA
Premio Nobel de la Paz

Cualesquiera que sean sus heridas, debe saber que muchos otros las han sufrido también.

Pero debe saber igualmente que *lo que puede herirlo aún más* es guardar resentimiento, cultivar el rencor y revivir el mismo odio una y otra vez. El término perdón significa realmente olvidarse, *por su bien,* no por el bien de los demás.

He tenido personas en mis seminarios que, cuando al fin han logrado perdonar de verdad a alguien, se alivian, en minutos, de las jaquecas que habían venido padeciendo desde hacía mucho tiempo, se mejoran inmediatamente de sus problemas de estreñimiento y colitis, se liberan del dolor de la artritis, mejoran su agudeza visual y experimentan de inmediato toda una serie de beneficios físicos adicionales. Un hombre perdió realmente seis libras en los dos días siguientes ¡sin cambiar sus hábitos alimenticios! También he visto personas que llegan a lograr milagros en sus profesiones y en sus vidas de negocios. Puede creerme, realmente vale la pena el esfuerzo.

LOS PASOS PARA PERDONAR

Los siguientes pasos son parte integral del perdón:

1. Admita su ira y su resentimiento.
2. Acepte el dolor y las heridas que causó.
3. Acepte los temores y las dudas que tiene en cuanto a usted creadas por esta ira y este resentimiento.
4. Acepte su responsabilidad en permitir que se haya dado o que siga vigente esta situación.
5. Reconozca lo que quería y no obtuvo y luego póngase en el lugar del otro e intente entender de dónde venía en ese momento y qué necesidad trataba de satisfacer—por poco elegantes que hayan sido sus métodos—con su comportamiento.
6. Olvíde y perdone a esa persona.

Si está prestando atención, habrá observado que estos pasos comprenden las mismas seis etapas del proceso de La Verdad Total.

HAGA UNA LISTA

Haga una lista de cualquier persona que usted piense que lo ha herido y de cómo lo hirió:

_____ me hirió al _____.

Luego, de una en una, durante los días que sea necesario, practique el Proceso de La Verdad Total con cada una de estas personas. Lo puede hacer como un proceso escrito o verbal en el que pretende que esta hablando con la persona, quien se encontrará sentada en la silla vacía que tiene frente a usted. Asegúrese de tomarse el tiempo suficiente para pensar lo que pudiera haber estado ocurriendo en la vida de cada cual en el momento para que le haya hecho lo que le hizo. Es importante tomar en cuenta la siguiente verdad:

Todos (usted también) procuramos, siempre, satisfacer las necesidades básicas, en la mejor forma posible, con lo que vemos, sabemos, y podemos usando los medios de los que dispongamos en el momento. Si esas personas hubieran podido hacer las cosas mejor, las habrían hecho mejor. A me-

dida que adquieren conciencia de la forma como su comportamiento
puede afectar a otros, a medida que van aprendiendo a ser menos nocivos y
más efectivos en la forma de satisfacer sus necesidades, se irán compor-
tando de manera menos nociva.

Piénselo bien. Ningún padre despierta en la mañana y le dice a su cónyuge: "Acabo de inventar tres nuevas formas de hacerle daño a nuestro hijo."
Los padres siempre procuran hacer cuanto puedan por ser buenos padres.
Sin embargo, sus propias heridas psicológicas combinadas con su falta de
conocimientos y destrezas para ejercer la función de padres, así como las presiones que tienen que soportar en sus vidas, suelen converger y crear comportamientos que terminan hiriéndonos. No fue una actitud personal en su
contra. Habrían actuado igual con cualquier otra persona que hubiera ocupado el puesto que usted ocupaba en ese momento. Lo mismo se aplica para
todos los demás... siempre.

LA AFIRMACIÓN DEL PERDÓN

Una última técnica para ayudarle a perdonar es recitar esta afirmación varias
veces al día:

> Me libero de todas las demandas y todos los juicios que me han limitado
> hasta ahora. Me permito salir libre, vivir con alegría, amor y paz. Me per-
> mito crear relaciones que me satisfagan, alcanzar el éxito en mi vida, expe-
> rimentar placer y saber que valgo y merezco tener lo que deseo. Ahora, ya
> libre, emprendo ese proceso. Libero a los demás de cualesquiera de las de-
> mandas y expectativas que les haya exigido. Decido ser libre. Permito que
> los demás sean libres. Me perdono y los perdono. Y así es.

SI ELLOS PUEDEN, USTED PODRÁ

En mi búsqueda de historias inspiradoras para los libros de *Chicken Soup
for the Soul,*® he leído muchas historias de perdón que me han permitido ver
que los seres humanos pueden perdonar cualquier cosa, por trágica o brutal
que sea.

En 1972, se otorgó el Premio Pulitzer por una fotografía de una joven
vietnamita, con los brazos extendidos en actitud de terror y dolor, que corría
desnuda gritando—después de que le habían arrancado la ropa—huyendo de
su pueblo, que acababa de ser bombardeado con napalm durante la Guerra de
Vietnam. Esa fotografía se reprodujo miles de veces alrededor del mundo y

aún se encuentra en los libros de historia de la secundaria. Ese día, Phan Thi Kim Phuc sufrió quemaduras de tercer grado en más de la mitad de su cuerpo. Después de diecisiete cirugías y catorce meses de dolorosa rehabilitación, Kim sobrevivió milagrosamente. Superando su doloroso pasado mediante un proceso de perdón, es ahora ciudadana canadiense, embajadora de buena voluntad para la Organización de las Naciones Unidas para la Educación, la Ciencia y la Cultura (UNESCO) y fundadora de la Fundación Kim que ayuda a las víctimas de guerra inocentes. Todos los que la han conocido hablan de la sorprendente paz que irradia.[33]

En 1978, Simon Weston entró a formar parte de la Guardia Galesa en Gran Bretaña. Como parte del Destacamento de las Malvinas, se encontraba a bordo del buque *Sir Galahad* cuando éste fue bombardeado por aviones argentinos. Su rostro quedó seriamente desfigurado y sufrió quemaduras en más del 49 por ciento de su cuerpo. Ha sido sometido a setenta operaciones desde ese día aciago y aún debe soportar otras más. Habría sido fácil para él convertirse en un amargado por el resto de su vida. En cambio sostiene: "Si dedicara mi vida entera a la recriminación y la amargura, me fallaría a mí mismo, a los cirujanos y a las enfermeras y a todos los demás, porque no estaría dando nada a cambio. El odio puede consumirnos y es un sentimiento inútil."

En lugar de ahogarse en un mar de amargura, Simon se ha convertido en escritor, orador motivador y cofundador y vicepresidente de Weston Spirit, una organización sin ánimo de lucro que ha trabajado con cientos de miles de jóvenes cuyos estilos de vida son el reflejo de la falta de aspiraciones en el Reino Unido.[34]

Al igual que Simon y Kim, también usted podrá trascender y triunfar.

---

33. Para mayor información sobre el trabajo de la Fundación Kim, visite el sitio Web www.kim foundation.com.
34. Para mayor información sobre el trabajo y la visión de Weston Spirit, visite el sitio Web www.westonspirit.org.uk.

ENFRENTE LO QUE NO FUNCIONE

Los hechos no dejan de existir por ignorarlos.

ALDOUS HUXLEY
Escritor visionario

Nuestras vidas sólo mejoran cuando nos arriesgamos.
El primero y más difícil de todos los riesgos
que podemos tomar es el de ser francos con nosotros mismos.

WALTER ANDERSON
Editor de la revista *Parade*

Para tener más éxito, hay que salir de la negación y enfrentar lo que no esté funcionando en su vida. ¿Defiende o ignora el grado de hostilidad y toxicidad en su entorno de trabajo? ¿Inventa excusas para su mal matrimonio? ¿Niega su falta de energía, su exceso de peso, su mala salud o el bajo nivel de su estado físico? ¿Se niega a aceptar que las ventas han mostrado una tendencia consistente a la baja durante los últimos tres meses? ¿Pospone el tener que enfrentarse a un empleado cuyo rendimiento está por debajo de la norma? Las personas de éxito enfrentan abiertamente estas circunstancias, hacen caso a las señales de alerta y toman las medidas necesarias, por incómodas o desafiantes que sean.

RECUERDE LAS ALERTAS AMARILLAS

¿Recuerda las "alertas amarillas" a las que me referí cuando hablé de la ecuación E + R = D, en el Principio 1 ("Sea 100 Por Ciento Responsable de su Vida")? Las alertas amarillas son esas pequeñas señales que nos indican que algo anda mal. Su hijo adolescente vuelve a llegar tarde de la escuela. Aparecen notas extrañas en la correspondencia de la compañía. Un amigo o un vecino hace un comentario inusual. A veces decidimos reconocer estas alertas y hacer algo al respecto, pero la mayoría de las veces, nos limitamos a ignorarlas. Pretendemos no darnos cuenta de que algo no está bien.

Hacerle frente a las cosas que no funcionan en la vida generalmente significa que hay que tomar una determinación que nos resulta incómoda. Significa que hay que ejercer más autodisciplina, confrontar a alguien, arriesgarnos a que nos consideren desagradables, pedir lo que deseamos, exigir respeto, en lugar de conformarnos con una relación abusiva, o tal vez, inclusive, renunciar al empleo o al cargo. Sin embargo, por no querer hacer estas cosas desagradables, es frecuente que terminemos tolerando una situación que no funciona.

¿CUÁLES SON LAS CARACTERÍSTICAS DE UNA ACTITUD DE NEGACIÓN?

Aunque las situaciones difíciles de nuestras vidas pueden ser incómodas, molestas y dolorosas, solemos soportarlas o lo que es peor, ocultarlas tras mitos, conceptos trillados y lugares comunes. Ni siquiera somos conscientes de nuestra actitud de negación. Decimos cosas como:

Así son los jóvenes.
No se puede controlar a los adolescentes hoy en día.
Es solo su forma de desahogar sus frustraciones.
No tiene nada que ver conmigo.
En eso no me meto.
Eso no me incumbe.
No me corresponde decir nada.
Es mejor dejar las cosas tranquilas.
No hay que revolver el avispero.
No puedo hacer nada al respecto.
La ropa sucia se lava en casa.
Una deuda así en la tarjeta de crédito es normal.
Esas cosas no les suceden a personas como nosotros.
Perderé mi puesto si digo algo.
Las amigas de la iglesia de mi mamá la cuidan.
Menos mal que es sólo marihuana.
Es sólo la edad por la que está pasando.
Las tomo porque las necesito para que me ayuden a relajarme.
Tengo que trabajar todo este tiempo para poder progresar.
Tendremos que esperar a que todo pase.
Estoy segura que devolverá el préstamo.

Ocasionalmente, inventamos razones para explicar porqué algo *no funciona,* sin darnos cuenta de que entre más pronto aceptemos la realidad, la solución puede ser más fácil y menos costosa, podíamos ser francos con todos los interesados y nos sentiríamos mejor resolviendo la situación. Sería menos costoso, las circunstancias podrían ser más benéficas, los problemas serían más fáciles de solucionar, podríamos ser francos con todas las personas involucradas, nos sentiríamos mejor con nosotros mismos y, sin lugar a dudas, nuestra integridad saldría ganando. Pero para esto tenemos que superar nuestra actitud de negación.

Por otra parte, las personas de éxito están más dispuestas a determinar la razón por la que las cosas no funcionan y resolverlas que a defender su posición o continuar en su ignorancia.

En los negocios, enfrentan la dura realidad en cifras reales en lugar de recalcular los números para presentar una imagen satisfactoria a los accionistas. Averiguan el motivo por el cual alguien deja de utilizar un producto o servicio, por qué una campaña publicitaria no dio resultado o por qué los gastos son inusualmente altos. Son racionales y se mantienen en contacto con la realidad. Están dispuestos a ver las cosas tal como son y manejarlas en vez de ocultarlas y negarlas.

Continuar haciendo lo que no funciona no resolverá nada.

CHARLES J. GIVENS
Estratega e inversionista en bienes raíces y autor de
Wealth Without Risk (Fortuna Sin Riesgo)

SEPA CUÁNDO INSISTIR, SEPA CUÁNDO DESISTIR

La capacidad de salir del estado de negación depende, en gran medida, del grado en el que sepamos reconocer las malas situaciones y adoptar las medidas más convenientes. No deja de sorprenderme cuán difícil es para la mayoría reconocer y decidir, aún cuando se trate de problemas como alcoholismo y drogadicción. Son muchos los adictos cuyos matrimonios fracasan, cuyos negocios quiebran. Pierden sus casas y terminan en la calle, antes de darse cuenta de que lo que no funciona es su adicción.

Afortunadamente, la mayoría de nuestros problemas son menos graves que los de las drogas, pero eso no hace que el reconocerlos o tomar una decisión al respecto sea más fácil. Considere, por ejemplo, su trabajo. ¿Se está negando lo que realmente le gustaría estar haciendo? Lo que es peor ¿comenta con frecuencia cuán satisfecho y contento se encuentra cuando en realidad no es cierto? ¿Está viviendo una mentira? Los adictos al trabajo son un ejemplo perfecto de esta negación. Un horario que nos mantiene bajo constante presión no puede dar resultado por mucho tiempo para nadie, sin embargo, la mayoría de los adictos al trabajo lo defienden con comentarios como "gano mucho dinero," "así sostengo a mi familia," "es la forma de progresar" y "tengo que hacerlo para competir en la oficina." Ya hemos analizado el hecho de que defender una mala situación es, en realidad, sólo una forma de negación.

LA NEGACIÓN SE BASA EN EL MIEDO

Es frecuente que la negación se deba al concepto de que, si dejamos de negar el problema y hacemos algo al respecto, sucederá algo peor. En otras palabras, nos da miedo enfrentar los hechos.

Muchos terapeutas pueden decirle que, a pesar de tener pruebas más que suficientes de que el cónyuge tiene una relación extramarital, muchos pacientes se abstienen de enfrentarse al problema. No quieren aceptar la posibilidad de que su matrimonio haya terminado.

¿Cuáles son algunas de las situaciones a las que *usted teme* enfrentarse?

- Su hija adolescente que fuma o consume drogas.
- Un supervisor que sale temprano pero le deja a usted todos sus proyectos atrasados.
- Un socio de negocios que no participa plenamente o que gasta demasiado.
- Los pagos o gastos de su casa que se están tornando inmanejables.
- Sus padres ancianos que necesitan atención las veinticuatro horas.
- Su salud que se está convirtiendo en un problema por una mala nutrición o un estilo de vida inadecuado.
- Un cónyuge que se aísla, le falta el respeto o es abusivo.
- La falta de tiempo para dedicarlo a usted o a sus hijos.

Aunque muchas de las situaciones aquí descritas requieren cambios drásticos en su vida, su trabajo y sus relaciones con los demás, recuerde que la solución a esos problemas no es siempre cambiar de empleo, divorciarse, despedir a un empleado o castigar a su hija adolescente. Pude ser mucho más productivo optar por alternativas menos drásticas como hablar con su jefe, buscar asesoría matrimonial, establecer límites para sus hijos adolescentes, recortar sus gastos y buscar ayuda profesional competente. Claro está que estas soluciones menos drásticas siguen exigiendo que enfrente sus miedos y actúe.

Sin embargo, *en primer lugar,* deberá enfrentarse a lo que no funciona.

Las buenas noticias son que entre más se decida a enfrentar las situaciones incómodas, más fácil le resultará. Una vez que se enfrente a algo que no funciona, la próxima vez que tenga el menor indicio de que algo no anda bien, es probable que se decida a actuar de inmediato.

HÁGALO YA

Haga una lista de lo que no funciona en su vida. Empiece con las siete áreas principales para las que normalmente establecería metas: el área financiera, su profesión o negocio, su tiempo libre o el tiempo que dedica a su familia, a sus amigos, a su apariencia personal, a sus relaciones, a su desarrollo personal y por último, a marcar la diferencia. Pregunte a sus empleados, a su familia, a sus amigos, a su clase, a su grupo, a su entrenador y a su equipo qué piensan ellos que no esté funcionando.

Pregunte: *¿Qué no funciona? ¿Qué puedo pedir? ¿Qué necesitan de mi? ¿Cómo les puedo ayudar? ¿Qué tengo/tenemos que hacer? ¿Qué medidas puedo/podemos adoptar en cada una de estas situaciones para que funcionen como yo quisiera?*

¿Necesita hablar con alguien? ¿Necesita llamar a alguien de mantenimiento? ¿Debe pedir ayuda a alguien? ¿Debe aprender una nueva habilidad? ¿Debe encontrar un nuevo recurso? ¿Debe leer un libro? ¿Debe llamar a un experto? ¿Debe hacer un plan para solucionarlo?

Elija una acción y póngala en práctica. Luego elija otra acción, y otra más, hasta que la situación quede resuelta.

31

ACEPTE EL CAMBIO

El cambio es una ley de la vida. Todos los que miran únicamente
al pasado o al presente sin duda se perderán del futuro.

JOHN F. KENNEDY
Trigésimo quinto presidente de los Estados Unidos

El cambio es inevitable. Por ejemplo, en este mismo momento, las células de
su cuerpo están cambiando. El mundo está cambiando. La economía, la tecnología, la forma como hacemos negocios, inclusive la forma como nos comunicamos está cambiando. Y aunque podemos resistirnos al cambio y ser
potencialmente arrastrados por él, podemos decidir también cooperar, adap-
tarnos y beneficiarnos del cambio.

CRECER O MORIR

En 1910, Florists' Telegraph Delivery—hoy FTD—fue fundado por quince
floristas norteamericanos que comenzaron a utilizar el telégrafo para inter-
cambiar pedidos y entregar flores a los seres queridos de sus clientes a miles
de millas de distancia. Quedaban atrás los días en los que una hija o una hermana iba a la floristería local y ordenaba un pequeño ramo de flores. Los
miembros de la familia se trasladaban a ciudades muy distantes de sus hogares. Así, FTD prosperó al identificar esta tendencia y combinarla con el uso
del telégrafo, lo que representó un cambio en la forma de comunicarse.

Más o menos al mismo tiempo, la industria ferroviaria de los Estados
Unidos comenzó a ver que el automóvil y el avión se establecían como nuevas tecnologías diseñadas para trasportar pasajeros y mercancías y bienes de
un lugar a otro. Sin embargo, a diferencia de otras industrias que aceptaron
sin demora estas nuevas máquinas, la industria ferroviaria se resistió, conven-
cida de que estaban en el negocio de los trenes, no en el negocio de trasportar
bienes y pasajeros. No se dieron cuenta de lo que enfrentaban. No crecieron.

Aunque el enfoque comercial de los ferrocarriles hubiera podido cambiar hacia la industria automotriz o la aeronáutica, no lo hizo y, como resultado, prácticamente se extinguió.

¿EN QUÉ ASPECTOS NECESITA CRECER?

Cuando se produce el cambio, se puede cooperar con él y aprender a beneficiarse del mismo o se puede resistir y eventualmente ser arrasado por él. De usted depende.

Cuando acepta el cambio abiertamente, como parte inevitable de la vida, y busca formas de ponerlo en práctica para mejorar y facilitar su vida, haciéndola más plena, todo será mucho mejor. Experimentará el cambio como la oportunidad de crecer y adquirir nueva experiencia.

Hace unos años, me contrataron como consultor para el Comando de Sistemas Marítimos de la Armada en Washington, D.C. Acababan de anunciar que trasladarían todo el comando a San Diego, California, lo que significaba que se perderían muchos puestos de trabajo de civiles. Mi responsabilidad consistía en organizar un seminario para todo el personal no militar, que no iría a California. Y aunque el Comando de Sistemas Marítimos de la Armada había ofrecido empleos y transferencias a San Diego (incluyendo el reembolso de todos los gastos de traslado) o ayuda para encontrar un nuevo trabajo en el área de Washington, D.C., a todos los empleados, muchos habían quedado prácticamente paralizados de temor y resentimiento.

Aunque para casi todos este cambio representaba el mayor desastre de sus vidas, los animé a considerarlo como una oportunidad—como algo nuevo— les enseñé acerca de la ecuación E + R = D y cómo aunque el trasladarse a San Diego (E) era inevitable, su resultado—ya fuera que tuvieran éxito o no—después (D) dependía totalmente de su respuesta (R) a la situación: "Es posible que encuentren un empleo con más potencial de desarrollo en Washington D.C.," les dije, "o que inclusive encuentren un empleo mejor remunerado. O tal vez quieran trasladarse a California, donde el clima es cálido la mayor parte del año y donde les esperan nuevos amigos y nuevas aventuras."

Poco a poco, comenzaron a dejar el pánico y el miedo y a darse cuenta de que, en realidad, las cosas podrían funcionar, inclusive representar un cambio positivo, si sólo lo aceptaban como una oportunidad de crear algo nuevo y mejor.

CÓMO ACEPTAR EL CAMBIO

Debe darse cuenta de que hay dos tipos de cambios—*el cambio cíclico y el cambio estructural*—y saber que no pude controlar ninguno de los dos.

El cambio cíclico, como el que vemos en la bolsa de valores, se produce varias veces al año. Las cotizaciones suben y bajan. Hay alzas y correcciones del mercado. Vemos cambios estacionales en el clima, en los gastos de las épocas festivas por parte de los norteamericanos, un incremento en el número de personas que viajan en el verano, etc. Son cambios cíclicos y, francamente, la mayoría se aceptan como parte normal de la vida.

Sin embargo, hay también cambios estructurales, como cuando se inventó la computadora y cambió radicalmente nuestra forma de vida, nuestro trabajo, la forma de acceder a las noticias y la forma de comprar. Los cambios estructurales son aquellos que no nos permiten volver a hacer las cosas como antes. Son los que nos arrastran antes de que podamos poner resistencia.

Como los empleados del Comando de Sistemas Marítimos de la Armada, los floristas de FTD o la industria ferroviaria, ¿aceptará estos cambios estructurales y los utilizará para mejorar su vida o los resistirá?

Procure recordar la última vez que experimentó un cambio y se resistió a él. Tal vez fue una mudanza a una nueva casa, un traslado a un lugar de trabajo diferente, un cambio de proveedores, un cambio de tecnología en su empresa, un cambio en la administración, o inclusive el hecho de que su hija adolescente se fuera de la casa a estudiar en la universidad, un cambio que usted se haya visto obligado a enfrentar y que hubiera considerado como lo peor que le pudo haber ocurrido en el mundo.

¿Qué ocurrió cuando se rindió ante el cambio? ¿Mejoró realmente su vida? ¿Puede ver ese cambio ahora, en retrospectiva, y decir: "Me alegra que haya ocurrido porque me aportó, eventualmente, muchos beneficios"?

Si en cada ocasión puede recordar que ha enfrentado ya otros cambios y que, en gran medida, han representado un progreso, podrá recibir cada nuevo cambio con entusiasmo y expectativa, como debe ser. Para que le resulte más fácil aceptar cualquier cambio, pregúntese lo siguiente:

¿Qué está cambiando en mi vida a lo que yo me esté resistiendo?
¿Por qué me resisto a ese cambio?
¿Qué me asusta de este cambio?
¿Qué temo que me pueda ocurrir?
¿Qué ventajas obtengo si dejo las cosas como están?
¿Qué costos voy a pagar por seguir con las cosas como están?
¿Qué ventajas me puede reportar este cambio?
¿Qué podría hacer para cooperar con este cambio?
¿Cuál es el siguiente paso que debo dar para cooperar con este cambio?
¿Cuándo lo voy a dar?

32

TRANSFORME SU CRÍTICO INTERNO EN UN ASESOR INTERIOR

Un hombre es literalmente lo que piensa.

JAMES ALLEN
Autor de *As a Man Thinketh* (Según Piensa un Hombre)

Los investigadores indican que la persona promedio—¡ese es usted!—sostiene un diálogo interno consigo misma unas 50,000 veces por día. Gran parte de ese diálogo interno se relaciona con usted, y, según los investigadores en psicología, es negativo en un 80 por ciento—cosas como: No he debido decir eso... *No les gusto... Nunca podré sacar esto adelante... No me gusta mi peinado hoy... Ese otro equipo nos va a matar... No sé bailar... Nunca voy a aprender a patinar bien... No soy orador... Nunca podré adelgazar... Parece que ni siquiera logro organizarme... Siempre llego tarde.*

Utilice sus limitaciones como disculpa y no le quepa duda que las tendrá.

RICHARD BACH
Autor de *Juan Sebastián Gaviota*

Por los trabajos de investigación sabemos que estos pensamientos tienen un potente efecto en nosotros. Afectan nuestra actitud, nuestra fisiología y nuestra motivación para actuar. Nuestros pensamientos negativos controlan la forma como nos comportamos. Nos hacen tartamudear, derramar las cosas, transpirar profusamente, respirar de forma agitada, sentir miedo y, en situaciones extremas, pueden llegar a paralizarnos y matarnos.

SE PREOCUPÓ HASTA MORIR

Nick Sitzman era un hombre joven, fuerte, saludable y ambicioso que trabajaba en los ferrocarriles. Era conocido como un trabajador diligente y tenía una esposa amorosa, dos hijos y muchos amigos.

Un día, a mitad del verano, se le informó al personal del ferrocarril que podrían salir del trabajo una hora antes como homenaje al capataz, quien estaba cumpliendo años. Mientras verificaba por última vez uno de los vagones del ferrocarril, Nick se quedó accidentalmente encerrado en el vagón refrigerador. Cuando se dio cuenta de que sus compañeros de trabajo se habían ido, Nick entró en pánico.

Golpeó y gritó hasta que le sangraron los puños y quedó ronco, pero nadie lo escuchó. Con su conocimiento de "cifras y estadísticas" predijo que la temperatura sería de cero grados. Nick pensó: *Si no puedo salir, moriré congelado aquí dentro.* Deseando que su esposa y su familia se enterarán exactamente de lo que le había ocurrido, Nick encontró un cuchillo y comenzó a tallar palabras en el piso de madera. Escribió: "Hace tanto frío, que mi cuerpo se está entumeciendo. Si sólo pudiera quedarme dormido. Estas pueden ser mis últimas palabras."

A la mañana siguiente, la cuadrilla abrió las pesadas puertas del vagón refrigerador y encontró a Nick allí, muerto. No obstante, la unidad de refrigeración del vagón estaba fuera de servicio y la temperatura era de 55° F. Nick murió *por el poder de sus pensamientos.*[35]

También usted, si no se cuida, puede matarse con sus pensamientos limitantes, no de una vez, como Nick Sitzman, sino poco a poco, día tras día, hasta que haya anulado su capacidad natural de alcanzar sus sueños.

SUS PENSAMIENTOS NEGATIVOS
AFECTAN SU ORGANISMO

Sabemos también, por las pruebas de polígrafo (detector de mentiras) que el organismo reacciona a los pensamientos, con cambios en la temperatura, la frecuencia cardiaca, la presión sanguínea, la frecuencia respiratoria, el ritmo de la respiración, la tensión muscular y el grado de sudoración de las palmas de las manos. Cuando uno está conectado a un detector de mentiras y le ha-

---

35. Tomado de *The Speaker's Sourcebook* (Libro de Referencias del Orador) por Glen Van Ekeren (Englewood Cliffs, NJ) Prentice-Hall, 1988.

cen preguntas como: "¿Tomó usted el dinero?," las manos se enfrían, la frecuencia cardiaca aumenta, la presión arterial puede subir, la respiración se hace más rápida, los músculos se tensan y las manos sudan si realmente tomó el dinero y está mintiendo al respecto. Estos cambios fisiológicos no sólo se producen al mentir sino también como reacción a cualquier cosa que uno piense. Cada célula del organismo se ve afectada por los pensamientos que tengamos.

Los pensamientos negativos tienen un efecto negativo en su organismo, lo debilitan, lo hacen sudar y hacen que se ponga tenso. Los pensamientos positivos tienen un efecto positivo en el organismo, lo calman, lo centran y le permiten mantenerse alerta. Los pensamientos positivos hacen que el cerebro libere más endorfinas que disminuyen el dolor e intensifican la sensación de placer.

HÁBLESE COMO A UN TRIUNFADOR

Hoy está donde lo han traído sus pensamientos;
mañana estará donde sus pensamientos lo lleven.

JAMES ALLEN
Autor de *As a Man Thinketh* (Según Piensa un Hombre)

Entonces, ¿qué ocurriría si siempre se hablara a usted mismo como a un triunfador y no como a un perdedor? ¿Qué ocurriría si cambia su autodiálogo negativo por uno positivo? ¿Qué ocurriría si pudiera silenciar sus pensamientos de carencias y limitaciones y reemplazarlos por otros de posibilidad ilimitada? ¿Qué ocurriría si cambia su lenguaje y concepto de víctima en su mente por otros de potencialidad? ¿Qué ocurriría si logra convertir su crítico interior, quien lo juzga por cada cosa que hace, en un asesor que lo apoye, y lo impulse a confiar en sí mismo cuando se enfrenta a nuevas situaciones y riesgos? Bien... todo eso es posible con un poco de conciencia, enfoque e intención.

PISOTEE ESAS HORMIGAS

El psiquiatra Daniel G. Amen M.D. ha dado el nombre de "Automatic Negative Thoughts" ("Pensamientos Automáticos Negativos") ANTs ("hormigas" en inglés) a los pensamientos limitantes que escuchamos en nuestra mente. Al igual que las hormigas en un almuerzo campestre, estos pensamientos automáticos negativos pueden arruinar su experiencia de la vida. El Dr. Amen recomienda aprender a pisotear esas "HORMIGAS."[36] En primer lugar, tiene que ser conciente de que esos pensamientos negativos están ahí, luego liberarse de ellos y enfrentarlos pisoteándolos. Por último, tiene que reemplazarlos con pensamientos más positivos y convincentes.

No crea todo lo que oiga, aunque sea en su propia mente.

DANIEL G. AMEN, M.D.
Neurocientífico clínico, psiquiatra y especialista
en trastornos de déficit de atención

La clave para manejar cualquier tipo de pensamientos negativos es ser consciente de que, en último término, es usted quien decide dar cabida o prestar atención a cualquier pensamiento. Por el simple hecho de que usted lo piense—o lo escuche—no quiere decir que sea cierto.

Debe preguntarse constantemente: *¿Este pensamiento me ayuda o me hace daño? ¿Me acerca o no a donde quiero llegar? ¿Me motiva a actuar o me bloquea por temor y falta de confianza en mí mismo?* Debe aprender a cuestionar y a refutar los pensamientos que no le sirvan para incrementar su éxito y su felicidad.

Para poder refutar a sus HORMIGAS debe reconocer, en primer lugar, que están ahí. Mi amigo Doug Bench, autor de "Mastery of Advanced Achievement Home Study Course" ("Maestría en Logro Avanzado, Curso para Autocapacitación en el Hogar"),[37] recomienda anotar cada pensamiento negativo que nos viene a la mente o que expresemos en voz alta y cada pensamiento negativo que escuchemos a los demás ¡durante tres días completos! (Debe asegurarse de que de esos días dos sean hábiles y uno sea festivo). Es la mejor forma de incrementar la conciencia de las HORMIGAS. Las siguientes son otras recomendaciones.

Pida a su cónyuge, socio, hijos, compañero de habitación, compañero de trabajo, que esté atento y le cobre una multa de $1 por cada vez que lo oiga expresar una idea negativa. En un taller al que asistí hace poco, debíamos poner $2 en un recipiente cada vez que dijéramos algo que constituyera una acusa-

---

36. Ver, *Change Your Brain, Change Your Life* (Cambie su Cerebro, Cambie su Vida) por Daniel G. Amen, M.D. (New York: Three Rivers Press, 1998) para una enriquecedora visión de cómo utilizar estrategias compatibles con el cerebro para superar la ansiedad, la depresión, las obsesiones, la ira y la impulsividad, factores que pueden representar grandes obstáculos que bloquean su progreso hacia la obtención de la vida que desea. Las siguientes páginas, sobre cómo pisotear las hormigas (ANTs), se basan en gran parte en los conceptos del Dr. Amen.

37. Obtenga más información acerca del fascinante trabajo de Doug con la aplicación de los últimos conocimientos de la neurociencia y las investigaciones sobre el cerebro relacionadas con el logro de los más altos niveles de éxito en su sitio Web: www.scienceforsuccess.com.

ción, una justificación o una autonegación. Fue sorprendente ver con qué rapidez se llenó el recipiente. Sin embargo, a medida que trascurrieron los cuatro días, los comentarios negativos automáticos fueron disminuyendo cada vez más cuando todos nos fuimos haciendo conscientes de ellos y pisoteamos las HORMIGAS antes de que salieran en voz alta. (A propósito, si puede lograr que otros participen en este ejercicio con usted, le resultará mucho más fácil).

DISTINTOS TIPOS DE HORMIGAS

Conviene entender cuáles son los distintos tipos de HORMIGAS que pueden atacarlo. Cuando reconozca estas HORMIGAS, dese cuenta de que son pensamientos irracionales que tienen que ser rechazados y reemplazados. Los siguientes son algunos de los tipos más frecuentes de HORMIGAS y la forma de pisotearlas.

Pensamientos de Siempre o Nunca

En realidad, muy pocas cosas pueden considerarse de siempre o nunca. Si pensamos que algo siempre va a pasar o que nunca vamos a tener lo que queremos nos habremos dado por vencidos antes de empezar. Cuando se utilizan palabras de todo o nada como *siempre, nunca, todos, nadie, cada vez y todo,* por lo general, no se tiene razón. Los siguientes son algunos ejemplos de pensamientos de siempre o nunca:

Nunca obtendré un aumento.
Todos se aprovechan de mí.
Mi jefe nunca me oye.
Nunca tiene tiempo para mí.
Siempre se burlan de mí.
Nunca me dan una oportunidad.
Nadie me da una mano.
Cada vez que me arriesgo, me aplastan.
A nadie le importa si vivo o muero.

Cuando se dé cuenta de que está pensando en forma negativa, cambie esos pensamientos por lo que realmente es cierto. Reemplace: *Siempre te aprovechas de mi* por *Me enfurezco cuando te aprovechas de mi, pero sé que en otras ocasiones has sido justo conmigo y que no te volverás a aprovechar más de mí.*

Centrarse en lo Negativo

Hay quienes sólo se fijan en lo malo y nunca en lo bueno de una situación. Cuando dirigía cursos de capacitación para maestros de secundaria, pude observar que la mayoría de los profesores que conocía correspondían al patrón de quienes se centran en lo negativo. Si en una de sus clases treinta niños entendían y cuatro no, se centraban en los cuatro que no habían entendido y se sentían muy mal, en lugar de pensar en los veintiséis que sí entendieron.

Aprenda a ver las cosas desde el punto de vista positivo. No sólo le servirá para sentirse mejor sino que esto se convertirá en un componente crítico para forjarse el éxito que desea alcanzar. Hace poco, un amigo me dijo que había visto en televisión una entrevista con un multimillonario que describió el momento crucial de su carrera como la mañana en la que pidió a cada uno de los miembros de su personal que le hablaran de una cosa buena que le hubiera ocurrido la semana anterior. Al principio, lo único que obtuvo de ellos fue más quejas, problemas y dificultades. Por último, uno de los empleados comentó que el conductor del vehículo de UPS que entregaba los paquetes en su oficina le había dicho que había presentado una solicitud para ingresar a la universidad y que iba a volver a estudiar para sacar su título y comentó que el compromiso de este hombre para seguir estudiando y hacer realidad el sueño de su vida, le había servido de inspiración. Poco a poco, todos los empleados, uno tras otro fueron recordando cosas positivas para compartir. Muy pronto esto se convirtió en parte de todas las reuniones. Por último, llegó un momento en que era necesario concluirlas antes de que todos hubieran tenido la oportunidad de contar su experiencia positiva. Todo el enfoque de la actitud de la empresa dejo de centrarse en lo negativo para ver lo positivo y, a partir de ese momento, el negocio prosperó tremendamente.

Aprenda el Juego de la Apreciación. Busque cosas que apreciar en todas las situaciones. Cuando se empeñe por buscar lo positivo, se convertirá en una persona más agradecida y optimista, que es justamente lo que se requiere para crear la vida de sus sueños. Busque lo bueno.

Recientemente mi esposa tuvo un accidente automovilístico. Atravesó una intersección en la que no había semáforo por una falla eléctrica; y chocó con otro automóvil que se atravesó por su carril. Se habría podido dejar abrumar por una multitud de HORMIGAS: ¿Qué me pasa? *Debí haber prestado más atención. No debía estar conduciendo, pues no había electricidad.* Ella, en cambio, se centró en lo positivo: *Que suerte estar viva y relativamente ilesa. El otro conductor también está vivo. Gracias a Dios tengo un carro tan seguro. Afortunadamente la policía llegó muy rápido. Es sorprendente cuántas personas estuvieron dispuestas a ayudar. Esta fue, en realidad, una llamada de advertencia.*

Un potente ejercicio para ejercitar el músculo del agradecimiento es tomarse siete minutos cada mañana para anotar todas las cosas por las que está agradecido. Le recomiendo convertir esto en un ritual diario para el resto de su vida; sin embargo, si piensa que es demasiado, hágalo al menos durante treinta o cuarenta días. Se producirá un gran cambio en su forma de ver el mundo.

Predicciones Catastróficas

En las predicciones catastróficas, se imagina la peor de las situaciones y se actúa como si fuera cierta. Esto puede incluir predecir que su cliente no estará interesado en su producto, que la persona que a usted le gusta no aceptará su invitación a salir, que su jefe no le dará el aumento, que el avión en el que viaja se estrellará. Reemplace el: "Probablemente se reirá de mí si le pido que salgamos" por "No sé que hará. Tal vez diga que sí."

Leer la Mente

Lee la mente cuando cree que sabe lo que otra persona está pensando aunque no se lo haya dicho. Lee la mente cuando piensa cosas como: *Está furioso conmigo...Ella no me quiere...Me va a decir que no...Me va a despedir.* Reemplace este hábito de leer la mente por la verdad: *No sabré lo que pueda estar pensando a menos que se lo pregunte. Tal vez sólo tenga un mal día.*

Recuerde que a menos que sea un psíquico que vive en California, no puede leer la mente de todos. No puede ni siquiera saber qué están pensando a menos que se lo digan o que usted se lo pregunte. Compruebe sus suposiciones preguntando: "Imagino que puede estar disgustado conmigo. ¿Lo está?" Yo uso la frase: "En caso de duda, ¡confírmelo!," para controlar esa tendencia.

Enredarse en Sus Propios Sentimientos de Culpa

Los sentimientos de culpa se producen cuando uno piensa en términos como: *debería, debo, debía o tengo que.* Los siguientes son algunos ejemplos: *Debo dedicar más tiempo a estudiar para mi examen de la licencia de abogados...Debo dedicar más tiempo a estar en casa con mis hijos...Debo hacer más ejercicio.* Tan pronto como creemos que deberíamos hacer algo, creamos una barrera interna que nos impide realmente hacerlo.

Hoy no me maltrataré con ningún debería.

LEYENDA EN UN AFICHE

Tendrá más éxito si reemplaza estas expresiones de culpa con frases como: *Quiero...Contribuye al logro de mis metas de...Convendría...Me conviene...La* culpa nunca es productiva. Es una barrera en el trayecto hacia el cumplimiento de sus metas. Por consiguiente, elimine esta barrera emocional en el camino al éxito.

Rotulación

La rotulación es colocarse o colocar a alguien un rótulo negativo. Es una forma de taquigrafía que impide diferenciar con claridad lo que sería útil para mejorar su efectividad. Algunos ejemplos de rótulos negativos son: *tonta, idiota, arrogante e irresponsable.* Cuando usa un rótulo como estos, está clasificándose o clasificando a otra persona en la categoría de todos los tontos o idiotas que ha conocido y eso hace que resulte más difícil el tratar a esa persona o manejar esa situación teniendo en cuenta el carácter único de esa persona o de esa situación como tales. Contrarreste el pensamiento de: *Soy estúpido* con el de: *Lo que acabo de hacer estuvo lejos de ser brillante, pero no por eso dejo de ser inteligente.*

Todo significado es obra de uno mismo.

VIRGINIA SATIR
Famosa psicoterapeuta conocida por sus contribuciones
en los campos de terapia de familia y autoestima

Personalizar

Se personaliza al darle a un evento neutro un significado personal. *Kevin no me ha llamado aún. Debe estar disgustado conmigo.* O, *Perdimos la cuenta de los Vanderbilt. Debió ser por mi culpa. He debido dedicar más tiempo a esa propuesta.* Lo cierto es que, además de todas las razones negativas que le sugieren sus HORMIGAS hay muchas otras explicaciones posibles para la forma como actúen los demás. Por ejemplo, es posible que Kevin no la haya llamado porque esté enfermo o porque no esté en la ciudad, o porque este demasiado ocupado con sus propias prioridades. Nunca sabemos porqué hacen lo que hacen los demás.

CÓMO TRASFORMAR SU CRÍTICO INTERIOR
EN UN ASESOR INTERNO

Uno de los ejercicios más poderosos para reentrenar a su crítico interior es enseñarle a que diga *toda* la verdad (ver el Principio 29 "Complete el Pasado Para Abrirse al Futuro"). Para transformar a su crítico interno en un asesor interior, debe entender un principio básico. La mayor parte de la autocrítica y el autojuicio proviene del amor. Una parte de usted intenta motivar a la otra parte a que haga algo por su propio bien. Tal como lo hacen sus padres, su crítico interior, al criticarlo, realmente se preocupa por que usted haga lo que más le conviene. Quiere que mejore porque desea que obtenga el beneficio de un mejor comportamiento. El problema es que sólo le dice parte de la verdad.

Cuando era pequeño, sus padres pueden haberle gritado y pueden haberlo enviado a su habitación por haber hecho algo tonto como atravesar la calle cuando venía un automóvil. Su comunicación real fue: "Te amo. No quiero que te atropelle un automóvil. Quiero que te quedes por aquí para poder disfrutar viéndote crecer y convertirte en un adulto sano." Pero le dieron solamente la mitad del mensaje: "¿Qué te pasa? ¿No tienes cerebro? Deberías saber que uno no atraviesa la calle cuando vienen automóviles. No podrás salir de casa durante la próxima hora. Ve a tu habitación y piensa en lo que acabas de hacer." En su temor de perderlo, sólo expresaron su ira. Pero tras esa ira hay otras tres capas del mensaje que nunca entregaron: temor, pedidos específicos y amor. El mensaje completo habría sido algo así:

Ira:	Estoy disgustada contigo por atravesar la calle sin mirar para ver si venían automóviles.
Temor:	Me da miedo que puedas resultar herido o que puedas morir.
Solicitud:	Quiero que prestes más atención cuando estés jugando en la calle. Detente y mira hacia ambos lados antes de atravesar.
Amor:	Te quiero tanto: no sé qué haría si no te tuviera. Eres tan valioso para mí. Quiero que estés seguro y sano. Mereces divertirte y estar siempre seguro para disfrutar de la vida a plenitud. ¿Lo entiendes?

¡Que mensaje tan distinto! Hay que saber entrenar al crítico interno para que nos hable en la misma forma. Puede practicar esto por escrito o como un ejercicio verbal en donde usted habla consigo mismo en voz alta. Por lo general, me imagino hablándole a un clon mío que está sentado en una silla frente a mí.

Haga una lista de las cosas que quiere decir cuando se está juzgando. Incluya todas las cosas que se dice que debe hacer y que usted no hace. Una lista típica podría ser algo así:

No haces suficiente ejercicio.
Estás engordando demasiado.

Eres un gordo inactivo, ¡un verdadero montón de grasa!
Bebes demasiado alcohol y comes demasiados dulces.
Debes reducir los carbohidratos.
Debes mirar menos televisión e irte a la cama más temprano.
Si te levantaras temprano tendrías más tiempo para hacer ejercicio.
¡Eres perezoso! ¿Por qué no terminas lo que empiezas?
¡Siempre empiezas programas de ejercicios pero nunca perseveras!
Eres irresponsable. Nunca cumples lo que prometes.

Cuando tenga su lista, practique cómo comunicar la misma información utilizando el mismo proceso de cuatro pasos que he indicado: (1) ira, (2) miedo, (3) solicitudes y (4) amor. Dedique un mínimo de un minuto a cada paso. Asegúrese de ser muy específico en la etapa de las solicitudes. Diga exactamente lo que quiere decir. "Quiero que comas mejor," es una frase muy vaga. Sea más específico, por ejemplo: "Quiero que comas al menos cuatro porciones de vegetales todos los días. Quiero que comas menos papas fritas y menos postres. Quiero que comas algún tipo de fruta en el desayuno todos los días. Quiero que comas granos enteros como trigo integral y arroz integral en lugar de harina de trigo." Entre más específico sea en la forma de expresarse, más efectivo será el ejercicio. Si lo hace en voz alta, cosa que recomiendo, *hágalo con toda la emoción y la pasión posibles.*

El siguiente es un ejemplo de lo que podría decir utilizando la lista de juicios ya indicada:

Ira: Estoy disgustado contigo por no cuidarte mejor. ¡Eres un perezoso! Bebes demasiado y comes demasiado. ¡No tienes autodisciplina! ¿Cuándo te vas a decidir? ¡Eres perezoso! No haces más que sentarte a mirar televisión. No soporto tu pereza. Estás engordando y perdiendo más la figura cada día. La ropa ya no te queda y no te ves bien. ¡Me desagradas!

Miedo: Si no cambias, tengo miedo de que sigas engordando hasta que esto se convierta en un verdadero riesgo para tu salud. Temo que tu colesterol va a llegar a un nivel tan alto que tal vez sufras un infarto. Me da miedo que puedas volverte diabético. Me da miedo que nunca vayas a cambiar y entonces vayas a morir joven y nunca vayas a vivir realmente tu destino. Si sigues así, nunca vas a alcanzar tus sueños. Me da miedo que si no cambias de dieta y comes mejor y empiezas a cuidarte más, nadie se vaya a sentir atraído hacia ti. Puedes terminar viviendo solo por el resto de tu vida.

Solicitud: Quiero que entres a un gimnasio y que vayas al menos
               tres veces por semana. Quiero que salgas a caminar
               durante veinte minutos los otros cuatro días. Quiero
               que disminuyas el tiempo que ves televisión y lo
               dediques a hacer ejercicio. Quiero que dejes de comer
               alimentos fritos y empieces a comer más fruta fresca y
               verduras. Quiero que dejes de tomar bebidas gaseosas
               y que tomes más agua. Quiero que limites tu consumo
               de alcohol a los viernes y los sábados en la noche.

Amor: Te amo. Quiero estar contigo por mucho tiempo.
               Quiero que tengas una maravillosa relación con tu
               pareja. Mereces lucir bien con tu ropa y sentirte bien
               con respecto a ti mismo. Mereces que todos tus sueños
               se conviertan en realidad. Quiero que te sientas vivo y
               con ánimo y no cansado y letárgico todo el tiempo. Tu
               mereces vivir una vida plena y disfrutar cada momento.
               Mereces ser absolutamente feliz.

Siempre que escuche que una parte de usted está juzgándolo, sólo respóndale: "Gracias por preocuparte ¿De qué tienes miedo?...¿Qué quieres que haga específicamente?...¿En qué me beneficiaría esto?...Gracias."

La primera vez que ensayé este proceso de convertir el crítico interno en un asesor interior, hace veinte años, mi vida cambió. Después de renunciar a mi trabajo en otra empresa de capacitación, había venido trabajando como consultor y orador profesional, pero lo que realmente quería era empezar mi propia empresa de capacitación, capacitar a otros entrenadores, abrir oficinas en otras ciudades y marcar una gran diferencia a nivel mundial. Pero esto parecía ser un compromiso tan abrumador, que temía fracasar. Lo que era peor, me había estado recriminando constantemente por no tener el valor de dar el salto.

Después de terminar el ejercicio, algo cambió. Dejé de culparme y me di cuenta de todo lo que estaba perdiendo al no decidirme a dar el salto. Me dije claramente lo que tenía que hacer y al día siguiente hice el esquema de un plan de negocios para la nueva compañía; le pedí a mi suegra un préstamo de $10,000, le pedí a un amigo que fuera mi socio de negocios, programé una reunión para redactar los estatutos de constitución y comencé a diseñar el membrete. Menos de tres meses después, llevé a cabo mi primera capacitación de fin de semana en Saint Louis para más de 200 personas. Antes de un año, tenía oficinas en Los Angeles, Saint Louis, Philadelphia, San Diego y San Francisco. Desde entonces, más de 40,000 personas han asistido a mis programas de capacitación de fin de semana y de semana completa: "La Autoestima y la Excelencia en el Desempeño," "La Autoestima en el Aula de Clase," "El

Poder del Enfoque," "Capacitación para Capacitadores," "Relaciones de Pareja," "Cómo Crear Riqueza y Prosperidad," "Cómo Vivir de Acuerdo con Su Visión Más Ambiciosa" y "Cómo Vivir Los Principios del Éxito."

Al convertir mi crítico interno en asesor interior pude dejar de sentirme fracasado y comenzar a desarrollar las actividades que convirtieron mi sueño en realidad. Pude pasar de ser alguien que utilizaba toda su energía en su contra a convertirme en una persona que utilizaba su energía para crear lo que realmente deseaba.

No permita que la aparente simplicidad de esta técnica lo confunda. Es muy potente. Pero como todo lo demás que presento en este libro, para poder obtener todos sus beneficios tiene que ponerla en práctica. Sólo usted puede hacerlo. Tómese veinte minutos ahora para convertir su crítico interno en un asesor interior. Póngase completa e incondicionalmente de su parte, trabaje con usted mismo para lograr el mayor beneficio de sus sueños y aspiraciones.

CÓMO SILENCIAR EL CRÍTICO DE SU DESEMPEÑO

¿Alguna vez ha dictado una clase, dado una conferencia, hecho una presentación de ventas, competido en un evento atlético, actuado en una obra de teatro, dado un concierto o realizado cualquier tipo de trabajo para luego encontrarse camino a casa escuchando esa voz en su interior que le dice cómo lo hizo de mal, lo que debía haber hecho de otra forma, cómo podría haberlo hecho mejor? Estoy seguro de que sí. Además, si ha estado escuchando esa voz por mucho tiempo, puede haber debilitado su confianza en usted mismo, tal vez haya reducido su autoestima y esto puede haber llegado a desmoralizarlo y eventualmente a paralizarlo. Incluyo aquí otro método para reorientar la comunicación a fin de que deje de ser un juicio y una crítica para convertirse en una corrección y un apoyo.

Sin olvidar que la motivación subyacente más profunda de su crítico interior es la de ayudarle a hacer mejor lo que hace, dígale que deje de criticarlo y de culparlo o de lo contrario dejará de prestarle atención. Dígale a esa voz interior que no está dispuesto a escuchar más asesinatos de carácter, epítetos o recriminaciones, sólo medidas específicas que pueda tomar para hacerlo mejor *la próxima vez*. Así eliminará los conceptos denigrantes y centrará la conversación en las "oportunidades de mejorar" para la próxima ocasión. Ahora el crítico interno se convertirá en el asesor interior que se limita a señalarle cómo mejorar los resultados en el futuro. El pasado ya pasó, y no hay nada que pueda hacer para cambiarlo. Sólo puede aprender de él y mejorar su desempeño *la próxima vez*.

El siguiente es un ejemplo de lo que podría ser esta conversación, tomada de mi propia vida. Las iniciales CI indican que quien habla es el crítico interno, el asesor interior.

CI: No lo puedo creer. ¿En qué pensabas? Intentaste incluir
        demasiada información en ese seminario. Hablaste
        demasiado rápido, y aceleraste al final. ¡No había forma de
        que las personas pudieran asimilar toda esa información!
        Después de todos estos años de organizar seminarios,
        ¡cualquiera diría que sabrías cómo hacerlo!

Yo: Espera un momento. No voy a escuchar tus críticas. Trabajé
        muy duro todo el día para dar a esas personas la mejor
        experiencia que pude crear en ese momento. Ahora que ya lo
        hice, estoy seguro de que hay formas de mejorarlo la próxima
        vez. Si tienes cosas específicas que quieras que cambie para
        la próxima vez, dímelas. Eso es todo lo que me interesa oírte
        decir. No me interesan tus juicios, sólo tus ideas sobre cómo
        mejorar en el futuro.

CI: Muy bien. La próxima vez elige tres o cuatro puntos centrales
        importantes y trasmítelos con toda claridad utilizando
        ejemplos, sentido del humor y más ejercicios interpersonales
        para que los participantes puedan realmente asimilar el
        material. No puedes pretender enseñarles todo lo que tu
        sabes en un solo día.

Yo: Tienes razón. ¿Algo más?

CI: Sí. Asegúrate de incluir más juegos de aprendizaje interactivo
        en la tarde, cuando el nivel de energía es más bajo. Esto
        garantizará que todos se mantengan alerta y despiertos.

Yo: Muy bien. ¿Algo más?

CI: Sí. Creo que sería mejor tener un receso de diez minutos
        cada hora en lugar de uno de veinte minutos cada dos horas.
        Así, se mantendrá un nivel de energía más alto y se tendrá
        más tiempo para que las personas puedan asimilar lo que
        están aprendiendo.

Yo: Buena idea. ¿Algo más?

CI: Sí. Asegúrate de integrar algunas actividades físicas durante
        el día para mantener más interesados a los que se dedican a
        la quinestesia.

Yo: ¿Algo más?

CI: Sí. Asegúrate de repartir la próxima vez dos copias de la
        Hoja de Enfoque de quienes Logran el Éxito, una para que
        escriban en ella durante el seminario y otra para que la
        utilicen como original para fotocopiar cuando termine el

seminario. De otra forma, no la podrán utilizar. Además, puedes poner una copia en tu sitio Web que se pueda imprimir para duplicarla.

Yo: Buena idea. ¿Algo más?

CI: No. Creo que eso es todo.

Yo: Muy bien. He tomado nota de todo eso. Definitivamente voy a incluir esas cosas en mi próximo seminario. Muchas gracias.

CI: De nada.

Como podrá observar en este ejemplo, hay muchas cosas que su asesor interior detecta sobre cómo mejorar su desempeño en situaciones futuras. El problema—¡hasta ahora!—era que la información había sido presentada en forma de juicio. Una vez que el tono de la conversación deja de ser emotivo y se analizan con calma las oportunidades para mejorar, la experiencia deja de ser negativa para volverse positiva.

Y ésta es una indicación valiosa. Debido a que la investigación sobre la memoria indica que una nueva idea tiene una duración de apenas cuarenta segundos en la memoria a corto plazo y luego desaparece, es importante anotar estas ideas en un archivo que pueda revisar antes de su siguiente actividad. De lo contrario, podrá perder las ventajas de esta valiosa retroalimentación.

33

TRASCIENDA SUS CREENCIAS LIMITANTES

Su subconsciente no discute con usted. Acepta lo que su pensamiento consciente determina. Si usted dice: "No me puedo dar el lujo de tenerlo," su subconsciente trabaja en eso para convertirlo en realidad. Elija un pensamiento mejor. Diga: "Lo compraré. Lo acepto en mi mente."

DR. JOSEPH MURPHY
Autor de *The Power of Your Subconscious Mind* (El Poder del Subconsciente)

Muchos tenemos creencias que limitan nuestro éxito, ya se trate de creencias acerca de nuestras capacidades, de lo que se requiere para alcanzar el éxito, de cómo debemos relacionarnos con los demás o inclusive de mitos comunes que la ciencia o los estudios de hoy han desvirtuado desde hace tiempo. Puede aprender a identificar esas creencias que lo limitan y después reemplazarlas por otras positivas que refuercen su éxito.

USTED ES CAPAZ

Una de las creencias más limitantes, muy notoria en la actualidad, es la de que, por alguna razón, no somos capaces de lograr las metas que nos fijamos. A pesar de los mejores materiales educativos disponibles y a pesar de décadas de registros de conocimientos sobre cómo realizar cualquier tarea, de alguna forma decidimos decir en cambio: *No lo puedo hacer. No sé cómo hacerlo. No tengo quién me enseñe. No tengo la inteligencia necesaria.* Y así, sucesivamente.

¿De dónde viene todo esto? Para la mayoría, proviene de la programación de la primera infancia. Conscientes o no, nuestros padres, abuelos y demás adultos que nos sirvieron de ejemplos de comportamiento nos dijeron: *No, no cariño. Eso es demasiado para ti. Déjame que yo lo haga. Tal vez el año entrante puedas volver a intentarlo.*

Este sentido de incapacidad nos acompaña hasta la vida adulta y se ve entonces reforzado por errores en el trabajo y otros "fracasos." Pero qué pasa si, en cambio, uno decide decir, *Puedo. Soy capaz. Otros lo han logrado. Si no tengo el conocimiento, hay alguien que me lo puede enseñar.*

Es uno quien cambia para alcanzar la competencia y la maestría. El cambio de forma de pensar puede representar la diferencia entre toda una vida de "podría haber" y la capacidad de lograr lo que realmente se desea en la vida.

USTED ES CAPAZ DE AMAR Y MERECE SER AMADO

Del mismo modo, muchos no creen ser capaces de superar los retos que les presenta la vida ni piensan que merezcan ser amados, los dos principales pilares de la autoestima. Creer que se es capaz de hacer frente a cualquier cosa que la vida nos depare significa que no se tiene miedo a nada. Píenselo bien. ¿No ha enfrentado todo lo que le ha ocurrido? ¿Cosas mucho más difíciles de lo que pensó? ¿La muerte de un ser querido?, ¿el divorcio?, ¿la quiebra? ¿Perder un amigo? ¿Perder su trabajo, su dinero, su reputación, su juventud? Fueron cosas muy difíciles, pero las enfrentó. Y también podrá enfrentar cualquier cosa que le ocurra. Cuando comprenda que es así, su confianza alcanzará niveles insospechados.

Creer que merece ser amado significa que usted piensa: *Merezco que me traten bien, con respeto y dignidad. Merezco que alguien me aprecie y me adore. Merezco una relación íntima satisfactoria. No me conformaré con menos de lo que merezco. Haré lo que sea necesario para lograr eso.*

PUEDE SUPERAR CUALQUIER CREENCIA LIMITANTE

Además de creer que somos incapaces o que, de alguna forma, no merecemos ser amados, es frecuente que tengamos otras creencias limitantes. ¿Algunas de estas le suenan familiares?

No soy lo suficientemente (inteligente, atractiva, rica, vieja, o joven).
Las mujeres no hacen esas cosas.
Nunca me elegirían para dirigir el nuevo proyecto.
Aunque no me gusta este trabajo, necesito la seguridad económica.
Nada de lo que hago sale bien.
Es imposible hacer fortuna en esta ciudad.

CÓMO SUPERAR CUALQUIER CREENCIA LIMITANTE

El siguiente es un proceso compuesto de una serie de pasos fáciles de seguir para cambiar cualquier concepto limitante en una creencia que nos impulse a desarrollar poder.

1. Identifique una creencia limitante que desee cambiar. Comience por hacer una lista de cualquier creencia que tenga que lo pueda estar limitando. Una forma divertida de hacerlo es invitar a dos o tres amigos que también quisieran acelerar su desarrollo a que lo acompañen a desarrollar una lluvia de ideas en cuanto a los puntos que deben incluir en la lista de todo lo que escucharon de sus padres, sus tutores, sus maestros, sus entrenadores—inclusive de instructores religiosos bien intencionados, como las monjas de una escuela católica—durante la infancia y la adolescencia que, de alguna forma, los siga limitando. Los siguientes son algunos de los conceptos limitantes más comunes que surgen de esta experiencia.

Eres un tonto.
Soy tonto.
No eres lo bastante inteligente como para ir a la universidad.
No sirvo para la universidad.
El dinero no se da en los árboles.
Nunca podré ser rico.
¿No puedes hacer nada bien?
No puedo hacer nada bien, entonces ¿para qué intentarlo?
Cómete todo lo que tienes en el plato. Los niños de la China están muriendose de hambre
Debo comerme todo lo que hay en el plato, aunque no tenga hambre.
Si no eres virgen, nadie querrá casarse contigo.
Soy mercancía imperfecta y nadie me va a querer.
Sólo piensas en ti y en nadie más.
No está bien pensar en mis propias necesidades.
Los niños deben ser vistos y no oídos.
Tengo que permanecer callado si quiero que me amen.
Las personas no se interesan en tus problemas.
Debo ocultar lo que realmente me sucede.
Los niños no lloran.
No está bien compartir mis sentimientos, sobretodo mis tristezas.

Compórtate como una dama.
No está bien ser alegre (decir cosas graciosas, ser sensual, espontánea).
A nadie le interesa tu opinión.
Lo que yo piense no importa.

Cuando termine de hacer la lista, elija la creencia que, en su concepto, lo esté limitando aún y realice los tres siguientes pasos de este proceso.

2. Determine la forma en que esa creencia lo limita.
3. Decida cómo quiere ser, actuar o sentir.
4. Cree una frase contraria que lo reafirme o le permita ser, actuar o sentir de esta nueva forma.

Por ejemplo:

1. Mi creencia negativa limitante es que: *Tengo que hacerlo todo solo. No está bien pedir ayuda. Es signo de debilidad.*
2. La forma como me limita es que no pido ayuda y termino trasnochándome, sin dormir lo suficiente.
3. Lo que quiero es sentir que no importa pedir ayuda. No me hace más débil. Se requiere valor para pedir ayuda. Quiero ayuda cuando la necesito. Quiero delegar algunas de las cosas que no me gusta hacer y que no son la mejor forma de usar mi tiempo, y dárselas a otros.
4. No tiene nada de malo pedir ayuda. Merezco recibir todo el apoyo que necesito.

Estos son otros ejemplos de frases para lograr el cambio:

Concepto Negativo: No está bien pensar en mis propias necesidades.

Concepto Contrario: Mis necesidades son tan importantes como las de cualquier persona.

Concepto Negativo: Si expreso mis verdaderos sentimientos, pensarán que soy débil y se aprovecharán de mí.

Concepto Contrario: Mientras más exprese mis verdaderos sentimientos, más me querrán, me respetarán y me apoyarán.

Concepto Negativo: No puedo hacer nada bien, entonces ¿para qué intentarlo?

Concepto Contrario: Puedo hacer bien muchas cosas, y cada vez
                        que intento algo nuevo aprendo y lo hago
                        mejor.

RESUMEN DEL PROCESO

Recuerde que el propósito de todo su diálogo y otras conversaciones interio-
res debe estar orientado a llegar a donde quiere estar. Por lo tanto, continúe
reemplazando cualquier pensamiento o creencia que le esté impidiendo alcanzar sus metas con pensamientos o creencias positivas que lo acerquen más
a ellas. Use el siguiente modelo para cambiar cualquier creencia o concepto
limitante por otro capaz de conferirle poder.

1. Mi creencia negativa/limitante es _____.
2. La forma en que me limita es _____.
3. La forma como quiero ser, actuar o sentir es _____.
4. Mi concepto contrario que me reafirma o me permite hacerlo es

_____.

Una vez que haya creado una nueva creencia—su concepto contrario—
tendrá que fijarlo en su subconsciente mediante una repetición constante, re-
pasándolo varias veces al día al menos durante treinta días. Use las técnicas de
afirmación que analizamos en el Principio 10, "Quite el Freno."

Como lo señala Claude Bristol en su excelente libro *The Magic of Believing*
(La Magia de Creer). "Esta fuerza sutil de la sugerencia repetitiva trasciende
nuestra razón. Actúa directamente en nuestras emociones y sentimientos y
penetra, por último, en lo más profundo de nuestro subconsciente. Es esta
sugerencia repetida la que nos hace creer."

DESARROLLE CUATRO NUEVOS HÁBITOS DE ÉXITO AL AÑO

Quien desee llegar al primer nivel en los negocios debe ser consciente
del poder y la fuerza de los hábitos. Debe romper rápidamente
los hábitos que lo pueden perjudicar y apresurarse a adquirir
las costumbres que puedan convertirse en los hábitos
que le ayuden a lograr el éxito que desea.

J. PAUL GETTY
Fundador de Getty Oil Company, filántropo y ampliamente reconocido,
a fines de los años cincuenta, como el hombre más rico del mundo

Los psicólogos nos dicen que hasta el 90 por ciento de nuestro comportamiento proviene de hábitos. ¡90 por ciento! Desde el momento en el que nos levantamos en la mañana hasta el momento en que nos acostamos, hay cientos de cosas que hacemos de la misma forma todos los días. Estas incluyen la forma de ducharnos, vestirnos, tomar el desayuno, leer el periódico, cepillarnos los dientes, conducir el automóvil para ir al trabajo, organizar el escritorio, hacer las compras en el supermercado y limpiar la casa. Con los años, hemos desarrollado una serie de hábitos firmemente arraigados que determinan la eficiencia con que nos desempeñemos en cada área de la vida, desde el trabajo, hasta los ingresos, pasando por la salud y las relaciones.

Las buenas noticias son que los hábitos liberan nuestra mente mientras nuestro cuerpo funciona con el piloto automático. Esto nos permite programar el día mientras nos duchamos y hablar con personas que nos acompañan en el auto mientras conducimos hacia el trabajo. Las malas noticias son que podemos convertirnos en prisioneros de estos patrones de comportamiento autoderrotistas que inhiben nuestro desarrollo y limitan nuestro éxito.

Cualesquiera hábitos que haya establecido hasta el momento, son los que producen su nivel actual de resultados. Es muy que probable que si desea alcanzar mayores niveles de éxito, tenga que romper algunos de esos hábitos (no devolver las llamadas telefónicas, quedarse viendo televisión hasta altas horas de la noche, hacer comentarios sarcásticos, comer comidas rápidas todos los días, fumar, llegar tarde a las citas, gastar más dinero del que gana) y remplazarlos por otros más productivos (devolver las llamadas telefónicas en el término de veinticuatro horas, dormir ocho horas cada noche, leer durante una hora al día, hacer ejercicio cuatro veces a la semana, comer una dieta sana, ser puntual y ahorrar el 10 por ciento de sus ingresos).

LOS HÁBITOS, BUENOS O MALOS, SIEMPRE PRODUCEN RESULTADOS

Alcanzar el éxito es cuestión de entender y practicar religiosamente hábitos sencillos y específicos que siempre conducen a lograrlo.

ROBERT J. RINGER
Autor de *Million Dollar Habits* (Los Hábitos de Un Millón de Dólares)

Sus hábitos determinan sus resultados. Quienes alcanzan el éxito no llegan a la cima sin esfuerzo. Llegar allí requiere una acción bien orientada, autodisciplina y gran cantidad de energía día tras día para hacer que las cosas sucedan. Los hábitos que desarrolle a partir de ahora determinarán, en último término, la forma como se desarrolle en su futuro.

Uno de los problemas de quienes desarrollan malos hábitos es que sus efectos sólo se manifiestan mucho más tarde en sus vidas. Cuando se desarrolla un mal hábito crónico, la vida eventualmente le hará ver las consecuencias. Tal vez no le agraden, pero de todas formas la vida se las mostrará. Lo cierto es que, si continúa actuando de una cierta forma, siempre obtendrá un resultado predecible. Los hábitos negativos traen consecuencias negativas. Los hábitos positivos traen consecuencias positivas.

COMIENCE A DESARROLLAR MEJORES HÁBITOS DESDE YA

Hay dos pasos que puede dar para cambiar sus hábitos: el *primer paso* es hacer una lista de los hábitos que lo mantienen improductivo o que pueden tener un impacto negativo en su futuro. Pida a los demás que lo ayuden a identificar objetivamente los que consideren que pueden ser sus hábitos limitantes.

Busque patrones. Revise además la siguiente lista de los hábitos más comunes que impiden alcanzar el éxito:

- Procrastinar
- Esperar hasta el último minuto para pagar las cuentas
- No entregar documentos y servicios en el tiempo previsto
- Dejar que las cuentas por cobrar se venzan
- Llegar tarde a las reuniones y compromisos
- Olvidar el nombre de una persona que le presentaron hace apenas unos segundos
- Hablar mientras la otra persona está hablando, en vez de escuchar
- Contestar el teléfono durante el tiempo dedicado a la familia o al cónyuge
- Manejar la correspondencia más de una vez
- Trabajar hasta tarde
- Preferir el trabajo a dedicarle tiempo a sus hijos
- Consumir comidas rápidas más de dos días por semana

Cuando haya identificado sus hábitos negativos, el *segundo paso* consiste en elegir un hábito más adecuado, más productivo para alcanzar el éxito, y desarrollar un sistema que le ayude a reforzarlo.

Por ejemplo, si su meta es ir al gimnasio todas las mañanas, un sistema que puede funcionar es acostarse una hora más temprano y poner el despertador un poco antes. Si trabaja en ventas, puede desarrollar una lista de verificación de actividades para que todos los prospectos reciban la misma serie de comunicaciones.

Tal vez desee desarrollar el hábito de terminar su trabajo los viernes en la tarde para poder dedicar los fines de semana a su esposa y sus hijos. Es un hábito excelente *pero, ¿qué hará específicamente para adquirirlo?* ¿Qué actividades desarrollará? ¿Cómo se mantendrá motivado? ¿Elaborará una lista de verificación de lo que debe tener listo para el viernes en la tarde y así llevar el control? ¿Dedicará menos tiempo a conversar con los compañeros de trabajo en la fuente de agua? ¿Enviará a sus clientes por correo electrónico los documentos prometidos mientras habla con ellos por teléfono? ¿Demorará menos en su hora de almuerzo?

¿QUÉ PODRÍA LOGRAR SI ADOPTARA CUATRO HÁBITOS NUEVOS CADA AÑO?

Si utiliza estas estrategias para desarrollar sólo cuatro nuevos hábitos por año, en cinco años tendrá veinte hábitos de éxito más que podrían reportarle todo el dinero que desea, las excelentes relaciones con las que sueña y un estado físico que le permita llevar una vida más sana y con más energía y más de todas las buenas oportunidades que espera.

Empiece por enumerar cuatro hábitos nuevos que quisiera establecer durante el próximo año. Trabaje en cada uno un trimestre. Si se esfuerza en desarrollar un hábito cada trece semanas, no se verá abrumado por una lista poco lógica de resoluciones de Año Nuevo... considerando, además, que la investigación demuestra que cuando se repite un comportamiento durante trece semanas—ya sea meditar durante veinte minutos cada día, usar hilo dental, revisar su lista de metas, o enviar una carta de agradecimiento a sus clientes—habrá adquirido ese hábito para toda la vida. Al agregar sistemáticamente un comportamiento a la vez, podrá mejorar en forma dramática su estilo de vida en general.

Las siguientes son dos recomendaciones para asegurarse de no abandonar su compromiso de practicar el nuevo hábito. Coloque letreros que le recuerden que debe cumplir su nuevo comportamiento. Cuando supe que aún la más mínima deshidratación puede disminuir hasta en un 30 por ciento la agudeza mental, decidí desarrollar el hábito que recomiendan todos los expertos en salud, beber diez vasos de ocho onzas de agua cada día. Puse un letrero que decía "¡Toma agua!, cerca de teléfono, en la puerta de la oficina, en el espejo del baño y en el refrigerador. Además, le dije a mi secretaria que me lo recordara cada hora. Otra técnica útil es asociarse con alguien, llevar el puntaje (véase el Principio 21 "Lleve Su Puntaje de Éxito") y ser muy estricto con el otro. Comprobar por lo menos una vez por semana para asegurarse de que ambos estén cumpliendo el propósito.

Tal vez la forma más efectiva de mantener un hábito es aplicar la "regla de cero excepciones" que se describe en el próximo capítulo.

35

EL 99 POR CIENTO NO SIRVE; EL 100 POR CIENTO ES FÁCIL DE LOGRAR

Hay una diferencia entre la intención y el compromiso.
Cuando algo nos interesa, lo hacemos sólo cuando nos conviene.
Cuando estamos comprometidos con algo,
no aceptamos excusas, sólo resultados.

KENT BLANCHARD
Primer Director Espiritual de Kent Blanchard Companies y coautor de
más de treinta libros, incluyendo el bestseller clásico
The One Minute Manager (Gerente al Minuto)

En la vida real, los frutos de la victoria van a aquellos que se comprometen 100 por ciento con el resultado, a quienes tienen una actitud de "cueste lo que cueste." Estos son quienes se empeñan al máximo, sin ahorrar esfuerzos, en lograr el resultado deseado, ya sea una medalla olímpica, el premio al mejor vendedor, la cena perfecta, una A en microbiología o la casa de sus sueños.

Se trata de un concepto muy simple, sin embargo, se sorprendería de cuántas personas se despiertan cada mañana y luchan con ellas mismas para decidir si se mantienen o no fieles a sus compromisos, si practican sus disciplinas o si ponen en práctica sus planes de acción.

LA "REGLA DE CERO EXCEPCIONES"

Las personas de éxito aplican la "regla de cero excepciones" cuando se trata de seguir sus disciplinas diarias. Una vez que se establece un compromiso del 100 por ciento para lograr algo, no hay excepciones. Es un trato en firme. No negociable. ¡Caso cerrado! Cambio y fuera. Si me comprometo 100 por ciento con la monogamia, eso es todo. No tengo que pensarlo más. No hay excepciones, sean cuales fueren las circunstancias. Pone punto final a cualquier discusión, cierra esa puerta, no da lugar a ninguna otra posibilidad. No tengo que luchar con esa decisión día tras día. Ya está tomada. Se han lanzado los dados. Se han quemado todos los puentes. Así, la vida es más fácil, más sencilla y me mantengo centrado. Ahorro toneladas de energía que de otra forma gastaría debatiendo eternamente el tema una y otra vez, porque toda la energía que hubiera gastado en un conflicto interno la puede utilizar ahora para crear logros externos.

Si se compromete 100 por ciento a hacer treinta minutos de ejercicio cada día, pase lo que pase, eso es todo. Simplemente lo hace. No importa si está viajando, si tiene una entrevista por televisión a las 7:00 a.m., si llueve, si se acostó tarde la noche anterior, si su agenda está llena o si simplemente no tiene ganas. Lo hace, y eso es todo.

Es como cepillarse los dientes antes de acostarse. Siempre lo hace, pase lo que pase. Si ya está en la cama y recuerda que no lo ha hecho, se levanta para hacerlo. No importa cuán cansado esté ni qué tan tarde sea. Simplemente lo hace.

SÓLO POR LUNA LLENA

Mi mentor Sid Simon es un exitoso orador, entrenador, autor de libros que han llegado a la lista de bestsellers y poeta, que divide su tiempo entre Hadley, Massachussets en el verano y Sanibel, Florida en el invierno. Cuando era estudiante de postgrado en la universidad de Massachussets, Sid era el profesor más popular del Departamento de Educación.

Una de las principales prioridades de Sid es su salud y su buen estado físico. A los setenta y siete años, monta regularmente en bicicleta, toma suplementos vitamínicos, sigue una dieta sana y ah, sí, se permite disfrutar un helado un día al mes, por luna llena.

Cuando asistí a la celebración de los setenta y cinco años de Sid, en la que se reunieron más de cien personas entre parientes, amigos y antiguos alumnos que vinieron de todas partes para celebrar esta fecha con él, el postre fue la clásica torta de cumpleaños con helado. Sin embargo, había un problema: no era día de luna llena. Para convencerlo de que se permitiera esta indisciplina por una vez en la vida, en esta ocasión especial, cuatro personas que conocían el grado de compromiso de Sid con sus decisiones, se disfrazaron como diosas de la luna y entraron al comedor llevando una gigantesca luna de cartón forrada en papel de aluminio para que Sid pudiera contar con una luna llena virtual.

Pero a pesar de toda esa amorosa persuasión, Sid se mantuvo fiel a su compromiso y se negó a comer helado. Sabía que si cedía en ese momento, le

© 1998 Randy Glasbergen.

GLASBERGEN

"Ordenaré pechuga de pollo hervida sin piel,
pero por favor, tráigame lasaña y pan de ajo por equivocación."

sería mucho más fácil ceder la próxima vez que alguien le ofreciera helado. Sería más fácil racionalizar, justificar y dar explicaciones para no cumplir con su compromiso. Sid sabía que un compromiso del 100 por ciento es más fácil de cumplir y no estaba dispuesto a socavar todos sus años de éxito para obtener la aprobación de los demás. Esa noche todos aprendimos mucho acerca de lo que es la verdadera autodisciplina.

PASE LO QUE PASE

El doctor Wayne Dyer, internacionalmente famoso orador motivador y anfitrión del programa de PBS *The Power of Intention* (El Poder de la Intención), es otro amigo que hizo un compromiso semejante con su salud y su estado físico. Durante veintidós años, Wayne corrió todos los días un mínimo de ocho millas, ¡todos los días sin falla! Han visto a Wayne correr subiendo y bajando las escaleras de los hoteles, cuando la temperatura en Nueva York está por debajo de cero y lo han visto correr por los pasillos de los aviones en los vuelos internacionales.

Si su disciplina es leer durante una hora, practicar el piano cinco días a la semana, hacer dos llamadas de ventas por día, aprender un nuevo idioma, practicar mecanografía, golpear 200 bolas de golf, hacer cincuenta abdominales, correr seis millas, meditar, rezar, leer la Biblia, dedicar sesenta minutos a sus niños o lo que sea que tenga que hacer para lograr sus metas, comprométase con esas disciplinas diarias en un 100 por ciento, y lo logrará.

UNA ÚLTIMA RAZÓN POR LA QUE EL
100 POR CIENTO ES TAN IMPORTANTE

Este poderoso compromiso del 100 por ciento es también un elemento crítico en otras áreas, por ejemplo, en el trabajo. Piense lo que significaría un compromiso de sólo el 99.9 por ciento en nivel de calidad en las siguientes situaciones de trabajo. Significaría:

- Beber agua potable una hora al mes
- Dos aterrizajes peligrosos en el aeropuerto O'Hare Internacional cada día
- 16,000 envios de correo perdidos cada hora
- 20,000 recetas de medicamentos mal surtidas cada año
- 500 operaciones quirúrgicas equivocadas cada semana
- Cincuenta bebés recién nacidos que caen al suelo por descuido de los médicos cada día
- 22,000 cheques deducidos de cuentas equivocadas cada hora
- ¡Su corazón saltándose 32,000 latidos al año!

¿Puede ver por qué el 100 por ciento es un porcentaje tan importante? Piense cuánto mejoraría su vida y cuánto mejoraría el mundo si se comprometiera con la excelencia en un 100 por ciento en todo lo que hace.

APRENDA MÁS PARA
GANAR MÁS

Si ya terminé de aprender, estoy acabado.

JOHN WOODEN
Entrenador de básquetbol de la UCLA, ganador de diez campeonatos de la NCAA

Las personas que tienen más información tienen una enorme ventaja sobre quienes no la tienen. Y aunque pueda pensar que se requieren años para adquirir los conocimientos que necesitaría para llegar a ser una persona súper exitosa, lo cierto es que comportamientos sencillos como leer una hora cada día, convertir el tiempo que dedica a la televisión en tiempo de aprendizaje y asistir a clases y programas de capacitación pueden hacer que resulte sorprendentemente fácil incrementar sus conocimientos y aumentar considerablemente su nivel de éxito.

REDUZCA EL TIEMPO QUE DEDICA A LA TELEVISIÓN

La triste realidad es que el norteamericano promedio mira seis horas diarias de televisión. Si está dentro de estos seres *promedio,* para cuando cumpla setenta años habrá desperdiciado quince años de su vida viendo televisión. ¡Eso equivale a la cuarta parte de su expectativa de vida! ¿Realmente quiere dedicar la cuarta parte de su vida a mirar a otras personas—a esas personas que trabajan en la televisión—que se están haciendo ricas y están haciendo realidad sus sueños, mientras usted vegeta?

En mi primera reunión con mi mentor, el Sr. W. Clement Stone, me pidió que eliminara una hora de televisión al día. Luego me explicó que al reducir una hora de televisión por día aumentamos 365 horas a nuestro tiempo (es más de nueve semanas adicionales de cuarenta horas ¡dos meses de tiempo adicional!), para lograr cosas que sean más importante para nosotros.

Le pregunté qué quería que hiciera con esa hora adicional. "Cualquier cosa productiva," me respondió, "Puede aprender otro idioma, puede mejorar su estado físico al máximo, puede dedicarle tiempo a su esposa o a sus hijos, puede aprender a tocar un instrumento musical, puede hacer más llamadas de ventas o volver a estudiar y obtener un título. Pero lo que le recomiendo es que lea durante una hora todos los días. Lea autobiografías inspiradoras de personas de éxito. Lea libros de psicología, de ventas, de finanzas y de salud. Estudie los principios de llevar una vida de éxito." Y eso fue lo que hice.

Mi mejor amigo Marshall Thurber lee los más recientes libros de negocios casi todos los días, al menos veinte libros por mes. Marshall es la persona mejor informada que conozco. Tiene un servicio ejecutivo de resúmenes—ededge—que ofrece a los suscriptores un libro de negocios nuevo cada mes, un resumen del libro y una entrevista con su autor, todo por apenas un poco más del costo del libro. Y aunque ededge empezó como un servicio para directores ejecutivos y ejecutivos empresariales, está disponible ahora para el público en general. Para mayores detalles, visite el sitio Web www.ededge.com.

LOS LÍDERES SON LECTORES

El doctor John Demartini, quien llegó a ser millonario por mérito propio, elaboró una lista de todos los ganadores del Premio Nobel y de ahí hizo otra lista de los más famosos en cada campo: poesía, ciencia, religión o filosofía. Procedió entonces a leer sus obras y sus biografías. No es de sorprender que John sea además una de las personas más inteligentes y sabias que haya conocido. Leer da resultado.

John dice que: "No podemos tocar con la mano un pote de pegamento, sin que se nos pegue algo de ese pegamento." "Tampoco podemos poner la mente y el corazón en las obras de estos maestros sin que se nos pegue algo de ellos. Si leemos acerca de personas inmortales, aumentamos la posibilidad de dejar un impacto inmortal. Para mí, el resultado ha sido maravilloso."

Jim Rohn, el más importante filósofo motivador de Norteamérica, sugiere también que se puede dedicar esa hora adicional al día a la lectura. Me enseñó que si leyéramos un libro por semana, en diez años habríamos leído 520 libros y en veinte años más de 1,000, suficiente para llegar a ocupar sin dificultad el primer puesto entre el 1 por ciento de expertos en su campo. Agregue a estos, los libros de los expertos en áreas relacionadas y tendría una ventaja que los demás simplemente no poseen.

APRENDA A LEER MÁS RÁPIDO PARA LEER MÁS

Si lee más despacio de lo que quisiera, considere la posibilidad de tomar un curso para aumentar no sólo su velocidad de lectura sino la rapidez con la que absorbe la información. El mejor recurso que he encontrado es el Photo-Reading Course (Curso de Fotolectura) desarrollado por Paul Scheele. Se encuentra como taller de fin de semana en varias ciudades del mundo o como curso de autoaprendizaje ofrecido por Learning Strategies Corporation (2000 Plymouth Road, Minnetonka, MN 55305; teléfono: 800-735-8273). Puede obtener mayor información sobre el curso en el sitio Web en www.learning strategies.com.

UN SISTEMA SEMANAL PARA AUMENTAR
SU INTELIGENCIA

Estudie la lista de lecturas que he incluido en las páginas 475 a 486. Leyendo libros como estos alcanzará la maestría en las áreas de su vida que son esenciales para una existencia plena y feliz. Contienen mucho de lo mejor en sabiduría, información, metodologías, sistemas, técnicas y secretos del éxito que se hayan registrado jamás. Si se compromete a leer un libro por semana, examine lo que ha leído y aplique al menos una cosa de lo que haya aprendido en cada libro, tendrá una enorme ventaja sobre los demás en su progreso hacia el logro de una vida extraordinaria.

Todos los libros de esta lista me han ayudado a alcanzar el alto nivel de éxito que ahora tengo. Muchos de ellos son clásicos e inmortales y deben constituir la base de su biblioteca de éxito personal.

Si no puede darse el lujo de comprar sus libros propios, pídalos prestados a sus amigos o sáquelos de su biblioteca local.

ESTUDIE LAS VIDAS DE LOS GRANDES
DE LA HISTORIA

Además de esta lista, algunos de los mejores libros son las biografías y las autobiografías de las personas famosas. Leyéndolas, podrá aprender cómo alcanzar la fama. El ex alcalde de Nueva York, Rudolph Guiliani, escribe: "Las biografías de los políticos han estado desde hace mucho tiempo en mi lista de lecturas. La obra *Profiles in Courage* (Perfiles de Valor) de John F. Kennedy, me dejó una profunda impresión en mis años de adolescencia; luego, en mi vida de adulto, siempre que escuchaba a algún político decir zalamerías, me preguntaba: ¿Nadie se interesa ya en leer al menos un capítulo de *Perfiles de Valor?* Me bebí las biografías de Lincoln y Washington con el mismo entusiasmo con que asimilé las de Ruth, Gehrig y DiMaggio."[38] Cuando hace poco escuché hablar a Rudy Guiliani en Santa Barbara, nos dijo que lo que había leído en biografías de Winston Churchill y la forma como gobernó a Inglaterra durante los bombardeos de la Segunda Guerra Mundial fue lo que le ayudó a dirigir a la ciudad de Nueva York después de los ataques terroristas del 11 de septiembre de 2001.

Un excelente recurso para una mejor información e inspiración en forma condensada, sacada de las biografías de los grandes hombres y mujeres es The Great Life Network. Esta compañía ha creado una serie de libros, software y programas de audio que ofrecen las historias de éxito de más de 500 de los personajes más famosos del mundo, todas en formatos cortos y fáciles de entender. Visite el sitio Web www.greatlifenetwork.com.

Una última recomendación: si ve televisión, propóngase ver los programas de *Biography* (Biografía) de A&E Television Nertworks. Siempre me inspiran las vidas de las personas que aparecen en ese programa.

ASISTA A REUNIONES, CONFERENCIAS Y COLOQUIOS DE ÉXITO

Recuerdo la primera vez que asistí a una reunión de éxito. Había miles de personas dispuestas a aprender de muchos de los más grandes oradores, entrenadores y motivadores de nuestro tiempo. También usted puede tener acceso a estas poderosas experiencias de aprendizaje asistiendo a reuniones, conferencias y coloquios, beneficiándose además del entusiasmo y la inspiración de los demás participantes y de las conexiones que se establecen en estos eventos. Manténgase atento a los anuncios de estos eventos que se publican en los periódicos de su localidad.

---

38. Tomado de *Leadership* (Liderazgo) por Rudolph W. Giuliani, con Ken Kurson (New York, Hyperion, 2002).

DÉJESE ENSEÑAR

En actitud de humildad se aprende más.
No puedo encontrar ninguna otra cosa de interés
en la humildad, pero al menos, tiene esa.

JOHN DOONER
Presidente y director ejecutivo de Interpublic,
el mayor conglomerado publicitario del mundo

En la época en que estaba escribiendo este libro, estuve sentado cerca de Skip Barber durante un vuelo a Las Vegas. Skip entrena pilotos para conducir automóviles de alta velocidad en condiciones reales de competencia. Cuando le pregunté cuál era la característica que diferenciaba a sus mejores estudiantes, me respondió: "Los que entienden y se dejan enseñar. Están abiertos al aprendizaje. Son los que no dan la impresión de saberlo ya todo. Se les puede enseñar cualquier cosa."

Para aprender y progresar en la vida, usted también debe dejarse enseñar. Tiene que abandonar esa actitud de que ya lo sabe todo y de que tiene que tener la razón para no quedar mal y abrirse al aprendizaje. Aprender a escuchar a los que se han ganado el derecho a hablar, a los que ya han hecho lo que usted quiere hacer.

Recuerdo al doctor Billy Sharp, mi jefe, cuando trabajaba en la W. Clement and Jesse V. Stone Foundation, uno de los hombres más inteligentes que haya conocido. Siempre que asistí con él a las reuniones que sostenía con consultores externos, Billy permanecía inusualmente callado. Un día, le pregunté por qué rara vez hablaba durante estas reuniones. Su respuesta no sólo fue reveladora sino que me enseñó la razón por la cual él sabía tanto. "Ya sé lo que sé," me dijo. "Si hablo para causar una buena impresión en alguien, no aprenderé nada nuevo. Quiero aprender lo que ellos saben." Y siempre lo hacía.

ESTÉ LISTO PARA CUANDO LLEGUE
LA OPORTUNIDAD

En su libro *Live Your Dreams* (Viva Sus Sueños) Les Brown relata la historia de cómo soñó siempre con convertirse en un popular *disc jockey* de Miami. "Cuando comencé," dice, "no tenía la menor idea de cómo lo iba a lograr, pero sabía que la vida me presentaría las oportunidades si estaba listo y en la posición correcta para aprovecharlas."

Les comenzó a desarrollar su propio estilo de locución al aire, y cuando estaba en la escuela pretendía que estaba trabajando en la radio. Buscó mentores que lo prepararan para la oportunidad de salir al aire. Al terminar la secundaria, aunque trabajaba con el departamento de sanidad de la ciudad, su persistencia lo llevó a conseguir un trabajo de mensajero en horas de la noche en una importante estación de radio de Miami.

Les aprovechó de inmediato la oportunidad de aprender aún más. Absorbió todo lo que pudo, permanecía cerca de los *disc jockey* e ingenieros y practicaba lo que aprendía en un improvisado estudio de cartón que se había fabricado en su habitación. Su micrófono era un cepillo para el pelo. Por último, una noche, un *disc jockey* no pudo terminar su programa y Les tuvo su oportunidad de salir al aire.

Cuando llegó la oportunidad, Les no solamente estaba preparado para trabajar en la radio, también se había preparado para ser uno de los grandes en ese campo. Su estilo, su ritmo al hablar, su diálogo y sus capacidades como locutor las había desarrollado con un arduo trabajo que lo recompensó en un instante. Les se convirtió en un éxito de inmediato y fue ascendido más tarde como reemplazo de *disc jockeys*...por último, se convirtió en discjockey a tiempo completo, con su propio programa de radio.

¿QUÉ NECESITA PARA PREPARARSE?

Si es un experto industrial y considera que su negocio de consultoría progresaría grandemente después de dictar un seminario durante una convención nacional ¿por qué no prepararse desde ya...redactando su material de orador, inscribiéndose en Toastmaster, elaborando el esquema de su charla y practicando su presentación, para estar listo a hablar en público?

Si quiere obtener un ascenso en su trabajo ¿por qué no le pregunta a su jefe qué necesita para lograrlo? Tal vez pueda volver a la universidad y sacar un título de MBA. O tal vez necesite un año de experiencia en contaduría. O tal vez deba aprender los últimos programas de software. Hágalo y cuando aparezca la próxima vacante para un asenso, podrá decir: "!Estoy listo!"

¿Necesita aprender otro idioma? ¿Podría desarrollar destrezas avanzadas, mayores recursos o nuevos contactos? ¿Necesita mejorar su estado físico? ¿Debería ampliar sus conocimientos de negocios, de ventas o de técnicas de negociación? ¿Está aprendiendo algún nuevo conocimiento en el uso de la computadora como el manejo de Power Point, PageMaker, PhotoShop o Excel? ¿Debe aprender a jugar golf para poder hacer negocios mientras se encuentra en el campo practicando este deporte? ¿Si tomara clases de baile con su esposa mejoraría su vida de familia y su matrimonio? ¿Está aprendiendo a navegar o a jugar tenis? ¿Necesita aprender a tocar un instrumento musical, tomar clases de teatro o aprender a escribir mejor para llegar a donde quiere estar?

Cualquier cosa que requiera para estar listo, comiéncela a hacer ya, empiece por elaborar una lista de las diez cosas más importantes que podría hacer para estar preparado cuando llegue la oportunidad. Tome clases en su tiempo libre, lea, desarrolle nuevas capacidades. Vaya a las exposiciones industriales de su especialidad. Vístase como corresponde. Aprenda a lucir como un actor antes de entrar en escena.

Como nos lo enseña la historia de Les Brown, todo lo que se requiere es pasión, persistencia y el convencimiento de que algún día llegará la oportunidad. Comience a prepararse desde ya.

ASISTA A CURSOS DE CAPACITACIÓN PARA DESARROLLAR EL POTENCIAL HUMANO

Nada cambiará hasta que usted no lo haga.

FUENTE DESCONOCIDA

Imagine que de pronto descubre que va conduciendo con el freno de emergencia puesto. ¿Aceleraría más? ¡No! Sólo quitaría el freno y de inmediato aumentaría la velocidad, sin ningún gasto de energía adicional.

Muchos vamos por la vida con el freno de emergencia puesto. Ya es hora de abandonar los conceptos limitantes, los bloqueos emocionales y los comportamientos autodestructores que le impiden avanzar.

Además de las técnicas que ya hemos analizado en los Principios 10 ("Quite el Freno") ("Trasforme Su Crítico Interno en un Asesor Interior"), 32 y 33 ("Trascienda Sus Creencias Limitantes"), los dos métodos más eficientes para hacerlo son los cursos de capacitación en desarrollo personal y la terapia individual. Si tuviera que atribuir mi éxito a una sola cosa, diría que se debe a los cientos de seminarios de desarrollo personal a los que he asistido en los últimos cuarenta años. Todos—incluyéndome a mí—necesitamos influencias externas que nos ayuden a superar nuestros patrones habituales y nos lleven a crear nuevas formas de pensar y actuar.

A continuación, incluyo una corta lista de organizaciones que personalmente he encontrado muy útiles para mi vida y para las vidas de los miembros de mi familia, mi personal y mis estudiantes. Visite sus sitios Web, llame y hable con ellos, asista a sus eventos de invitados y luego decida asistir a un par de estos cursos al año, los que le parezcan más adecuados para usted. Vea "Lecturas Recomendadas y Recursos Adicionales Para el Éxito" en las páginas 475–486 para mayor información sobre estas y otras organizaciones de capacitación.

Canfield Training Group, P.O. Box 30880, Santa Barbara, CA 93310, Teléfono: 805-563-2935. Fax: 805-563-2945. www.jackcanfield.com

Global Relationship Centers, 25555 Pedernales Point Drive, Spicewood, TX 78669. Teléfono: 512-264-3333. Fax: 512-264-2913. www.grc333.com

Hoffman Institute, 223 San Anselmo Avenue, suite 4, San Anselmo, CA 94960. Teléfono: 415-485-5220. Sin costo alguno llame al: 800-506-5253. www.hoffmaninstitute.org

Insight Seminars, 2101 Wilshire Boulevard, Santa Monica, CA 90403. Teléfono: 310-315-9733. www.insight-seminars.org

Landmark Education–The Forum, 353 Sacramento Street, suite 200, San Francisco, CA 94111. Teléfono: 415-981-8850. www.landmarkeducation.com

Peak Potentials Training, 1651 Welch Street, North Vancouver, BC, Canada, V7P 3G9. Teléfono: 604-983-3344. wwwpeakpotentials.com

Sedona Training Associates, 60 Tortilla Drive, Sedona, AZ 86336. Teléfono: 928-282-3522. Fax: 928-203-0602. www.sedona.com

"Sí, pero ¿cómo se supone que lleguemos allá?"

TERAPIA Y ASESORÍA

Aunque la capacitación que recomiendo en el párrafo anterior ampliará sus horizontes mentales y le ayudará a incrementar sus posibilidades en la vida, algunos necesitamos un trabajo más a fondo para eliminar los bloqueos emocionales y la programación de la infancia que nos impiden avanzar. Para algunos, la respuesta está en la terapia y la asesoría.

Sin embargo, en mi experiencia, sólo un 20 por ciento de los terapeutas y asesores que encontrará serán lo suficientemente competentes y efectivos. Asesórese bien y obtenga referencias.

La mayoría de los terapeutas se especializa en un tipo de enfoque o terapia. Hay tres enfoques que recomiendo especialmente, la terapia Gestalt, la psicosíntesis y la programación neurolingüística (más comúnmente conocida como NLP, por sus siglas en inglés). Para encontrar un buen terapeuta o asesor en estas técnicas, consulte la sección: "Lecturas Recomendadas y Recursos Adicionales" en las páginas 475 a 486.

COMPROMÉTASE CON EL APRENDIZAJE DE POR VIDA

Debe aceptar que el cúmulo de conocimientos e información disponible en el mundo crece a un ritmo abrumador. De hecho, se ha dicho que todo el conocimiento humano se ha duplicado en los últimos diez años. No espere que esta tendencia disminuya.

Es más alarmante aún el hecho de que la información que le permitirá alcanzar el éxito—estar a la vanguardia en su carrera y en su profesión—evoluciona al mismo ritmo. Es por esto que tiene que comprometerse a seguir aprendiendo y mejorando durante toda su vida para desarrollar su mente, incrementar sus capacidades y reforzar su potencial de asimilar y aplicar lo que aprende.

37

MANTÉNGASE MOTIVADO
CON LOS MAESTROS

*Alguien que haya alcanzado el éxito será consciente
de la responsabilidad que tiene en su automotivación.
Comienza por él mismo porque es él quien tiene
la llave que pone en marcha su motor.*

KEMMONS WILSON
Fundador de los hoteles Holiday Inn

Somos en la actualidad muchos los que hemos sido acostumbrados—por los medios de comunicación, por nuestros padres, por nuestras escuelas, por nuestra cultura—a tener creencias limitantes de: "no es posible, no lo merezco." Este condicionamiento temprano está a veces tan integrado que se requiere una motivación externa continua para superar las décadas de efectos negativos y adoptar otras actitudes y formas de pensar más orientadas hacia el éxito.

No basta con asistir a un taller de fin de semana. Tampoco basta leer un libro ni ver un video de capacitación. Lo que hacen las personas que realmente logran el éxito es escuchar diariamente programas de audio de los más conocidos maestros de motivación del mundo mientras van en el automóvil, en el hogar y en la oficina, aunque sea sólo durante quince minutos cada día.

APRENDA PRACTICAMENTE CUALQUIER COSA
QUE QUIERA O NECESITE SABER

La persona promedio viaja en un vehículo treinta minutos para ir de su casa al trabajo y volver. En cinco años, eso equivale a 1,250 horas de transporte, ¡tiempo suficiente para obtener el equivalente a una carrera universitaria! Cualquiera que sea el medio de transporte que utilice, el automóvil,

—GLASBERGEN—

"Estuve escuchando unas grabaciones de
motivación mientras estabas en el trabajo y he decidido
que me voy a convertir en un gran danés."

el tren, su bicicleta o si sólo sale a correr, aprovéchelo para escuchar un CD que pueda ofrecerle la ventaja que necesita para sobresalir en prácticamente cualquier campo de su vida. Puede mantenerse motivado, aprender un idioma, aprender técnicas de administración, estrategias de ventas y mercadeo, métodos para comunicarse mejor, conceptos de salud holística y más. Puede inclusive llegar a descubrir los secretos del éxito de los más poderosos industriales, titanes de negocios, magnates de bienes raíces y empresarios.

DESVELADO EN VIRGINIA A LAS 4:00 A.M.

¿Qué tanto lo pueden motivar los maestros en su vida?

Para el mundo exterior, la vida de Jeff Arch parecía bastante buena en 1989. Tenía una exitosa escuela de karate y un matrimonio feliz, una hija de cuatro años y un hijo de un mes. Pero en su interior, algo faltaba. Siempre había soñado con ser un exitoso dramaturgo y guionista de cine, pero sus esfuerzos iniciales no habían dado resultado por lo que centró su atención en actividades que le permitieran sostener a su familia.

Una noche, aún despierto a las 4:00 a.m. se encontró mirando un programa de publicidad pagada para el programa de Poder Personal de Tony Robbins. Sentado, sólo en la sala de su casa, Jeff pensó: *Tengo que aceptarlo, me va bien en el trabajo, pero esto no es lo que quiero ser. Tengo que admitir que he tenido grandes decepciones que me han dejado experiencias dolorosas. Como escritor, debo admitir que he fracasado en todas las formas en que es posible fracasar—y ya no tengo nada más que aprender del fracaso—por lo tanto, tal vez ahora tenga éxito y aprenda algunas lecciones. Pero es hora de ensayar y tengo que hacerlo como cinta negra que soy; tengo que dejar de lado todas mis actitudes y ensayar estas otras, siempre podré volver a las que tenía antes. Pero si fueran tan buenas, no estaría aquí sentado a las 4:00 a.m. pensando qué puedo hacer con mi vida y qué les diré a mis hijos cuando sean más grandes y empiecen a hacer preguntas. "Me dijeron que ibas a ser un escritor, papá ¿qué paso?" No lo podría enfrentar. No quiero ser uno de esos papás que dan a sus hijos todos los consejos imaginables, sin nada con qué respaldarlos. ¿Qué autoridad tendría para decirles cualquier cosa? ¿Cómo decirles que no abandonen sus sueños, si yo abandoné el mío?*

Jeff tomó de inmediato dos decisiones que cambiarían dramáticamente su vida. Hizo una llamada telefónica y pidió el programa. Se prometió que tan pronto como lo recibiera, a menos que fuera una absoluta basura, lo terminaría, pasara lo que pasara. Y lo utilizaría como su tiquete de regreso a su vida como escritor.

Cuando llegó el programa, Jeff completó una lección cada día, tal como se lo había prometido. No le dijo nada a nadie, porque se sentía muy avergonzado. Quería obtener primero los resultados. Para su fortuna, la información resultó ser justo lo que Jeff necesitaba. El primer día que escuchó las grabaciones, supo que tenía que volver a escribir y a la mañana siguiente, después de tres años de haber abandonado su máquina de escribir, entregó las llaves de su escuela de kárate y renunció a su puesto para correr tras su sueño.

"Tony fue el primero—la primera voz que oí en mi vida—que no me dijera: 'Tu sueño es demasiado ambicioso,'" me dijo Jeff. "No decía, 'Vamos, estás pidiendo demasiado.' Decía en cambio 'Tienes que pensar más en grande, ¡más allá de lo que podrías imaginar!' y ahí estaba yo, con treinta y cinco años y era la primera vez en mi vida que alguien me permitía, e incluso me invitaba, a tener sueños más ambiciosos que los que había tenido hasta el momento." El programa de Tony le dijo a Jeff, "!Tienes que tener sueños aún más grandes!"

Inspirado por las recomendaciones de Tony y aprovechando la confianza que haber ganado un tercer grado en cinta negra le había dado, Jeff se entregó de nuevo a escribir guiones para el cine. Aunque los que había escrito antes le habían tomado de seis meses a tres años, ¡éste lo terminó en sólo un mes!

El guión fue muy bien recibido, pero no se vendió. Desafortunadamente, Jeff había escrito una historia sobre la Guerra Fría—en el otoño de 1989— el Muro de Berlín cayó justo el día en que terminó su guión. De un momento a otro, después de cincuenta años, los rusos habían dejado de ser el enemigo.

Jeff hubiera podido decir: *¿Cuándo vas a darte cuenta de que no estás destinado a ser escritor?* Y habría podido darse por vencido una vez más. Pero, con su nueva actitud, tenía mejores preguntas que hacerse: *¿Cuánto deseas lo que estás buscando?* En lugar de darse por vencido, pensó cómo podría lograr lo que deseaba. *Está bien, el problema no era escribir, el problema era saber elegir la trama. ¿Qué puede ser algo que no tenga nada que ver con los hechos de la actualidad? ¿Qué tema podría ser adecuado para cualquier época?*

La respuesta fue: *El amor no tiene un momento definido en el tiempo*, pensó, *Si escribiera una historia de amor que no tuviera nada que ver con hechos históricos, nunca cambiaría.*

El resultado fue el guión para la película *Sleepless in Seattle (Desvelado en Seattle)*, que Jeff produjo de nuevo en menos de un mes, y se vendió en menos de tres meses, por un cuarto de millón de dólares. *Sleeples in Seattle* se convirtió en un megaéxito que le mereció a Jeff una nominación para un Oscar por el mejor guión (más dos nominaciones como guionista para la Writers Guild of America y la British Academy of Film and Television Arts), revitalizó el género de la comedia romántica y catapultó las carreras de Meg Ryan y Tom Hanks a niveles aún más altos.

Si un programa de audio motivador y educativo puede ser la plataforma de lanzamiento de una carrera de millones de dólares como escritor de guiones para el cine merecedores de una nominación a un Oscar. ¿No merece usted aprovechar el mismo tipo de recurso que utilizó Jeff Arch?[39]

UN PROGRAMA DE AUDIOCASETES DESENCADENÓ SU CREATIVIDAD

Durante casi veinte años, Allen Koss había disfrutado una carrera bastante exitosa como productor de televisión en Hollywood. Al menos, parecía exitosa vista desde fuera. Había desarrollado y producido un gran número de programas que el televidente promedio considera clásicos en su género, incluyendo *Concentration, Joker's Wild*, y *Tic Tac Dough*, el dinero y los títulos eran muy buenos y sin lugar a dudas tenía el respeto de sus colegas; desafortunadamente, toda la satisfacción era externa.

En su interior, se sentía como si todo pudiera terminar en cualquier momento. Nunca sintió que tenía el control. Sólo reaccionaba a lo que le llegaba (siempre a gran velocidad) y nunca había podido sentir que tuviera

---

39. *Personal Power II* y el más reciente programa de Tony Robbins *Get the Edge* (Logre la Ventaja) están disponibles en www.anthonyrobbins.com o en Nightingale-Conant cuya información de contacto aparece en la página 285.

realmente el control de su destino. Permanecía bajo un tremendo estrés y se sentía constantemente como si hubiera agotado su capacidad creativa y no tuviera ni la menor idea de dónde podría provenir su siguiente inspiración. Eventualmente, a medida que aumentaba el estrés, comenzó a recurrir a la comida para mitigar el dolor, y ganó muchos kilos, lo que lo hizo sentir aún peor.

Por último, su vida comenzó a derrumbarse cuando un programa que había producido durante muchos años salió del aire. Al principio, intentó crear otros programas en los cuales pudiera trabajar, pero el mercado estaba saturado y prácticamente no logró ningún éxito. Pudo obtener trabajo con otros productores, pero no era suficiente para suplir sus necesidades.

Entre menos trabajaba, mayor era su ansiedad. Entre mayor la ansiedad, peor su estrés, y todos sus síntomas. Se vio atrapado en un círculo vicioso descendente.

Después de un tiempo, su situación financiera llegó a ser crítica; había ganado muchísimo peso y sus discusiones con su esposa y su familia eran eventos diarios. Estaba perdiendo a sus amigos, las personas de la industria parecían menos dispuestas a trabajar con él, y se estaba aislando cada vez más.

Un día, mientras ojeaba una copia de *Psychology Today,* vio un aviso de unas grabaciones con una tecnología de audio que prometía alterar los patrones de las ondas cerebrales y producir una actitud mental positiva con cambios emocionales para quien las escuchara. Le pareció bastante improbable, pero pensó: *¿Qué puedo perder?*

Entonces, llamó al Centerpointe Research Institute, y después de pasar por varias secretarias, logró hablar con Bill Harris, el dueño. Bill le dijo que había creado un programa de audiocasetes basado en algo que él llamaba Holosync. Allen decidió pedir el programa de Holosync, y cuando lo recibió, puso una de las cintas en su equipo de sonido, se sentó en su sillón favorito, se puso los audífonos, se recostó y se puso cómodo. Siguió haciéndolo durante treinta minutos cada día.

Desde la primera vez que utilizó las grabaciones de Centerpointe, su nivel de estrés comenzó a disminuir y entre más las utilizaba, más tranquilo se sentía. Más se reducía su ansiedad, y fue convirtiéndose en una persona más fácil de tratar; aparentemente más personas estaban dispuestas a ayudarle. Las cosas comenzaron a cambiar.

Además, Allen recuperó su creatividad. Empezó a ver las cosas desde un punto de vista diferente y ¡se le empezaron a ocurrir, milagrosamente, soluciones creativas para sus problemas! Entre más utilizaba el programa, aprendía más de sí mismo a un nivel más profundo y satisfactorio.

A medida que fue emprendiendo nuevos proyectos, lo fue haciendo con

© 1998 Randy Glasbergen.

GLASBERGEN

"Llegaré tarde a la oficina. Venía escuchando mis grabaciones de motivación y de pronto me encontré conduciendo ¡más lejos y más rápido de lo que jamás habría podido imaginar!"

una nueva claridad acerca de cómo encajar y ensamblar todas las piezas y cómo terminarlo con éxito. En lugar de evitarlo, ahora las personas lo buscaban para trabajar en sus proyectos.

A medida que recobraba cada vez más confianza en sí mismo, empezó a sentir que al fin tenía el control de su destino. Además, prácticamente libre de estrés, su problema de peso desapareció también.[40]

DÓNDE CONSEGUIR LOS MEJORES PROGRAMAS DE AUDIOCASETES MOTIVADORES

Encontrará mi lista de programas de audio motivadores favoritos en "Lecturas Recomendadas y Recursos Adicionales," en las páginas 475 a 486. O puede visitar el sitio Web www.thesuccessprinciples.com para una lista más completa y constantemente actualizada de programas sobre cómo alcanzar el éxito, cómo hacer fortuna, programas sobre salud, relaciones humanas y más. Además, los siguientes son los cuatro mejores productores de programas de audio motivadores y educativos. Escriba o llame para solicitar un catálogo o para hacer un pedido en el Internet.

40. Se puede pedir el programa de audio Holosync a Centerpointe Research Institute llamando al 800-945-2741 o visitando el sitio Web www.centerpointe.com.

Nightingale-Conant (6245 W. Howard Street, Niles, IL 60714; teléfono: 1-800-560-6081; www.nightingale.com) tiene programas desarrollados por gigantes de la motivación como Tony Robbins, Zig Ziglar, Brian Tracy, Jim Rohn, Napoleon Hill, Les Brown, Robert Allen, Wayne Dyer, Mark Victor Hansen, yo y muchos otros, así como programas educativos repletos de información.

Learning Strategies Corporation (2000 Plymouth Road; Minnetonka, MN 55305-2335; teléfono: 1-800-735-8273; www.learningstrategies.com) producen grabaciones de cursos experimentales de gran profundidad. Recomiendo su trabajo que produce resultados transformadores y duraderos para la vida.

Fred Pryor Seminars/CareerTrack (9757 Metcalf Avenue, Overland Park, KS 66212; teléfono: 1-800-780-8476; www.pryor.com) produce cursos grabados que abarcan temas desde desarrollo personal hasta desarrollo empresarial. Tienen un amplio y completo catálogo.

SkillPath Seminars (P.O: Box 8030839, Kansas City, MO 64180-3839; teléfono: 1-800-873-7545; www.ourbookstore.com) produce programas grabados que abarcan los temas de sus seminarios más populares, incluyendo como manejar el tiempo, simplificación de la vida, obtención éxito en situaciones difíciles y además programas especialmente diseñados para las mujeres.

También recomiendo cuatro programas de audio que he producido para ayudarle a tener más éxito en todos los campos de su vida: *Maximum Confidence* (Confianza Máxima), *Self-Esteem and Peak Performance* (Autoestima y Desempeño Máximo), *The Aladdin Factor* (El Factor de Aladino) y *The Success Principles: A 30-Day Journey from Where You Are to Where You Want to Be* (Los Principios del Éxito: Una Trayectoria de Treinta días para Ir de Donde Está a Donde Quiere Llegar). También se encuentran en www.jackcanfield.com.

ALIMENTE SU ÉXITO CON PASIÓN Y ENTUSIASMO

El entusiasmo es uno de los motores más potentes del éxito.
Cuando haga algo, póngale todo su empeño.
Ponga en ello toda su alma. Séllelo con su personalidad.
Sea una persona activa, muestre entusiasmo y fe y logrará su objetivo.
Nunca se ha logrado nada importante sin entusiasmo.

RALPH WALDO EMERSON
Ensayista y poeta norteamericano

La pasión es algo que le brinda el entusiasmo continuo, el enfoque y la energía que requiere para alcanzar el éxito. Pero a diferencia de la motivación de sentirse bien que se deriva de fuerzas externas, la pasión es de una naturaleza más espiritual. Proviene del interior y puede canalizarse en sorprendentes hazañas de éxito.

LLENO DE PASIÓN

El término *entusiasmo* proviene del término griego *entheos,* que significa "estar lleno de Dios." Cuando uno está lleno del espíritu, es naturalmente una persona inspirada y apasionada. A veces, la pasión se expresa en forma dinámica o enérgica, como la fuerza de un campeón en atletismo que se "dispara." Otras veces se manifiesta de forma más pacífica y calmada, como la pasión de la Madre Teresa por dedicarse a satisfacer las necesidades de los moribundos en Calcuta.

Sin duda conoce o ha conocido personas apasionadas por la vida y entusiastas por su trabajo. No ven la hora de levantarse en la mañana y comenzar sus actividades. Son entusiastas y están llenas de energía. Tienen grandes propósitos y un compromiso total con su misión. Este tipo de pasión se deriva del amor y la satisfacción que sienten por su trabajo. Proviene de hacer aquello para lo que nacieron. De seguir los impulsos de su corazón y dejar que la satisfacción que sienten les sirva de guía. El entusiasmo y la pasión son el resultado de amar lo que se hace. Si realmente quiere su trabajo, si lo disfruta, ya usted es un éxito.

SU ÉXITO ESTÁ GARANTIZADO

Mi hijo Kyle, aka Inspector Double Negative, es un artista hip-hop de Berkeley, California. Aunque ha estado luchando por lograr su estabilidad financiera durante los últimos ocho años, ya ha creado diez CDs, ha actuado en Woodstock '99; estuvo en la inauguración de KRS1 y Public Enemy; actuó con Joan Baez, Jurassic 5, Dilated Peoples, los Beat Junkies, Blackalicious, los Alkaholiks, Freestyle Fellowship, Babatunde Olatunji y Masta Ace; reemplazó al *disc jockey* de la estación de radio KPOO en San Francisco y enseñó historia, cultura y producción de hip-hop en Richmond School en Richmond, California.

Se empeñó en alcanzar su sueño y nunca renunció a su arte.

De modo que aunque nunca llegara a ganar una fortuna o a convertirse en una superestrella de rap fuera del perímetro de Bay Area, Kyle ya es un éxito. Porque cuando uno disfruta haciendo lo que ama con pasión y perseverancia, ya ha alcanzado el éxito. Aunque nunca llegue a ser una celebridad ¿A quién le importa? Disfrutó cada minuto mientras hacía lo que le gustaba. (El CD de Kyle se encuentra en el Internet en KoolKyle.com).

PASIÓN POR LOS CABALLOS

Monty Roberts es definitivamente un hombre que encontró su pasión. Es un entrenador de caballos que tiene la misión de mostrarle a la gente que la violencia no es nunca la respuesta. Cree que los caballos intentan demostrarle a las personas que si pudieran eliminar la violencia de sus vidas encontrarían una existencia mucho más feliz. Su trabajo ha producido ocho campeonatos nacionales en exposiciones del mundo y más de 300 ganadores en carreras internacionales de caballos de pura sangre. Ha escrito varios libros, entre ellos *The Man Who Listen to Horses* (El Hombre que Escucha a los Caballos), que permaneció cincuenta y ocho semanas en la lista de bestsellers de *The New York Times*.

Monty tiene un estilo único de identificarse con su pasión, que me describió hace poco:

Cuando estaba en primero, segundo y tercero de primaria, descubrí que siempre que pensaba en algo que realmente me emocionara, tenía una fuerte sensación de cosquilleo en lo más profundo de mi estómago, a cada lado de la hebilla de mi cinturón.

Durante mi niñez, tenía esta sensación cuando soñaba despierto que ganaba un campeonato o que ganaba una cierta meta como experto en caballos de competencia.

Cuando supe cuáles eran mis metas, esta sensación de cosquilleo en mi estómago me indicó también qué dirección debía tomar en cada encrucijada de mi vida. Bastaba esperar a sentirla para saber qué dirección tomar. Conocer mis metas y fijar mi curso de acción me permitió seguir el mapa que me condujo a una vida libre de trabajo o del trabajo que la mayoría conoce. Claro que tuve que esforzarme, pero fue siempre el saber obedecer a esa sensación de cosquilleo en mi estómago lo que me permitió hacer exactamente lo que más quería. Eso significó que podía cumplir los horarios más intensos que puedan imaginarse sin considerarlos trabajo. Tengo sesenta y nueve años y tengo un horario que abrumaría a personas de treinta o cuarenta.

Leo en muchos libros inspiradores y de autoayuda que debemos trabajar duro para ganarnos el derecho a retirarnos jóvenes y disfrutar del "tiempo libre." Para ir tras mis mayores deseos y perseguir mis más ambiciosas metas, he creado un entorno de felicidad al hacer de mi tiempo libre y mi trabajo una misma cosa.

PASIÓN POR LA ENSEÑANZA

Hobart Elementary School es la tercera escuela primaria más grande de los Estados Unidos y se encuentra en un vecindario de Los Angeles infestado de pandillas y drogas. Los estudiantes de quinto grado de la clase del profesor Rafe Esquith, todos con inglés como su segundo idioma, superaron por cincuenta puntos las habilidades de matemáticas y lectura de los demás estudiantes de la escuela. Su compresión y dominio del inglés lo obtuvieron mediante la enseñanza y la representación de obras de Shakespeare. Hasta la fecha, los Hobart Shakespeareans han montado quince obras completas representadas ante enormes auditorios, desde la Casa Blanca hasta los sitios más humildes de la ciudad, entre sus más apasionados patrocinadores se encuentran los actores Sir Ian McKellen y Hal Holbrook.

Al entrar en el aula del profesor Rafe, se ve una gran bandera que dice: NO HAY ATAJOS, colgando sobre la pizarra. Alrededor, las "Paredes de la Fama" exhiben banderolas de Stanford, Princeton, Yale y UCLA, donde muchos de sus estudiantes han cursado sus carreras. Funcionarios escolares de todas partes del mundo, visitan su aula para presenciar los milagros educativos en acción. Rafe no sólo recibió honores como Maestro Nacional del Año en Disney sino que ha sido el único maestro de la historia en recibir la Medalla Nacional del Arte. La reina Isabel le confirió el más alto tributo otorgado a un ciudadano no británico, fue nombrado Miembro del Imperio Británico.

¿Qué ha impulsado a este dedicado y visionario maestro de una escuela pública a trabajar doce horas al día, seis días a la semana, cincuenta y dos semanas al año durante veintiún años? La pasión y el entusiasmo. No hay nada que ame más que comunicar las maravillas de la literatura, el teatro, la música, las ciencias, las matemáticas y la simple diversión a cientos de niños. ¿Cuáles son los resultados? Infunde a sus estudiantes la alegría de aprender, refuerza su autoestima mejora considerablemente sus rendimientos académicos. Según expresa Rafe: "Soy una persona muy normal que tomó la decisión adecuada. No permitir que el fiasco educativo actual de la mediocridad y la uniformidad sistematizadas lo convirtieran en el robot en el que se han convertido muchos maestros potencialmente buenos. Mantuve mi propio espíritu y mi pasión personal siempre viva en mi aula y como amante de Shakespeare he transmitido esa emoción a las ansiosas mentes jóvenes. En el vecindario de fracaso y desesperanza de mi escuela, el éxito y la excelencia se han convertido en la norma más que en la excepción de la regla. Y lo que es aún mejor, los chicos y yo la pasamos muy bien trabajando duro y alcanzando grandes metas. Es una vida maravillosa."[41]

COMO DESARROLLAR LA PASIÓN

¿Cómo desarrollar la pasión por las actividades relacionadas con las áreas más importantes de su vida?

Consideremos por un momento su profesión, el trabajo que ocupa la mayor parte de su semana. Una reciente encuesta Gallup reveló que una tercera parte de los norteamericanos estarían más satisfechos en otro trabajo. Pregúntese: *¿Estoy haciendo lo que me gusta hacer?*

De no ser así, y si tuviera la alternativa de hacer cualquier cosa que

---

41. Si desea leer una historia inspiracional de pasión y entusiasmo, obtenga una copia de *"There Are No Shortcuts"* ("No Hay Atajos") por Rafe Esquith (New York: Anchor Books, 2004). Otra maestra que obra milagros en los tugurios de la ciudad por su pasión por la enseñanza y por los niños es Marva Collins. Vea *Marva Collins' Way* por Marva Collins y Civia Tamarkin (New York: Jeremy Tarcher/Putnam, 1982).

quisiera ¿qué sería? Si piensa que puede ganar dinero haciéndolo, imagine que acaba de ganarse la lotería. Después de comprar su costosa mansión, un Rolls Royce y todos los juguetes y los viajes que desee ¿a que dedicaría su tiempo? *¿a lo que hace ahora o algo diferente?*

Las personas de mayor éxito que he conocido tienen tanto amor por lo que hacen que, en realidad, lo harían gratis. Pero tienen éxito porque encontraron la forma de ganarse la vida haciendo lo que les encanta hacer.

Si no tiene la capacitación suficiente para hacer el trabajo que le encantaría hacer, tómese el tiempo de educarse para tenerla. Haga lo que sea necesario para prepararse, trabajar medio tiempo en el trabajo de sus sueños o inclusive ofreciéndose como voluntario mientras continúa en su empleo actual.

Piense también en esos ratos en los que está fuera de la oficina, cuando se siente más alegre, más satisfecho, más interesado en lo que hace, más apreciado y más reconocido, más identificado consigo mismo y con los demás. ¿Qué ha estado haciendo en esos momentos? ¿Qué sentía? Esos eventos son indicadores de formas que le permitirían traer más pasión a su vida fuera del trabajo diario. Le indican cuáles serían las cosas a las que más le gustaría dedicarles tiempo.

CÓMO MANTENER LA PASIÓN Y EL ENTUSIASMO SIEMPRE VIVOS

La pasión es una excelente herramienta para el éxito como tal y merece ser una área a la que le preste su atención constantemente.

La pasión hace que los días vuelen. Le ayuda a hacer más en menos tiempo. Contribuye a que sus decisiones sean mejores. Los demás se sienten atraídos hacia usted. Quieren ser sus socios y compartir su éxito.

¿Cómo puede, entonces, mantener vivos la pasión y el entusiasmo día tras día? La respuesta más evidente es dedicando más tiempo a lo que le gusta hacer. Como ya lo he dicho en capítulos anteriores, esto incluye descubrir su verdadero propósito, decidir lo que realmente quiere hacer y tener, creer que lo puede lograr, crear deliberadamente la profesión de sus sueños, delegando hasta donde sea posible todo aquello que no crea poder hacer a otras personas y tomando las medidas concretas para avanzar hacia el logro de sus metas.

Otra clave para tener pasión y entusiasmo es reconectarse con el propósito original que lo llevó a hacer lo que hace. Al indagar bajo la superficie de aquellas cosas que se sienten más como obligaciones que como deseos, casi siempre se encuentra un propósito más profundo por el cual se siente una pasión. Tal vez no le agrade la idea de permanecer sentado en la sala de espera de un pediatra con su hijo pero si lo analiza un poco más a fondo ¿no es su

pasión el bienestar y la salud de su hijo? Pregúntese: *¿Porqué lo estoy haciendo?*
Si lo descubre será mucho más fácil sentirse entusiasta acerca de lo que *tiene*
que hacer.

Descubrirá que todas aquellas cosas que considera obligaciones son realmente decisiones que está tomando con miras a un propósito más importante, como sostener a su familia, crear seguridad para su futuro, permanecer
en libertad, o contribuir a su salud y a su longevidad. Cuando se convenza de
que son decisiones que está tomando, se dará cuenta de que tiene una alternativa más, y es la de elegir su actitud. Aún si se encuentra atrapado en un
ascensor con tres extraños, tiene una elección en cuanto a su actitud. Puede
decidir actuar molesto por no poder realizar su trabajo o puedo considerarlo
como una oportunidad para conocer gente nueva. La alternativa es suya. ¿Por
qué no ha de decidir hacerlo todo con alegría y entusiasmo? De usted depende.

Una última consideración. Al expresar pasión y entusiasmo se convertirá en un imán para los demás que se sentirán atraídos hacia su alto nivel
de energía. Querrán jugar y trabajar con usted y respaldar sus sueños y sus
metas como resultado, en último término, logrará hacer más cosas en menos
tiempo.

TERCERA PARTE

Constituya Su Equipo De Éxito

Solos podemos hacer muy poco;
unidos podemos hacer mucho.

HELEN KELLER
Escritora y conferencista norteamericana defensora de los ciegos

39

CONCENTRE SU ATENCIÓN EN SU GENIO INTERNO

El éxito es la consecuencia de hacer lo que uno quiere hacer.
No hay otra forma de lograrlo.

MALCOLM S. FORBES
Fundador y editor de la revista *Forbes*

Creo que hay en todos nosotros una genialidad interior, algo que nos encanta hacer, y que lo hacemos tan bien que prácticamente no creemos que debamos cobrar por hacerlo. Es algo que no nos cuesta trabajo y nos divierte. Si pudiéramos hacer dinero con esa actividad, la convertiríamos en nuestra forma de vida.

Las personas de éxito lo creen así también. Por eso utilizan en primer lugar su genialidad interior. Se centran en ella y todo lo demás lo delegan a las demás personas de su equipo.

Compare esto con otras personas que pasan la vida haciéndolo todo, aún aquellas cosas que no saben hacer bien y que otros podrían hacer mejor y más rápido, a menor costo. No encuentran el tiempo para centrarse en su genialidad interior porque no delegan ni siquiera las tareas más simples.

Al delegar las tareas que le disgustan—las cosas que detesta hacer o las que le cuestan tanto trabajo que termina posponiéndolas—tendrá más tiempo para concentrarse en lo que le encanta hacer. Dispondrá de tiempo para aumentar su productividad y disfrutará más de la vida.

Entonces, ¿por qué resulta tan difícil para la mayoría delegar las tareas de rutina y los proyectos no deseados?

Por sorprendente que parezca, muchos temen que los consideren como personas gastadoras o que se crean superiores a los demás. Les da miedo ceder el control o no están dispuestos a gastar dinero en pagar la ayuda. En el fondo la mayoría no quiere soltar las cosas.

Otros—posiblemente usted—han caído simplemente en el *hábito de* hacerlo todo solos. "Toma mucho tiempo explicarlo a alguien," se dicen. "Lo puedo hacer más rápido y mejor," ¿pero puede?

DELEGUE DEL TODO

Si es un profesional que gana $75 por hora y le paga al hijo de un vecino unos $10 por hora para que corte el césped, se ahorra el esfuerzo de tener que hacerlo usted en el fin de semana y gana una hora extra en la que obtendría una ganancia de $65. Claro está que una hora no parece mucho; pero multiplíquela por al menos veinte fines de semana durante la primavera y el verano y descubrirá que ha ganado veinte horas al año a $65 por hora, es decir, una ganancia adicional $1,300.

Igualmente si es vendedor de bienes raíces, tiene que publicar propiedades, obtener información para las vistas múltiples asistir a *open houses,* mostrar propiedades, dejar las llaves en cajas de seguridad, escribir ofertas y fijar citas. Si tiene suerte, eventualmente cerrará un negocio.

Pero digamos que usted cierra el mayor número de negocios en su área.

¿Por qué habría de gastar su tiempo haciendo listas de propiedades, escribiendo los datos de posibles clientes, ubicando casillas de seguridad para las llaves, y tomando videos de las propiedades cuando puede tener un equipo de colegas y ayudantes que hagan todo esto por usted y disponer así de más tiempo para hacer negocios? En lugar de hacer un negocio por semana podría hacer dos o tres, porque ha delegado lo que hace menos bien.

Una de las estrategias que utilizo y enseño es la delegación total. Significa simplemente que se delega una tarea una vez y en su totalidad, en lugar de delegarla cada vez que haya que hacerlo.

Cuando contraté al jardinero de mi hacienda en Santa Barbara, le dije: "Quiero que mi jardín se parezca lo más posible al jardín del hotel Four Seasons Biltmore en Montecito, dentro del presupuesto que le estoy entregando." Cuando voy al Four Seasons no tengo que ver si los árboles están bien podados, o si los rociadores están funcionando. Alguien se ocupa de hacerlo. Bueno, ese es el lujo que quiero darme en mi hogar. "Con ese como nuestro principio de operación," le dije, "Aquí tiene el presupuesto. Encárguese de los jardines. Si no me gusta su trabajo, se lo haré saber. Si por segunda vez no me gusta, buscare otra persona, ¿le parece un trato aceptable?"

Mi paisajista quedó realmente muy entusiasmado. Supo que nadie lo iba a microgerenciar y yo supe que no me tendría que preocupar más al respecto, y no lo hago. ¿Me comprende? Delegación total.

Cuando vino mi sobrina a quedarse con nosotros durante un año mientras asistía a la universidad de la comunidad hicimos otra delegación total, la compra del mercado. Le dijimos que podría usar la camioneta en forma ilimitada con la condición de que fuera al mercado todas las semanas. Le dimos la lista de los víveres básicos que siempre debía haber en la casa (mantequilla, leche, salsa de tomate, etc.) y su obligación era ver todas las semanas qué faltaba y reabastecer lo que se estuviera acabando, además, mi esposa programaba las comidas y le informaba lo que necesitaba para preparar los platos principales (pescado, pollo, brócoli, aguacates, etc.). Delegamos esa tarea una sola vez y nos ahorro cientos de horas ese año que pudimos dedicar a escribir, a hacer ejercicio, a pasar tiempo en familia y a la recreación.

CONVIÉRTASE EN UN "ARTISTA EMBAUCADOR" HACIENDO LO QUE LE ENCANTA HACER

El mayor error que la gente comete en la vida es
no intentar ganársela haciendo lo que más le gusta.

MALCOLM S. FORBES

El entrenador estratégico Dan Sullivan dijo una vez que todos los empresarios son en realidad artistas "embaucadores." Logran que los demás les paguen mientras ellos practican y mejoran en lo que realmente les gusta hacer.[42]

Piénselo bien.

A Tiger Woods le encanta jugar al golf. Le pagan mucho dinero por jugar al golf. Cada vez que juega, aprende a jugar mejor. Tiene la oportunidad de practicar y de estar en compañía de otros golfistas mientras le pagan por hacerlo.

Anthony Robbins es orador y capacitador. Le encanta dictar conferencias y dar capacitación. Ha organizado su vida de tal manera que le están pagando constantemente grandes sumas de dinero por hacer lo que le encanta hacer.

O consideren al gran jugador de béisbol Sammy Sosa de los Chicago Cubs. Le toma aproximadamente un segundo batear un jonrón, el tiempo que requiere la pelota para dar contra el bate, y gana $10,625,000 por cerca de setenta segundos de tiempo de bateo por año, de modo que se ha vuelto un verdadero experto en hacer que el bate y la pelota se encuentren. Así es como se gana el dinero. Ahí es donde invierte todo su tiempo, practicando y preparándose para que el bate se encuentre con la pelota, encontró su genio interior y dedica la mayor parte de su tiempo a perfeccionarlo.

Claro que la mayoría de nosotros no puede compararse con Tiger Woods,

---

42. Agradezo a Dan Sullivan sus muchas ideas para este capítulo y el próximo. Podrán aprender más acerca de sus novedosas ideas de capacitador en www.strategiccoach.com.

Tony Robbins ni Sammy Sosa pero lo cierto es que podríamos aprender mucho de sus niveles de enfoque.

Muchos vendedores, por ejemplo, dedican más tiempo a administrar cuentas que a hablar por teléfono para hacer ventas, cuando *podrían* contratar a un administrador a medio tiempo (o compartir el costo de tener este empleado con otro vendedor) para que hiciera este tedioso trabajo que toma tiempo.

La mayoría de las ejecutivas dedican mucho tiempo al cuidado de sus hogares cuando fácilmente y por poco dinero podrían delegar esta tarea a una empresa de servicios de limpieza o a una empleada del hogar que trabajar a medio tiempo, liberando así más tiempo para ejercer su profesión o dedicar más tiempo a su familia.

Inclusive la mayoría de los empresarios dedican menos del 30 por ciento de su tiempo a centrarse en su genio interior y en sus capacidades únicas. De hecho, cuando crean un negocio, parece como si los empresarios hicieran todo a excepción de aquello para lo que crearon el negocio en primer lugar.

No permita que esto le ocurra a usted. Identifique su genio interior y luego delegue totalmente lo demás para tener el tiempo de centrarse en lo que realmente le encanta hacer.

HAGA LO QUE DE VERDAD LE AGRADA— EL DINERO VENDRÁ

El dinero vendrá por añadidura ya que tener como idea principal el hacer dinero es el mayor error de la vida. Haga lo que realmente sabe hacer, y si es lo suficientemente bueno, el dinero vendrá por añadidura.

GREER GARSON
Ganadora del premio Oscar como mejor actriz en 1943

Diana von Welanetz Wentworth es alguien que siempre se centró en su genio interior cada vez que seguía los impulsos de su corazón, como resultado ha logrado un gran éxito. Su mayor placer en la vida ha sido la buena cocina y reunir personas alrededor de la mesa para compartir a un nivel profundo mientras disfruta la comida. Siempre buscó una conexión más profunda a lo que ella llama: "un sentido de celebración alrededor de la mesa." Por lo tanto, inició su carrera escribiendo libros sobre cómo organizar una fiesta y prepararlo todo de antemano para poder participar y relacionarse más a fondo con los invitados.

Luego, en mayo de 1985 viajó a la Unión Soviética con un grupo de líderes, el movimiento de potencial humano, y pudo darse cuenta de que, en su mayoría eran personas solitarias. Aunque eran bien conocidos por sus libros y por el impacto que habían producido en el mundo no se conocían entre sí. Cuando regresó, se dio cuenta de que su propósito en la vida siempre había sido algo más relacionado con las relaciones entre las personas que con la comida. Había utilizado la comida como catalizador.

Comprender esto la llevo a crear la Inside Edge, una organización que ofrecía reuniones semanales a la hora del desayuno en Bervely Hills, en el condado Orange y en San Diego, California, donde personas nacionalmente famosas por su visión, se reunían para compartir sus conocimientos sobre el potencial humano, la espiritualidad, la conciencia y la paz mundial. Los oradores incluyeron a personas como Mark Victor Hansen y yo, el experto motivador Anthony Robbins, el asesor de administración Ken Blanchard, el actor Dennis Weaver, el asesor Reverendo Leo Booth y los escritores Susan Jeffers y Dan Millman. Además de escuchar a un conferencista inspirador, los participantes intercambiaban ideas, se animaban unos a otros a tener sueños más ambiciosos y se respaldaban mutuamente sus proyectos. Dieciocho años después, el capítulo del condado de Orange sigue reuniéndose todas las semanas.[43]

Diana se ha convertido en escritora y coautora de numerosos libros, incluyendo *The Chicken Soup for the Soul Cookbook,* integrando una vez más su amor por la comida con su amor por dar a la gente la oportunidad de compartir sus ideas, su sabiduría y sus historias.

---

43. Visite el sitio Web www.insideedge.org para más información sobre el Inside Edge.

40

REDEFINA EL TIEMPO

*El mundo está entrando a un nuevo huso horario, y
una de las adaptaciones más difíciles que todos debemos hacer es
la de nuestros conceptos y creencias básicas sobre el manejo del tiempo.*

DAN SULLIVAN
Fundador y presidente de Strategic Coach

Las personas de mayor éxito que conozco han creado resultados superiores y sin embargo han sabido mantener el equilibrio de sus vidas entre el trabajo, la familia y la recreación. Para lograrlo, utilizan un exclusivo sistema de planificación que estructura el tiempo en tres tipos de días muy diferentes para tener el mayor rendimiento de sus esfuerzos y contarle a la vez con una cantidad abundante de tiempo libre para dedicarla a sus intereses personales.

Este sistema, al que le he dado el nombre de Sistema de Tiempo de Resultados Innovadores, divide todo nuestro tiempo en tres tipos de días: Días de Mejores Resultados, Días de Preparación y Días de Descanso y Reflexión.

LOS DÍAS DE LOS MEJORES RESULTADOS

Un Día de Mejores Resultados es aquel en el que dedica por lo menos el 80 por ciento de su tiempo a trabajar en su genio interior, o en su área principal de experiencia, interactuando con personas o procesos que pueden recompensarlo al máximo por el tiempo que invierte. Para tener éxito debe programar más Días de Mejores Resultados y responsabilizarse de producir resultados.

En el capítulo anterior analizamos su ingenio interior, esa actividad que a usted le encanta y que hace tan bien que prácticamente la haría sin cobrar nada. No le cuesta ningún trabajo y le divierte mucho. Y si pudiera ganar dinero haciéndola, la convertiría en el trabajo de toda su vida. Su genio interior es su talento natural, ese campo en el que usted se destaca.

Los campos de mi genio interior son hablar en público, organizar seminarios, ofrecer servicios de consejería, escribir y publicar. Son cosas que hago bien y sin esfuerzo, y cuando las hago con toda dedicación son las que me reportan las mayores ganancias. Para mí, un Día de Mejores Resultados es uno en que dedico el 80 por ciento del tiempo a hablar en público y a organizar un seminario a cambio de honorarios, a escribir o publicar un libro (como éste), a desarrollar un nuevo programa de audiocasetes, o a prestar servicios de consejería a alguien para que alcance un alto nivel de éxito.

Para Janet Switzer, un Día de Mejores Resultados es escribir y desarrollar materiales de mercadeo, desarrollar productos de reconocimiento, o dictar una conferencia a un grupo de consultores y propietarios de negocios sobre cómo lograr aumentar los ingresos.

Su Día de Mejores Resultados podría estar dedicado a diseñar una nueva línea de vestuario, a hacer ventas por teléfono, a concertar negociaciones, a producir un paquete de préstamo para enviarlo a un prestamista hipotecario, a pintar, a actuar o a escribir una propuesta de concesión para una organización sin fines de lucro.

DÍAS DE PREPARACIÓN

Un Día de Preparación es un día en el que se prepara un plan para el Día de Mejores Resultados, ya sea aprendiendo una nueva habilidad, ubicando un nuevo recurso, capacitando a su equipo de apoyo o delegando tareas y proyectos a los demás. Los días de preparación garantizan que el Día de Mejores Resultados sea lo más productivo posible.

Para mí, un Día de Preparación podría ser un día que dedico a asistir un seminario para mejorar mis técnicas de capacitador, a programar la forma de maximizar la venta de nuestros libros y grabaciones en el Internet, a ensayar una nueva presentación, a leer historias potenciales para un nuevo libro de *Chicken Soup for the Soul*® o a delegar un proyecto a un miembro de mi equipo de apoyo. El suyo podría ser buscar un mentor, desarrollar una nueva presentación de ventas, escribir un folleto, preparar su estudio para una sesión de grabación, entrevistar a un nuevo candidato para un puesto, capacitar a un asistente, asistir a una convención industrial o profesional, o escribir un manual para los empleados.

DÍAS DE DESCANSO Y REFLEXIÓN

Un Día de Descanso y Reflexión (un Día de R y R) va de medianoche a medianoche e implica cualquier actividad que no esté relacionada con trabajo. Es un día totalmente libre de reuniones de negocios, de llamadas relacionadas

"Me han informado, Wycliff, que realmente piensa
tener una vida fuera de la oficina."

con negocios, llamadas a celulares, correos electrónicos o lectura de documentos relacionados con el trabajo.

En un verdadero Día de R y R, usted no estará disponible para su personal, para sus clientes, sus estudiantes, ni para ningún tipo de contacto excepto en caso de *verdaderas* emergencias: lesión, muerte, inundación o incendio. Lo cierto es que la mayoría de las llamadas de emergencias, no lo son en lo absoluto. Se trata simplemente de empleados, compañeros de negocios y miembros de la familia que no tienen—o no se les ha dado—suficiente capacitación, responsabilidad o autoridad para manejar un imprevisto que pueda presentarse. Hay que establecer límites claros, dejar de correr a rescatar a todo el mundo y confiar en que podrán manejar las cosas por sí mismos. Cuando haya enseñado a su jefe, a su personal y a sus compañeros de trabajo a no importunarlo en sus Días de R y R, se verán obligados a confiar más en ellos mismos. También los obligará a mejorar sus capacidades y su confianza en ellos mismos. Si es consistente en cuanto al manejo del tiempo, eventualmente, todos captarán el mensaje. En último término esto es conveniente porque lo libera y le permite tener más Días de R y R *y* más Días de Buenos Resultados.

R Y R TAMBIÉN SIGNIFICA ALGUNOS
DÍAS *SIN* LOS NIÑOS

Suele surgir con frecuencia el interrogante de qué hacer con los niños. Normalmente, debe haber algunos días sin los niños, como regla general. Si no puede pagar una persona que los cuide, pida a un pariente que se encargue de ellos. Hemos recurrido a las tías y a los tíos y a nuestras sobrinas de veinte años. Nadie quiere ni puede hacerlo, llegue a un acuerdo con otros padres: ustedes se harán cargo de sus niños durante un fin de semana y ellos se harán cargo de los suyos en un fin de semana diferente. Y no se equivoquen y llamen a cada hora para ver cómo les está yendo. Despreocúpense, confíen y cuídense ustedes por variar.

LOS DÍAS DE R Y R LE AYUDAN A TRABAJAR MÁS... Y MEJOR

El valor de contar con días periódicos de R y R se refleja en que regresa al trabajo descansado y listo para reanudarlo con renovado rigor, entusiasmo y creatividad para llegar a ser verdaderamente exitoso, necesita estos descansos a fin de permitirse unos días lejos de su rutina normal, para poder desarrollar mayor creatividad en la generación de ideas innovadoras y la solución de problemas.

Considero que la meta final de todo el mundo debería ser 130 a 150 días libres cada año. Si descansara todos los fines de semana—sin hacer ningún trabajo en absoluto—disfrutaría inmediatamente de 104 días de vacaciones. Y si encontrara la forma de incluir otros cuarenta y ocho días de R y R, representados en fines de semana largos, épocas festivas, dos semanas de vacaciones y otras oportunidades, podría disfrutar fácilmente de 150 días de R y R para renovar energías, rejuvenecerse y descansar sin laptops, sin correos electrónicos, sin documentos y sin contacto con su personal, sus compañeros de trabajo ni su jefe.

Tal vez le tome algún tiempo alcanzar ese número de días, puede llevarle años, pero lo principal es trabajar constantemente para incrementar su número de Días de R y R cada año.

UTILICE SU TIEMPO DE VACACIONES

Según la Travel Industry Association of America, el tiempo promedio de vacaciones en 1997 fue de 7.1 días. En el 2001 bajó a 4.1 días lo que es más alarmante, el Families and Work Institute informa que más de una cuarta parte de todos los empleados de los Estados Unidos ni siquiera hicieron uso de su tiempo de vacaciones ¿Por qué? Por miedo a que al regresar no encontraran su puesto.

Compare esto con el concepto de los Días de R y R, que realmente ayudan a que estemos más descansados, a que seamos más productivos *y más valiosos para el empleador.* Jane Moyer, gerente de ejemplos a seguir de Xerox Business Services en 1996 y que ahora trabaja en iQuantic en San Francisco, resumió a la perfección el valor de los Días de R y R en la siguiente entrevista con la revista *Fast Company:*

> ...todos los años, en octubre, paso algún tiempo en Cape Cod. Alquilo una cabaña a dos cuadras del océano y me quedo allí una semana. La cabaña no tiene teléfono ni televisor. No utilizo el automóvil, no escucho radio y no leo periódicos. Durante los dos primeros días paso por un período de re-traimiento, pero luego me acostumbro. Cocino, leo, camino por la playa. Es maravilloso. Camino a casa, cuando empiezo a pensar de nuevo en el trabajo, veo las cosas de otra manera. El trabajo parece menos pesado. Algo sorprendente ocurre al alejarme por un tiempo y es que comprendo mejor lo que tiene importancia y lo que no la tiene.[44]

COMIENCE A PROGRAMAR

La clave para tener más Días de R y R y más Días de Mejores Resultados en su vida es sentarse a programarlos. Al anotar cuántos Días de Mejores Resultados, Días de Preparación y Días de R y R puede tener cada mes, desde ahora, podrá esforzarse por aumentar los Días de Mejores Resultados y contar con verdaderos Días de R y R de veinticuatro horas en su agenda, así como reducir el número de Días de Preparación. Con este tipo de programación, verá que puede lograr mejores resultados en el trabajo, disfrutar más su vida personal y experimentar un mejor equilibrio entre estos dos factores.

Los siguientes son algunos de los pasos que tal vez quiera dar para empezar a poner en práctica el Sistema de Tiempo de Resultados Innovadores:

1. Enumere los tres mejores Días de Resultados que halla tenido. Anote los elementos que tengan en común. Esto le permitirá contar con valiosos indicios de cómo crear más Días de Mejores Resultados perfectos. Prográmelos.
2. Reúnase con su jefe, su personal y sus compañeros de trabajo para analizar la forma de crear más Días de Mejores Resultados. En los que pueda concentrar el 80 por ciento de su tiempo en utilizar sus áreas de mayor capacidad para producir mayores resultados.

---

44. Tomado de *Fast Company,* mayo de 2000, página 101.

3. Reúnase con sus amigos o su familia y analice la forma de crear más Días de R y R verdaderos, en sus vidas.

4. Programe al menos cuatro vacaciones—pueden ser de fin de semana o más largas—para el año entrante. Pueden ser unos días de campamento, un fin de semana en San Francisco disfrutando visitando lugares turísticos, un viaje a la región vinícola, un fin de semana en la playa, una salida de pesca o una semana para ir a visitar a unos amigos en un estado cercano, o puede incluir esas vacaciones con las que ha soñado toda la vida en California, Hawai, Florida, México, Europa o Asia. Si no las programa, nunca serán realidad, por lo que tómese el tiempo y elabore un plan.

5. Enumere los tres mejores Días de R y R que haya tenido y busque los elementos que tengan en común. Programe más de estos elementos para sus próximos Días de R y R.

A medida que el mundo se va tornando más complejo y va aumentando la presión, tendrá que estar cada vez más consciente y seguro de estructurar su tiempo de forma que aproveche al máximo sus talentos y maximice sus resultados y sus ingresos. Comience a controlar desde ya su tiempo y su vida. Recuerde que es usted quien está a cargo.

41

CONFORME UN SÓLIDO EQUIPO DE APOYO Y DELEGUE RESPONSABILIDADES A CADA UNO DE SUS MIEMBROS

*El ascenso al Everest no fue trabajo de un día,
ni siquiera de esas pocas e inolvidables semanas durante
las cuales ascendimos . . . se trata, de hecho,
de una historia de esfuerzo sostenido y tenaz de muchas personas,
durante mucho tiempo.*

SIR JOHN HUNT
Escaló el Monte Everest en 1953

Todos los que alcanzan grandes logros cuentan con un sólido equipo de personas claves: directores, consultores, vendedores y colaboradores que se encargan del grueso del trabajo mientras la persona en cuestión queda libre para crear nuevas fuentes de ingreso y nuevas oportunidades de éxito. Los mayores filántropos, atletas, personajes de la farándula, profesionales y otros han tenido también personas que gestionen sus proyectos y manejen las tareas de todos los días, permitiéndoles hacer más por los demás, perfeccionar su oficio, practicar su deporte etc.

EL PROCESO DE ENFOQUE TOTAL

Para ayudar a terminar aquello a lo que debe dedicar su tiempo y las cosas que debe delegar a otros, haga el siguiente ejercicio. La meta es encontrar una, dos o tres actividades principales en las que pueda aprovechar mejor su genialidad interior, las que puedan reportarle más dinero y las que le puedan brindar el más alto nivel de placer.

1. Comience por enumerar todas las actividades en las que ocupa su tiempo... ya se relacionen con negocios, actividades personales o trabajo en organizaciones cívicas o de voluntariado. Anote cada pequeña tarea como devolver llamadas telefónicas, archivar o sacar fotocopias.

2. Elija después una, dos o tres cosas de esta lista en donde usted sea principalmente brillante, para la que usted tenga talentos especiales y únicos, esas cosas que pocas personas fuera de usted pueden hacer con tanta perfección. Además, elija de esta lista tres de las actividades que generan la mayor cantidad de ingresos para usted o para su compañía. Cualesquiera actividades en las que usted sea especialmente brillante *y* que generen la mayor cantidad de ingresos para usted o para su compañía son aquellas a las que querrá dedicar la mayor parte de su tiempo y energía.

3. Por último, elabore un plan para delegar todas las demás actividades a otras personas. Delegar requiere tiempo, capacitación y paciencia, pero eventualmente podrá continuar reduciendo la carga de tareas no esenciales en su lista hasta que haga cada vez menos de aquellas y más y más de las cosas que usted realmente hace bien. Así es como se crea una carrera brillante.

SELECCIONE "PERSONAS CLAVE" PARA SU EQUIPO

Si es dueño de un negocio—recuerde que el convertirse en empresario desde muy joven en la vida es uno de los distintivos de las personas más exitosas en la historia moderna—empiece a buscar los miembros claves del personal, o entrene a quienes ya son miembros de su personal en las tareas que identificó en la forma ya descrita. Si usted dirige un negocio de una sola persona, comience a buscar una persona dinámica que lo apoye y que pueda hacerse cargo de sus proyectos, manejar sus programas, programar sus transacciones de ventas, y encargarse por completo de otras tareas mientras usted se concentra en lo que sabe hacer mejor. Puede contratarlos como empleados o los puede conseguir por medio tiempo con contrato, a medida que su empresa crece. He visto también a muchos futuros empresarios de éxito que buscan un gerente administrativo de alto nivel meses antes del esperado éxito y su negocio ha florecido tremendamente una vez que han contratado a esa persona para trabajar en su empresa.

Si sus "negocios" son de carácter filantrópico o comunitario, hay "voluntarios" que puede contratar. Piense en los estudiantes universitarios que pueden trabajar sólo por obtener créditos. En nuestra compañía utilizamos varios de ellos. O tal vez una fundación local pueda ofrecerle personal de apoyo para su proyecto. Sólo podrá saberlo si pregunta.

Además, si usted es una mamá o un papá que permanece en casa su "personal" más valioso será la señora que le hace la limpieza, la adolescente que viene a ayudarle y que vive a dos casas de la suya, la persona que cuida de sus hijos y otras personas que puedan ayudarle ocasionalmente para que usted pueda salir de su casa, ya sea sola o con su cónyuge. Además, una vecina o la persona que normalmente viene a cuidar los niños, puede hacer las compras de supermercado, llevar su automóvil a lavar, recoger los niños en la escuela o recoger la ropa en la lavandería, por solo $8 la hora. Si es madre soltera, éstas personas serán más importantes para su éxito futuro y deberán elegirse con sumo cuidado.

Podrá comprobar que es frecuente que una vez que manifieste la necesidad que tiene, encontrará que la persona correcta siempre estuvo dentro de su universo, sólo usted no lo sabía.

LA RAZÓN POR LA QUE NECESITA ASESORES PERSONALES

Nuestro mundo se ha convertido en un lugar muy complejo. La simple tarea de llenar su declaración de impuestos, hacer planes para su jubilación, pagar a sus empleados—inclusive comprar una casa nueva—se ha convertido en un proceso más complicado que nunca. Por eso quienes alcanzan grandes logros tienen un eficiente equipo de personal de asesoría a quien pedirle ayuda, consejo y apoyo. De hecho, este equipo es tan esencial, que vale la pena comenzar a constituirlo lo más pronto posible en su trayectoria hacia el éxito.

Ya sea dueño de un negocio, o trabaje para alguien o permanezca en casa guiando a sus hijos necesita asesores personales para responder preguntas, ayudarle a elaborar planes, asegurarse de que usted obtenga el máximo de los esfuerzos que realiza durante su vida y mucho más. Sus asesores personales pueden mostrarle en detalle los retos y las oportunidades, ahorrándole tiempo, esfuerzo y, por lo general, dinero. Su equipo de asesores debe incluir a su banquero, sus abogados, un contador público certificado reconocido, un asesor en inversiones, su médico, un nutricionista, un entrenador personal y el líder de su organización religiosa.

De hecho, si maneja un negocio, este principio adquiere un significado totalmente nuevo. Son demasiados los dueños de negocios que, por ejemplo, no tienen un contador. Manejan todo su negocio con un programa de computadora y nunca llaman a un experto de fuera para que verifique sus cifras. Nunca establecen relaciones con consultores externos que podrían colaborar y tener así más tiempo libre para hacer lo que saben hacer y ampliar su negocio.

Si es un adolescente o un estudiante universitario, su equipo podría estar conformado por sus padres, sus mejores amigos, su entrenador de fútbol, su consejero, las personas que tienen fe en usted. Con frecuencia, en el caso de los adolescentes, sus padres no forman parte realmente de su grupo de colaboradores inmediatos, sino, más bien, parte del grupo enemigo. Es así como a veces nos ven los adolescentes, pero también es a veces lo que somos. Si sus padres son disfuncionales, alcohólicos, o abusadores, o si simplemente no están allí porque son adictos al trabajo o están divorciados, necesita un grupo de amigos y otros adultos que estén de su lado. Con frecuencia estas personas serán los padres de otros adolescentes de su vecindario.

Si usted es una madre que trabaja, su grupo de apoyo puede incluir una niñera o un programa de guardería. No sólo tiene que investigar este personal a fondo sino que también debe tener un respaldo, debe contar con un buen pediatra, también con un odontólogo, y con otras personas que puedan ayudarle a criar hijos sanos y felices a la vez que ejerce su profesión.

Los atletas tienen una serie de entrenadores, quiroprácticos, nutricionistas y consultores de desempeño. Tienen también como parte de su equipo de apoyo personas especializadas en diseño de dietas para su constitución física y para el deporte que practican. Encuentran asesores confiables y establecen y mantienen esas relaciones por largo tiempo.

Una vez que determine quiénes serán los miembros de este equipo de apoyo podrá comenzar a establecer y fomentar esas relaciones. Asegúrese de que los miembros del equipo entiendan muy bien lo que usted espera de ellos *y de entender muy bien lo que ellos esperan de usted.* ¿Se trata de una relación remunerada? ¿Qué tipo de relación laboral es la mejor? ¿Cómo pueden tanto usted como la otra persona, estar ahí cuando se necesitan mutuamente? ¿En qué forma pueden ayudarle los miembros de su equipo a progresar y a alcanzar el éxito?

Por último, ¿cómo puede mantenerse en contacto con ellos y cuál es la mejor forma de llevar esta relación? Le recomiendo que elabore un programa de reuniones mensuales, bimestrales, o semestrales con cada uno de los miembros de su equipo.

CUANDO HAYA ELEGIDO LOS MIEMBROS DE SU EQUIPO, CONFÍE EN ELLOS

Si no tiene un ayudante, usted lo será.

RAYMOND AARON
Fundador de "The Monthly Mentor"

Si ha elegido con cuidado podrá comenzar a delegar todo lo que le impida centrarse en su genialidad interior—aún los proyectos "personales."

Cuando Raymond Aaron vendió su casa y decidió trasladarse a un apartamento, delegó todo el proyecto a su asistente. Le dijo que le buscara un apartamento lujoso de una alcoba, cerca de su oficina, con servicio de gimnasio en el primer piso. "Encuéntrelo, negocie el alquiler y tráigame el contrato para firmarlo," le dijo. "Luego, contrate un servicio de mudanzas, obtenga un cheque de mi oficina para pagar la mudanza, empaque los objetos frágiles, supervise a las personas de la compañía de mudanzas y sígalos en su automóvil hasta mi nuevo hogar. Le encargó también que contratara de antemano un equipo de limpieza, que colocara los muebles ayudada por el personal de la empresa de mudanzas, que desempacara las cajas y colocara todo en su lugar y que lo llamara cuando todo el proceso hubiera terminado.

¿Dónde estaba Raymond mientras sus asistente hacía la mudanza de su hogar? ¡De vacaciones en la Florida!

Aunque a veces nos da miedo de que si alguien hace las cosas por nosotros no queden bien hechas, lo cierto es que hay personas a quienes les *encanta* hacer lo que uno detesta. Por lo general, lo hace mucho mejor de lo que uno *podría* hacer y a un costo sorprendentemente bajo.

DIGA SIMPLEMENTE, ¡NO!

*No tiene que dejarse aterrorizar por lo que
los demás esperan de usted.*

SUE PATTON THOELE
Autor de *The Courage to Be Yourself* (El Valor de Ser Usted Mismo)

Nuestro mundo es un lugar altamente competitivo y saturado de estímulos, y se requiere más y más concentración cada día para no perder de vista la necesidad de cumplir las obligaciones diarias sin perder de vista las metas a largo plazo. Debido a los grandes avances en la tecnología de las comunicaciones, ahora somos más accesibles a un mayor número de personas. Pueden llamarnos por teléfono, al celular, o al *beeper,* nos pueden contactar por fax, por correo normal, por correo expreso y por correo electrónico. Pueden enviarnos un correo electrónico y un mensaje instantáneo a nuestro hogar, a la oficina o a nuestra computadora manual. Si no estamos pueden dejar mensajes en el contestador automático o en el correo de voz. Si nos encuentran, pueden interrumpirnos con una llamada en espera.

Todos parecen necesitar una parte de nosotros. Los niños quieren que los llevemos a algún lugar o quieren tomar prestado el automóvil, los compañeros de trabajo quieren nuestra opinión sobre los proyectos en los que usted no tiene ninguna responsabilidad, su jefe quiere que trabaje horas extras para terminar el informe que él necesita, su hermana quiere que usted se lleve a los niños por el fin de semana, la escuela de su hijo quiere que les haga cuatro docenas de galletas para el día del maestro o que conduzca uno de los vehículos durante la próxima semana de excursión, su madre quiere que vaya a arreglarle la puerta de malla de la cocina, su mejor amiga quiere hablarle de su eminente divorcio, una entidad de beneficencia local quiere que usted dirija el comité del almuerzo anual y su vecina quiere tomar prestado la camioneta para recoger una madera en Home Depot. Además, una interminable serie de vendedores telefónicos desea que se suscriba a un periódico local que contribuye a un refugio de flora y fauna silvestre cercano o que transfiera toda la

deuda de sus tarjetas de crédito a su nueva tarjeta. Hasta sus mascotas están
exigiendo mas atención.

Sufrimos una sobrecarga de proyectos y productividad en el trabajo—
aceptamos más de lo que podemos cumplir sin recargarnos—inconscientemente queremos causar una buena impresión en los demás, avanzar y
mantenernos al nivel que los demás esperan de nosotros. Entretanto nuestras
más importantes prioridades son desatendidas.

Para alcanzar sus metas y crear el estilo de vida que desea tendrá que volverse experto en decir que no a todas las personas y a todas las distracciones
que de lo contrario lo devorarán, las personas de éxito saben decir que no sin
sentirse culpables.

NO SE LIMITE A DELEGAR, ¡ELIMINE!

Si quiere mejorar sus resultados y sus ingresos y a la vez aumentar sus Días de
R y R tendrá que eliminar las tareas, solicitudes y otros factores que le quitan
tiempo y le retribuyen poco.

Tendrá que estructurar su trabajo de manera que pueda dedicar su
tiempo, esfuerzo, energía y recursos a los proyectos, oportunidades y personas
que le aportan grandes recompensas por sus esfuerzos, tendrá que establecer
límites estrictos en cuanto a qué hará y qué no hará.

Comience por crear lo que Jim Collins autor de *Good to Great* (De Bueno
a Excelente) llama la lista de "cosas para *dejar* de hacer." Casi todos somos
personas muy ocupadas pero poco disciplinadas. Hacemos muchas cosas
todo el tiempo pero no nos centramos en lo que tenemos que hacer, nos
movemos, pero no siempre en la dirección correcta. Al elaborar una lista
de cosas para dejar de hacer, nuestra vida se hace más disciplinada y más
centrada.

Comience, sin demora, a elaborar la lista de cosas para dejar de hacer y,
después, haga las cosas que aparecen en su lista de "reglas" las personas responden a las reglas. Entienden una regla como un límite. Lo respetarán por
ser muy claro acerca de lo que no hará. Por ejemplo, a nivel personal, algunas
de mis reglas de "cosas para no hacer" son:

- Nunca presto mi automóvil a nadie por ninguna razón.
- Nunca presto dinero. No soy un banco.
- Nunca programo eventos sociales los viernes por la noche. Es nues-
  tra noche familiar.
- No discuto contribuciones por teléfono. Debo recibir algo por
  escrito.

A nivel de negocios, algunas de mis reglas de "cosas para no hacer" son:

- No hago recomendaciones para libros de ficción.
- No presto mis libros. Rara vez me los devuelven y son la fuente de mi sustento, por lo que no los dejo sacar de mi casa.
- No programo más de cinco conferencias por mes.
- No escribo libros con principiantes. Su curva de aprendizaje es demasiado costosa.
- No doy asesoría ni capacitación individual. Son muy importantes las ventajas de trabajar en grupo.
- Excepto cuando estoy de gira para el lanzamiento de un nuevo libro, no programo más de dos entrevistas de radio por día.
- No recibo llamadas los martes ni los jueves. Esos días escribo.

PIENSE EN RENUNCIAR A SU TELÉFONO CELULAR Y A SU CORREO ELECTRÓNICO

En la actualidad son muchos los que recurren a una medida "drástica" para recuperar el control de sus vidas, renuncian al uso de sus teléfonos celulares y su correo electrónico. La revolución tecnológica supuestamente debía facilitarnos la vida. Pero casi diez años después de la popularización del correo electrónico y los teléfonos celulares, todos nos vemos abrumados por montañas de correos electrónicos innecesarios (para no mencionar el *spam*).

Muchos hombres y mujeres de negocios que conozco dedican de tres a cuatro horas diarias solamente a contestar correos electrónicos. Yo hacía lo mismo. Ahora mi ayudante abre mis correos y sólo me muestra los importantes (menos de cinco por día) que requieren respuesta.

Hay quienes no pueden salir de compras, ni a cenar, ni a vacaciones sin que los llamen por el teléfono celular, no una, sino varias veces. Esta tendencia es mundial. Todavía llevo el teléfono celular, pero sólo lo enciendo cuando tengo que llamar a alguien.

Debido a que ofrecen comunicación instantánea, tanto los teléfonos celulares como el correo electrónico crean la expectativa de una respuesta inmediata. Todos los que tienen su número de teléfono celular saben que lo pueden encontrar en cualquier momento para resolver sus necesidades inmediatas. Los correos electrónicos llegan en cuestión de minutos, por lo tanto las personas esperan que uno les responda con la misma rapidez.

Cuando revela su número de teléfono celular y su correo electrónico, está autorizando implícitamente a los demás a hacerle estas exigencias. Sin embargo, imagine el tiempo que ahorraría y el control que tendría sobre su vida si no tuviera que reaccionar de inmediato a todas estas necesidades ni leer docenas de correos electrónicos cada día.

Apenas la semana pasada salí a almorzar con cuatro altos ejecutivos de una importante editorial. Todos se quejaban de lo abrumados que estaban por la cantidad de correos electrónicos que recibían—hasta 150 mensajes diarios—la mayoría de ellos generados dentro de la misma empresa.

Cuando les pregunté qué tan esencial era el correo electrónico para su trabajo, respondieron que tal vez de 10 a un 20 por ciento. Cuando les pregunté porqué no pedían que los quitaran de la lista de distribución general, respondieron que temían herir sentimientos. Aparentemente prefieren soportar y no resolver el problema. Piense en las consecuencias de no decir la verdad y de cambiar las cosas. Si pudieran reducir a la mitad los correos electrónicos no deseados, ganarían noventa minutos cada día hábil. El resultado sería 375 horas o un poco más de nueve semanas de cuarenta horas de trabajo. Lo que equivale a más de dos meses de tiempo valioso. ¿No vale la pena herir unos cuantos sentimientos durante unos días?

Barry Spilchuk, mi buen amigo y coautor de *A Cup of Chicken Soup for the Soul (Una Taza de Sopa de Pollo Para el Alma)* envió recientemente un correo a todas las personas de su lista de direcciones pidiéndoles que dejaran de enviarle correos de buenos sentimientos, poemas y otros materiales. (¡Se disculpaba con base en la cantidad de correo que recibía!) Si él lo puede hacer, usted también.

SI ES TAN IMPORTANTE DECIR QUE NO ¿POR QUÉ ES TAN DIFÍCIL DECIRLO?

¿Por qué nos resulta tan difícil decir que no a las solicitudes de todo el mundo? De niños, muchos aprendimos que *no* era una respuesta inaceptable. Responder que *no* era motivo de castigo. Más tarde, en nuestra vida profesional, el *no* puede haber sido la razón para una mala evaluación o para no ascender en la escala corporativa.

Sin embargo, las personas que han alcanzado un alto grado de éxito dicen no constantemente—a los proyectos, a las absurdas fechas de cierre, a las dudosas prioridades y a las crisis de los demás. De hecho, consideran la decisión de decir que no tan aceptable como la decisión de decir que sí.

Otros dicen que no pero ofrecen remitirlo a otra persona para que le ayude.

Otros más sostienen que su agenda, sus obligaciones familiares, sus fechas de entrega e incluso sus finanzas son las razones por las que deben negarse a cumplir las solicitudes. En la oficina, quienes logran el éxito,

"No, ¡no puede ser el jueves! ¿Qué le parece nunca?
¿Le parecería bien que fuera nunca?"

encuentran otras soluciones para las repetidas emergencias de sus compañeros de trabajo, en lugar de convertirse en víctimas de la falta de organización y el mal manejo del tiempo de los demás.

"NO ES EN CONTRA SUYA; ES POR MI BIEN ..."

Una respuesta que he encontrado útil para decir que no a las solicitudes de ayuda y casos de crisis o a las solicitudes de personas que me quitan tiempo es "No es en contra suya, es por mi bien."

Cuando el presidente de la junta local de padres de familia llama para anunciar otro evento de fin de semana para recaudar fondos, en el que quiere que usted coopere, puede decirle: "¿Sabe? Si le respondo que no, no quiere decir que me oponga a lo que está haciendo; es una causa muy meritoria, pero me he dado cuenta últimamente que estoy exagerando en la cantidad de compromisos que acepto y que me sacan de mi hogar. Por lo tanto, aunque apoyo su actividad, me he hecho la promesa de dedicarle más tiempo a mi familia. No es nada en contra suya, es por nuestro bien." Pocos se enfadan con ese argumento y con la decisión de ser fiel a ese compromiso. De hecho lo respetarán por su sinceridad y su fortaleza.

Hay muchas técnicas valiosas que puede aprender que le facilitarán el decir que no sin sentirse culpable. Le recomiendo leer uno de los varios libros excelentes que tratan este tema con más profundidad que la que me permite el espacio de que dispongo aquí. Los dos mejores son *When I Say No I Feel Guilty* (Cuando Digo que No Me Siento Culpable) por Manuel J. Smith y *How To Say No Without Feeling Guilty* (Cómo Decir Que No Sin Sentirse Culpable) por Patti Breitman y Connie Hatch.

43

DIGA QUE NO A LO BUENO
PARA PODER DECIR
QUE SÍ A LO EXCELENTE

Lo bueno es enemigo de lo excelente.

JIM COLLINS
Autor de *Good to Great* (De Bueno a Excelente)

Que concepto tan sencillo y, no obstante, le sorprendería con cuánta frecuencia aún los más altos ejecutivos, profesionales, educadores y líderes cívicos quedan atrapados en proyectos, situaciones y oportunidades que son apenas buenas, mientras que las excelentes quedan fuera, esperando que ellos les abran campo en sus vidas. De hecho, el concentrarse en lo que es sólo bueno suele impedir que aparezca lo excelente, por el simple hecho de que no queda tiempo en las agendas para aprovechar ninguna oportunidad adicional.

¿Es ésta su situación? ¿se ocupa constantemente de prospectos mediocres o de aplicar planes no bien orientados para alcanzar el éxito, cuando podría estar dejando atras grandes oportunidades?

EL PRINCIPIO DE PARETO: CUANDO EL 20 POR CIENTO ES IGUAL AL 80 POR CIENTO

Si hiciera un análisis detallado de su vida y pusiera por escrito las actividades que le han aportado el mayor grado de éxito, las mejores ganancias financieras, el mayor progreso en su vida profesional y el mayor placer, descubriría que cerca del 20 por ciento de su actividad profesional le produce cerca del 80 por ciento de su éxito. Esta tendencia es la base del Principio de Pareto, conocido así por el nombre del economista del Siglo XIX que descubrió que el 80 por ciento de los ingresos empresariales provienen del 20 por ciento de los clientes.[45]

DEJE DE ESPECIALIZARSE EN COSAS INTRASCENDENTES

En lugar de dedicarse—y dedicar su tiempo—a actividades mundanas e improductivas, que le quitan tiempo, imagínese lo rápido que alcanzaría sus metas y mejoraría su vida si dijera que no a esas actividades que le hacen perder tiempo en lugar de centrarse en el 20 por ciento de las que le reportarían el mayor beneficio.

¿Qué ocurriría si, en lugar de mirar televisión, navegar un tiempo en el Internet, hacer diligencias innecesarias y ocuparse de problemas que hubiera podido evitar en primer lugar, aprovechara ese tiempo adicional para dedicarlo a su familia, a su matrimonio, a su negocio, a iniciar una nueva fuente de ingresos y a otras actividades que lo ayuden a avanzar en la vida?

EL COMIENZO DE LA PELÍCULA ROCKY DE SYLVESTER STALLONE

Sylvester Stallone sabe cómo decir que no a lo bueno. Después de terminar el primer guión de televisión de *Rocky*, Stallone encontró varios productores que estaban interesados en llevarlo al cine. Aunque eso por sí sólo le hubiera representado a Stallone una gran cantidad de dinero, él insistió en que quería también el papel principal. Aunque otros actores, como James Caan, Ryan O'Neal y Burt Reynolds habían sido considerados para desempeñar el papel de Rocky Balboa, Stallone dijo no, y después de encontrar personas dispuestas a respaldarlo y financiar un presupuesto efímero de menos de un millón de dólares, Stallone terminó el rodaje en sólo 28 días.

Rocky se convirtió en un éxito rotundo en 1976, con un recaudo de taquilla de más de $225 millones y obtuvo dos premios Oscar a la mejor película y al mejor director, así como nominaciones para mejor actor y guionista para Stallone, quien tomó el control total de sus oportunidades doradas y convirtió a Rocky Balboa—y más tarde a John Rambo—en franquicias de la industria que han obtenido más de $2,000 millones en ganancias a nivel mundial.

¿Qué podría presentársele en la vida, si dijera que no a lo bueno?

---

45. Vea *The 80/20 Principle: The Secret to Success by Achieving More with Less* (El Principio del 80/20: El Secreto del Éxito al Lograr Más con Menos) por Richard Koch (New York: Currency, 1998) para una iluminadora exploración de las aplicación de la Regla de 80/20 para acelerar el logro del éxito personal.

¿CÓMO DETERMINAR LO QUE ES REALMENTE EXCELENTE, PARA PODER DECIR QUE NO A LO QUE ES SIMPLEMENTE BUENO?

1. **Comience por elaborar una lista de sus oportunidades, un lado de la página para las *buenas* y el otro para las *excelentes*.** Al ver las opciones por escrito, podrá concretar sus ideas y determinar qué preguntas debe hacer, qué información debe obtener, cuál podría ser su plan de acción, etc. Le ayudará a decidir si una oportunidad concuerda con su propósito general para la vida y con su pasión, o si sólo es algo que el destino le está presentando por una vía secundaria.

2. **Hable con sus asesores sobre este nuevo proyecto potencial.** Quienes ya han vivido esta experiencia la compartirán, y podrá hacerles preguntas concretas sobre cualquier nueva oportunidad que pueda estar pensando aceptar en su vida. Pueden decirle qué retos se le presentarán y pueden ayudarle a evaluar el factor de complejidad, es decir, cuánto tiempo, dinero, esfuerzo, estrés y compromiso se requerirá.

3. **Pruebe la temperatura del agua.** En vez de echarse al agua basado sólo en la fe de que la nueva oportunidad se desarrollará como usted lo espera, haga una pequeña prueba, dedicándole algo de tiempo y dinero. Si se trata de una nueva profesión que le interesa, busque primero un trabajo de medio tiempo o una consultoría independiente en ese campo. Si se trata de un movimiento importante o de un proyecto de voluntariado que le entusiasme, considere la posibilidad de viajar por unos meses a conocer el lugar de sus sueños o encuentre la forma de involucrarse en el trabajo de voluntariado por varias semanas.

4. **Por último, fíjese en qué utiliza su tiempo.** Determine si esas actividades realmente son útiles para sus metas o si el decir que no le dejaría tiempo libre para otros fines más concretos.

ENCUENTRE UN ALA BAJO LA CUAL PUEDA VOLAR

Al estudiar las características de cualquier persona de éxito,
podrá ver que fue aprendiz de uno o varios maestros.
Por lo tanto, si desea alcanzar grandeza,
renombre y un éxito superlativo, debe ser aprendiz de un maestro.

ROBERT ALLEN
Multimillonario por mérito propio y coautor de
The One Minute Millionaire (Millonario en Un Minuto)

A pesar de que contamos con la mejor información disponible sobre cómo lograr cualquier tarea, aún existe la tendencia a consultar con los amigos, los vecinos, los colegas y los hermanos para pedirles consejo sobre aspectos clave que haya que enfrentar. Es muy frecuente que estos consejos se pidan a quienes nunca han tenido que superar la dificultad específica que se está enfrentando, o a quienes nunca han tenido éxito en su campo de actividad.

Como lo indiqué en el Principio 9, el éxito deja pistas. ¿Por qué no aprovechar la sabiduría y la experiencia que ya existen buscando un mentor que ya haya recorrido el camino que usted está por emprender? Todo lo que tiene que hacer es preguntar.

Una de las principales estrategias de las personas de éxito es que buscan constantemente la guía y el consejo de expertos en su campo. Haga una lista de las personas a quienes le gustaría pedirles que fueran su mentor. Contáctelas y pídales su ayuda.

DETERMINE DE ANTEMANO LO QUE DESEA OBTENER DE UN MENTOR

Aunque al comienzo buscar a una persona de éxito y pedirle su consejo y asesoría constante, parezca una tarea intimidante, es más fácil de lo que piensa encontrar a personas que se encuentran a un nivel mucho más alto en los campos en los que le gustaría triunfar.

Según Les Brown, renombrado conferencistas y autor de varios libros que han alcanzado lugares en las listas de bestsellers, normalmente los mentores nos ayudan a ver las posibilidades. En otras palabras, nos ayudan a superar la "falta de visión" que nos impide detectar las oportunidades, tanto al servirnos de modelos como al infundirnos un cierto grado de expectativa al hablarnos.

Cuando Les comenzó su carrera como conferencista, a principios de los años ochenta, envió una grabación de su primera conferencia magistral al doctor Norman Vincent Peale, conferencista de renombre mundial, editor de la revista *Guidepost,* ya fallecido. Ese casete fue el comienzo de una larga y fructífera relación de Les con el Dr. Peale quien no solamente lo acogió bajo su ala protectora y lo asesoró sobre su estilo de oratoria, sino que, poco a poco, sin hacer ruido, le fue abriendo puertas y lo ayudó a conseguir importantes contratos para dictar conferencias. De un momento a otro, a pesar de que Les era prácticamente desconocido dentro de ese círculo, las agencias organizadoras de conferencias comenzaron a llamarlo y a reservar fechas, llegando a ofrecerle tarifas de hasta $5,000 por conferencia que contrastaban con los humildes $700 que Les había venido cobrando.

En la forma como Les relata la historia, Norman Vincent Peale fue el primero en decirle a Les que podría tener éxito en ese campo.

"Me habló más al corazón que a la inteligencia," relata Les. "Mientras que yo dudaba de mi mismo y de mis capacidades, por mi falta de educación y mi poca experiencia, el Dr. Peale me dijo, 'Tienes madera. Tienes lo que se requiere. Sigue hablando desde el fondo de tu corazón y te irá bien.' "

En ese momento Les se dio cuenta del valor de tener un mentor. Y aunque su relación se limitó a unas breves conversaciones por teléfono y a algunos viajes de Les para buscar al Dr. Peale y aprender de su estilo de oratoria, en último término significó más para ambos que lo que en un comienzo pudieron pensar.

Durante su última conferencia en público, a los noventa y cinco años, el Dr. Peale utilizó una de las frases que su pupilo solía repetir: "Hay que apuntar a la luna porque, aún si fallamos, llegaremos a las estrellas."

Tal vez, al igual que Les, lo que necesita es sólo alguien que le abra puertas. O tal vez necesita que alguien lo remita a un experto técnico que pueda ayudarle a establecer un nuevo servicio para su compañía. Tal vez sólo necesita la validación de que la vía que quiere seguir es la correcta. Un mentor podrá ayudarle con todas esas cosas, pero tiene que estas dispuesto a pedir asesoría específica.

HAGA SUS DEBERES

Una de las formas más fáciles para encontrar los nombres y las trayectorias de quienes han tenido éxito en su campo de interés es leer las revistas especializadas de la industria, buscar en el Internet, consultar con los directores ejecutivos de las asociaciones industriales, asistir a las ferias y convenciones industriales, consultar con otros colegas de la industria empresarial o con otras personas que se desempeñen en su campo de actividad industrial o profesional.

Busque mentores que tengan la experiencia bien fundada que usted requiere para lograr su meta. Cuando comience a ver que aparece un patrón y que siempre se mencionan los mismos nombres de unas cuantas personas, sabrá que ha identificado su corta lista de posibles mentores.

Janet Switzer tiene normalmente cientos de pupilos a quienes les indica cómo hacer para que crezcan sus negocios. Cuando Lisa Millar del CRA Management Group llamó a Janet, estaba a punto de firmar el traspaso de un alto porcentaje de sus ganancias a alguien que ella pensaba que le ayudaría a desarrollar una nueva área de su negocio. Janet le hizo ver a Lisa la forma de lograr el mismo objetivo sin la intervención de terceros e incluso le ayudó a conseguir nuevos negocios utilizando su base de clientes ya existente, lo que le permitió acelerar en cuatro meses los planes de desarrollo de su empresa y le reportó utilidades adicionales por cientos de miles de dólares.

Para comunicarse con posibles mentores como Janet y asegurarse de tener una conversación fructífera una vez que lo haga, anote los puntos que querría tratar en ese primer contacto, como, por ejemplo, porqué quisiera que fuera su mentor y el tipo de ayuda que desearía recibir. Sea breve, pero muéstrese seguro de sí mismo.

Lo cierto es que a las personas de éxito les gusta compartir con otros lo que han aprendido. Transmitir los conocimientos es una característica humana. No todos se tomarán el tiempo de servirle de mentor, pero muchos estarán dispuestos a hacerlo si se lo pide. Haga una lista de unos cuantos nombres y verá que lo harán, si se lo pide. Todo lo que tiene que hacer es elaborar una lista de unos cuantos nombres de personas que le gustaría tener como mentores y pedirles que le dediquen unos minutos al mes.

Unos dirán que no, pero otros dirán que sí. Siga pidiéndolo hasta que obtenga una respuesta positiva.

Les Hewitt, fundador del Achievers Coaching Program, asesoró al dueño de una pequeña empresa de camiones de carga que deseaba pedirle a uno de los principales empresarios de la industria de transporte de carga que fuera su mentor. Al mentor le encantó que se lo hubiera pedido y terminó ayudando al joven a lograr un desarrollo tremendo para su compañía. El siguiente es el texto de la comunicación que este joven le envió a su futuro mentor, y que tal vez usted podría imitar:

Hola, Sr. Johnston, mi nombre es Neil. Aún no nos conocemos. Además, sé que usted es una persona muy ocupada, por lo que seré breve. Tengo un pequeño negocio de camiones de carga. A través de los años, usted ha hecho un trabajo maravilloso para constituir su negocio en uno de los más grandes de nuestra industria. No dudo que debe haber tenido que enfrentar verdaderos retos cuando comenzó. Quiero decirle que estoy en esas primeras etapas, tratando de descubrir la mejor forma de hacer las cosas. Sr. Johnston, le estaría muy agradecido si considerara la posibilidad de ser mi mentor. Todo lo que le pediría sería que me dedicara diez minutos por teléfono una vez al mes, para poder hacerle unas cuantas preguntas. ¿Estaría dispuesto a aceptar?

Si es dueño de una pequeña empresa o si piensa iniciar un nuevo negocio, debe ponerse en contacto con su organización local de SCORE (Service Corps of Retired Executives) Grupo de Servicio de Empresarios Jubilados, por su sigla en inglés), entidad que trabaja en asociación con la U.S. Small Business Administration, (Administración de los Estados Unidos para las Pequeñas Empresas), una amplia red nacional de más de 10,000 jubilados y voluntarios que ofrecen asesoría y consultoría de negocios gratuita al igual que talleres a bajo costo como un servicio público para todo tipo de negocios en todas las etapas de desarrollo, desde la idea inicial hasta el montaje, llegando hasta el éxito. Puede encontrar una de sus 389 oficinas en www.score.org. Otra fuente de asesoría y consejería empresarial gratuita para pequeños empresarios es Small Business Development Center, un servicio de la U.S. Small Business Administration. Tienen sesenta y tres oficinas en todo el país esperándole. Puede obtener más información en www.sba.gov/sbdc.

SIGA LOS CONSEJOS DE SU MENTOR

A los mentores no les gusta que les hagan perder el tiempo. Cuando busque su asesoría...*sígala*. Estudie sus métodos, haga las preguntas que tenga que hacer, asegúrese de entender el proceso, luego, hasta donde sea humanamente posible, copie los esfuerzos de sus mentores. Es posible que logre incluso hacerles algunas mejoras.

UN CONSEJO VALIOSO

Jason Dorsey era un típico estudiante universitario cuando de manera imprevista conoció a su primer mentor, un empresario local que había sido invitado
a dictar una conferencia en su clase de negocios en la Universidad de Texas.
Cuando Brad retó a la clase al definir el éxito como algo más importante que
sólo ganar montones de dinero, Jason quedó intrigado y se atrevió a pedirle
que fuera su mentor.

Durante su primera reunión, Brad le preguntó a Jason cuáles eran sus
planes. Respondió que pensaba terminar la universidad, trabajar en la Bolsa
de Valores de Nueva York, sacar un título de MBA, iniciar su propio negocio
y, eventualmente, jubilarse a los cuarenta años. Una vez jubilado, pensaba
trabajar con los jóvenes en áreas remotas para asegurarse de que tuvieran acceso a una buena educación y a un trabajo respetable.

Al escuchar esto, Brad le preguntó a Jason cuantos años creía que tendría
para cuando empezara a ayudar a esos jóvenes. Jason calculó que para entonces tendría unos cuarenta y cinco años. Luego Brad le hizo una pregunta que
cambió su vida: "¿Por qué esperar 25 años para empezar a hacer lo que realmente quieres hacer? ¿Por qué no empiezas ya? Entre más tiempo esperes
más difícil les será a los jóvenes relacionarse contigo."

El comentario de Brad era lógico, pero Jason tenía apenas dieciocho
años y vivía en un dormitorio universitario. Jason le preguntó: "¿Cuál cree
que pudiera ser la mejor forma de ayudar a los jóvenes como yo si empezara
desde ya?"

"Escribe un libro que ellos realmente estén dispuestos a leer," le respondió Brad. "Cuéntales tus secretos para sentirte satisfecho de ti mismo, aunque
todos los demás sean tan negativos. Diles lo que se requiere para pedirle a alguien que sea tu mentor. Cuéntales por qué tienes tantas oportunidades de
empleo cuando apenas tienes dieciocho años."

Fue así como el 7 de enero de 1997, a la 1:58 a.m. Jason comenzó a escribir su libro. Debido a que no sabía que no lo podía hacer, terminó el primer
borrador de *Graduate to Your Perfect Job* (Gradúate para tu Empleo Perfecto)
apenas tres semanas después. Él mismo publicó su libro, comenzó a dictar
conferencias en los colegios y empezó a ser mentor de otros jóvenes. Para
cuando tenía veinticinco años, había dictado conferencias a más de 500,000
personas, había aparecido en el programa *Today* de la cadena de televisión
NBC y había visto a su primer libro convertirse en un curso en más de 1,500
escuelas. Jason es un orador y motivador tan convincente que muy pronto
las escuelas empezaron a contratarlo para que capacitara a sus maestros y consejeros. Su más reciente empresa es una nueva compañía que ayuda a los eje-

cutivos y administradores a saber cómo motivar y retener a sus empleados jóvenes. Lo mejor de todo es que Jason sigue aprendiendo de los cinco mentores que tiene.

Ahora, a sus veintiséis años, Jason acaba de ganar el Premio Anual Austin al Empresario Menor de Cuarenta Años, en la categoría de educación. Piense que si Jason no hubiera corrido el riesgo de pedirle a un extraño que fuera su mentor, estaría apenas obteniendo su título de MBA.

ESTÉ DISPUESTO A RETRIBUIR EL FAVOR

Dispóngase a retribuir a su mentor, aunque sea con algo simple, como mantenerlo actualizado sobre la información de la industria o llamarlo cuando aparezcan nuevas oportunidades que lo puedan beneficiar. Busque formas de ayudar a su mentor. Ayude también a los demás. Qué gran recompensa para cualquier mentor que poder tener a su antiguo pupilo ¡esforzándose en el mundo por ayudar a otros a progresar!

CONTRATE UN ASESOR PERSONAL

*Estoy firmemente convencido de que, a menos que
las personas reciban entrenamiento, nunca alcanzarán
su máximo nivel de capacidad.*

BOB NARDELLI
Presidente y director ejecutivo de Home Depot

Nunca esperaría que un atleta llegara a los Juegos Olímpicos sin un entrenador de primera clase. Tampoco esperaría que un equipo de fútbol profesional llegara al estadio sin todo un equipo de entrenadores: el jefe de entrenadores, el entrenador de los jugadores de ofensiva, el entrenador de los jugadores de defensa y el entrenador de los equipos especiales. Hoy el entrenamiento ha hecho su ingreso al campo de los negocios y del desarrollo personal e incluye entrenadores que han tenido éxito en su área de interés, personas que le pueden ayudar a recorrer ese mismo camino o a llegar aún más lejos.

UNO DE LOS SECRETOS MEJOR GUARDADOS
DE QUIENES HAN ALCANZADO EL ÉXITO

De todo lo que hacen quienes alcanzan el éxito para acelerar su progreso hasta lograrlo, participar en algún tipo de programa de entrenamiento es una de las primeras prioridades en su lista. Un entrenador le ayudará a tener ideas más claras y a definir mejor sus metas, le ayudará a superar sus miedos, lo mantendrá centrado en su objetivo, lo confrontará con su conducta inconsciente y sus antiguos patrones y hábitos, esperará que usted dé lo mejor de sí, le ayudará a vivir de acuerdo con sus valores; le indicará cómo aumentar sus ingresos trabajando menos y le ayudará a centrarse en su genialidad interior.

MÁS VALIOSO QUE EL DINERO

He tenido muchos entrenadores que me han ayudado a alcanzar mis metas— entrenadores de negocios, entrenadores en el arte de escribir, entrenadores en técnicas de mercadeo y entrenadores personales. Pero, sin lugar a dudas, la experiencia de entrenamiento que más me ha ayudado a dar un salto hacia adelante en todas las áreas de mi vida fue el "Strategic Coach Program" (Programa de Entrenamiento Estratégico) para empresarios, con Dan Sullivan.

¿Cuáles fueron los resultados? En primer lugar, y fue el aspecto más importante, dupliqué de inmediato mi tiempo libre. Delegué más tareas, programé mis vacaciones, en vez de limitarme a pensar en ellas, y contraté personal adicional que, en último término, llevó a mi compañía a obtener más ingresos. Y eso fue sólo en los primero meses.

Los beneficios no fueron sólo para mi negocio sino también para mi familia.

En cuanto a mí, el entrenamiento no fue solamente para ganar más dinero, aunque gran parte del programa se centra en aumentar las ganancias, manejar mejor el dinero y establecer un plan financiero que nos permita la libertad que deseamos. Me enseñó a tomar mejores decisiones para mí y para mi negocio. Lo cierto es que la mayoría de los clientes de estos servicios de entrenamiento son inteligentes, muy inteligentes. Y sin embargo, son conscientes de la importancia de tener acceso a alguien que pueda ser objetivo, franco y constructivo cuando se trata de analizar las opciones que tienen ante sí.

Otro entrenador que utilicé con mucho éxito fue el experto en tecnología para la alta dirección empresarial Mike Foster. Tanto en mi vida personal, como en mi oficina, Mike me ha ayudado a mejorar en el uso de la tecnología y de las computadoras. Ahora contamos con una de las oficinas más avanzadas en tecnología en el país. La mayoría sólo utiliza aproximadamente el 10 por ciento de las capacidades de sus computadoras. Recurra a los servicios de un entrenador en tecnología para maximizar su eficiencia. (Puede ponerse en contacto con Mike en www.ceotechcoach.com).

POR QUÉ DA RESULTADO TENER UN ENTRENADOR

Los entrenadores en alta gerencia no son para los humildes.
Son para quienes valoran la retroalimentación libre de ambigüedad.
Si estos entrenadores tienen algo en común es el estar
incondicionalmente orientados a los resultados.

REVISTA *FAST COMPANY*

Ya sea que el programa esté diseñado para lograr un objetivo de negocios específico—por ejemplo, incrementar su lista de negocios de bienes raíces— o para ayudarle a tener un enfoque más claro y así lograr mayor progreso tanto personal como profesional, un entrenador puede ayudarle a:

- Definir sus valores, su visión, su misión, su propósito y sus metas
- Determinar las medidas y acciones necesarias para alcanzarlas
- Elegir entre las distintas oportunidades
- Mantener el enfoque en sus más importantes prioridades
- Equilibrar su vida sin dejar de cumplir sus metas de negocios o profesionales

Como humanos, tenemos la tendencia a hacer únicamente parte de lo que debemos hacer y prácticamente todo lo que queremos hacer. Un entrenador personal puede ayudarle a descubrir lo que realmente quiere ser y ayudarle a definir las medidas que hay que tomar para lograrlo.

DISTINTOS FORMATOS DE ENTRENAMIENTO

El entrenamiento puede ser privado o en grupos. Por lo general, se realiza por contacto telefónico programado aunque también puede hacerse cara a cara, según convenga. En el curso de las sesiones, trabajará con su entrenador, para determinar metas, estrategias y un plan de acción positivo, deseable y realista. Por lo general se ofrece ayuda entre una sesión y otra a través de correo electrónico y otros medios.

A veces, según el entrenador, este entrenamiento puede hacerse mediante teleconferencias dirigidas a grupos grandes en donde se escucha información valiosa y luego cada uno pone en práctica, por cuenta propia lo que ha oído.

Algunos entrenadores trabajan con usted cada semana y otros lo hacen una vez al mes. El programa de entrenamiento de Dan Sullivan tenía sólo una reunión trimestral pero con tantos deberes para hacer en casa que resultó ser una de las experiencias más profundas que halla tenido en la vida.

COMO ENCONTRAR UN ENTRENADOR

Literalmente hay cientos de entrenadores disponibles. Hay entrenadores para los aspectos personales, para la vida, para los negocios, algunos son especialistas en campos específicos de la industria (odontología, quiropráctica, bienes raíces, oratoria) otros son específicos para los diferentes trabajos (entrenadores para ejecutivos) y algunos son especializados en distintos intereses (planificación estratégica, salud y bienestar, finanzas y transición de una profesión a otra). Puede encontrarlos en el Internet, en el directorio telefónico o preguntando a sus amigos y conocidos. Hay organizaciones como Coach U y la International Coach Federation que puede ayudarle a encontrar un entrenador cerca de usted.[46] Consulte la "Sección de Lecturas Recomendadas y Otros Recursos" en las páginas 475 a 486 y en www.thesuccessprinciples.com, para más organizaciones que pueden ayudarle a contactar una entrenador que puede acelerar su éxito.

---

46. Para mayor información sobre Coach U visite www.coach.com y para información sobre The International Coach Federation visite www.coachfederation.org, para información sobe el curso de Dan Sullivan's Coach Program visite www.strategicoach.com.

46

CONFORME UN GRUPO DE MENTES MAESTRAS PARA DISEÑAR SU CAMINO AL ÉXITO

Cuando dos o más personas colaboran en espíritu de armonía y esfuerzo hacia un objetivo o propósito determinado, están en una posición, en la que, a través de la alianza, pueden absorber el poder directamente del gran depósito de la Inteligencia Infinita.

NAPOLEON HILL
Autor de *Think and Grow Rich* (Piense y Hágase Rico)

Todos sabemos que dos cabezas piensan más que una cuando de resolver problemas o de crear resultados se trata. Imagínese entonces lo que sería contar con un grupo permanente de cinco o seis personas que se reúnan todas las semanas con el propósito de resolver problemas, realizar una lluvia de ideas, establecer una red y animarse y motivarse mutuamente.

Este proceso es lo que se conoce como *grupo de mentes maestras,* una de las herramientas más potentes de las que se presentan en este libro para alcanzar el éxito. No conozco a nadie que haya alcanzado un éxito sin precedentes que no lo haya utilizado.

UN ANTIGUO CONCEPTO QUE RECOBRA ACTUALIDAD

Napoleon Hill fue el primero en escribir sobre los grupos de mentes maestras en 1937, en su libro clásico, *Think and Grow Rich* (Piense y Hágase Rico). Todos los industriales más ricos del mundo—desde comienzos del siglo XX hasta los íconos modernos del sector empresarial—han utilizado el poder de los grupos de mentes maestras. Es el concepto que quienes alcanzan el éxito mencionan con más frecuencia cuando quieren indicar lo que más les ha ayudado a convertirse en millonarios.

Andrew Carnegie tuvo un grupo de mentes maestras. Lo mismo hizo Henry Ford. De hecho, las mentes maestras de Ford, conformaban un brillante grupo de pensadores entre los que se contaban personas como Thomas Edison y Harvey Firestone que se reunían en sus mansiones de invierno en Fort Myers, Florida.

Sabían, como lo han descubierto millones de personas desde entonces, que un grupo de mentes maestras puede concentrar energía especial en sus esfuerzos, en forma de conocimientos, nuevas ideas y una amplia gama de recursos y, lo que es más importante, en forma de energía espiritual. Fue sobre este aspecto espiritual sobre el que escribió extensamente Napoleon Hill.

Dijo que si estamos en sintonía con la mente maestra—es decir, con Dios, la fuente, el poder universal o cualquiera que sea el termino que se utilice para referirse a la fuerza de vida creadora todopoderosa—dispondremos de una cantidad de energía positiva significativamente mayor, de un poder que podremos enfocar en nuestro éxito. Inclusive La Biblia habla de esto:

Cuando dos o más están reunidos en mi nombre,
allí estoy yo en medio de ellos.

SAN MATEO 18:20
(versión de la Biblia del Rey Jaime)

El "Grupo Mentes Maestras" es, por lo tanto, el poder que nos viene de unos y otros y el poder que proviene de lo alto.

UN PROCESO PARA ACELERAR SU DESARROLLO

La filosofía básica de un grupo de mentes maestras es que se puede lograr más en menos tiempo cuando las personas trabajan en grupo. Un grupo de mentes maestras está compuesto por personas que se reúnen en forma periódica—semanal, quincenal o mensual—para compartir ideas, conceptos, información, retroalimentación y recursos. Al obtener la perspectiva, los conocimientos, la experiencia y los recursos de otras personas del grupo, no sólo es posible trascender la propia visión limitada del mundo sino desarrollar más rápido nuestras metas y proyectos.

Un grupo de mentes maestras puede estar conformado por personas de su misma profesión u oficio o por personas de distintos campos de actividad. Podrá centrarse en aspectos de negocios, en aspectos personales o en ambos. Pero, para que un grupo de mentes maestras sea realmente efectivo, sus integrantes deben entenderse bien y ser francos unos con otros. Una de las retroalimentaciones más valiosas que he recibido provino de los miembros de mi grupo de mentes maestras que me confrontaron con la necesidad de superar algunas de mis actitudes como la de comprometerme a hacer más de lo que puedo, vender mis servicios a un precio muy bajo, ocuparme de aspectos triviales, no delegar lo suficiente, no pensar lo suficientemente en grande y ser demasiado precavido.

La confidencialidad aumenta el nivel de confianza. Por lo general, en el mundo real, manejamos nuestra imagen personal y corporativa. En un grupo de mentes maestras, los participantes pueden actuar con naturalidad, decir la verdad sobre su idea personal y de negocios, y estar seguros de que lo que se dice no saldrá del grupo.

NUEVOS CONCEPTOS, NUEVAS PERSONAS, NUEVOS RECURSOS

Al conformar un grupo de mentes maestras debe considerar elegir personas de distintos sectores, gente que "sobresalga" y que pueda ponerlo en contacto con una red de personas a las que normalmente no tendría acceso.

Aunque las ventajas de incluir personas de otros campos distintos al suyo en el grupo de mentes maestras pueda no parecer obvia a primera vista, lo cierto es que todos tendemos a estancarnos en nuestro propio campo de experiencia, haciendo las cosas como las hacen todos los de nuestra profesión. Sin embargo al reunir personas de distintas industrias y campos de actividad se logra tener una perspectiva distinta de un mismo tema.

Henry Ford era experto en líneas de ensamblaje. Thomas Edison era un inventor. Harvey Firestone era un genio de la administración corporativa. Por consiguiente, su grupo de mentes maestras reunió distintos talentos capaces de ofrecer perspectivas diferentes a los problemas de unos y otros, ya fueran de carácter legal, financiero o de relaciones humanas.

Mi grupo de mentes maestras incluye al estratega de negocios Marshall Thurber, al experto en mercadeo por Internet Declan Dunn, la directora ejecutiva de OneWorldLive, Liz Edlic, el genio de los bienes raíces y exitoso estratega John Assaraf y el entrenador estratégico y director ejecutivo de Empowered Wealth, Lee Brower. Cada uno tiene distintos puntos de vista, distintas experiencias, capacidades y contactos de los que se beneficia todo el grupo. Nos reunimos cada dos semanas por teléfono, y una vez cada tres meses lo hacemos personalmente durante dos días, con el propósito de ayudarnos mutuamente a alcanzar nuestras metas individuales y corporativas y contribuir al bienestar de la humanidad.

Otros grupos de mentes maestras han ayudado a sus miembros a iniciar o salvar sus empresas, cambiar de trabajo, convertirse en multimillonarios, ser mejores padres, mejorar como maestros, convertirse en mejores promotores del cambio social, mejorar nuestro medio ambiente, y mucho más.

CÓMO CONFORMAR UN GRUPO
DE MENTES MAESTRAS

Cualquiera que sea su propósito, la clave es elegir personas que ya hayan estado donde usted quiere llegar a estar en su vida, o que se encuentren al menos un nivel por encima de donde usted está. Si su meta es convertirse en millonario y en la actualidad sólo gana $60,000 al año, le convendrá mucho reunir personas que ya estén ganando más que usted. Si le preocupa que las personas que están ya a un nivel superior al suyo tal vez no quieran formar parte de un grupo en el que usted esté, recuerde que es usted quien les está dando la oportunidad de reunirse. Es usted el que organiza, provée y constituye un foro para que otros progresen y realicen una lluvia de ideas para resolver sus necesidades. Muchos que ya se encuentran a un nivel más alto querrán participar porque sólo estarán desarrollando una actividad que quizás no se hubieran tomado el trabajo de organizar ellos mismos. Lo más probable es que estén encantados de reunirse con las otras personas que usted va a invitar—sobre todo, si algunas son de su mismo nivel.

¿CUÁL ES EL TAMAÑO IDEAL PARA UN GRUPO
DE MENTES MAESTRAS?

El tamaño ideal de un grupo de mentes maestras es de cinco a seis personas. Si son menos, pierde dinamismo. Si son muchas más, se vuelve inmanejable, las reuniones podrían demorar demasiado, es posible que no se satisfagan las necesidades de algunos y se minimiza la posibilidad de compartir persona a persona. Sin embargo, hay grupos de hasta doce personas que se reúnen durante todo un día una vez por mes y dan muy buenos resultados.

CÓMO REUNIR UN GRUPO DE MENTES MAESTRAS

Las reuniones de mentes maestras se deben realizar semanal o quincenalmente con la asistencia de todos lo miembros del grupo. Pueden ser reuniones en las que todos estén presentes, o pueden llevarse a cabo por teléfono. El tiempo ideal es de una a dos horas.

Para las primeras reuniones, se recomienda que cada miembro del grupo cuente con una hora entera para familiarizar a los demás en detalle con su situación, sus oportunidades, necesidades y retos, mientras cada uno va aportando ideas para determinar la mejor forma de ayudarle. Durante las siguientes reuniones debe asignar un tiempo corto a cada participante para que ponga al día al grupo, solicite ayuda y obtenga retroalimentación.

Cada reunión debe desarrollarse en conformidad con el formato ya probado que se presenta a continuación para que cada participante encuentre respuestas a sus necesidades y, por consiguiente, permanezca involucrado. Además, el grupo debe elegir de entre sus miembros la persona que se encargará de controlar el tiempo—que podrá ser la misma, o una distinta, para cada sesión—para que cada uno de los miembros del grupo se ciña al tiempo que le ha sido asignado para hablar.

Paso 1: Pedir Ayuda Espiritual Pronunciando Una Invocación

En la situación ideal, las reuniones de mentes maestras deben comenzar con una petición del grupo de llenarse y rodearse del poder de la energía espiritual. Los miembros deben llegar a un acuerdo sobre la forma de hacer esta invocación por turnos. Utilizando cualquier estructura de creencia espiritual que tenga el líder, piden a la fuerza universal que ayude al grupo con las necesidades de cada uno de sus miembros, por ejemplo, una invocación que pide a Dios o a ese poder superior que se haga presente, podría ser:

> Pedimos ahora llenarnos y rodearnos de luz y que nuestros corazones se abran a recibír la guía del poder superior.

Paso 2: Compartir lo Nuevo y lo Bueno

Una buena forma de establecer lazos de unión y mantener un alto nivel de entusiasmo dentro de los miembros del grupo es que cada uno comparta una historia de éxito. Inclusive los más mínimos éxitos alcanzados desde la última reunión harán que los demás vean que el proceso funciona y que su compromiso con el grupo debe ser constante.

Paso 3: Negociar el Tiempo

Aunque el tiempo semanal normalmente asignado, puede ser de diez a quince minutos por persona, puede haber momentos en los que uno de los participantes necesite más tiempo en una determinada sesión para exponer una situación especialmente difícil. Durante este paso, los integrantes que crean requerirlo pueden pedir tiempo adicional. Es posible que otros miembros del grupo también hayan tenido sus propios éxitos durante la semana y requieran más tiempo. Puede haber otros que quieran donar todo su tiempo asignado porque no tienen nada que decir. A través de la persona encargada de controlar el tiempo, quien actuará como árbitro, cada cual negocia el tiempo que cree que necesitará.

Durante este paso de negociación, se oirán con frecuencia comentarios como "Acabo de perder a mi asistente y necesito tiempo para hablar de eso." ... "Quiero leerles esta nueva propuesta que he escrito y que me den su opinion." ... "Debo encontrar una imprenta cerca de la parte este de la ciudad y no sé como buscarla."

Una vez terminado el proceso de negociación, cuando todos hayan acordado el horario, comienza la reunión sin más demora, y la persona encargada de controlar el tiempo garantizará que todos cumplan con el tiempo que les ha sido asignado. Si las necesidades del algunos miembros del grupo no reciben atención, se corre el riesgo de que dejen de participar. Hay algunos—los "dominadores" o los "necesitados"—que pueden monopolizar la reunión o convertir la presentación de sus ideas de posibles soluciones en un discurso de carácter personal.

Paso 4: Cada Uno de los Miembros Habla Mientras el Grupo Escucha y va Imaginando Soluciones

¿Qué tipo de comentarios se pueden esperar durante una reunión de mentes maestras? "Necesito contactos." ... "Necesito referencias." ... "No se qué hacer con este nuevo aspecto de mi negocio." ... "Estoy buscando un experto que me ayude a desarrollar esta idea." ... "Necesito que abra para mí su archivo de tarjetas Rolodex." ... "Necesito conseguir esos $40,000." ... "Necesito asesoría sobre cómo manejar el servicio al cliente."

Cuando se cumple el tiempo asignado para presentar la explicación, analizar el problema y proponer ideas, la persona encargada de controlar el tiempo dice: "¡Terminó su tiempo!" y el grupo procede a escuchar las necesidades del siguiente participante.

Las discusiones pueden ser de carácter personal o profesional, no importa. Mientras todos los miembros obtengan resultados valiosos permanecerán involucrados en el grupo. Si ven que les ofrece una oportunidad que vale la pena, todos querrán que usted este allí. Podrá ver que el grupo tiende a pasar por distintas fases. Empezarán en un estilo bastante empresarial, pero a medida que se vayan conociendo y vayan profundizando en los retos de carácter personal como por ejemplo: "Mi esposa y yo tenemos problemas" o "mi hijo está consumiendo drogas" o "acabo de perder mi trabajo," se irán desarrollando vínculos personales especiales. Tanto usted como los demás participantes pueden servirse del grupo en la forma que deseen.

Paso 5: Comprometerse a Esforzarse al Máximo

Cuando los participantes cumplan el tiempo asignado para presentar, analizar, proponer ideas y obtener retroalimentación, el encargado de controlar el tiempo le pedirá a cada uno que exprese verbalmente su compromiso de hacer algo—antes de la próxima reunión—para avanzar hacia el logro de su meta. Algo que cada persona se comprometerá a lograr antes de la próxima reunión. Ese compromiso debe representar un esfuerzo.

Podría ser el resultado de lo que ha escuchado en el grupo ese día: "Bien, haré tres llamadas para contratar un nuevo vendedor, llamaré a John Deerfield de Consolidated y le ofreceré nuestro nuevo servicio."

Este compromiso garantiza que todos avancen constantemente hacia el logro de sus metas, que es, en último término el beneficio que se busca con el grupo de mentes maestras.

Paso 6: Un Momento de Agradecimiento para Terminar

La reunión puede terminar con una oración en grupo para expresar agradecimiento, cada persona del grupo podrá ir diciendo, por turno, algo que desee agradecer a otro miembro del grupo. Se puede terminar también con el ejercicio de "lo que me gustaría decir es" que se describe en el Principio 49 ("Sostenga una Conversación de Corazón a Corazón"), páginas 356 a 362.

Paso 7: Ser Responsables

Cuando el grupo se reuna de nuevo en una semana, cada uno compartirá algo relacionado con la meta que se fijó en la reunión anterior. ¿Todos hicieron algo de lo que se habían propuesto? ¿Lograron su objetivo?

Se dará cuenta de que uno de los verdaderos valores de un grupo de mentes maestras es el factor de la responsabilidad, otros miembros del grupo estarán comprobando que usted cumpla realmente los compromisos expresados. Se logra mayor productividad cuando cada uno se compromete a cumplir en una fecha límite y se obliga a responder. Lo cierto es que si se sabe que para la semana siguiente tiene que haber cumplido el compromiso que está haciendo, hará cuanto esté a su alcance para asegurarse de que sea así. Es una forma de garantizar que podrá lograr mucho más.

SOCIOS EN RESPONSABILIDAD

En vez de hacerlo con un grupo de mentes maestras, puede elegir trabajar con lo que yo llamo un "socio en responsabilidad." Cada uno se compromete a fijar metas que quiere lograr y a comunicarse periódicamente por teléfono para hacerse mutuamente responsables del cumplimiento de sus fechas límite para el logro de sus metas o de las acciones orientadas a alcanzarlas.

Acuerden llamarse cada semana o cada tercer semana para asegurarse de que estén cumpliendo los planes de acción propuestos. Saber que tendrá que rendir cuentas a otro es una motivación más para cuumplir lo que se ha comprometido a hacer. Saber que el jueves tendrá que hablar con su socio en responsabilidad hará que el miércoles sea un día especialmente productivo.

Además, puede pedirle a su socio que comparta sus ideas, su información, sus contactos y sus recursos con usted. Puede comentarle la idea que se le ha ocurrido y pedirle retroalimentación al respecto: "¿Qué opinas? ¿Tu qué harías?" Tal vez su socio esté dispuesto a llamar a alguien para recomendarlo a usted, o tal vez le de el nombre de un contacto, o le envíe un correo electrónico con alguna información que pueda tener sobre el tema.

Un socio en responsabilidad puede ser alguien que le dé animo cuando esté a punto de desistir como resultado de los obstáculos, distracciones, inconvenientes, o, inclusive, mejores oportunidades que se le presenten. La clave para una relación de responsabilidad exitosa es elegir una persona que esté tan empeñada como usted en lograr sus metas. Alquien que esté tan comprometido con alcanzar el éxito como usted.

OTROS TRES RECURSOS PARA EMPRESARIOS Y DIRECTORES EJECUTIVOS

Otras dos organizaciones valiosas que ofrecen oportunidades de unirse a grupos de mentes maestras con otros empresarios son: Entrepreneurs Organization, TEC (fundada originalmente como The Executive Committee), y Young Presidents' Organization. Ambas tiene grupos de apoyo locales que se reúnen cada mes así como reuniones nacionales y regionales y ofrecen experiencias muy útiles y educativas. He colaborado para dos de estas organizaciones y todas las personas que forman parte de ellas, que he tenido la oportunidad de conocer, se han mostrado entusiastas con los beneficios tanto profesionales como personales que han obtenido. Puede encontrar información sobre estos grupos en los siguientes sitios Web: www.yeo.org, www.teconline.com, y www.ypo.org.

INDAGUE EN SU INTERIOR

Quienes se dedican a investigar la actividad del cerebro calculan
que la base de datos del inconsciente supera la de la conciencia
en un orden mayor de diez millones a uno.
Esta base de datos es la fuente de su ingenio natural oculto.
En otras palabras, una parte de usted es mucho más inteligente que usted.
Las personas sabias consultan constantemente a la parte más inteligente.

MICHAEL J. GELB
Autor de *How to Think Like Leonardo da Vinci*
(Cómo Pensar Como Leonardo da Vinci)

Según una antigua leyenda, hubo un tiempo en el que los hombres comunes y corrientes tuvieron acceso a todo el conocimiento de los dioses. No obstante, ignoraron este conocimiento una y otra vez. Un día, los dioses se cansaron de conceder de forma tan gratuita un regalo que las personas no utilizaban, por lo que decidieron esconder esta preciosa sabiduría donde sólo los más persistentes la encontrarán. Pensaron que si las personas se veían obligadas a esforzarse por encontrar esta sabiduría, la utilizarían con más prudencia.

Uno de los dioses sugirió esconderla en las profundidades de la tierra.

"No," dijeron los otros "muchos podrían cavar y encontrarla fácilmente."

"Pongámosla en el más profundo de los océanos," sugirió uno de los dioses, pero también esa idea fue rechazada. Sabían que algún día, las personas aprenderían a llegar a lo más profundo del mar y les sería muy fácil encontrarla.

Uno de los dioses sugirió esconderla en el pico más alto de las montañas, pero pronto aceptaron que las personas podían escalar montañas.

Por último, uno de los dioses más sabios sugirió:

Escondámosla en lo más íntimo de las personas mismas. "Jamás se les ocurrirá buscar allí."

Y así fue, y así sigue siendo.

CONFÍE EN SU INTUICIÓN

Para la mayoría, nuestra educación temprana y nuestra capacitación se centraron en enseñarnos a buscar fuera de nosotros las respuestas a nuestras interrogantes. Pocos hemos sido capacitados para buscarlas en nuestro interior, y, sin embargo, las personas de mayor éxito que he conocido a través de los años son aquellas que han desarrollado su intuición y han aprendido a confiar en sus sensaciones más íntimas y a seguir las indicaciones de su guía interior. Muchos practican algún tipo de meditación diaria para tener acceso a esa voz en lo más íntimo de su ser.

Burt Dubin, el exitoso inversionista de bienes raíces, creador del Speaking Success System (Sistema para Alcanzar el Éxito como Orador), utilizado por oradores del mundo entero, lo sabe todo acerca de confiar en la intuición. Por algún tiempo había estado intentando comprar una propiedad de cuatro esquinas en Kingman, Arizona, sabía que sería una buena inversión, pero no había podido encontrar ninguna propiedad de esas características que estuviera en venta. Una noche se acostó como de costumbre, pero a las 3:00 a.m. se despertó con un mensaje interior que le decía que debía ir a Kingman, Arizona ¡ahora mismo!

Burt pensó que era algo muy extraño, porque la víspera, había hablado con un vendedor de bienes raíces en Kingman que le había dicho que no había propiedades de cuatro esquinas en lista para la venta. Sin embargo, porque había aprendido a confiar en sus mensajes internos Burt se fue de inmediato en su automóvil a mitad de la noche, y llegó a Kingman a las 8:00 a.m. Fue al Howard Johnson's, compró un periódico y lo abrió en la sección de bienes raíces, allí vio que había una propiedad de cuatro esquinas para la venta. Fue directamente a la oficina de bienes raíces a las 9:00 a.m. y a las 9:15 tenía la propiedad en fideicomiso.

¿Cómo es posible? Había llamado el día anterior y no había ninguna propiedad de cuatro esquinas para la venta. Pero a las 4:30 p.m., de ese mismo día, el dueño había llamado de Nueva York para vender su propiedad porque necesitaba el dinero. Debido a que ya era muy tarde para que la propiedad apareciera en las distintas listas, pero consciente de que el periódico no cerraba hasta las 5:00 p.m., el vendedor de bienes raíces había llamado a esa hora a ordenar el aviso.

Gracias a que Burt había confiado en su "vocecita interior" logró adquirir esta excelente propiedad antes de cualquiera otra persona supiera que estaba disponible.

Cuando el magnate de negocios Conrad Hilton, fundador de la Hilton Hotel's Corporation, quería comprar la Stevens Corporation, presentó una oferta sellada por $165,000. A la mañana siguiente, cuando despertó con la cifra de $180,000 en la cabeza, cambió sin demora su oferta y así adquirió la compañía y obtuvo una ganancia de $2 millones. ¡La oferta más próxima a la suya fue de $179,800!

Ya se trate de un inversionista de bienes raíces que oye una voz a medianoche, de un detective que resuelve un caso archivado porque tiene una intuición y la sigue, de un inversionista que sólo supo cuándo salir del mercado, o de un jugador de fútbol capaz de intuir la próxima jugada, las personas de éxito confían en su intuición.

También usted puede utilizar su intuición para hacer dinero, tomar mejores decisiones, resolver más rápidamente los problemas, librar su genio creador, discernir los motivos ocultos de las personas, imaginar un nuevo negocio y desarrollar planes y estrategias de negocios que den excelentes resultados.

TODOS TENEMOS INTUICIÓN—SÓLO HAY QUE SABER DESARROLLARLA

Todos los recursos que necesitamos están en la mente.

THEODORE ROOSEVELT
Vigésimo sexto presidente de los Estados Unidos

La intuición no es algo reservado a unos pocos ni a quienes tienen poderes psíquicos. Todos la tenemos y todos la hemos experimentado alguna vez. ¿Nunca le ha ocurrido estar pensando en su viejo amigo Juan y en ese momento suena el teléfono y es Juan que llama para decir que está pensando en usted? ¿Nunca se ha despertado a mitad de la noche con la certeza de que algo le ha ocurrido a uno de sus hijos, sólo para enterarse después que fue exactamente en ese momento cuando su hijo tuvo un accidente automovilístico? ¿Nunca ha sentido una sensación de calor en la nuca y al darse vuelta ha visto a alguien que lo mira fijamente desde el otro lado del salón?

Todos hemos experimentado este tipo de intuición. La clave está en saber cómo aprovecharla para alcanzar los mayores niveles de éxito.

CÓMO UTILIZAR LA MEDITACIÓN
PARA TENER ACCESO A SU INTUICIÓN

Hay un solo viaje: el viaje al interior de uno mismo.

RAINER MARIA RILKE
Poeta y novelista

Cuando tenía treinta y cinco años, fui a un retiro de meditación que cambió mi vida para siempre. Durante toda una semana permanecimos sentados meditando, de las 6:30 a.m. a las 10:00 p.m., con descansos sólo para comer y para caminar en silencio. Durante los primeros días, pensé que enloquecería. Me quedaba dormido, por años de sueño atrasado, o mi mente saltaba de un tema a otro e iba revisando cada experiencia de mi pasado, hacía planes para mejorar mis negocios y me preguntaba qué hacía allí sentado en un salón de meditación mientras todos mis conocidos estaban disfrutando de la vida.

Al cuarto día, ocurrió algo inesperado y maravilloso. Mi mente se calmó y me trasladé a un lugar desde donde podía observar todo lo que sucedía a mi alrededor sin juzgar ni relacionarme con nada. Percibía los sonidos, las sensaciones de mi cuerpo y una profunda sensación de paz interior. Los pensamientos seguían sucediéndose unos a otros, pero no al mismo ritmo ni en la misma forma. Era más profundos, lo que podríamos llamar visiones internas, una profunda comprensión y una gran sabiduría. Pude ver conexiones que nunca había notado antes. Entendí mis motivaciones, mis miedos y mis deseos a un nivel más profundo. Me vinieron a la mente soluciones creativas para algunos problemas que tenía en mi vida.

Me sentí relajado, tranquilo y consciente y vi las cosas con mucha más claridad que antes. Habían desaparecido las presiones por la necesidad de tener un buen desempeño, por demostrarme que lo podía hacer, por entenderme, por medirme en relación con una norma externa, por satisfacer las necesidades de los demás. Todo esto había sido reemplazado por un profundo sentido de ser y de mi propósito en la vida. Cuando me concentré en mis metas y deseos más profundos y anhelados, comenzaron a fluir a mi mente soluciones, ideas, imágenes claras de lo que tendría que hacer, de las personas con las que tendría que hablar, de las formas de superar cualquier obstáculo que pudiera encontrar. Fue algo mágico.

De esa experiencia aprendí que las ideas que necesitaba para llevar a cabo cualquier propósito, solucionar cualquier problema o lograr cualquier meta estaban a mi alcance, en mi interior. Desde entonces, no he dejado de utilizar este valioso conocimiento.

PRACTICADA CON REGULARIDAD, LA MEDITACIÓN INTENSIFICA LA INTUICIÓN

La práctica habitual de la meditación ayuda a eliminar las distracciones y enseña a reconocer los sutiles impulsos internos. Piense en unos padres que se sientan en un banco de un parque lleno de niños que ríen y se gritan unos a otros. Entre todo ese barullo, los padres pueden distinguir la voz de su hijo entre todas las demás voces que se escuchan en el parque.

Lo mismo ocurre con su intuición. A medida que medita, se va adentrando más en la espiritualidad, aprenderá a discernir y conocer mejor el sonido de su ser superior o la voz de Dios, que le habla a través de palabras, imágenes y sensaciones.

El intelecto tiene poco que ver en el camino hacia el descubrimiento.
Hay un momento en que la conciencia da un salto,
hacia algo que se llama intuición, o como quiera llamarlo,
y la solución aparece, sin saber cómo ni por qué.

ALBERT EINSTEIN
Físico y Premio Nobel

LAS RESPUESTAS ESTÁN EN EL INTERIOR

Cuando Mark Victor Hansen y yo estábamos a punto de terminar nuestro primer libro de *Chicken Soup for the Soul,*® no sabíamos aún cómo se iba a llamar. Debido a que tanto Mark como yo hacemos meditación, decidimos "consultar en nuestro interior." Todos los días durante una semana pedimos a nuestro guía interior que nos indicara cuál sería el título para que el libro fuera uno de los más vendidos. Mark se iba a la cama todas las noches repitiendo: "El título para el megabestseller" y se levantaba todas la mañanas para iniciar de inmediato la meditación. Yo me limité a pedirle a Dios que me diera el mejor título para el libro, y luego me sentaba, relajado, con los ojos cerrados, en estado de expectativa esperando pacientemente la respuesta.

A la tercera mañana, de pronto vi en mi mente una mano que escribía con claridad en un tablero las palabras *sopa de pollo.* Mi reacción inmediata fue: *¿Qué tiene que ver la sopa de pollo con nuestro libro?*

Oí que una voz en mi cabeza respondía: *Sopa de pollo era lo que de niño te daba tu abuela cuando estabas enfermo.*

Pero este libro no es sobre gente enferma, pensé.

El espíritu de las personas está enfermo, respondió mi voz interior. *Hay millones de personas deprimidas que viven temerosas y resignadas a que las cosas nunca van a mejorar. Este libro las inspirará y las animará.*

Durante los minutos restantes de esa meditación el título fue cambiando de *Sopa de Pollo Para el Espíritu* a *Sopa de Pollo Para el Alma* a *Sopa de Pollo Para el Alma: 101 Historias que Abren el Corazón y Reavivan el Espíritu.* Cuando escuché *Sopa de Pollo Para el Alma,* se me puso la carne de gallina. Desde entonces aprendí que cuando se me pone la carne de gallina es mi intuición que me dice que voy por el camino correcto.

Diez minutos después se lo conté a mi esposa y a ella también se le puso la carne de gallina. Luego llamé a Mark y a él le ocurrió lo mismo. Estábamos en el camino correcto, y lo sabíamos.

LA FORMA COMO SU INTUICIÓN SE COMUNICA CON USTED

Su intuición puede comunicarse con usted de muchas maneras. Puede percibir un mensaje en su interior en forma de una visión, o una imagen visual, mientras medita o sueña. Suelo recibir imágenes al momento de despertar cuando aún no me he levantado, mientras medito o recibo un mensaje o cuando estoy en la tina o bajo la ducha. Puede venir repentinamente, como un relámpago o puede ser más prolongada, como una imagen de algo que se va desarrollando como en una película.

Su intuición puede manifestarse como una premonición, una idea o una voz interior que realmente le dice *sí, no, hazlo, o todavía no.* Puede ser una sola palabra que resuena, una frase corta, toda una conferencia. Descubrirá que puede dialogar con esa voz para aclarar la información.

También puede recibir un mensaje de su intuición a través de sus sentidos físicos. Si el mensaje es uno de *cuidado, preste atención,* puede experimentarlo como un escalofrío, como una sensación de terror, de intranquilidad, de malestar en el estómago, como una opresión en el pecho, como una presión en las sienes o un dolor de cabeza, inclusive como un sabor amargo en la boca. Un mensaje positivo o un *"sí"* puede manifestarse como un estremecimiento que le pone la piel de gallina, mareo, calor, una sensación de expansión del tórax, o una sensación de tranquilidad, de alivio, de ausencia de tensión.

También podrá experimentar mensajes intuitivos en forma de otras sensaciones como intranquilidad, preocupación o confusión; o sensaciones de dicha, euforia o una profunda paz interior cuando la información es positiva. En otros momentos, es simplemente una certeza. ¿Cuántas veces a oído alguien decir: "No se cómo lo supe; sólo lo supe" o "lo sabía en mi interior" o "lo sabía en lo más profundo de mi alma."

Un indicador de que el mensaje proviene realmente de su intuición es que, con frecuencia, vendrá acompañado de un sentimiento de gran comprensión, de la sensación de que hay algo *correcto* en esa respuesta o impulso.

Otro indicador de que el mensaje que se recibe es correcto es una sensación de entusiasmo y pasión. Si está considerando un plan de acción o una decisión y sólo le deja una sensación de vacío de aburrimiento o de intranquilidad, es un claro mensaje que le indica: *No, por ahí no*. En cambio, si tiene una sensación de energía y entusiasmo, su intuición le está indicando que siga adelante.

TÓMESE EL TIEMPO DE ESCUCHAR

Es muy importante tomarse el tiempo de escuchar lo que le dice su intuición. Su más valiosa sabiduría intuitiva suele venir en los momentos en que se encuentra relajado y abierto a recibirla. Puede venir a través de una meditación normal o por las muchas formas de meditación informal que practicamos cada día, como al estar sentados al lado de una cascada o un arroyo, al mirar el mar o ver pasar las nubes, al mirar las estrellas, o estar sentados bajo un árbol con una suave brisa, mientras miramos fijamente el fuego de la chimenea o escuchamos música inspiradora, mientras corremos, practicamos yoga, u oímos el canto de los pájaros, cuando estamos bajo la ducha, cuando conducimos por la carretera, cuando vemos jugar a un niño o cuando escribimos en nuestro diario.

La intuición no es mística.

DR. JAMES WATSON
Premio Nobel y codescubridor del ADN

Podemos hacer meditación informal inclusive en forma abreviada a la mitad de un día muy agitado. Cuando necesite ayuda para tomar una decisión, tómese un descanso, respire profundo, reflexione sobre el problema, y deje que le llegue su impresión intuitiva. Preste atención a cualesquiera imágenes, palabras, sensaciones físicas o emociones que experimente. A veces verá que sus conocimientos intuitivos se harán presentes de inmediato en su conciencia. Otras veces pueden aparecer mucho después durante el día cuando menos lo espera.

PREGUNTE

Su intuición puede darle respuestas a cualquier cosa que necesite saber. Haga preguntas que comiencen con: "¿Debería..." y "¿qué debo hacer acerca de...?" y "¿cómo puedo...?" y "¿qué puedo hacer para...?" Puede consultar con su intuición cosas como:

- ¿Debo aceptar este trabajo?
- ¿Qué debo hacer para mejorar la moral en mi empresa?
- ¿Qué puedo hacer para aumentar este año las ventas?
- ¿Qué puedo hacer para asegurarme de obtener esta cuenta?
- ¿Debo casarme con esta persona?
- ¿Qué puedo hacer para reducir mi tiempo en la maratón?
- ¿Cómo puedo alcanzar mi peso ideal?
- ¿Qué debo hacer ahora para lograr mi independencia financiera?
- ¿Qué debo hacer después?

ESCRIBA LAS RESPUESTAS

Asegúrese de anotar de inmediato las impresiones que reciba. Las impresiones intuitivas suelen ser muy sutiles y, por consiguiente, se "evaporan" muy rápido. Asegúrese entonces de ponerlas por escrito lo antes posible. Las investigaciones recientes en el campo de la neurociencia indican que los conocimientos intuitivos—o cualquier nueva idea—que no capture en treinta y siete segundos, probablemente nunca se recuperará. En siete minutos, se habrá ido para siempre. Como dice mi gran amigo Mark Victor Hansen: "¡No lo piense, escríbalo!"

Siempre llevo conmigo una grabadora digital (uso una Olimpus Digital Voice Recorder DM–1, que recibe hasta diez horas de notas y conversaciones) cuando trabajo, y unas tarjetas de 3" × 5" y un bolígrafo en el bolsillo de mi chaqueta o en el bolsillo de mi camisa cuando no estoy trabajando.

Muchos logran captar mucho mejor esta información llevando un diario escrito. Tome cualquier pregunta para la que requiera una respuesta y comience a escribir al respecto. Escriba las respuestas a su pregunta o preguntas tan rápido como se le vayan ocurriendo. Se sorprenderá de la claridad que logrará con este proceso.

ACTÚE DE INMEDIATO

Preste atención a las respuestas que reciba y actúe de acuerdo con ellas tan pronto como le sea posible. Al actuar en respuesta a la información recibida se tienen más impulsos intuitivos. Con el tiempo irá adquiriendo este hábito, lo hará sin esfuerzo, a medida que lleguen las ideas, irá haciendo algo con ellas e ira aprendiendo a confiar más en usted y en su intuición, será algo automático.

Los expertos concuerdan en que la intuición funciona mejor cuando se tiene confianza en ella. Entre más crea en su intuición, más resultados verá en su vida.

Subrayo la importancia de prestar atención a la intuición, confiar en ella y seguirla. Confiar en su intuición es sólo otra forma de confiar en usted mismo, mientras más confíe en usted más éxito tendrá.

Recuerde que lo importante no es pensarlo, lo importante es escribirlo y hacer algo al respecto.

ELLA SUPO ESCUCHAR Y ACTUAR

Madeline Balleta es una persona muy espiritual. Para ella, indagar dentro de uno mismo significa hablar con Dios . . . y escuchar Sus respuestas.

En 1984, la vida de Madeline cambió en forma dramática—al igual que su camino hacia el éxito—cuando ella y sus amigos de la iglesia oraban por una solución para su fatiga y ella escucho *jalea real fresca.* Sin entender esta clara instrucción, investigó y descubrió que la jalea real era una sustancia comestible con la que las abejas obreras alimentan a la reina en sus panales, un líquido saludable y altamente nutritivo que apenas comenzaba a distribuirse en Inglaterra como suplemento nutricional.

Con el tiempo, Madeline empezó a mejorar, pronto, comenzó a orar para saber si, además de mejorarla, la jalea real podía servirle en alguna otra forma. *Inicia una empresa,* fue la respuesta a sus plegarias y así lo hizo.

Hoy, Bee-Alive es una compañía multimillonaria que ha distribuido productos nutricionales de jalea real a cientos de miles de personas en todo el país. Y a lo largo de este proceso, Madeline no ha dejado de orar pidiendo orientación y escuchando atentamente las respuestas.

"Creo que Dios me dio la visión, la inspiración, la fuerza y el valor para llevar todo esto a cabo," dice Madeline.

Por ejemplo, para el segundo año de operaciones de su negocio, los esfuerzos de Madeline habían producido pocos resultados. De hecho, con apenas un saldo de $450 en su cuenta bancaria, su contador le aconsejó que acabara con el negocio y se dedicara a otra cosa. Madeline, volvió de esa reunión, se encerró en su habitación y "lloró y oró y lloró y oró." Al tercer día, Madeline recibió la palabra *radio* y decidió jugarse el todo por el todo, e invirtió sus últimos $450 en diez comerciales de radio que le costaron $45 cada uno. En unos pocos días las ventas se estabilizaron. La emisora de radio, impresionada por su apasionado compromiso con su producto, eventualmente la entrevistó en uno de sus programas de opinión, y al regresar a su casa, supo que, mientras estaba en la entrevista, el cantante y artista discográfico Pat Boone había llamado a averiguar acerca de la jalea real y de cómo podría ayudar a su hija. Unos meses después Boone llamó de nuevo para decirle lo satisfecho que estaba con los resultados de la jalea real. Cuando le dijo, "Si algún día puedo hacer algo por usted me encantaría ayudarla," Madeline le pidió que le grabara tres comerciales de radio. Boone aceptó y pronto Bee–Alive estaba en 400 estaciones de radio de los Estados Unidos vendiendo millones de dólares.

¿Qué puede ocurrir cuando usted indague en su interior? Para Madeline Balleta, orar, escuchar en silencio y actuar en relación con lo que oyó, significó el desarrollo de una exitosa empresa que sirve a cientos de clientes satisfechos y a la creación de un estilo de vida que nunca hubiera imaginado para ella y para su familia.

OTRAS LECTURAS Y FUENTES

En Lecturas Recomendadas y Fuentes Adicionales (páginas 475–486) aparecen libros excelentes para ayudarle a seguir más su intuición.

CUARTA PARTE

Cree Relaciones Exitosas

Las relaciones personales son tierra fértil donde se cultivan todos los progresos, todos los éxitos, todos los logros en la vida real.

BEN STEIN
Escritor, actor y presentador de un programa de concursos

ESTÉ AQUÍ AHORA

Preste atención 100 veces. Piense las cosas 1,000 veces. Hable una vez.

FUENTE DESCONOCIDA

Hay una gran diferencia entre oír—es decir, limitarse a recibir comunicación—y realmente *escuchar,* que es el arte de prestar estrecha atención, esforzándose por entender la totalidad del mensaje que se está comunicando. A diferencia de oír lo que alguien relata, saber escuchar exige mantener contacto visual, observar el lenguaje corporal de la persona, pedir aclaraciones y detectar el mensaje tácito.

En la industria del periodismo, los reporteros se entrenan en el arte de entender, una técnica de entrevistar en la que los reporteros escuchan y entienden hasta el punto de poder hacer preguntas inteligentes, más profundas sobre la información que se les está dando. Saber escuchar atentamente es lo que permite elaborar buenos reportajes de noticias y la forma como muchos podemos mejorar nuestras relaciones. No es de sorprender que contribuya a garantizar la precisión y la imparcialidad, dos de las principales cualidades distintivas en un periodista, y dos requisitos básicos de cualquier relación.

VALE LA PENA SABER ESCUCHAR

Marcia Martin es una entrenadora ejecutiva. Uno de sus clientes, un primer vicepresidente de una importante entidad bancaria, le pidió que le ayudara a aumentar la eficiencia y el poder de las reuniones de su equipo. Se quejaba de no estar logrando los resultados deseados en las reuniones con su equipo directo de colaboradores. No traían el material adecuado, no estaban centrados en los temas correctos y no sabían expresarse en forma adecuada.

Cuando Marcia le preguntó qué hacía en las reuniones y cuáles eran los problemas, le respondió que siempre las iniciaba diciéndoles cuál era el propósito para el que se reunían, les indicaba los que él creía que eran sus puntos débiles y les decía qué era lo que quería que hicieran. Para cuando terminó de describir sus reuniones, ella ya había entendido que toda la reunión se limitaba a que él diera instrucciones a los miembros de su equipo.

Marcia le dijo: "Le aconsejaría empezar su reunión con una sola frase: 'El objetivo de esta reunión es permitirme saber quiénes son ustedes y qué necesitan de mí.' Después, podría permanecer callado y dejarlos que hablen y hablen hasta que se cansen. Si dejan de hablar, sólo dígales: 'Bien, y ¿qué más?' y déjelos seguir hablando."

Le explicó que, probablemente, las personas que trabajaban para él no habían tenido la oportunidad de expresar lo que sentían, lo que pensaban, las sugerencias que tenían ni sus interrogantes. Los estaba abrumando con demasiada información y con todas sus opiniones y, realmente, no los estaba escuchando. Le indicó que debía destinar dos horas para la reunión y estar dispuesto a no decir absolutamente nada, limitarse a tomar nota y a asentir con la cabeza, a estar presente y mostrarse interesado, pero no decir nada.

Tres días más tarde llevó a Marcia a un lado para decirle que había tenido la reunión más fantástica y efectiva de toda su vida. Había seguido sus instrucciones al pie de la letra, había escuchado como no lo había hecho nunca antes. Como resultado, los miembros de su equipo habían hablado, hablado y hablado y así él había podido saber más acerca de ellos, enterarse de lo que estaban haciendo, de lo que necesitaban y de lo que podía hacer por ellos, en esa sola reunión que en todas las reuniones anteriores que había tenido como ejecutivo.

DISCUTA MENOS Y ESCUCHE MÁS

En una ocasión, conocí a un fotógrafo de Nueva York que viajó por el mundo entero tomando costosas fotografías en diferentes localidades para clientes de renombre como Revlon y Lancôme. En un momento dado, me comentó que, a pesar de que les entregaba a los clientes exactamente lo que le habían pedido, quedaba perplejo al ver que no les gustaban los resultados finales. Aunque se tratara de las pirámides de Egipto, me dijo, le pedían que las repitiera.

De nada le había servido ponerse a la defensiva ni discutir con los clientes, aunque había seguido rigurosamente sus especificaciones. En cambio, eventualmente aprendió—después de perder varias cuentas lucrativas—que todo lo que tenía que hacer era decir: "Bueno, veamos si le entiendo bien. ¿Quiere más de esto y menos de eso? ¿Correcto? Bien, voy a volver a tomar las fotos y se las traeré de nuevo para que me diga si le gustan."

En otras palabras, aprendió a discutir menos con las personas que pagaban sus cuentas y a escuchar más, respondiendo y adaptándose a la retroalimentación que le daban, hasta dejarlos satisfechos.

MUÉSTRESE *INTERESADO* MÁS QUE INTERESANTE

Otra razón por la cual las personas no escuchan con atención es por preocuparse demasiado por que las consideren interesantes en vez de mostrarse interesadas en lo que dice su interlocutor. Creen que el camino del éxito es el de hablar sin parar, haciendo alarde de su experiencia o inteligencia con sus frases y comentarios.

La mejor forma de establecer una relación y ganarse a los demás, es mostrar verdadero interés en ellos, escucharlos con atención y verdadero deseo de conocerlos. Cuando quien nos habla se da cuenta de que nos interesamos por saber cómo y qué siente, se abrirá y estará más dispuesto a compartir más pronto con nosotros sus verdaderos sentimientos.

Esfuércese por desarrollar una actitud de curiosidad. Muestre curiosidad por los demás, por lo que sienten, por lo que piensan, por su forma de ver el mundo. ¿Qué esperan, qué sueñan, qué temen? ¿Cuáles son sus aspiraciones? ¿Cuáles son los obstáculos que enfrentan en sus vidas?

Si quiere que las personas cooperen con usted, que lo encuentren agradable, que sean sinceras, debe mostrarse *interesado*... en ellas. En vez de centrarse en usted, comience por centrarse en los demás. Fíjese en lo que *los* hace felices o infelices. Cuando piense más en los demás que en usted, sentirá menos estrés. Podrá actuar y responder de forma más inteligente. Aumentará su nivel de producción y gozará más. además, cuando se habitúe a mostrarse *interesado* en los demás, observará que las personas responderán a su interés por ellas. Buscarán su compañía, su popularidad aumentará.

UNA PREGUNTA PODEROSA

Durante el año que asistí al "Strategic Coach Program" (Programa de Capacitadotes Estratégicos) de Dan Sullivan, aprendí acerca de una de las herramientas de comunicación más poderosas que he conocido. Es una de las formas más efectivas de establecer contacto con alguien y crear un sentimiento de reciprocidad con la otra persona. Lo he utilizado tanto en el campo de los negocios como en mi vida personal. Se trata de un conjunto de cuatro preguntas:

---

46. Para más información sobre el programa de Dan Sullivan "Strategic Coach Program" o sobre sus excelentes libros y programas en audio visite www.strategiccoach.com.

1. Si nos encontráramos de nuevo en tres años ¿qué debería haber ocurrido en su vida para que usted estuviera satisfecho con su progreso?
2. ¿Cuáles son los principales riesgos que tendrá que enfrentar y resolver para lograr ese progreso?
3. ¿Cuáles serán las mayores oportunidades en las que tendrá que concentrarse y saber aprovechar para lograrlo?
4. ¿Qué fortalezas tendrá que reforzar y maximizar, y qué destrezas y recursos tendrá que desarrollar, que no tenga ahora, para poder aprovechar esas oportunidades?

Cerca de una semana después de conocer estas preguntas, me reuní con mi hermana Kim, quien es coautora de todos nuestros libros de *Chicken Soup for the Teenage Soul*® (Sopa de Pollo para el Alma de los Adolescentes). No me parecí que estuviéramos teniendo una buena conexión entre los dos. Así que decidí probar las preguntas que había aprendido.

Cuando le hice la primera pregunta, fue como si, por arte de magia, hubiera logrado abrir una puerta que hasta entonces había estado cerrada con llave. Comenzó a contarme todas sus esperanzas, todos sus sueños para el futuro. Pienso que debió hablar durante al menos por treinta minutos sin parar. Luego le hice la segunda pregunta. Esta vez su respuesta duró quince minutos. Yo no dije ni una palabra. Luego le hice las otras dos preguntas. Terminó de hablar como una hora después. Tenía una sonrisa de oreja a oreja y se veía excepcionalmente calmada y relajada. Me sonrió y me dijo: "Es la mejor conversación que he tenido en mi vida. Siento que aclaré mis ideas y logré enfocarlas mejor. Sé exactamente lo que debo hacer ahora. Gracias."

Fue sorprendente. Yo no había dicho nada, con excepción de las cuatro preguntas. Ella misma se había adentrado en por un proceso de aclaración con base en lo que le pregunté. Era evidente que no se lo habían planteado antes y que hacerlo conmigo le había permitido aclarar muchas cosas y tranquilizarse. Sentí que se había fortalecido nuestra relación. Creo que, hasta entonces, mi tendencia había sido, hasta cierto punto, indicarle lo que yo pensaba que debía hacer e interrumpir su propio proceso de autodescubrimiento, al no escuchar lo que ella tenía que decir.

Desde entonces, he utilizado estas preguntas con mi esposa, con mis hijos, con mi personal, con los clientes de mi empresa, con los clientes a los que asesoro, con los participantes potenciales de mis seminarios y con varios socios de negocios potenciales. Los resultados son siempre mágicos.

AHORA ES SU TURNO

Tómese el tiempo de anotar hoy mismo esas cuatro preguntas en una tarjeta y llévelas con usted. Practique todos los días preguntándoselas a alguien durante el almuerzo o la comida. Comience con sus amigos y también con los miembros de su familia. Se sorprenderá de todo lo que aprenderá y de cómo se estrecharan sus relaciones con ellos.

Utilice estas preguntas con todos los clientes o colegas de negocios potenciales. Cuando obtenga las respuestas, sabrá si hay o no una base para establecer una relación comercial. Sabrá si sus productos y servicios le pueden ayudar o no a alcanzar sus metas. Si encuentra alguna persona que no esté dispuesta a responder, no será alguien con quien le convenga hacer negocios, porque o no conoce su futuro o no lo puede prever, lo que hará que sea difícil ayudarle, o no desea responder, lo que significa que no hay confianza y, por lo tanto, no hay cimientos, no hay bases para establecer una relación.

Una última sugerencia: asegúrese de realizar el mismo proceso usted mismo. Plantéese estas cuatro preguntas, ya sea solo, escribiendo las respuestas, o verbalmente en compañía de un amigo o un compañero del grupo de mentes maestras. Es un ejercicio muy útil.

SOSTENGA UNA CONVERSACIÓN DE CORAZÓN A CORAZÓN

*La mayoría de las conversaciones parecen partidas de ping-pong
en donde las personas se limitan a prepararse a devolverle
al contrincante su próxima idea; sin embargo,
hacer una pausa para entender los distintos puntos de vista
y los sentimientos asociados con ellos puede lograr que aparentes
oponentes pasen a formar parte del mismo equipo.*

CLIFF DURFEE
creador del proceso de *The Heart Talk*
(La Conversación de Corazón a Corazón)

Desafortunadamente, son demasiados los ambientes empresariales, educativos y de otra índole en los que no hay oportunidad de expresar ni escuchar los sentimientos, de modo que se acumulan hasta el punto en el que las personas pierden la capacidad de centrarse en el tema del momento. No queda espacio disponible por exceso de estática emocional. Es como tratar de echar más agua en un vaso que ya está lleno. Hay que derramar primero el agua vieja para que quepa la nueva.

Lo mismo ocurre con las emociones. Para que las personas puedan escuchar, es necesario escucharlas primero. Tienen que expresar lo que las esté preocupando. Ya se trate de alguien que acabe de llegar a la casa después de un día de trabajo, ya sea un padre que está viendo el informe de notas de su hijo donde sólo tiene calificaciones de C, un vendedor que intente vender un nuevo automóvil, o un director ejecutivo que supervise la fusión de dos empresas, primero hay que permitir que los demás expresen sus necesidades y deseos, sus esperanzas y sus sueños, sus miedos y sus temores, sus tristezas y dolores, antes de hablarles de los suyos. Así, tendrán campo para poderlo escuchar y captar lo que tiene que decirles.

¿QUÉ ES UNA CONVERSACIÓN DE CORAZÓN A CORAZÓN?

Una Conversación de Corazón a Corazón es un proceso de comunicación muy estructurado en donde se cumplen a cabalidad ocho compromisos para crear un entorno seguro que permita desarrollar una comunicación profunda sin temor a tener que enfrentar juicios, consejos no solicitados, interrupciones, ni prisas. Es una poderosa herramienta que se utiliza para sacar a la superficie emociones inexpresadas, que, de otra forma, podrían impedir que la persona estuviera totalmente presente durante la discusión del asunto que se va a tratar. Se puede utilizar en el hogar, en los negocios, en el aula de clase, con los equipos deportivos y en ambientes religiosos para desarrollar lazos de unión, comprensión e intimidad.

CUÁNDO UTILIZAR UNA CONVERSACIÓN DE CORAZÓN A CORAZÓN

Las conversaciones de corazón a corazón son útiles:

- Antes o durante una reunión de personal
- Al comienzo de una reunión de negocios donde dos grupos nuevos se reúnen por primera vez
- Después de un evento de alto contenido emocional como, por ejemplo, una fusión, una reducción masiva de personal, la muerte de un ser querido, una importante derrota en atletismo, un resultado financiero negativo inesperado, o inclusive una tragedia como los ataques terroristas del 11 de septiembre de 2001
- Cuando hay conflicto entre dos personas, grupos o departamentos
- En forma periódica en el hogar o en el aula de clase para crear un nivel de comunicación e intimidad más profundo

CÓMO LLEVAR A CABO UNA CONVERSACIÓN DE CORAZÓN A CORAZÓN

Una Conversación de Corazón a Corazón se puede llevar a cabo con grupos de dos a diez personas. Los grupos más grandes tendrán que dividirse en grupos más pequeños, con un máximo de diez personas cada uno; si el grupo es más grande, el factor de confianza y seguridad tiende a disminuir y, además, el proceso puede tomar mucho tiempo.

La primera vez que tenga una Conversación de Corazón a Corazón, comience por explicar que vale la pena utilizar ocasionalmente una infraestructura de comunicación que garantice un nivel más profundo de atención. La estructura de este tipo de conversación crea un espacio seguro, libre de juicios, que promueve la expresión—más constructiva que destructiva—de los sentimientos que, de no expresarse, podrían bloquear el trabajo en equipo, la sinergia, la creatividad y la intuición, vitales para la productividad y el éxito de cualquier empresa.

PAUTAS PARA UNA CONVERSACIÓN DE CORAZÓN A CORAZÓN

Comience por pedir a los participantes que se sienten en un círculo o alrededor de una mesa. Presente los acuerdos básicos los siguientes:

- Sólo habla la persona que tenga el corazón en la mano.
- No se juzga ni critica nada de lo que cualquiera haya dicho.
- Se pasa el objeto hacia la izquierda una vez que termine el turno de cada cual.
- Se habla de la forma como uno se siente.
- Se respeta el carácter confidencial de la información.
- Nadie se retira del lugar hasta que la conversación haya terminado.

Si hay tiempo suficiente, una Conversación de Corazón a Corazón termina naturalmente una vez que el corazón ha dado la vuelta por todo el círculo, y nadie tiene nada más que decir.

Se pide al grupo que exprese su conformidad con las normas, que son muy importantes para garantizar que la conversación no se deteriore y pierda su valor. Debido a que sólo habla la persona que sostiene el objeto en la mano, se recomienda, por lo general, esperar a que dicha persona termine de hablar para recordar a todos los presentes ciertas reglas que deben tenerse en cuenta. Otra opción es tener un acuerdo escrito, en papel o en un tablero para poder recordarles las reglas con sólo señalarlas en caso de que a alguien se le olviden. Debe completarse al menos una vuelta por la totalidad del grupo—para que cada persona tenga la oportunidad de hablar—o debe establecerse un límite de tiempo (por ejemplo, de quince a treinta minutos; o más tiempo para los temas con un alto contenido emocional) y continuar dando la vuelta, en orden, respetando el turno de cada uno, hasta que termine el tiempo asignado para la reunión o hasta que nadie tenga nada más que decir.

Se puede utilizar cualquier objeto para irlo pasando de mano en mano—una pelota, un pisapapel, un libro, cualquier cosa que todos los demás participantes puedan ver. He visto usar de todo, desde un juguete de peluche (en una reunión de directivos de un hospital), hasta un bate de béisbol (en una reunión de un equipo de béisbol universitario) un casco de fútbol americano (en una reunión de un equipo de fútbol de un campeonato estatal) y un bastón de mando de los nativos norteamericanos (durante una excursión en balsa por un río, organizada por una empresa). En realidad, prefiero utilizar los corazones de peluche rojo que vende Cliff Durfee, el creador del método de la Conversación de Corazón a Corazón, que se pueden comprar en su sitio Web,[48] porque así todos se acuerdan de que lo que se está escuchando proviene del corazón de cada cual, y que el propósito es llegar al corazón del tema en cuestión.

RESULTADOS QUE PUEDEN ESPERARSE DE UNA CONVERSACIÓN DE CORAZÓN A CORAZÓN

¿Qué resultados pueden esperarse de una Conversación de Corazón a Corazón?

- Mejorar la capacidad de escuchar
- Lograr la expresión constructiva de los sentimientos
- Mejorar las destrezas en la solución de conflictos
- Mejorar la capacidad de librarse de los resentimientos y de los antiguos problemas
- Fomentar la comprensión y el respeto mutuos
- Fortalecer el sentido de relación, unidad y lazos de amistad

Uno de los usos más valiosos de las Conversaciones de Corazón a Corazón, en mi concepto, fue el que tuvimos durante un entrenamiento de una semana que dirigí para 120 administradores de escuela en Bergen, Noruega. Estábamos a punto de comenzar la sesión de la tarde, cuando alguien dió la noticia de que uno de los participantes en el taller había muerto en un accidente de tránsito durante la hora de almuerzo. Todo el grupo quedó impre-

---

48. Para más información, recomiendo visitar el sitio Web www.livelovelaugh.com y obtener una copia del libro Heart Talk, por sólo $5.95. Cada libro trae en su interior un corazón de cartón grueso rojo brillante, con los ocho acuerdos claves impresos en el anverso y sirve de práctico recordatorio antes de iniciar una Conversación de Corazón a Corazón, si usted es educador, también hay toda una guía curricular para el aula de clase sobre este tema bajo el título *More Teachable Moments* (Más Momentos Adecuados para la Enseñanza).

sionado y conmovido. Habría sido imposible continuar con la agenda, entonces, dividí la clase en grupos de seis y les indiqué las normas para realizar una
Conversación de Corazón a Corazón. Les dije que siguieran pasando el corazón de mano en mano hasta que todos los integrantes del grupo dijeran dos
veces seguidas, "paso," lo que indicaba que ya no había nada más que decir.

Los grupos hablaron y lloraron por más de una hora. Todos hablaron
de su tristeza, de su propio sentido de mortalidad, de lo preciosa y fugaz
que es realmente la vida, de lo aterradora que puede ser en ocasiones y de la
importancia de vivir el momento, porque no tenemos garantizado el futuro.
Tomamos después un corto receso y pudimos reanudar las actividades pro-
gramadas. Las emociones que estaban presentes, habían sido compartidas.
El grupo estaba listo para concentrarse de nuevo en el material que yo había
ido a enseñarles.

UNA CONVERSACIÓN DE CORAZÓN A CORAZÓN
SALVÓ EL NEGOCIO DE LA FAMILIA

James era dueño de un pequeño negocio de familia con el que se había ganado
la vida durante años. Su esposa y sus dos hijos, ambos casados y con niños,
trabajaban también como empleados de la empresa. Al menos una vez a la semana, se reunían para una gran cena y James se esforzaba por mantener la
unidad de su familia en expansión. Tenía la esperanza de que cuando se jubilara, el negocio de familia continuaría proveyendo el sustento de todos los
miembros de su gran familia.

Aunque, a primera vista, parecía un plan excelente, siempre había habido
rivalidad y competencia entre los dos hijos, y cuando sus esposas empezaron
a trabajar en la empresa, la unidad comenzó a debilitarse. Se reprimían los resentimientos por detalles de poca importancia, supuestamente para mantener
la paz, pero luego salían a la superficie en forma de comentarios sarcásticos e
inesperadas explosiones de ira. Cuando los dos hijos se dieron un par de golpes, James se dio cuenta de que tenían que hablar para despejar el ambiente.
Pero tenía miedo de que la situación pudiera volverse aún más explosiva, a
menos que establecieran unas sólidas reglas de base, por lo que decidió utilizar la estructura de una Conversación de Corazón a Corazón.

Sentado en un amplio círculo, después de su cena familiar, el grupo estaba
inusualmente callado, sin saber qué esperar. James comenzó por ponerlos a
todos de acuerdo en ceñirse a un conjunto de ocho reglas para el desarrollo de
la conversación. Al comienzo, el corazón fue pasando de mano en mano sin
que hubiera mucho que decir. Durante la segunda vuelta, uno de los hijos
expresó su ira y cuando el corazón llegó al otro hijo, salió a la superficie una

hostilidad aún mayor, sin embargo, era claro que ninguno iba a violar las reglas, a abandonar iracundo la reunión ni a lanzar objetos.

No fue una conversación fácil y, a veces, era evidente que todos hubieran preferido estar haciendo cualquier otra cosa, aunque fuera lavar los platos. Pero a medida que el corazón siguió recorriendo el círculo, todos comenzaron a tener la experiencia de haber sido escuchados y la hostilidad comenzó a disiparse. Luego una de las nueras comenzó a llorar y les confesó que ya no soportaba más tantos roces en la familia y en la empresa, ya no podía resistirlo. Les dijo que algo tenía que cambiar. Y en ese momento algo cedió y todos en el grupo comenzaron a llorar. A medida que el corazón siguió dando la vuelta la tristeza fue pronto reemplazada por el reconocimiento de su amor unos por otros y de las cosas por las que estaban agradecidos.

Aunque nunca se podrá saber a ciencia cierta, James considera que, la Conversación de Corazón a Corazón fue, probablemente, el aspecto clave que salvó su negocio, su familia y su salud mental.

"LO QUE QUISIERA DECIR"
AHORRA MILLONES DE DÓLARES

Mi amigo, Marshall Thurber es un entrenador y consultor empresarial que, durante más de treinta años, ha enseñado a muchos cómo crear y proteger sus fortunas. Desde hace poco ha venido trabajando con Lee Broker de Empowered Wealth para ayudar a las familias extremadamente ricas a aprender a manejar debidamente su dinero y pasarlo con responsabilidad a la siguiente generación. Marshall utiliza una simple variación de la Conversación de Corazón a Corazón, que él llama el ejercicio de "Lo que Quisiera Decir," que da resultados sorprendentes:

Comienzo cada reunión de negocios pidiendo a todos que empiecen por responder esta pregunta. "¿Qué quisiera decir para desahogarse y poder estar aquí?" Una de las claves del éxito del proceso es que nadie puede hacer comentarios sobre lo que se está diciendo. Todos tienen que esperar hasta que la persona que está hablando termine y diga: "Gracias," para luego pasar a la siguiente persona del grupo. El grado de energía que se desarrolle en el grupo de indica si es necesario dar una segunda vuelta. A veces, podemos dar dos vueltas. Cualquiera puede pasar si ya ha dicho todo lo que desea y está allí presente.

He estado trabajando con una familia extremadamente rica, que tiene cientos de millones de dólares pero es totalmente disfuncional. Los hijos no se hablaban con sus padres y los estaban "castigando" al impedir que sus propios hijos hablaran con sus abuelos. La enemistad, la total incapacidad de comunicarse, y la falta de cooperación le estaban costando a esta familia ¡decenas de millones de dólares!

Los reuní a todos y les dije: "Miren, es evidente que todos tienen una enorme carga emocional proveniente del pasado, y hay muchos aspectos importantes sin resolver, pero si no podemos reunirnos y resolverlos en el presente, no hay razón para seguir intentando crear un nuevo y mejor futuro."

Cuando les propuse que hiciéramos el ejercicio de "Lo que Quisiera Decir," todos pensaron que sería una total pérdida de tiempo, pero por último, los convencí... ¡y terminamos haciéndolo durante cuatro horas! No fue sólo una vuelta; fue vuelta tras vuelta tras vuelta. Pero cuando se terminó el tiempo, se amaban unos a otros hasta el punto en el que ahora han aceptado trabajar con el equipo de Empowered Wealth para crear una forma nueva y más consciente de manejar entre todos la fortuna de la familia. La situación todavía está lejos de ser perfecta, pero la familia pasó de una total incapacidad de comunicarse a poder estar totos presentes. Y de ese nivel de presencia total surgieron dos poderosos acuerdos de familia: "primero la familia" y "juntos lo hacemos mejor." Eso fue lo que hicimos, pero nos tomó todo el día. Si no hubiéramos hecho el ejercicio de "Lo que Quisiera Decir," esta familia no habría tenido solución posible. ¡Ninguna en lo absoluto!

El milagro es que, una vez que uno se hace presente, bajo toda esa ira, resentimiento y desconfianza, sólo hay amor. Sobre una base de amor, se puede crear cualquier cosa.

NO DEMORE EN DECIR LA VERDAD

En caso de duda, diga la verdad.

MARK TWAIN
Autor de varios libros clásicos de ficción norteamericanos

Muchos, evitamos decir la verdad porque es incómoda. Tememos las consecuencias: hacer sentir mal a los demás, herir sus sentimientos, o despertar su ira. Sin embargo, cuando no decimos la verdad, y no nos la dicen, no podemos manejar las cosas basados en la realidad.

Todos hemos oído la frase que dice: "La verdad os hará libres." Y lo hará. La verdad nos permite la libertad de manejar las cosas como son, no como las imaginamos ni como esperamos que sean ni como las podamos manipular con nuestras mentiras.

La verdad libera también nuestra energía. Se requiere esfuerzo para ocultar la verdad, guardar un secreto o simular constantemente.

¿QUÉ OCURRE CUANDO SE DICE LA VERDAD?

En mi seminario avanzado de cuatro días, realizo un proceso llamado Secretos. Es un ejercicio muy simple en el que dedicamos una o dos horas a contar nuestros secretos al grupo, esas cosas que imaginamos que si los demás las supieran, no nos querrían o no nos aceptarían. Invito a los participantes a que se pongan de pie y cuenten al grupo cualquier cosa que hayan estado ocultando y que luego se sienten de nuevo.

No hay discusión ni retroalimentación, sólo se comparte y se escucha. Comienza lentamente a medida que las personas van probando el agua con: "Hice trampa en mi examen de matemáticas de octavo grado" y "Robé una navaja en una tienda de baratijas cuando tenía catorce años." A medida que empiezan a darse cuenta de que a nadie le pasa nada malo, eventualmente los participantes se van abriendo y van mencionando aspectos cada vez más profundos y dolorosos.

Cuando ninguno tiene más que decir, pregunto al grupo si sienten menos aprecio o aceptación hacia alguno de los integrante. En todos estos años, nunca he oído un sí como respuesta.

Luego pregunto: "¿Cuántos se sienten aliviados de haberse librado de ese peso?"

Todos responden afirmativamente.

Después pregunto: "¿Cuántos se sienten más unidos a los otros integrantes del grupo?," de nuevo, todos levantan la mano. Se dan cuenta de que lo que habían estado ocultando no era tan terrible sino que, de hecho, era algo que también habían hecho otras personas del grupo. No eran los únicos, eran más bien parte de la comunidad humana.

Pero lo más sorprendente es lo que informan algunos durante los días siguientes.

Desaparecen las migrañas de toda una vida, el colon con espasmos se relaja y no se requieren medicamentos. Desparece la depresión y reaparece la alegría de vivir. De hecho, las personas se ven más jóvenes y vitales. Es sorprendente. Uno de los participantes contó que en los dos días siguientes había perdido cinco libras de sobrepeso. Sin duda, este hombre se libró de algo más que la información que había mantenido oculta.

Este ejemplo indica que ocultar la verdad consume una gran cantidad de energía que, al liberarla, se puede emplear en alcanzar mayores éxitos en todos los aspectos de nuestras vidas. Ya no necesitamos ser tan cautelosos, podemos ser más espontáneos y estar más dispuestos a mostrarnos como somos. Y al hacerlo, podremos compartir y actuar basándonos en datos de vital importancia para lograr resultados y hacer lo que hay que hacer.

¿QUÉ NECESITA COMPARTIR?

En todos los campos de la vida, hay tres cosas que necesitamos compartir más que cualquier otra: los resentimientos acumulados, las necesidades insatisfechas, de las que provienen los resentimientos, y nuestros juicios.

En la base de todo resentimiento hay necesidades y deseos insatisfechos. Cuando tenga un resentimiento contra alguien, pregúntese: *¿Qué deseo de esa persona que no esté obteniendo?* Y luego comprométase al menos a pedírselo. Como ya lo he dicho, lo peor que le puede pasar es obtener un no por respuesta. Es posible que obtenga un sí. Pero al menos la solicitud se hará abiertamente.

Una de las prácticas más valiosas, aunque más difícil para muchos, es decir la verdad cuando resulta incómoda. Casi todos nos preocupamos tanto por la posibilidad de herir los sentimientos de los demás que no compartimos nuestros verdaderos sentimientos; y somos nosotros quienes, en último término, nos herimos.

DECIR LA VERDAD REPORTA DIVIDENDOS

Poco después de crear la Fundación para la Autoestima destinada a llevar mi trabajo al mundo de la educación sin fines de lucro, a las prisiones, a los servicios sociales y a otros grupos de población en riesgo, mi director, Larry Price, descubrió una licitación pública expedida por la Oficina de Educación del Condado de Los Angeles. Parece ser que más del 84 por ciento de las personas inscritas en el programa de orientación laboral de bienestar del condado no regresan al segundo día para empezar el programa de capacitación. El condado sabía que necesitaba un programa de orientación que representara una esperanza para estas personas y las motivara a recibir la capacitación completa y así lograr un mejor nivel de vida para ellos y sus familias.

Sabíamos que podíamos diseñar un programa que cumpliera las especificaciones del condado, pero también sabíamos que no incluiría suficientes horas de contacto y refuerzo como para producir los resultados que el condado esperaba. Era evidente que el programa que el condado tenía previsto no daría resultado.

No obstante, deseosos por obtener el contrato de $730,000 y poder darle a la fundación los fondos que tanto necesitaba, elaboramos una extensa propuesta y trabajamos durante meses preparando una hermosa presentación. La víspera de la fecha de entrega trabajamos toda la noche terminando, imprimiendo y compaginando las numerosas copias que debían presentarse.

Debió haber sido una muy buena propuesta porque nos seleccionaron entre los tres finalistas y nos llamaron a las oficinas del condado para una entrevista personal y una presentación final.

Todavía recuerdo estar parado frente a las oficinas del condado diciéndole a Larry: "¿Sabes? no estoy seguro de querer ganar esta licitación. No importa qué tan bueno sea el programa que elaboremos, la forma como quieren estructurarlo no puede darles los resultados que esperan. Creo que deberíamos decirles las verdad. ¿Cómo podrían saber ellos la forma como debe estructurarse? No son expertos en motivación ¿Cómo pueden pedir algo que no entienden a cabalidad?"

Nos preocupaba que los funcionarios del condado pudieran, de alguna forma, sentir que los estábamos juzgando o criticando y que adjudicaran el contrato a otras personas. Era un riesgo enorme, sobre todo teniendo en cuenta la cantidad de dinero en juego. Pero decidimos decirles la verdad.

La reacción de los funcionarios del condado nos sorprendió. Después de escuchar nuestro punto de vista, decidieron contratarnos de todas formas *porque estuvimos dispuestos a decir la verdad.* Después de analizar lo que dijimos, estuvieron de acuerdo y consideraron que éramos los únicos que habíamos comprendido correctamente la situación a la que se enfrentaban.

Los resultados fueron tan fantásticos que, eventualmente, el programa que desarrollamos, GOALS, fue adoptado por otros programas de bienestar de distintos condados, por la Autoridad de Vivienda y Desarrollo Urbano, por Head Stara y como programa de preliberación para la prisión de San Quentin y varias otras prisiones.[49]

NO HAY UN "MOMENTO PERFECTO" PARA DECIR LA CRUDA VERDAD

Como lo descubrí con la Oficina de Educación del Condado de Los Angeles, decir la verdad representó la diferencia entre ganar o perder la licitación. Habríamos podido arriesgar nuestra integridad, pero en cambio decidimos decir la verdad de antemano y no *a posteriori.*

El aprender a decir la verdad sin demora es uno de los hábitos de éxito más importantes que pueda desarrollar. De hecho, tan pronto como empiece a pensar *cuál puede ser el mejor momento para decir la verdad,* ese será el momento de decirla.

¿Que resulta incómodo? Probablemente, ¿que va a producir reacciones? Sí. Pero es lo correcto. Acostúmbrese a decir la verdad sin demora. En último término, debe llegar a un punto en el que la diga tan pronto como la piense. Ese será el momento en el que habrá alcanzado la autenticidad total. Lo que uno ve es lo que obtiene. Todos sabrán cuál es su posición. Podrán contar con su sinceridad.

"NO QUIERO HERIR SUS SENTIMIENTOS"

Es frecuente que algunos recurran a la excusa de no querer herir los sentimientos de otro. Eso nunca es cierto. Si alguna vez piensa así, lo que estará haciendo será protegiéndose de sus propios sentimientos. Estará evitando lo que sentirá cuando la otra persona se moleste. Es la salida del cobarde y sólo retarda el momento en el que habrá que poner las cartas sobre la mesa.

Esto incluye contarle a los niños que se van a divorciar, que la familia se va para Texas porque papá tiene un nuevo empleo, que será necesario hacer

49. Para información sobre el programa GOALS, comuníquese con la Foundation for Self-Esteem en 6035 Bristol Parkway, Culver City, CA 90230. Teléfono: 310-568-1505.

un recorte de personal, que la familia no saldrá de vacaciones ese año, que habrá que poner a dormir para siempre a la mascota, que no va a poder entregar el pedido a tiempo como lo prometió, o que perdió los ahorros de la familia en un mal negocio en la bolsa de valores.

Esconder la verdad siempre va en detrimento propio. Entre más tiempo se oculte, mayor será el perjuicio para usted y para todos los interesados.

NO LE GUSTARÁ LO QUE TENGO
QUE DECIRLE, PERO...

No quiero a mi alrededor personas que siempre digan que sí.
Quiero que todos me digan la verdad, aunque les cueste el puesto.

SAMUEL GOLDWYN
Cofundador de los estudios de cine Metro-Goldwyn-Mayer

Marilyn Tam trabajaba como gerente de división supervisando las operaciones de los 320 almacenes para Miler's Outpost en 1986, cuando un amigo le dijo que Nike pensaba abrir su propio almacén y el director ejecutivo Phil Knight estaba interesado en contratarla para supervisar el proyecto. Nike estaba frustrada porque las tiendas de calzado deportivo como Foot Locker no estaban exhibiendo sus prendas deportivas de manera que presentaran la imagen adecuada de su estilo de vida. Dado que Marilyn pensó que trabajar para Nike sería una excelente oportunidad, hizo algunas investigaciones antes de su reunión y visitó varios almacenes que vendían prendas Nike para estar lista a presentar una propuesta a Phil sobre la forma de crear un almacén que Nike pudiera estar orgullosa de presentarle al mundo.

A medida que avanzaba en su investigación, descubrió dos cosas: el calzado era bueno, era funcional, durable, y su precio era justo. Pero las prendas deportivas eran desastrosas. Eran inconsistentes en calidad, tallas y durabilidad, y no había integración ni coordinación de colores. Más tarde supo que la línea de prendas deportivas de Nike había surgido como una adición en respuesta a una exigencia de los clientes de contar con más prendas deportivas que llevaran el logotipo de Nike. No se había pensado en absoluto como una línea coordinada. Nike sólo había comprado prendas deportivas ya en existencia y les había puesto su logotipo. La compañía obtenía estas prendas de distintos fabricantes, sin ninguna norma consistente en cuanto a tamaño, calidad o color. No era una imagen que realmente reflejara la marca.

El dilema de Marilyn era que su deseo de trabajar para Nike estaba en conflicto con su criterio profesional acerca de los productos. Temía que si le decía a Phil que el producto era inconsistente con la imagen de marca y que no debería estar en los almacenes, le negarían el puesto.

Cuando por último se reunió con Phil Knight en Oregon, tuvieron una animada conversación acerca del potencial del concepto del nuevo almacén. Pero a medida que avanzó la conversación, Marilyn se fue sintiendo cada vez más intranquila porque sabía que debía decirle la verdad acerca de la calidad de la mercancía y de su concepto de que los almacenes fracasarían si seguían con el proyecto sin antes crear una línea de productos estandarizada e integrada. Pero no se atrevía a hacerlo, por miedo de que en su afán por abrir los almacenes cuanto antes, él buscara otra persona que lo hiciera. Trascurridas dos horas, al fin se decidió a hablar y le dijo a Phil que los zapatos Nike eran excelentes, pero que si el concepto de los almacenes se iba a basar en el vestuario y los accesorios, aunque el vestuario representaba una mínima parte— sólo un 5 por ciento—del total de ventas de la compañía, ocuparía más de la mitad del espacio de exhibición de los almacenes. Le indicó que pensaba que los almacenes no tendrían éxito porque los productos no reflejaban lo que Nike representaba.

Confirmando su temor, el hecho de haber revelado sus ideas puso fin a la conversación de forma relativamente abrupta. Regresó a California, preguntándose si habría hecho lo correcto. Tenía la sensación de que probablemente habría perdido cualquier oportunidad de obtener un empleo allí, pero también sentía la satisfacción de haber dicho la verdad.

Dos semanas después, Phil Knight la llamó y le dijo que había reconsiderado lo que le había dicho, había hecho su propia investigación sobre la calidad de la mercancía y estaba de acuerdo con su evaluación de la situación. Le ofreció el puesto de primer vicepresidente de vestuario y accesorios. Le dijo: "Venga y arregle la mercancía; después abriremos los almacenes."

Como seguramente lo sabrá, el resto es historia. Aunque la decisión de esperar retardó la apertura de los almacenes Nike por dos años, la división de vestuario mostró un considerable crecimiento y el concepto de los almacenes ha ayudado a Nike a seguirse ampliando y a abarcar una mayor proporción de la imaginación de los norteamericanos.[50]

---

50. Recomiendo muy especialmente el inspirador libro de Marilyn *How to Use What You've Got to Get What You Want* (Cómo Utilizar lo que Tiene para Obtener lo que Quiere) (New York: Select-Books, 2004). En esta obra, comparte su extraordinaria vida y los principios del éxito que aprendió desde su nacimiento en una familia tradicional de Hong Kong hasta su meteórico asenso a los niveles ejecutivos del mundo empresarial internacional con empresas como Aveda, Reebok y Nike.

51

QUE SU LENGUAJE
SEA IMPECABLE

*La impecabilidad del lenguaje lo puede llevar a la libertad personal,
a un éxito sin precedentes y a la abundancia;
puede eliminar todos los miedos y trasformarlos en felicidad y amor.*

DON MIGUEL RUIZ
Autor de *The Four Agreements* (Los Cuatro Acuerdos) [51]

Muchos utilizamos el lenguaje hablado de manera poco consciente. Rara vez nos detenemos a pensar en lo que estamos diciendo. Nuestros pensamientos, opiniones, juicios y creencias fluyen sin la menor preocupación por el daño o el bien que puedan hacer.

Por otra parte, quienes alcanzan el éxito, son los amos de sus palabras. Saben que si no dominan los términos con los que se expresan, estos los dominarán. Son conscientes de lo que piensan, de lo que dicen, tanto de sí mismos como de los demás. Saben que para alcanzar un mayor éxito, tienen que utilizar palabras que promuevan la autoestima y la confianza, que contribuyan a establecer relaciones sólidas y construir sueños, palabras de afirmación, aliento, aprecio, amor, aceptación, posibilidad y visión.

Tener un lenguaje impecable significa hablar desde el nivel más alto del ser. Significa que se dicen las palabras con intención e integridad. Significa que las palabras que se pronuncian concuerdan con lo que se dice que se quiere lograr, con la propia visión y los sueños.

---

51. Deseo expresar mi agradecimiento a Don Miguel Ruiz, autor de *The Four Agreements* (Los Cuatro Acuerdos) por sus profundos conceptos sobre la impecabilidad del lenguaje que he incluido en este capítulo. Para mayor información, recomiendo muy especialmente la lectura de su libro.

SU PALABRA TIENE PODER

Cuando se expresa de forma impecable, sus palabras tienen poder no sólo para usted sino para los demás. Tener un lenguaje impecable significa usar sólo palabras que sean ciertas, que eleven el espíritu y que reafirmen el valor de los demás.

A medida que adquiere una forma de hablar impecable, irá descubriendo que las palabras son también la base de toda relación. La forma en cómo *yo le hable y cómo hable de usted* determina la calidad de nuestra relación.

LO QUE DIGA A *OTROS* CREA UN EFECTO DE ONDA EXPANSIVA EN EL MUNDO

Que ninguna palabra corrupta salga de vuestra boca,
sino la que sea buena para edificación,
para que dé gracia a los oyentes.

EFESIOS: 4:29
(Versión de la Biblia del Rey Jaime)

Las personas de éxito se expresan con términos de inclusión más que de separación, palabras de aceptación más que de rechazo y de tolerancia más que de prejuicio.

Si expreso amor y aceptación hacia usted, usted experimentará amor hacia mí. Si expreso juicio y desprecio, usted me juzgará a cambio. Si expreso agradecimiento y aprecio, usted me expresará agradecimiento y aprecio a cambio. Si expreso palabras de odio hacia usted, lo más probable es que usted me odie a cambio.

Lo cierto es que las palabras tienen una cierta energía o un cierto mensaje que crea una reacción en los demás, una reacción que, por lo general, se nos devuelve multiplicada. Si uno es rudo, impaciente, arrogante u hostil, puede esperar el mismo tipo de conducta negativa como respuesta.

Todo lo que se diga tiene un efecto en el mundo, todo lo que se diga a alguien tiene un efecto en esa persona. Hay que estar conscientes de que siempre estamos creando algo—ya sea positivo o negativo—con lo que digamos.

Pregúntese siempre: ¿Lo que estoy a punto de decir servirá para impulsar la causa de mi visión, mi misión y mis metas? ¿Servirá para elevar el espíritu del que escucha? ¿Inspirará, motivará y creará progreso? ¿Disipará los temores y creará seguridad y confianza? ¿Incrementará la autoestima, la confianza y la voluntad de arriesgarse y actuar?

DEJE DE MENTIR

Al igual que con la conducta negativa, cuando miente, no sólo se separa de su ser superior sino que corre el riesgo de que lo descubran y de debilitar aún más la confianza de los demás en usted.

Para la serie *Chicken Soup for the Soul®* tenemos la política de que, a excepción de los poemas e historias que son evidentemente parábolas o fábulas, todas las historias que publicamos en los libros de *Chicken Soup* son ciertas. Esto es importante para nosotros, porque si la historia es inspiradora, queremos que los lectores puedan decir, *si ellos pudieron hacerlo, yo también podré.*

Ocasionalmente, vemos que un contribuidor ha inventado una historia, simplemente la ha fabricado. Cuando nos enteramos de que eso es así, no volvemos a usar nunca historias de ese escritor. No confiamos en esos autores. Su palabra ha dejado de ser impecable.

En realidad, mentir es el producto de una baja autoestima, creer, por algún motivo, que ni usted ni sus capacidades son suficientes para lograr lo que quiere. Se basa además en la falsa creencia de que no puede manejar las consecuencias de que las personas conozcan la verdad acerca de usted, que no es más que otra forma de decir, *no soy suficiente.*

Cuando habla mal de alguien a cualquier otra persona, esta actitud puede crear un vínculo de unión transitorio con esa otra persona, pero crea también una imborrable impresión de que usted es una persona que tiende a expresarse en forma negativa de los demás. La otra persona siempre se preguntará—aunque sea en forma inconciente—cuándo utilizará ese veneno verbal en su contra. Se debilitará su sentido de confianza absoluta en usted.

LO QUE DIGA DE LOS DEMÁS ES AÚN MÁS IMPORTANTE

Si nos remontamos en la historia, todos los personajes más encumbrados y respetados y todos los maestros espirituales nos han advertido en contra de la murmuración y los juicios contra los demás. Se debe a que conocen realmente cuán nociva es la falsedad. Se han producido guerras por las palabras. Las palabras han destruido matrimonios.

No sólo eso, sino que murmurar y juzgar afecta también a quien lo hace, porque termina liberando un veneno a un río de energía que está diseñado para devolverle lo que realmente desea.

Aún sin que diga una sola palabra, los demás pueden captar sus juicios negativos y su energía crítica con relación a ellos. Así, lo que diga de otros encuentra la forma de llegar a oídos de la persona de la que usted está hablando. Es frecuente que personas que se preocupan por mí me llamen para decirme que alguien que conozco ha dicho algo negativo de mí. ¿Qué efecto tiene esto en mi relación con ellos? Crea una grieta imperceptible.

Además, he tenido que aprender, por experiencia, que cuando cuento un chisme acerca de alguien, (1) me hace sentir mal de inmediato, (2) centra mi atención en lo que *no* deseo en mi vida, en vez de producir más de lo que *sí* quiero y (3) es perder, literalmente, mis palabras. He aprendido que, en cambio, podría estar utilizando el poder de mis palabras para crear abundancia.

Para hablar de forma más impecable cuando se dirija a los demás:

- Comprométase a tener un lenguaje impecable al hablar con los demás.
- Esfuércese por encontrar algo que admirar en cada persona con quien interactúe.
- Comprométase a decir la verdad, de la mejor manera posibe, en todas sus interacciones y relaciones con los demás. Comprométase a hacerlo por un día, después por dos días seguidos, luego por toda una semana. Si falla, comience de nuevo. No deje de fortalecer ese músculo.
- Propóngase que cada interacción con los demás sirva para darles ánimo y entusiasmo, aunque sea de forma imperceptible. Fíjese como se siente al hacerlo.

Es frecuente que hagamos daño con lo que decimos porque nunca nadie nos enseñó el verdadero poder de las palabras.

EL CHISMORREO INÚTIL

Durante mi primer año como profesor de bachillerato en 1968, pude comprobar el poder del chismorreo inútil. El primer día de clases, entré a la sala de profesores, antes de que llegaran los alumnos y uno de los profesores mayores se me acercó y me dijo: "He visto que tiene a Devon James en su clase de historia americana. Lo tuve el año pasado. Es un verdadero terror. ¡Le deseo suerte!"

Puede imaginar lo que ocurrió cuando llegué al salón de clase y vi a Devon James. No le quitaba los ojos de encima. Vigilaba todos sus movimientos. Esperaba que mostrara las características de la idea que me había formado de él. Ya tenía una idea de lo que era, aún sin que hubiera abierto su boca. No cabe duda de que le estaba enviando alguna señal inconsciente: *sé que te gusta crear problemas.* Esa es la definición del *prejuicio,* prejuzgar a alguien antes de que realmente hayamos tenido la oportunidad de conocerlo.

Aprendí que nunca debía dejar que otro profesor—o nadie, para ese efecto—me dijera cómo era otra persona antes de tener la oportunidad de conocerla. Aprendí a confiar en mis propias observaciones. También aprendí que si trato a todos con respeto y con mi forma de hablar y mis actitudes les demuestro que espero mucho de ellos, casi siempre se portan a la altura de mis expectativas positivas.

El mayor costo del chismorreo es, claro está, que nos impide pensar con claridad. Quienes se comportan de manera impecable tienen una visión mucho más clara del mundo. Tienen conceptos mas claros y, por lo tanto, puede tomar decisiones y adoptar medidas más efectivas. En *The Four Agreements* (Los Cuatro Acuerdos), Don Miguel Ruiz compara el proceso del chismorreo con la liberación de un virus de computadora en el cerebro, que nos lleva a pensar cada vez con menos claridad.

Las siguientes son algunas formas prácticas de abandonar este hábito y no fomentarlo en los demás:

1. Cambiar de tema.
2. Hacer un comentario positivo sobre esa persona.
3. Abandonar la conversación.
4. Permanecer callado.
5. Decir abiertamente que no quiere participar en chismes acerca de otros.

EXAMINE SUS PENSAMIENTOS Y SUS SENTIMIENTOS

¿Cómo saber cuándo ha utilizado las palabras de forma impecable? Cuando se siente bien, satisfecho, feliz, tranquilo y en paz. Si no siente esto, examine sus pensamientos, su diálogo interior y su comunicación verbal y escrita con los demás.

Cuando empiece a ser más impecable en el uso de las palabras, comenzará a observar cambios en todos los aspectos de su vida.

EN CASO DE DUDA, CERCIÓRESE

Puede haber algún sustituto para los hechos concretos, pero si lo hay,
no tengo la menor idea cuál pueda ser.

J. PAUL GETTY
Autor de *How to Be Rich* (Cómo Ser Rico)

Muchos pierden su valioso tiempo y sus preciosos recursos preguntándose lo que piensan, pretenden o hacen los demás. En vez de pedirles explicaciones, hacen suposiciones, generalmente negativas en cuanto se refiere a ellos mismos, y toman decisiones basadas en esas suposiciones.

Por otra parte, quienes alcanzan el éxito no pierden tiempo suponiendo o imaginando. Se limitan a verificarlo: "Me pregunto si..." o "¿me permitiría...?" o "¿está usted...?" No le tienen miedo al rechazo, así que preguntan.

TODOS TIENDEN A IMAGINAR LO PEOR CUANDO NO CONOCEN LA VERDAD

¿Cuál es el problema fundamental de suponer cualquier cosa? El hecho es que, por lo general, lo que las personas desconocen es lo que más las asusta. En vez de verificar las cosas, suponen hechos que pueden no ser, luego prejuzgan con base en esas suposiciones. Toman decisiones equivocadas con base en falsas convicciones, en rumores, en las opiniones de otros.

Piense en la diferencia cuando se conocen los hechos—los hechos *reales*—acerca de una situación, una persona, un problema o una oportunidad. Se pueden tomar decisiones y actuar con base a lo que realmente es, en lugar de basarse en imaginaciones.

Recuerdo un seminario que dirigí en una oportunidad, en el que uno de los asistentes—sentado en la última fila del salón—parecía no estar allí. Per-

manecía con los brazos cruzados, y su expresión, con el ceño permanentemente fruncido, daba la impresión de que detestaba cada cosa que yo decía.
Me di cuenta que a menos que me controlara, terminaría centrándome exclusivamente en él y en su aparente hostilidad, en detrimento del resto del
auditorio.

Como es obvio, a ningún orador le gusta saber que una de las personas en
el auditorio ha sido forzada por su jefe a asistir al seminario o que no le satis-
faga el material o—lo que es peor—que no simpatice con el orador. Con base
en el lenguaje corporal de este participante, habría sido fácil suponer que el
caso correspondiera a cualquier a de estas situaciones.

En lugar de suponerlo, me cercioré.

Me le acerqué durante el primer receso, y le dije: "No pude evitar notar
que parece no estar bien. Me pregunto si tal vez el seminario no es el adecuado para usted, o tal vez vino por orden de su jefe, contra su voluntad, y realmente no quiere estar aquí. Estoy realmente preocupado."

En ese momento, toda su actitud cambió. Me respondió: "¡Oh, no! Me
encanta todo lo que está diciendo. Lo que pasa es que aparentemente me está
comenzando una gripa muy fuerte. No quise quedarme en casa y perderme
el seminario, porque sabía que sería muy bueno. Me ha exigido cada onza de
mi concentración permanecer aquí, pero ha valido la pena porque lo estoy
aprovechando al máximo."

¡Qué alivio! Si no le hubiera preguntado, habría podido arruinar mi día
suponiendo lo peor.

¿Cuántas veces *ha supuesto cosas*—buenas o malas—sin verificarlas?

¿Supone, sin verificar la fecha límite de un proyecto, que todas las personas que trabajan en él lo van a terminar a tiempo? ¿Supone, sin verificar, que
lo que usted está suministrando es lo que todos necesitan? ¿Supone, sin verificar, al final de una reunión, que todos han entendido con claridad quién es
responsable y para cuándo debe tenerlo listo?

Imagínese cuánto más fácil sería *no* suponer, y en cambio decir: "John, usted tendrá listo el informe para el viernes, verdad? Y ¿Mary, va a conseguir la
cotización del impresor para el jueves a las cinco, verdad?"

GENERALMENTE, ESTAMOS MENOS DISPUESTOS A VERIFICAR CUANDO LO QUE IGNORAMOS PUEDE SER UNA MALA NOTICIA

Por lo general, cuando esperamos lo peor, no queremos verificarlo. Nos da
miedo conocer la respuesta. Si llego del trabajo y encuentro a mi esposa con el
ceño fruncido, es fácil suponer que está disgustada conmigo. Y aunque podría
empezar a caminar de puntillas, pensando que he hecho algo mal y esperando

que las cosas exploten, imagine cuánto mejor sería para nuestra relación que
me limitara a decir: "Te ves disgustada ¿qué pasa?"

Cuando me decido a verificar, pueden ocurrir dos cosas.

La primera, me puedo enterar de los hechos. ¿Realmente hice algo mal o
recibió una llamada de su hermana que la molestó y yo no lo sabía? La segunda, puedo tener la opción de hacer algo al respecto—ayudarla a cambiar
de ánimo—si sé qué es lo que de verdad sucede.

Esto se aplica también a los aspectos que pueden mejorar su calidad de
vida. Tal vez supone que no hay esperanzas de conseguir una boleta para el
concierto de rock que ya está muy próximo, o que nunca lo aceptarán en el
programa de arte, o que no puede darse el lujo de comprar ese mueble de comedor antiguo que se veía tan bien en su casa.

Es mucho más fácil preguntar. Verifíquelo, con frases como: *"Me pregunto
si..."* y *"estaría bien si..."* y *"¿estás...?"* y *"¿habría alguna posibilidad de conseguir...?"* y *"¿qué tendría que hacer para...?"* y *"¿cuál sería la condición para que
pudiera...?"* etc.

¿QUIERE DECIR QUE...?

Otra forma de confirmar las suposiciones es utilizar una técnica que enseño
en mis sesiones de asesoría de pareja que puede ayudar a mejorar la comunicación en sus relaciones.

La llamo la técnica de "quieres decir que...."

Supongamos que mi esposa me pide que a ayude a limpiar el garaje el
sábado.

"No," le respondo.

Mi esposa podría suponer, de inmediato: *Jack está disgustado conmigo. No le
importa lo que yo necesite. No le importa que ya no me quepa el automóvil en el garaje,*
etc. Pero con la técnica de "quieres decir que...," no imagina nada sino que
pregunta para saber qué estoy pensando.

"¿Quieres decir que no me vas a ayudar nunca con este oficio, que lo voy
a tener que hacer yo sola?"

"No, no quise decir eso."

"¿Quieres decir que prefieres hacer otra cosa?"

"No, no quise decir eso tampoco."

"¿Quieres decir que estás ocupado los sábados y tienes otros planes que
no me has dicho?"

"Sí, eso es exactamente lo que quise decir. Lo siento, no te lo había dicho
aún, se me había olvidado."

A veces, no se explican de inmediato las razones por las cuales se da una
determinada respuesta. Simplemente se contesta no, sin explicar por qué se

ha tomado esa decisión. Los hombres tienen una mayor tendencia a dar este tipo de respuesta. Por lo general, las mujeres dan todo tipo de explicaciones de por qué su respuesta es no, mientras que los hombres se limitan a responder con el resultado final de su decisión, sin dar detalles. Al preguntar: "¿Quieres decir que...?" se obtendrá una respuesta más clara y no habrá que suponer lo que ocurre.

CERCIORARSE AYUDA A ALCANZAR EL ÉXITO

Si verifica sus suposiciones, mejorará su comunicación, sus relaciones y su calidad de vida y, lo que es más importante, su éxito y su productividad en el trabajo. Empezará a obtener mejores resultados, no terminará con partes faltantes. No supondrá que los demás harán algo que al final no hacen. Siempre que tenga la corazonada de que Bárbara no va a terminar ese trabajo a tiempo, llame a Barbara, verifíquelo.

W. Edwards Deming, el brillante experto en sistemas que ayudó al Japón de la postguerra a fabricar automóviles, aparatos electrónicos y otros artículos, mejor que cualquier otro país del planeta, dijo en una oportunidad que el primer 15 por ciento de cualquier proyecto es lo más importante. Es ahí donde hay que tener todo muy claro, recopilar datos, verificarlo todo.

Por ejemplo, cuando se inicia una relación de negocios, se determina al comienzo—en el primer 15 por ciento—la forma como se trabajará en sociedad, como se resolverán los conflictos, la estrategia de disolución si uno de los socios quiere retirarse, los criterios para determinar si alguna de las partes no cumple con sus compromisos, etc. La mayoría de los conflictos que se presentan más adelante en una relación, se deben a suposiciones erradas no verificadas, a aspectos que no quedaron claros desde un principio. Faltó claridad en los acuerdos.

Deming dijo también que al comienzo de cualquier proyecto, muchos se apresuran a emprenderlo sin contar con todos los datos, sin forma de medir el éxito. ¿Cómo podrá saber cuánto ha ganado? ¿Está estableciendo un negocio sólo para hacer dinero, para lograr algún objetivo social, para eventualmente venderlo y obtener una gran ganancia y poderse jubilar a una edad temprana, para utilizarlo como plataforma política, para resolver un determinado problema a nivel mundial? ¿Cuál es su propósito? ¿Cuáles son sus valores fundamentales? ¿Cuál es su estrategia para salirse del negocio?

ESPACIO ENTRE LAS REGLAS

Claro está que la regla del 15 por ciento se aplica también a cualquier meta personal que se proponga. ¿Recuerda a Tim Ferris, el deportista que aprendió kickboxing, el que ganó el campeonato nacional con sólo seis semanas de entrenamiento? La historia tras esa historia es que no supuso *nada* acerca de las reglas del kickboxing, por el contrario, las verificó una por una a cabalidad. Gracias a su investigación, aprendió que si se saca al oponente del ring dos veces en un asalto, se habrá ganado el combate.

Bien, en kickboxing, la mayoría piensa que el deporte se trata de los dos aspectos que componen la palabra *kick* (patear) y *boxing* (boxear). Ferris, por otra parte, era un luchador por su entrenamiento. Por consiguiente, le dijo a su entrenador: "No me enseñe a noquear a alguien. Enséñeme a sacar a mi oponente del ring sin que me noquee a mí." Así ganó el campeonato. Definió la diferencia entre lo que las reglas son *realmente* y lo que se *supone* que son.

En la vida real, hay muchos casos en donde hay un espacio para maniobrar entre una y otra regla. Si no preguntamos y nos limitamos a suponer que no podemos hacer algo, tal vez habría habido alguna forma de lograrlo sin dificultad, mediante una "excepción" y otros hechos ocultos que sólo descubrimos si los investigamos, *verificándolos*.

53

DEMUESTRE EL POCO FRECUENTE SENTIMIENTO DEL APRECIO

Este mundo tiene más hambre de amor y de aprecio que de pan.

MADRE TERESA
Ganadora del premio Nobel de la Paz

*No he conocido aún a un hombre, por alto que sea su cargo,
que no trabaje mejor y dedique un mayor esfuerzo a lo que hace
en un ambiente de aprobación que en uno de crítica.*

CHARLES SCHWAB
Fundador de Charles Schwab & Co., una empresa de servicios financieros

Un reciente estudio de gestión reveló que el 46 por ciento de los empleados que abandonan una compañía lo hacen porque sienten que no los aprecian; el 61 por ciento indicó que sus jefes no les prestan importancia como personas y el 88 por ciento dijo no recibir reconocimiento por su trabajo.

Un ejemplo de lo poderoso que puede ser el aprecio y la diferencia que puede representar se ilustra en el correo electrónico que reproduzco a continuación. En el décimo aniversario de *Chicken Soup for the Soul,* nuestra editorial, Health Communications Inc., hizo una fiesta y como atracción principal organizó una presentación de diapositivas con los momentos más memorables de la última década. Randee Zeitlin Feldman de HCI elaboró una presentación de diapositivas y le envié unas flores en agradecimiento por su excelente trabajo. El siguiente es el correo electrónico que recibí en respuesta. La casilla de asunto contenía el siguiente título: "Nunca me sentí tan apreciada."

Hola Jack,

Muchísimas gracias por las lindas flores que recibí hoy. Me emocioné mucho y no podía creer que este maravilloso arreglo fuera para mí. Ha sido un privilegio muy grande y un honor trabajar contigo durante los últimos ocho años.

Considero que es maravilloso haber sido parte (una parte muy pequeña) de una de las más exitosas series de libros que haya existido. Todos estos años han sido muy divertidos y he disfrutado de cada minuto, me siento afortunada y bendecida y quiero reiterarte mi agradecimiento por haber pensado en mí.

Las flores han causado sensación entre todos los que han pasado por mi oficina. Casi todos quieren saber exactamente qué fue lo que tuve que hacer para merecer tan lindas flores... ¡todo fue cuestión de amor!

Gracias de nuevo.

Con cariño,
Randee

Nunca he sabido de nadie que se queje de recibir demasiada retroalimentación positiva. ¿Usted? De hecho, lo cierto es lo contrario.

Ya sea un empresario, un gerente, un maestro, un padre, un entrenador, o sólo un amigo, si quiere tener éxito con los demás, debe dominar el arte de expresar su aprecio.

Considere esto: cada año, una firma consultora en administración realiza una encuesta entre 200 empresas sobre el tema de qué motiva a los empleados. Ante una lista de diez cosas que pueden motivarlos, los empleados siempre incluyen el aprecio como el principal motivador. Al pedir a los agentes y a los supervisores que hagan lo mismo, el aprecio ocupa el octavo lugar. Es un gran diferencia, como se ve claramente en la siguiente tabla:

---

10 FORMAS DE MOTIVAR REALMENTE A UN EMPLEADO

Empleados	Supervisores
Aprecio	Buen salario
Sentirse parte de lo que ocurre	Seguridad en el trabajo
Actitud comprensiva	Oportunidades de ascenso
Seguridad en el trabajo	Buenas oportunidades laborales
Buen salario	Trabajo interesante
Trabajo interesante	Lealtad de parte de la gerencia
Oportunidades de ascenso	Discreción disciplinaria
Lealtad de parte de la gerencia	*Aprecio*
Buenas oportunidades laborales	Actitud comprensiva
Discreción disciplinaria	Sentirse "parte" de lo que ocurre

También es interesante observar que los tres principales motivadores desde el punto de vista de un empleado—aprecio, sentirse parte de lo que ocurre y una actitud comprensiva—no tienen costo en términos monetarios, sólo requieren un poco de tiempo, respeto y comprensión.

TRES TIPOS DE APRECIO

Es muy útil diferenciar entre tres tipos de agradecimiento—auditivo, visual y quinestésico. Son tres formas en las que el cerebro capta la información y cada cual tiene un tipo que prefiere.

Las personas auditivas necesitan oírlo, las personas visuales necesitan verlo y las quinestésicas necesitan sentirlo. Si se le da retroalimentación visual a una persona auditiva, el efecto no será el mismo. Esa persona puede decir: "Me manda cartas y tarjetas y correos electrónicos, pero nunca se toma el trabajo de venir y decírmelo cara a cara."

Por otra parte, a las personas visuales les agrada recibir algo que puedan ver, talvez inclusive algo que puedan pegar en la puerta de su nevera. Les encantan las cartas, las tarjetas, las flores, las placas, los certificados, las fotografías, cualquier clase de regalo. Pueden verlo y conservarlo para siempre en la memoria o en un sitio específico. Sabemos quiénes son por sus tableros, sus neveras y sus paredes. Están cubiertas de recordatorios de que las aman y las aprecian.

A las personas quinestésicas les encanta sentirlo, un abrazo, un apretón de manos, una palmadita en la espalda, o realmente hacer algo con ellas, como regalarles un masaje, invitarlas a almorzar o a cenar, llevarlas a ver un partido de béisbol, salir a caminar, o ir a bailar.

Si quiere llegar a ser un verdadero profesional del aprecio, debe aprender los tipos de retroalimentación que causen el mayor impacto en la persona a quien van dirigidos. Una forma fácil de saberlo es pedir a esa persona que recuerde el momento en que se sintió más amada en su vida. Luego pídale que se lo describa. Puede hacerle alguna pregunta de seguimiento como: "¿Fue algo que te dijeron, algo que hicieron por ti, la forma como te tocaron? ¿Fue la forma como te miró (visual) el tono de su voz (auditivo), la ternura de sus caricias, o la forma como te tomó en sus brazos mientras bailaban (quinestésico)?" Cuando determine si su modalidad principal es auditiva, visual o quinestésica, puede comunicar su retroalimentación deliberadamente de esa forma.

Sé que mi esposa, Inga, es una persona principalmente quinestésica. Se especializó en educación física, fue masajista, entrenadora personal y profesora de yoga por muchos años. Le encanta salir a caminar, montar a caballo, correr por la playa, nadar, hacer surfing sin tabla y bailar. Le agrada tomar largos baños, darse masajes y practicar yoga. Todas estas cosas la hacen *sentir* bien. Cuando elije su ropa, lo que más le importa no es el corte ni el estilo, sino la textura.

La mejor forma de demostrarle mi aprecio es con un abrazo, un beso o un majase en los pies. Para ella, el momento en que se siente más amada es cuando salimos a caminar. Si le voy a dar retroalimentación verbal, siempre quiere que me siente frente a ella, que la mire a los ojos y *le tome las manos* para sentirse amada y apreciada. Si le expreso mi aprecio con frases largas, por lo general me interrumpe en un momento dado diciendo: "Bla, bla, bla; sólo tómame de la mano."

Por otra parte, Patty Aubery, presidente de mi compañía, es auditiva. Le encanta hablar por teléfono, oír radio, o disfrutar la paz y tranquilidad de una casa vacía. Es realmente sensible al tono de mi voz. Le encanta cuando le hablo en un tono amoroso y compasivo. Una breve llamada telefónica para decirle gracias, tiene un efecto maravilloso en Patty.

Yo soy visual. Me encanta recibir regalos, tarjetas, cartas y correos electrónicos de personas cuyas vidas he cambiado. Tengo toda una pared llena de placas, fotos, cubiertas de libros, caricaturas sobre *Chicken Soup for the Soul*, portadas de revistas donde aparecen nuestros libros, y los dibujos de mis hijos. Me encanta que las cosas sean estéticas, pulcras y ordenadas, agradables a la vista. Escojo mi ropa por su apariencia. Tengo dos cajas de las que se utilizan para guardar dinero llenas de cartas y recortes de periódico. Las llamo mis cajas para calentar el espíritu. El simple hecho de sacar estas cosas y mirarlas me produce gran emoción.

El darme un sencillo regalo que diga: "gracias"; "te aprecio" tiene en mi un efecto maravilloso. Mi esposa trae en la mañana un botón de rosa en un florero y lo coloca sobre mi escritorio y yo lo puedo mirar todo el día y saber que me ama. Mark Victor Hansen, coautor de *Chicken Soup for the Soul,*® me trajo hace poco una estatua de uno de sus viajes al Asia. Me dijo: "Pensé en ti cuando la vi y quise que la tuvieras." Cada vez que la miro me siento apreciado, importante y sé que se interesan por mí.

LA COMBINACIÓN PERFECTA

En caso de duda, utilice los tres tipos de comunicación: auditiva, visual y quinestésica. Dígaselo, demuéstreselo y déle una palmadita en la espalda. Ponga sus manos en las suyas, mirarlos directamente a los ojos, y de manera sincera y expresiva dígales que los aprecia y aprecia sus esfuerzos. Luego déles una tarjeta o un regalo para que lo conserven como un recordatorio. O puede poner su brazo alrededor de su hijo o su hija mientras caminan por la playa y expresarles su aprecio, reforzándolo después con una tarjeta. Captarán, sin duda, su mensaje.

INSISTA HASTA QUE LO LOGRE

En una oportunidad asistí a un par de seminarios con el Dr. Harville Hendricks, coautor de *Getting the Love You Want: A Guide for Couples* (Cómo Obtener el Amor que Desea: Una Guía para Parejas) en el que contó cómo supo exactamente la forma en la que su esposa deseaba que le demostrara su amor y su aprecio. Debido a que ella siempre regalaba flores como muestra de aprecio, por lo que imaginó que eso sería lo que a ella también le gustaría recibir. Un día le envió una docena de rosas. Al llegar del trabajo, esperaba encontrar lo que él llamaba su recompensa, un expresivo y amable "gracias" de su esposa.

Cuando él entró, ella no mencionó las flores. Cuando le preguntó si había recibido las rosas, ella dijo:

"Sí."

"¿No te gustaron?" le preguntó.

"No especialmente."

"No entiendo. Siempre mandas flores a todo el mundo. Pensé que te encantaban."

"Realmente no tanto."

"Bien, entonces ¿qué te gusta recibir?"

"Tarjetas," le respondió.

"Está bien," pensó. Entonces, al día siguiente fue al almacén de tarjetas y le compró una tarjeta extragrande de Snoopy, con un gracioso mensaje en el interior y la puso donde ella pudiera encontrarla en el curso del día. Por la noche al llegar a casa, esperaba de nuevo su recompensa.

No encontró ninguna. Su desilusión fue enorme. Le preguntó:

"¿Encontraste la tarjeta?"

"Sí."

"¿No te gustó?"

"Realmente no."

"Y, ¿por qué no? Pensé que te gustaba recibir tarjetas."

"Me gustan, pero no tarjetas graciosas, me gustan las tarjetas que se consiguen en los museos, las que tienen hermosas reproducciones de obras de arte con mensajes dulces y románticos en su interior."

Está bien.

Al día siguiente fue al Museo Metropolitano de Arte y compró una linda tarjeta y escribió en su interior un dulce mensaje romántico. Un día después la puso donde su esposa pudiera encontrarla. Cuando volvió a casa, ella lo estaba esperando en la puerta y lo recibió con mil besos y muestras de aprecio por haberle enviado la tarjeta perfecta.

Debido a su empeño en asegurarse de que ella supiera que la amaba, había encontrado por fin el medio perfecto para trasmitirle su mensaje.

¿A QUIÉN LE INTERESA?

Si se lo preguntaran, ¿podría nombrar las cinco personas más ricas del mundo o cinco personas que hayan ganado el Premio Nobel o a los últimos cinco ganadores del premio Oscar como mejor actor y mejor actriz? El hecho es que nadie recuerda los titulares de ayer. Cuando se desvanecen los ecos del aplauso, los premios se oxidan, y los logros se olvidan, a nadie le importa quién ganó qué.

Sin embargo, si le pidieran que enumerara cinco maestros o mentores que tuvieron fe en usted y lo animaron, cinco amigos que le haya ayudado en un momento de dificultad, cinco personas que le hayan enseñado algo valioso o cinco personas que lo hayan hecho sentir apreciado y especial, sería mucho más fácil ¿no es cierto? Esto se debe a que las personas que realmente tienen un impacto en su vida no son las que ostentan el mayor número de credenciales, las que tienen más dinero ni las que han ganado más premios. *Son aquellas personas que a usted le interesan.* Si quiere que lo recuerden por ser importante en la vida de alguien, hágales sentir su aprecio.

EL APRECIO COMO SECRETO DEL ÉXITO

Otra importante razón para expresar su aprecio con la mayor frecuencia posible es que, al hacerlo, se alcanza uno de los estados (emocionales) de mayor vibración posible. Quien aprecia y agradece, se encuentra en un estado de abundancia. Aprecia lo que tiene en lugar de concentrarse en lo que no tiene. Su enfoque está en lo que ha recibido, y siempre obtendrá más de aquello en lo que centra su atención. Debido a la ley de atracción que sugiere que los iguales se atraen, atraerá más abundancia—más motivos de agradecimientos—hacia usted. (Entre más sepa agradecer, más cosas vendrán a usted por las cuales se sentirá agradecido). Se convierten en una espiral ascendente de creciente abundancia que va siendo mejor cada vez.

Piénselo. Entre más agradecidas se muestren las personas con los obsequios que les damos, mayor será nuestra tendencia a hacerles más regalos. Su agradecimiento y aprecio refuerza nuestra voluntad de dar. El mismo principio se aplica tanto a nivel universal y espiritual como a nivel interpersonal.

LLEVAR EL PUNTAJE

Cuando aprendí por primera vez el poder del aprecio, me pareció completamente lógico. Sin embargo, se me olvidaba ponerlo en práctica. No era todavía un hábito. Una técnica muy útil para convertirlo en hábito fue llevar siempre tarjetas de 3 × 5 pulgadas en el bolsillo y cada vez que expresaba mi agradecimiento o mi aprecio a alguien, hacer una marca en la tarjeta. No me permitía irme a la cama hasta no haber expresado mi agradecimiento a diez personas. Si era ya tarde en la noche y no tenía diez marcas en la tarjeta, expresaba mi agradecimiento a mi esposa y a mis hijos, enviaba correos electrónicos a varios miembros de mi personal, escribía una carta a mi madre o a mi padrastro. Hacía lo que fuera hasta convertir ese hábito en algo inconsciente. Lo hice todos los días durante seis meses, hasta que al fin ya no tuve necesidad de llevar conmigo la tarjeta como recordatorio.

RECUERDE EXPRESARSE USTED MISMO SU AGRADECIMIENTO

David Casstevens, quien trabajara con el *Dallas Morning News,* cuenta la historia de Frank Szymanski, un futbolista del equipo Notre Dame de los años cuarenta, que fue llamado a declarar como testigo en un proceso civil en South Bend, Indiana.

"¿Está usted este año en el equipo de fútbol de Notre Dame?," le preguntó el juez.

"Sí, Su Señoría."

"¿En qué posición juega usted?"

"Soy centrocampista, su señoría."

"¿Es un buen centrocampista?"

Szymanski parecía no encontrarse cómodo en su silla, pero declaró con firmeza:

"Su Señoría ¡Soy el mejor centrocampista que Notre Dame haya tenido!"

El entrenador Frank Leahy, que estaba en el juzgado, se sorprendió. Más aún porque Szymanski siempre había sido una persona modesta, poco presuntuosa. Por lo tanto, cuando terminó el proceso, lo llevó a un lado y le preguntó porqué había hecho semejante declaración. Szymanski se sonrojó.

"Habría preferido no hacerlo, entrenador," le dijo. "Pero, usted entiende, estaba declarando bajo juramento."

Quiero que usted permanezca bajo juramento el resto de su vida y que sea el dueño del magnífico ser humano que es, de las cualidades positivas que posee y de los excelentes logros que ha alcanzado.

54

SEA FIEL A SU PALABRA

Su vida funcionará en el grado en el que cumpla sus compromisos.

WERNER ERHARDT
Fundador del foro de capacitación 'est' Training and Landmark Forum

Nunca prometa más de lo que puede cumplir.

PUBLILIUS SYRUS

La palabra empeñada solía ser nuestra fianza. Los acuerdos se hacían y se cumplían con un mínimo de formalismos. Se pensaba muy bien si se podía cumplir lo prometido antes de comprometerse. Era así de importante. Hoy, parece que cumplir lo prometido es cuestión de suerte y azar.

EL ALTO COSTO DE INCUMPLIR LOS COMPROMISOS

En mis seminarios, pido a los participantes que se comprometan a cumplir una lista de quince reglas básicas que incluyen cosas como llegar a tiempo, sentarse cada vez en un puesto diferente después de cada receso y no consumir bebidas alcohólicas hasta que haya terminado la capacitación. No podrán participar en el seminario a menos que acepten cumplirlas. Inclusive les pido que firmen un formulario que tienen en sus libros de trabajo que dice: "Me comprometo a cumplir todas las normas y reglas básicas."

En la mañana del tercer día, pido que todos los que hayan incumplido las reglas básicas se pongan de pie. Entonces vemos qué podemos aprender de la experiencia. Lo que resulta evidente es la despreocupación con la que nos comprometemos y la naturalidad con la que rompemos nuestros compromisos.

Más interesante aún es que la mayoría sabe que va a incumplir al menos una de las normas *antes de aceptarlas*. Y, sin embargo, las aceptan de todas formas. ¿Por qué? Muchos por evitarse la molestia de poner en tela de juicio las reglas. No quieren ser el centro de atención. No quieren arriesgarse a ningún tipo de confrontación. Otros quieren asistir a la capacitación sin seguir realmente las reglas, por lo que simulan aceptarlas, aunque sin intención de cumplirlas a cabalidad.

El verdadero problema radica en que estén dispuestos a dar su palabra y la incumplan con tanta facilidad, sin darse cuenta del costo psicológico que eso implica.

Cuando incumplimos los compromisos, pagamos un precio tanto externo como interno. Se pierden la confianza, el respeto y la credibilidad ante los demás, ante la familia, ante los amigos, los colegas y los clientes. Además se crean conflictos en la propia vida y en la vida de los que dependen del cumplimiento de la palabra empeñada, ya sea llegar a tiempo para ir a cine, tener un informe listo para una fecha y hora determinadas o limpiar el garaje.

Después de unas pocas semanas de no cumplir su promesa de llevar a los niños al parque los fines de semana, comienzan a dejar de confiar en que cumplirá su palabra. Se da cuenta de que no pueden contar con usted. Pierde autoridad ante ellos. Su relación se deteriora.

CADA VEZ QUE SE COMPROMETE EL COMPROMISO ES CON USTED

Lo más importante es que todo acuerdo, en último término, es un compromiso con usted mismo. Aúnque convenga algo con un tercero, su cerebro lo escucha y lo registra como una obligación. Se está comprometiendo con usted mismo a hacer algo y, si usted no cumple, su cerebro aprende a desconfiar de usted. El resultado es la pérdida de la autoestima, la confianza y el respeto en sí mismo. Pierde la fe en su capacidad de producir resultados. Debilita su sentido de integridad.

Supongamos que le dice a su cóyuge que se levantará a las 6:30 a.m. para hacer ejercicio antes de ir a trabajar. Sin embargo, cuando, trascurridos tres días, sigue apretando el botón de la alarma cuando suena el despertador y no se levanta, su cerebro deja de confiar en usted. Claro está que, *usted* puede pensar que, después de todo, dormir hasta tarde no es tan grave, pero para su inconsciente sí lo es, y mucho. Cuando no hace lo que dice, crea confusión y falta de confianza en sí mismo. Debilita su sentido de poder personal. No vale la pena.

SU INTEGRIDAD Y SU AUTOESTIMA VALEN
MÁS DE UN MILLÓN DE DÓLARES

Cuando comprenda la importancia de su integridad y su autoestima, dejará de comprometerse a la ligera, sólo por librarse de alguien. No venderá su autoestima por una aprobación momentánea insignificante. No hará promesas que no esté dispuesto a cumplir. No se comprometerá a tantas cosas y hará lo que sea necesario por cumplir su palabra.

Para ilustrar este aspecto en mis seminarios, pregunto a los asistentes: "¿Si supieran que iban a recibir un millón de dolares si terminan el seminario sin haber incumplido ni una sola de las reglas básicas, creen que lo habrían podido hacer? La mayoría dice que sí.

Con frecuencia hay alguno que dice: "Imposible. Yo no podría. No tengo control sobre la congestión de tráfico que encuentro al venir en las mañanas al seminario." O "¿cómo voy a llegar a tiempo si la persona que debe recogerme llega tarde?"

Entonces le pregunto: "¿Qué ocurriría si la persona que más quiere en la vida tuviera que morir si usted dejara de cumplir alguna de las reglas básicas de la capacitación? ¿Haría algo diferente en ese caso?"

Ahora, la persona que dijo que la congestión de tráfico le impedía llegar a tiempo, entiende por fin y acepta: "¡Ah, sí! Si la vida de mi hijo dependiera de ello, ni siquiera abandonaría este salón. Dormiría en el suelo del salón de conferencias, antes que correr el riesgo de llegar tarde."

Cuando se valora la fidelidad a la palabra dada, es fácil entender que se tiene la capacidad de cumplir. Es sólo cuestión de aceptar aquello a lo que uno está renunciando. El poder personal que se obtiene de cumplir los compromisos vale mucho más que un millón de dólares. Si desea aumentar su autoestima, el respeto y la confianza en usted mismo, su poder personal, su claridad mental y su energía, entonces, lo más importante en su vida será cumplir su palabra. Si quiere gozar del respeto y la confianza de los demás, requisito esencial para lograr cualquier cosa importante en la vida (inclusive llegar a tener un millón de dólares), tendrá que tomar el cumplimiento de sus compromisos más en serio.

ALGUNOS CONSEJOS SOBRE CÓMO
COMPROMETERSE Y CUMPLIR SUS COMPROMISOS

Los siguientes son algunos consejos para comprometerse a menos cosas y cumplir aquellas a las que se haya comprometido.

1. **Comprométase sólo a lo que pueda cumplir.** Piense uno segundos antes de aceptar un compromiso para determinar si es realmente lo que *quiere* hacer. Consulte con usted mismo. ¿Cómo se siente al respecto? No se comprometa a nada sólo por buscar la aprobación de alguien. Si lo hace, verá que incumple esos compromisos.

2. **Anote todos los compromisos que haga.** Utilice una agenda, un diario, un cuaderno, o la computadora para registrar todo sus acuerdos. En el término de una semana, es posible que realice cientos de acuerdos. Una de las principales razones por las cuales no se cumplen es que, con la presión de todas las actividades diarias, se olvidan los compromisos hechos. Anótelos y repase la lista todos los días. Como ya lo he dicho, un descubrimiento reciente de las investigaciones acerca del cerebro demuestra que si no anotamos algo o hacemos un esfuerzo por guardarlo en la memoria remota, podemos olvidarlo en apenas treinta y siete segundos. Es posible que tenga las mejores intenciones, pero si olvida hacer las cosas a las que se compromete, el resultado será el mismo que si *decidiera* no cumplir sus compromisos.

3. **Informe sobre cualquier convenio incumplido a la mayor brevedad posible.** Tan pronto como sepa que va a incumplir un compromiso, su automóvil se dañó, una congestión de tráfico le impide llegar a tiempo, su hijo está enfermo, la niñera no puede venir, su computadora no funciona, notifique a la otra persona tan pronto como sea posible y llegue a un nuevo acuerdo. Es una muestra de respeto por el tiempo y las necesidades de los demás. También les da tiempo para reorganizarse, cambiar los planes, hacer otros arreglos, y limitar cualquier daño potencial. Si le resulta imposible avisar a la otra parte antes de la hora o la fecha del compromiso en cuestión, avise de todas formas que ha incumplido, remedie cualquier consecuencia y determine si debe hacer un nuevo compromiso al respecto.

4. **Aprenda a decir que no con más frecuencia.** Dese tiempo para pensarlo bien antes de aceptar un nuevo compromiso. Escribo la palabra *no* con resaltador amarillo en todas las páginas de mi calendario para recordarme que debo considerar aquello a lo que tendré que renunciar si digo que sí a una cosa más. De esta forma me veo obligado a detenerme y pensar antes de agregar un compromiso más a mi vida.

LAS REGLAS DEL JUEGO

Uno de los cursos más valiosos a los que he asistido se llamaba "Money and You" (El Dinero y Usted) desarrollado por Marshall Thurber a finales de los años setenta. Cambió radicalmente mi concepto acerca del dinero, los negocios y las relaciones.

Cualquier cosa que queramos lograr requiere relaciones con los amigos, con la familia, con el personal, con los vendedores, con los entrenadores, con los jefes, con la junta directiva, con los clientes, los socios, los asociados, los estudiantes, los maestros, el público, los admiradores, y otros. Para que esas relaciones funcionen, hay que establecer lo que mi amigo John Assaraf llama "las reglas del compromiso," lo que Marshall Thurber, D.C. Cordova, y otros de Excellerated Business Schools llaman "las reglas del juego."

¿Cómo son las reglas del juego? ¿Cuáles van a ser las reglas y condiciones básicas por las que se va a regir nuestra relación? Marshall nos enseñó las siguientes normas que me he esforzado por seguir desde entonces. Si tanto nosotros como todos aquellos con quienes interactuamos acordáramos ceñirnos a las siguientes reglas, el nivel de éxito sería enorme.

1. Estar dispuestos a respaldar el propósito, los valores, las reglas y las metas.
2. Dar con un buen propósito. Si no sirve no lo diga. No malinterpretar, no justificar, no defender.
3. Si no está de acuerdo o no entiende, haga preguntas para obtener aclaraciones. No mal interprete a la otra persona.
4. Comprométase sólo a las cosas que esté dispuesto a cumplir.
5. Si no puede cumplir un compromiso, comuníquelo a la mayor brevedad a la persona adecuada. Repare cualquier compromiso incumplido lo más pronto posible.
6. Cuando algo no funciona, considere el sistema para determinar las correcciones y luego proponga una solución basada en el sistema a la persona que pueda hacer algo al respecto.
7. Sea responsable. Sin culparse, defenderse, justificarse ni fingir.

PREVER AL MÁXIMO TODAS LAS EVENTUALIDADES

Si realmente desea llegar al máximo en términos de cumplir sus compromisos para con usted mismo, puede utilizar la siguiente técnica que aprendí de mi amigo Martin Rutte. Determine las consecuencias (como girar un cheque por una suma elevada a una persona o a una organización que a usted le disguste, o afeitarse totalmente la cabeza) que resulten más costosas que los beneficios de incumplir su promesa (como la comodidad y seguridad de no tener que correr un riesgo). El costo de pagar las consecuencias es demasiado costoso como para no mantenerse fiel a su palabra.

Martin utilizó esta técnica para motivarse a cumplir su compromiso de aprender a lanzarse a la piscina desde el trampolín. Para asegurarse de no abandonar su propósito, declaró a sus amigos que, si no aprendía a hacerlo para una determinada fecha, giraría un cheque de $1,000 al Ku Klux Klan. Como judío, Martin no simpatizaba, ni mucho menos, con el Klan. Como es evidente, no quería tener que girar ese cheque. Tener que hacerlo le resultaría mucho más difícil que superar el miedo de lanzarse a la piscina desde el trampolín.

¿Qué es tan importante en su vida como para que esté dispuesto a negarse cualquier posibilidad de no hacerlo? Haga una declaración pública de algo que tendría que hacer contra su voluntad y así utilizará el poder de motivarse a cumplir lo que dice que quiere lograr pero que hasta ahora ha venido procrastinando.

55

SEA UNA PERSONA DE CLASE

En toda sociedad hay "puntos de referencia humanos,"
personas cuyo comportamiento
se convierte en modelo para todas las demás,
ejemplos notables que otros admiran y emulan.
Son lo que llamamos "personas de clase."

DAN SULLIVAN
Fundador y presidente de Strategic Coach, Inc.

Ya me he referido aquí a mi amigo y colega Dan Sullivan, creador de "The Strategic Coach Program" (El Programa del Entrenador Estratégico). Uno de los grupos de capacitación que él dirige está orientado a personas que alcanzan altos logros y ganan más de un millón de dolares al año. Aunque normalmente gano mucho más, sigo buscando entrenadores del calibre de Dan que me ayuden a perfeccionar mis capacidades para alcanzar el éxito, razón por la cual entré al grupo de capacitación de Dan en Chicago.

Mientras estuve en el programa, Dan me enseñó un principio de éxito que les ha dado resultados a tantas de las personas súper exitosas que he conocido y estudiado, que me sorprende que no lo haya reconocido antes como una disciplina importante que todos deberíamos aprender a dominar.

Dicho en pocas palabras, "Ser una persona de clase."

De eso de trata. Esforzarse por convertirse en el tipo de persona que se comporta con clase, que llega a conocerse por su distinción, que atrae a otras personas de clase a su esfera de influencia.

Lamentablemente hay que reconocer que, en nuestra sociedad, no parece haber tantas personas de clase como antes. Pienso que todos estaría de acuerdo en que el actor Jimmy Stewart era una persona de clase. Tom Hanks es también una persona de clase, al igual que Paul Newman y Denzel Washington. Coreta Scott King y el expresidente de Sudáfrica Nelson Mandela, son ambos personas de clase. Herb Kelleher, presidente de Southwest Airlines, es una persona de clase.

Sin embargo, ¿cómo distinguirse como persona de clase en un mundo donde las personas no tienen conciencia y son "poco especiales"? La respuesta es que hay que esforzarse conscientemente por liberarse de muchos temores, preocupaciones y ansiedades que coartan la imaginación y las ambiciones de la gran mayoría de las personas y actuar más allá del mundo del convencionalismo, en un entorno de conciencia, creatividad y logro en expansión. Pero para lograrlo, se requiere un modelo de conducta de una persona de clase para determinar cómo debe ser su forma de pensar y su comportamiento. Dan ha identificado las siguientes características de una persona de clase para que le sirvan de guía.[52]

- **Vive según sus más altas normas.** Las personas de clase se liberan mediante el establecimiento de normas personales de pensamiento y conducta más exigentes y rigurosas que las de la sociedad convencional. Las *eligen,* establecen y aplican a conciencia.
- **Mantiene su dignidad y distinción cuando se encuentra bajo presión.** Hay tres aspectos de esta característica. El primero es la imperturbabilidad ante el caos. Debido a que está habituado a ser su propio guía al vivir de acuerdo con sus más altas normas, puede también ser el guía de los demás. El segundo aspecto es la calma que se adquiere gracias al valor. Su calma da a los demás la esperanza de que todo saldrá bien. El tercer aspecto es una cualidad de certeza. El mayor ejemplo de esta característica en una persona de clase en el siglo XX fue Winston Churchill, quien, durante la Segunda Guerra Mundial, prácticamente por sí solo, salvó de la derrota a manos de los nazis de Alemania a la civilización occidental, gracias a su capacidad de mantener la calma y brindar un liderazgo confiado y valiente centrado en la actitud resuelta y decidida tanto de los británicos como de los norteamericanos.
- **Determina y mejora el comportamiento de los demás.** Debido a que una persona de clase es un buen ejemplo a seguir, quienes la rodean comenzarán a pensar y a actuar a un nivel que los sorprende tanto a ellos como a los demás. Una persona que representa el mejor ejemplo de esta tercera característica de una persona de clase es Larry Bird, el gran basquetbolista 'all-star' de todos los

---

52. Para una brillante presentación del curso de Dan Class Act Model (Modelo de una Persona de Clase), adquiera "The Class Art Model" (El Modelo de una Persona de Clase) (el módulo #3 de la serie "Always Increase Your Confidence" [Aumente Constantemente Su Confianza]) en www.strategiccoach.com. Es un valioso recurso con el que le aconsejo trabajar. Si adopta plenamente las características de una persona de clase, llevará una gran ventaja al resto del 99 por ciento de las personas en términos de crear el éxito y ejercer una influencia significativa en el mundo.

tiempos, perteneciente al Salón de la Fama que jugó en tres equipos de campeonato con los Boston Celtics. Los otros miembros de esos equipos han comentado a otras personas que fueron capaces de desempeñarse a tan alto nivel, sólo porque los inspiró el ejemplo y el liderazgo de Larry Bird.

- **Actúa desde una perspectiva más amplia e incluyente.** Debido a que la persona de clase se no pierde de vista su propia naturaleza humana, tienen una comprensión y una compasión más profundas por la condición humana de los demás. Se siente inextricablemente ligada a los demás, es compasiva ante el fracaso humano y se comporta con cortesía en situaciones de conflicto.

- **Eleva la calidad de toda experiencia.** La persona de clase tiene la capacidad de trasformar situaciones aparentemente insignificantes en momentos agradables, significativos y memorables gracias a su forma consciente de pensar y actuar. Es creadora, más bien que simple consumidora y enriquece constantemente la vida de los demás al dar a cada experiencia mayor belleza, significado, exclusividad y estímulo. El trato que reciben los huéspedes del hotel Four Seasons es un buen ejemplo de esta característica.

- **Contrarresta la crueldad, la superficialidad y la vulgaridad.** Los distintivos de esta característica son la cortesía, el respeto, el aprecio, el agradecimiento y la generosidad de espíritu. Uno de los ejemplos favoritos de esta característica de personas de clase es Pat Riley, ex entrenador de Los Angeles Lakers y los New York Knicks y actualmente entrenador de los Miami Heat. Lo que lo convierte en una persona de clase, en mi concepto, es su conducta elegante ante la derrota. Cuando Pat estaba entrenando a los jugadores de los Miami Heat en los preliminares de la NBA contra los New York Knicks, incitó a todos los integrantes del equipo contrario y a su entrenador a un asado en su casa y habló personalmente con cada uno de los jugadores, felicitándolos por una excelente temporada y deseándoles la mejor de las suertes. Aunque Pat se hubiera podido comportar de forma competitiva y agresiva, se manejó con altura y reconoció los logros del equipo contrario. Eso es tener clase.

- **Acepta la responsabilidad de sus actos y sus resultados.** Las personas de clase saben dar la cara cuando las demás se ocultan; dicen la verdad sobre sus fracasos y transforman sus derrotas en progresos.

- **Fortalece la integridad de toda situación.** Las personas de clase siempre establecen y alcanzan grandes metas que les exigen mejorar y desarrollarse constantemente, a la vez que incrementan su aporte de valor para todo el mundo.

- **Amplía el significado de ser humano.** Las personas de clase tratan a todos, inclusive a sí mismos, como si fueran únicos y, como resultado, siempre encuentran formas nuevas de mejorar tanto sus vidas como las de los demás. Al exigirse, exigen a los demás dándoles nuevas libertad de expresar su carácter único en el mundo.
- **Aumenta la confianza y las capacidades de los demás.** Las personas de clase son generadoras, no consumidoras, de energía. Las personas de clase crean un ambiente de confianza a su alrededor al elegir de manera consciente las ideas y los ideales por lo que se rigen y al crear estructuras que respaldan el logro de sus aspiraciones y capacidades. Estas nuevas estructuras también son apoyo para que los demás logren expresarse plenamente gracia a que crean entornos que fomentan una mayor creatividad, cooperación, progreso y desarrollo.

Al darme esta lista, Dan me enseñó mucho acerca de lo que significa realmente ser una persona de clase. Pero lo más importante es que me enseñó las ventajas de ser reconocido por otros como persona de clase.

CÓMO ADQUIRIR LA REPUTACIÓN DE UNA PERSONA DE CLASE

Cuando se habla del exentrenador de básquetbol de la UCLA, todos concuerdan en que es una persona de clase. John ha adquirido la reputación de ser una persona de clase, porque, francamente, actúa como tal. Se toma el tiempo de ocuparse de los demás, se comporta de forma que mejora y amplía siempre su mundo. Da a cada uno la impresión de ser "alguien especial, alguien que realmente cuenta."

Uno de los aspectos más difíciles del trabajo de entrenador es hacer la selección final, decidir quién queda en el equipo y quién no. La mayoría de los entrenadores se limita a elaborar una lista y ponerla en una cartelera en el gimnasio. Los jugadores fueron o no fueron elegidos. Con Wooden era diferente. Como manifestación de su profundo respeto y amor por las personas, en lugar de limitarse a poner una lista en un tablero o en la pared, el entrenador Wooden se reunía con cada uno de los jugadores, y les decía qué otros deportes creía él que serían más convenientes para lograr el éxito. Compartía con ellos su opinión sobre lo que veía como sus puntos fuertes, analizaba sus puntos débiles y, con base en sus fortalezas, identificaba lo que podrían hacer para mejorar su vida profesional en el atletismo. Se tomaba el tiempo para detectar sus fortalezas y reforzar su autoestima, y motivaba a los futuros atletas, en lugar de dejarlos emocionalmente devastados.

Basta decidirse a vivir de acuerdo con un conjunto de normas de alto nivel para que las personas respondan con entusiasmo hacia usted. Muy pronto verá las reacciones que produce: "¡Ah! esa es una persona con la que quisiera tener una amistad, hacer negocios, tener alguna relación."

LA RAZÓN POR LA CUAL SER UNA PERSONA DE CLASE LE AYUDA A ALCANZAR EL ÉXITO

De hecho, ésta es una de las principales ventajas de ser una persona de clase: todos quieren hacer negocios con usted o poder actuar dentro de su círculo de influencia. Ven su éxito y consideran que puede ampliarles sus posibilidades. Confían en que usted actuará con responsabilidad, integridad y aplomo.

Tal vez esa sea la razón por la que la manera más fácil de detectar una persona de éxito es ver la clase de personas que atrae. Con quién hace negocios, con quién se trata. Las personas de clase tienden a atraer a quienes ocupan las posiciones más altas en su campo de acción.

¿Se ha tomado el tiempo de analizar a fondo a sus amigos, sus colegas, sus socios, sus clientes y sus contactos? ¿Son personas de clase? Si no lo son, considere esa disparidad como un espejo que refleja el nivel en el que usted se encuentra. Tome ya la decisión de convertirse en una persona de clase y verá las personas que empieza a atraer hacia usted. Haga menos cosas, pero hágalas mejor. Mejore la calidad de su actitud y cambie sus comportamientos por otros mejores.

Por ejemplo, nos dimos cuenta de que en la oficina estábamos utilizando vasos desechables cuando podríamos haber usado vasos de vidrio, contribuyendo así a mejorar el medio ambiente al disminuir la tala de árboles y reducir la cantidad de relleno sanitario. También estaríamos demostrando a nuestros empleados, clientes y visitantes el alto concepto en el que los tenemos.

De igual forma, mi esposa y yo solíamos ofrecer varias fiestas durante el año que, a decir verdad, no eran tan maravillosas, ahora damos una fiesta, aproximadamente una vez al año, pero, cuando lo hacemos, la organizamos como un evento que nadie puede olvidar. Todos disfrutan platos gourmet, en un ambiente elegante, con una serie de invitados y atracciones interesantes e importantes. Todos se sienten privilegiados, apreciados, atendidos y amados. Es importante para mi tratar a mis invitados con mucho aprecio y admiración.

Esto no quiere decir que nunca comamos pizza y cerveza al lado de la piscina con nuestros parientes y amigos más íntimos, pero cuando se trata de una invitación de negocios, y de las personas de nuestro círculo de amigos más amplio, nos esmeramos al máximo por atenderlos al más alto nivel.

LAS PERSONAS DE CLASE ENSEÑAN A LOS DEMÁS A TRATARLAS CON APRECIO

Claro está que una de las primeras personas que hay que tratar con respeto y aprecio es uno mismo. Mi amigo Martin Rutte es una persona de clase. Siempre se viste bien, come bien y se porta en todo momento con refinamiento y estilo. Además, trata con cariño, dignidad y respeto a cuantos lo rodean. Por lo tanto, y a través de su ejemplo, ha enseñado a cuantos lo tratan a hacerlo con amabilidad, por el simple hecho de la consideración y la delicadeza que tiene para con todos.

Si usted es descuidado, si siempre llega tarde y no le preocupan sus modales, siempre se encontrará con personas que lo tratarán de forma descuidada, siempre llegarán tarde, personas a quienes no les importa nada.

Cuando sé que Martin va a venir ¿cuál es mi primera reacción? Me aseguro de tener una botella de buen vino, un buen pescado fresco, algunos vegetales sencillos pero excepcionales, frambuesas frescas para el postre (aunque no estén en cosecha y tengamos que conseguir las más caras que vienen de Nueva Zelanda), porque así es como Martin me ha "acostumbrado" a tratarlo.

Si un jefe de estado, el Papa o el Dalai Lama vinieran a visitarlo ¿no llamaría a los expertos para que limpiaran la casa con una semana de anticipación? ¿No compraría la mejor comida? Bueno, ¿por qué no hace eso por usted? ¡Usted es igual de importante!

En pocas palabras, algunas personas inspiran un cierto nivel de respeto, no sólo por la forma como tratan a los demás sino, lo que es más importante, por la forma como se tratan ellos mismos. Cuando se establece un alto nivel de normas personales, no sólo se recibe el mejor trato de quienes nos rodean sino que, de repente, comenzamos a atraer a otras personas que se rigen por normas igualmente elevadas. Nos comienzan a invitar a los sitios donde esas normas son la regla. Tenemos la oportunidad de disfrutar de las actividades de las que disfrutan las personas que se mueven en los más altos círculos, todo porque hemos sabido convertirnos en personas de clase.

QUINTA PARTE

El Éxito y el Dinero

Hay una ciencia para alcanzar fortuna y es una ciencia exacta, como el álgebra o la aritmética. Hay ciertas leyes que rigen el proceso de hacer fortuna y una vez que se aprenden y obedecen esas leyes, cualquiera podrá hacer fortuna con certeza matemática.

WALLACE D. WATTLES
Autor de *The Science of Getting Rich* (La Ciencia de Hacerse Rico)

56

DESARROLLE UNA CONCIENCIA POSITIVA DEL DINERO

Hay una psicología secreta del dinero. La mayoría no la conoce.
Es por eso que tantas personas nunca logran el éxito financiero.
El problema no está en la falta de dinero, eso es sólo
un síntoma de lo que ocurre en su interior.

T. HARV EKER
Multimillonario y presidente de Peak Potentials Training

Al igual que todos los demás aspectos que he analizado en este libro, también el éxito financiero comienza en la mente. Hay que decidir primero qué es lo que uno quiere. Luego hay que creer que es posible y que uno se lo merece. Después hay que centrarse en lo que se desea, pensándolo y visualizándolo como si ya se hubiera obtenido. Y, por último, hay que estar dispuesto a pagar el precio por obtenerlo, con esfuerzo disciplina y perseverancia constantes.

Sin embargo ¿cuántos nunca llegan siquiera a las primeras etapas de hacer fortuna? Con demasiada frecuencia se ven limitadas por sus propios conceptos acerca del dinero y porque se preguntan si lo merecen o no.

IDENTIFIQUE SUS CONCEPTOS LIMITANTES ACERCA DEL DINERO

Para obtener fortuna, tendrá que sacar a la luz, identificar, desarraigar y reemplazar cualquier concepto negativo o limitante que pueda tener acerca del dinero. Aunque podría parecer extraño que alguien pudiera tener una predisposición negativa hacia la riqueza, es frecuente que tengamos estos conceptos en nuestro subconsciente desde la niñez. Tal vez cuando era joven, oyó decir muchas veces:

El dinero no crece en los árboles.

No hay suficiente dinero para todo.

Hay que tener dinero para ganar dinero.

El dinero es la raíz de todos los males.

Las personas adineradas son perversas, malas o carentes de ética.

Quienes tienen mucho dinero son egoístas y sólo se preocupan de sí mismos.

No todo el mundo puede ser millonario.

La felicidad no se compra.

A los ricos sólo les importa el dinero.

Si soy rico no puedo ser espiritual.

Estos mensajes, escuchados desde la niñez, pueden en realidad sabotear y diluir su éxito financiero en el futuro, porque desde el subconsciente emiten vibraciones contrarias a sus intenciones conscientes.

¿Qué le enseñaron sus padres, abuelos, maestros, líderes religiosos, amigos y compañeros de trabajo acerca del dinero durante su infancia y durante sus primeros años de vida adulta?

Mi padre me enseñó que los ricos se hacían ricos explotando a la clase trabajadora. Me dijo constantemente que él no estaba hecho para el dinero, que el dinero no se daba en los árboles, que el dinero era difícil de obtener. En una Navidad, mi familia decidió vender árboles de navidad. Mi padre alquiló un lote, trabajó muy duro todas las noches, desde el Dia de Acción de Gracias hasta la Nochebuena y apenas logró sacar los gastos después de un mes de intenso esfuerzo. Como familia, quedamos firmemente convencidos de que por más que uno se esfuerce, nunca se puede salir adelante.

Anne tenía unos treinta y cinco años cuando asistió a uno de mis seminarios en Australia. Había heredado mucho dinero, pero lo detestaba. Estaba avergonzada de su fortuna, la ocultaba y se negaba a gastarla. Cuando surgió el tema del dinero en el seminario, empezó a contar a voz en cuello cómo el dinero había destruido a su familia. Su padre, que había hecho una gran fortuna, nunca estaba en casa, estaba trabajando para ganar más dinero o estaba frecuentando a la gente del jet set de todo el mundo, dedicado a gastarlo. Como resultado, su madre bebía en exceso, lo que hacía que los gritos y las discusiones en su hogar fueran frecuentes. No es de sorprender que la niñez de Anne haya estado repleta de experiencias desafortunadas. Pero en lugar de identificar la ambición y la adicción al trabajo de su padre como la verdadera causa de sus males, Anne había decidido, desde niña, que el culpable era el dinero. Debido a que las decisiones que se toman durante la niñez en momentos de intensa angustia emocional tienden a permanecer por más tiempo con nosotros e irse fortaleciendo con el paso de los años, Anne había mantenido estos conceptos negativos sobre el dinero durante más de dos décadas.

Hay muchas otras decisiones limitantes que se pueden tomar con respecto al dinero y que pueden impedirnos hacer fortuna o disfrutar de la cantidad de dinero que merecemos o deseamos. Por ejemplo:

No Está Bien que yo Gane más Dinero que mi Padre.

Scott Schilling, vicepresidente de ventas y mercadeo de Pulse Tech Products Corporation en Dallas, Texas, asistía a uno de mis seminarios donde trabajábamos en identificar y eliminar estos conceptos limitantes.

Cuando pedí a los participantes que examinaran su niñez para determinar la fuente de un concepto limitante, Scott recordó un día, en 1976. Tenía dieciocho años y acababa de cumplir su primer mes como agente de seguros de vida, recibió su primer cheque por comisones por valor de $1,856. Su padre, quien en ese entonces tenía cuarenta y seis años de trabajar para la misma compañía de seguros y estaba a un mes de su jubilación, recibió ese día también el cheque de su sueldo, por $1,360.

Scott dijo, "Cuando le mostré mi cheque a mi padre, no dijo una palabra, pero, por la expresión en su cara, pude ver que estaba muy dolido. Pensé: *¿Cómo pude haberle hecho esto a papá? ¿Cómo pude hacer que un hombre tan noble y magnífico haya puesto en duda su valor?*"

Scott había tomado una decisión subconsciente de no ganar más dinero que su padre, para evitar causarle de nuevo la misma vergüenza e incomodidad que Scott imaginaba que su padre había sentido aquel día de 1976. Pero menos de un mes después de haber revelado esta decisión en mi seminario, Scott me dijo que había recibido un contrato para dar una semana de capacitación en ventas con unos honorarios equivalentes a una quinta parte del salario total que había recibido el año anterior.

Hacer Fortuna Sería Una Violación al Código Familiar

Crecí en una familia de clase trabajadora. Mi padre era florista, y trabajaba "para los ricos." Por alguna razón, los ricos no eran personas de fiar. Pisoteaban a los que tenían menos dinero. Se aprovechaban del trabajador común. Hacerse rico habría equivalido a traicionar a mi familia y a los de mi clase. Yo no quería convertirme en uno de esos "tipos malos."

Si Hago Fortuna, Se me Convertirá en una Carga

Mi amigo Tom Botet es un consultor de negocios que pensó que había llegado al máximo en términos de los ingresos que podría recibir. Con un poco de ayuda brillante de parte de nuestro amigo Gay Hendricks, descubrió que la siguiente decisión de su niñez le había puesto un límite a su éxito:

Crecí en lo que yo puedo decir que era, sin lugar a dudas, una familia de clase media de Ohio. Nunca nos faltó comida, ni ninguna necesidad básica, pero mi padre hizo muchos sacrificios monetarios para que yo pudiera hacer realidad mi sueño de tocar el clarinete.

Comencé a aprender en el viejo clarinete de metal de mi padre, pero pronto pasé a un Leblanc, un instrumento bastante promedio. Cuando realmente empecé a sobresalir en este arte, mi maestra de clarinete, la Sra. Zielinski, habló con mis padres y les dijo: "Su hijo tiene verdadero talento. Merece un instrumento muy pero muy fino. Merece un clarinete Buffet." Hay que saber que sólo hay dos marcas excelentes de clarinete en el planeta—el Buffet y el Selmer—y en 1964, un Buffet costaba $300, que equivalen a unos $1,500 de hoy en día. Aunque esa era una suma de dinero muy alta para mi familia, quedó acordado que la Sra. Zielinski elegiría el clarinete para mí y ese sería mi regalo de Navidad.

Temprano, en la mañana de Navidad, bajé las escaleras, abrí el paquete, abrí el estuche y descubrí ese increíble y fabuloso clarinete en madera de granadilla pulida y relumbrantes registros de plata, acunado en un estuche forrado en terciopelo azul rey. Fue la cosa más hermosa que jamás haya visto en mi vida. desde entonces, he visto las joyas de la corona del Rey Faruk, y no se comparan con ese clarinete Buffet dentro de ese estuche forrado en terciopelo azul, cuando lo abrí, esa mañana de Navidad.

Me di la vuelta para agradecer a mis padres y no pude ni siquiera decir gracias antes de que mi mamá dijera: "Nunca hubiéramos podido pagar lo que costó si tu hermana hubiera vivido." (Mi hermana Carol había muerto repentinamente de encefalitis cuando yo tenía siete años).

En ese momento adquirí el concepto subconsciente de que entre mayor fuera mi éxito, mayor carga sería para quienes me amaban, no sólo desde el punto de vista monetario, sino también desde el punto de vista emocional.

Ahora me doy cuenta de que este concepto subconsciente me ha impedido lograr el nivel de éxito que concientemente deseaba alcanzar, me había condenado por el crimen de ser una carga y ahora el castigo era no permitirme alcanzar el nivel de éxito que realmente merecía.

Hay que comenzar por entender, por lo tanto, que el estado actual de su cuenta
bancaria, sus ventas, su salud, su vida social, su posición laboral, etc.,
no son más que la manifestación física de su forma de pensar.
Si realmente quiere cambiar o mejorar sus resultados en el mundo físico,
debe cambiar sus pensamientos y los debe cambiar DE INMEDIATO.

BOB PROCTOR
Autor de *The Power of Have It All* (El Poder de Tenerlo Todo)

TRES PASOS PARA CAMBIAR SUS CONCEPTOS LIMITANTES ACERCA DEL DINERO

Puede cambiar esta programación temprana mediante una técnica simple pero poderosa de tres pasos que reemplazan sus conceptos limitantes por otros más positivos y fortalecedores. Aunque es un ejercicio que puede hacer solo, suele dar mejor resultado—¡y ser mucho más divertido!—si se hace con otra persona o con unas pocas personas en grupo.

1. Escriba su concepto limitante.

El dinero es la raíz de todos los males.

2. Refute, discuta y contradiga este concepto limitante.

Puede hacerlo con una lluvia de ideas para elaborar una lista enumerando nuevos conceptos que contradigan los antiguos. Entre más absurdos y divertidos, más potente será el cambio en su conciencia.

El dinero es la raíz de toda filantropía.
¡El dinero es la raíz de unas excelentes vacaciones!
El dinero puede ser la raíz de todos los males para alguien que sea malo, pero
soy una persona amable, generosa, compasiva y amorosa que utilizará el
dinero para darle cosas buenas al mundo.

Puede escribir nuevos conceptos sobre el dinero en tarjetas de 3 × 5 pulgadas y agregarlas a la pila de afirmaciones que debe leer en voz alta con entusiasmo y pasión todos los días. Este tipo de disciplina diaria le ayudará en gran medida a tener éxito en el campo del dinero.

3. **Cree un enunciado positivo que lo obligue a cambiar.** El último paso consiste en crear un nuevo enunciado contrario al concepto original. Podrá ser un "concepto novedoso" uno que me haga sentir un estremecimiento de placer al decirlo. Una vez que lo tenga, pasee por la habitación durante un momento repitiéndolo en voz alta con energía y pasión. Repita este nuevo concepto varias veces al día durante un mínimo de treinta días y se quedará con usted para siempre.[53] Intente algo como:

> *En lo que a mi respecta, el dinero es la fuente o la raíz de todo el amor, la felicidad y las buenas obras.*

Recuerde que las ideas sobre el éxito financiero ¡nunca se producen por sí mismas! Hay que pensar constantemente cosas que vayan desarrollando la "forma de concepto" de prosperidad. Tiene que centrarse cada día en pensamientos de prosperidad e imágenes de éxito financiero. Cuando se centra intencionalmente en estos pensamientos e imágenes, eventualmente empezarán a desplazar los pensamientos e imágenes limitantes y comenzarán a dominar su forma de pensar. Si quiere acelerar el logro de sus metas financieras, debe practicar pronunciar afirmaciones positivas sobre dinero todos los días. Aquí hay algunas que he utilizado con gran éxito:

- Dios es mi fuente infinita de abastecimiento y me llegan grandes sumas de dinero sin demora y sin esfuerzo para el mayor bien de todos los interesados.
- Ahora tengo el dinero que necesito para hacer todo lo que quiera hacer.
- El dinero me llega de muchas formas inesperadas.
- Estoy tomando decisiones positivas sobre lo que debo hacer con mi dinero.
- Mis ingresos aumentan día tras día, ya sea que trabaje, me divierta o duerma.
- Todas mis inversiones son rentables.

---

53. Las emociones fuertes realmente facilitan el desarrollo de cientos de miles de pequeñísimos filamentos filosos microscópicos al extremo de las dendritas de las neuronas en el cerebro. Estas pequeñas protuberancias dendríticas espinosas crean realmente más conexiones en el cerebro que sirven de base a la fijación de la nueva creencia y al cumplimiento creativo de sus nuevas metas financieras. No es magia; ¡es ciencia cerebral! Para mayor información sobre la ciencia del cerebro que respalda este concepto, vea todos los recursos en el fabuloso sitio Web de Doug Bench en www.scienceforsuccess.com, Doug es fanático de mantenerse al día en las últimas investigaciones del cerebro y su relación con la creación de un mayor éxito en su vida.

- A la gente le encanta pagarme por hacer lo que a mí me encanta hacer.

Recuerde, puede sembrar una idea en su subconsciente mediante la repetición de ideas llenas de expectativa positiva y de la emoción relacionada con el hecho de ya haber conseguido lo que desea.

UTILICE EL PODER DE LIBERAR PARA ACELERAR SU ADQUISICIÓN DE MENTE DE MILLONARIO

En cualquier momento en el que esté haciendo sus afirmaciones de dinero—o, para el efecto, cualquier otro tipo de afirmación—es común que note que hay otros pensamientos (objeciones) que compiten con los nuevos, como: *¿A quién engañas? Nunca te harás rico. ¿Cuántas veces tengo que decírtelo?* Hay que tener dinero para hacer dinero. Cuando esto ocurra, comience por escribir las objeciones. Después, puede cerrar los ojos y simplemente dejar que se vaya esa idea junto con los sentimientos que la acompañan.

La siguiente es una técnica sencilla para librarse de esas ideas. Es una versión del Método Sedona como lo enseña Hale Dwoskin. Soy un gran admirador de este trabajo, lo enseño en mis talleres y recomiendo tomar el curso de fin de semana del Método Sedona, comprar el *Sedona Method Home Study* (Estudio del Método Sedona en Casa) en programa de audio, o leer *The Sedona Method* (El Método Sedona) por Hale Dwoskin.[54]

Las Preguntas Básicas para el Proceso de Liberación

Tendemos a rechazar o ignorar esos pensamientos y sentimientos pero sólo logramos que permanezcan allí por más tiempo. Todo lo que hay que hacer es permitirnos experimentarlos con todos los sentimientos que los acompañan y luego liberarlos. Aunque esto se puede hacer con los ojos abiertos, muchos encuentran que cerrar los ojos les ayuda a enfocarlos con más nitidez. Dejar que aparezcan y se vayan es otra alternativa. Es mucho más fácil de lo que cree.

Practique este pequeño proceso siempre que le venga a la mente un concepto o un sentimiento negativo relacionado con el dinero.

---

54. *The Sedona Method* (El Método Sedona), por Hale Dwoskin (Sedona, AZ: Sedona Press, 2003). Para mayor información sobre los talleres, programas de audio y otros recursos del Método Sedona, visite www.sedona.com o llame al 1-888-282-5656. Si utilizara este proceso cada vez que tuviera un sentimiento negativo, literalmente podría ir abriéndose su camino hacia el éxito.

¿Qué estoy sintiendo en el momento?

Concéntrese en cualesquiera sentimientos que surjan a medida que experimenta su concepto negativo limitante.

¿Lo puedo permitir y recibir?

Recíbalo y déjelo actuar, hágalo lo mejor que pueda.

¿Lo puedo dejar ir?

Pregúntese *¿lo puedo dejar ir?*

Tanto *sí* y *no* son respuestas aceptables.

¿Lo quiero dejar ir?

Pregúntese *¿quiero dejarlo ir?*

Si la respuesta es no, o sí no está seguro, pregúntese,

¿Preferiría quedarme con este sentimiento o librarme de él?

Aún si quiere quedarse con el sentimiento, continúe con la siguiente pregunta.

¿Cuándo?

Pregúntese *¿Cuándo?*

Es una invitación para dejarlo ir. Recuerde que dejarlo ir es una decisión que puede tomar en cualquier momento que decida.

No deje de repetir los pasos aquí enumerados con la frecuencia necesaria para librarse de un sentimiento en particular.

VISUALICE LO QUE DESEA COMO SI YA LO TUVIERA

No olvide incluir también el dinero en sus visualizaciones diarias, vea todas sus metas financieras como si ya la hubiera logrado. Vea imágenes que confirmen su nivel deseado de ingresos como cheques de pago, cheques de renta, cheques de regalías, estados de dividendos y personas que manejan su dinero. Represéntese imágenes de su estado bancario ideal, sus informes de acciones y su portafolio de bienes raíces. Visualice las imágenes de lo que podría comprar y de las instituciones y organizaciones a las que podría contribuir si ya hubiera alcanzado sus metas financieras. Asegúrese de sumar las dimensiones quinestésicas y del ofato a sus visualizaciones, sienta la suave textura de las sedas más finas del mundo contra su piel, sienta la sensación relajante de un lujoso masaje en uno de los mejores spa del mundo, sienta la fragancia de sus flores favoritas recién cortadas, en su hogar, o el delicado aroma de su perfume importado favorito. Luego agregue dimensiones auditivas como el ruido de las olas sobre la playa frente a su casa de vacaciones o el suave ronronear del motor finamente sincronizado de su nuevo Porsche.

Por último, no olvide agregar el sentimiento de aprecio y agradecimiento por haber recibido ya todas estas cosas. Esta sensación de plenitud es parte de lo que realmente le traerá la mayor abundancia.

Llene su mente en todo momento con imágenes de lo que desea e imagine que ya lo tiene.

57

OBTENDRÁ LO QUE
SE PROPONGA

*Si no valora el dinero y no busca la fortuna, probablemente nunca la
recibirá. Debe buscar la fortuna para que la fortuna lo busque a usted.
Si no tiene ningún deseo ardiente de fortuna en su interior,
no surgirá fortuna a su alrededor. Es indispensable tener
propósitos concretos de obtenerla para adquirirla.*

DR. JOHN DEMARTINI
Multimillonario por mérito propio,
consultor sobre el dominio financiero y de la propia vida

Se dice que conseguimos en la vida aquello en lo que nos empeñamos. Esta
regla se aplica para obtener un nuevo empleo, establecer un negocio, ganar un
premio, pero de forma más especial, para conseguir dinero, fortuna y un estilo de vida de alto nivel.

DEBE TOMAR LA DECISIÓN DE SER RICO

Uno de los primeros requisitos para adquirir fortuna es tomar la decisión
consciente de lograrlo.

Cuando estaba en la escuela de postgrado, decidí hacerme rico. Aunque
no sabía en ese momento qué quería decir "ser rico," me parecía que me
brindaría muchas de las cosas que deseaba de la vida, la posibilidad de viajar y
de asistir a talleres que quisiera y los recursos para lograr mis metas y sostener
mis aficiones. Deseaba poder hacer lo que quisiera, cuando quisiera, donde
quisiera y por el tiempo que quisiera.

Si también usted desea fortuna, debe decidir desde ahora, en lo más profundo de su corazón, que tendrá fortuna en su vida, sin preocuparse aún de si
es posible o no.

A CONTINUACIÓN, DECIDA QUÉ SIGNIFICA PARA USTED TENER FORTUNA

¿Sabe qué tanta fortuna desea? Algunos de mis amigos quieren jubilarse como millonarios, otros quieren jubilarse con treinta millones, o inclusive cien millones de dólares. Dos de mis amigos quieren llegar a ser megarricos, por la capacidad filantrópica que esto les daría. No hay una meta correcta para la fortuna que se desea tener. Sin embargo, *usted* debe decidir qué quiere.

Si aún no ha determinado su visión según el Principio 3 ("Decida lo Que Quiere")—incluyendo la definición de sus metas financieras—tómese el tiempo para hacerlo ahora. Asegúrese de incluir metas escritas como las siguientes:

Tendré una fortuna de $ _____ para el año _____.

Estaré ganando al menos $ _____ el año entrante.

Ahorraré e invertiré $ _____ todos los meses.

El nuevo habito financiero que desarrollaré a partir de ahora es

_____.

Para eliminar mis deudas, me propondré _____.

DETERMINE CUÁNTO CUESTA FINANCIAR EL SUEÑO DE SU VIDA...AHORA Y MÁS ADELANTE

Cuando este creando fortuna en su vida, recuerde que hay una vida que usted desea vivir ahora y una que quiere tener en el futuro.

La vida que lleva actualmente es el resultado de las ideas y acciones que ha venido desarrollando en el pasado. La vida que viva en el futuro será el resultado de las ideas y acciones que desarrolle ahora. Para lograr el tipo de vida que quiere llegar a tener dentro de uno o dos años, y el estilo de vida que desea tener cuando se "jubile," determine exactamente qué tanto dinero necesitara para vivir el estilo de vida de sus sueños. Si no lo sabe, investigue cuánto le costaría hacerlo y comprar todas las cosas que desea en el curso del próximo año. Esto podría incluir renta o hipotecas, alimentos, vestuario, servicios médicos, vehículos, servicios públicos, educación, vacaciones, recreación, seguros, ahorros, inversiones y filantropía.

Para cada una de estas categorías, visualice los aspectos o actividades relacionados con ellos en su vida, luego anote lo que tendría que gastar para lograrlo. Imagine que va a cenar a los más elegantes restaurantes, que conduce el automóvil de sus sueños, que toma las vacaciones que siempre ha soñado, inclusive que remodela su casa o se traslada a una nueva. No permita que su mente le insista que estas cosas son imposibles o que son una locura. Por el momento, limítese a investigar y a determinar exactamente lo que le costaría financiar la vida de sus sueños, cualquier que sea.

PIENSE EN SU JUBILACIÓN DESDE UN PUNTO DE VISTA REAL

Determine, también, cuánto necesitará para mantener su actual estilo de vida una vez que se jubile y deje de trabajar. Aunque personalmente no pienso dejar de trabajar nunca, si la jubilación forma parte de sus planes, Charles Schwab sugiere que por cada $100,000 de ingreso mensual que desee tener durante su jubilación, tendrá que haber invertido $230,000 para cuando deje de trabajar. Si tiene $1 millón invertido con un interés del 6 por ciento, eso le dará una renta de aproximadamente $4,300 al mes.

El que eso sea suficiente dependerá de varios factores, como si su casa no tiene hipoteca, las personas que dependen de usted, cuánto recibe del seguro social y el nivel del estilo de vida que espera llevar. De cualquier manera, en la actualidad, $4,300 por mes puede no ser suficiente para sostener el extravagante estilo de vida que puede estar imaginando. Si espera viajar y tener una vida activa, puede que no sea ni siquiera adecuado. Con la inflación, puede ser mucho menos que suficiente.

ADQUIERA CONCIENCIA DE SU DINERO

Muchos no están conscientes de su situación cuando se trata de dinero. Por ejemplo: ¿Sabe cuál es su patrimonio, su activo total menos su pasivo total? ¿Sabe cuánto dinero tiene ahorrado? ¿Sabe exactamente cuáles son sus costos mensuales fijos y variables? ¿Conoce exactamente el monto total de la deuda que tiene y la cantidad de dinero que paga al año en intereses? ¿Sabe si tiene el seguro adecuado? ¿Tiene un plan financiero? ¿Tiene un plan estatal? ¿Ha hecho un testamento? ¿Está actualizado?

Si quiere tener éxito en las finanzas, tiene que adquirir conciencia de estos factores. No sólo tiene que saber exactamente cuál es su situación actual sino que debe saber también exactamente a donde quiere llegar y qué se requiere para lograrlo.

REAL LIFE ADVENTURES by Gary Wise and Lance Aldrich

Según sus cifras más recientes, si se jubilara hoy, podría llevar una vida
muy pero muy holgado, aproximadamente hasta mañana a las 2:00 p.m.

Paso 1: Determine su Fortuna

Si no conoce su patrimonio, puede

1. Consultar con un contador o programador financiero para calcularlo.
2. Inscribirse como miembro de una organización, como el Avedis Group (una organización de mercadeo de servicios financieros en red que trata con personas comunes que quieren aprender sobre finanzas y lograr la independencia financiera). Allí le ayudarán a determinar su patrimonio neto y le prestarán otros servicios financieros por mucho menos de lo que cobran los programadores de finanzas.[55]
3. Conseguir algún programa de software, como Personal Financial Statement que se encuentra en www.myfinancialsoftware.com.

---

55. Para información sobre cómo entrar a formar parte del Avedis Group, visite el sitio www.the successprinciples.com.

Paso 2: Determine lo que Necesita para Jubilarse

Luego, calcule sus necesidades financieras para cuando se jubile. Tenga en cuenta que la jubilación, por su naturaleza, requiere que usted sea financieramente independiente. Un buen programa financiero le puede indicar cuánto ahorro e inversión necesitará para contar con los ingresos suficientes por intereses, dividendos, renta y regalías para llevar su actual estilo de vida sin necesidad de trabajar.

La independencia financiera lo libera para hacer lo que siempre ha deseado, viajar, dedicarse a actividades filantrópicas y a proyectos de servicio, o hacer cualquier cosa que desee.

Paso 3: Adquiera Concienca de sus Gastos Actuales

> *El principal problema de la generación de hoy y de la economía*
> *es la falta de conocimientos financieros.*
>
> ALAN GREENSPAN
> Presidente de la Junta Federal de Reserva

Muchas personas no son conscientes de cuánto gastan en un mes. Si nunca ha llevado cuentas de sus gastos, comience a anotar sus *gastos fijos* mensuales como hipoteca, arriendo, cualquier otra cuota sobre préstamos, seguros, servicio de cable, proveedor de Internet, clubes para mantener su estado físico, etc. Luego, considere los últimos seis a doce meses y calcule los gastos variables mensuales *promedio* como servicios públicos, teléfono, alimentos, vestuario, mantenimiento del automóvil, gastos médicos, etc.

Por último, lleve un registro durante un mes de *todos* sus gastos durante ese período, por grandes o pequeños que sean, desde la gasolina para su automóvil hasta el café que se tomó en Starbucks. Súmelo todo al final del mes para poder tener una idea exacta—en cambio de no tener la menor idea—de lo que gasta. Marque aquellas cosas que son indispensables y las que no lo son. Este ejercicio le dará mayor conciencia de lo que está gastando y en qué puede decidir ahorrar.

Paso 4: Infórmese Sobre Aspectos Financieros

No nos enseñan finanzas en la escuela. Se requiere mucho tiempo y esfuerzo para cambiar la forma de pensar y adquirir conocimientos financieros.

ROBERT KIYOSAKI
Coautor de *Rich Dad, Poor Dad* (Padre Rico, Padre Pobre)

No sólo debe estar siempre consciente del dinero, revisando todos los días sus planes financieros y controlando mensualmente sus gastos, sino que le recomiendo aprender de manera proactiva sobre el dinero y la forma de invertirlo, leyendo por lo menos un buen libro sobre finanzas cada mes durante el próximo año. Para comenzar, consulte las páginas 475–486 en "Lecturas Recomendadas y Recursos Adicionales" o visite el sitio Web www.thesuccess principles.com para una lista de muchos de los mejores títulos.

Otra forma de adquirir conocimientos financieros es consultar con profesionales que puedan enseñarle formas de manejar su dinero para poder contar con un sólido futuro financiero. Puede invertir su dinero en acciones y bonos que le paguen intereses, o puede invertir en bienes raíces en donde la renta sea superior a los pagos hipotecarios.

Al igual que la mayoría de las personas que nacieron en la época de la explosión de natalidad, y que ahora se encuentran en la sexta década de la vida, Mark y Sheila Robbins tenían el concepto del dinero de los asalariados. No pensaban en crear una vida de fortuna y abundancia. Se limitaban a trabajar intensamente. Sheila había trabajado como azafata para United Airlines durante treinta y cinco años y Mark era gerente de una agencia de automóviles, y tenían su dinero en sus cuentas 401(k).

Después de perder aproximadamente la mitad de sus fondos de jubilación en un mercado accionario en descenso, decidieron que debía haber una mejor forma de manejar sus finanzas. Fue entonces cuando ingresaron a la organización de mercadeo y servicios financieros en red, The Avendis Group y comenzaron a tomar los cursos que allí se ofrecen. Después de leer los libros de *Rich Dad, Poor Dad* (Padre Rico, Padre Pobre) y después de jugar el Cash Flow Game (Juego de Flujo de Efectivo), sus conversaciones empezaron a incluir términos financieros y empezaron a aceptar la idea de convertirse en inversionistas de bienes raíces. Buscaron un vendedor de bienes raíces especializado en el tipo de propiedades que les interesaban y, durante el verano, salieron de compras. Apenas un año después, tenían quince propiedades unifamiliares alquiladas que costaban más de $2 millones, y les generaban un flujo de dinero positivo.

Por si eso no fuera suficiente, son también los dueños de su propia agencia de Chrysler/Dodge/Jeep, en la que han tenido gran éxito y de otro negocio que manejan desde su hogar. Debido a que estuvieron dispuestos a invertir tiempo y dinero en obtener una educación financiera y a poner en practica los principios que aprendieron, sus vidas cambiaron en forma dramática y nunca volverán a ser iguales.

Para mayor información sobre Avedis y otras organizaciones que le pueden ayudar a aprender el uso de este tipo de herramientas de adquisición de fortuna, visite www.thesuccessprinciples.com.

LA FORTUNA TIENE DIVERSOS ASPECTOS

Lee Brower, fundador de Empowered Wealth y miembro de mi grupo de mentes maestras, ha desarrollado un modelo para enseñar la forma de manejar todo tipo de fortunas, no solamente las de carácter financiero. Si observa en la gráfica que aparece a continuación, podrá darse cuenta de que tiene cuatro tipos de activos diferentes.

El primero está compuesto por sus activos humanos. Estos incluyen su familia, su salud, su carácter, sus capacidades personales, sus orígenes, sus relaciones, sus hábitos, su ética, su moral y sus valores.

Sus segundos activos son los intelectuales que incluyen sus destrezas y talentos, su sabiduría y su educación, sus experiencias de la vida (buenas y malas) su reputación, los sistemas que ha desarrollado, sus ideas, las tradiciones que ha heredado o establecido y las alianzas que ha constituido a través de los años.

Sus terceros activos que incluyen efectivo, acciones y bonos, dinero en su plan de jubilación, bienes raíces y negocios propios y otras posesiones que pueda tener, como su colección de antigüedades.

Los cuartos son los que Lee llama activos cívicos, que pueden incluir sólo los impuestos que paga (y los servicios e infraestructura que le ofrecen). Aunque pueden incluir además el dinero de impuestos que "reorienta" a través de contribuciones a instituciones de beneficencia y, si usted es uno de los súper ricos, puede inclusive tener su fundación privada.

Cuando Lee pregunta a las familias que poseen grandes fortunas qué cuadrantes elegirían si pudieran pasar allí los activos de los otros dos cuadrantes, uniformemente responden que elegirían los cuadrantes de activos humanos y activos intelectuales. Saben que si sus hijos tienen esas cualidades, siempre podrán incrementar su fortuna. Si sólo tienen la fortuna, sin los otros dos cuadrantes, en último término perderán todo el dinero. Lo que Lee y su equipo de Empowered Wealth hacen es enseñar a las familias a

LOS CUADRANTES QUE DAN PODER A SU FORTUNA

OPTIMICE TODO SUS ACTIVOS

Activos Humanos
Enriquecer/Amar

- Familia
- Salud
- Espiritualidad
- Felicidad
- Bienestar
- Ética
- Moral

- Carácter
- Valores
- Capacidad exclusiva
- Relaciones
- Hábitos
- Futuro
- Herencia

Activos Intelectuales
Captar/Aprender

- Sabiduría
- Educación formal
- Experiencias de la vida (buenas y malas)
- Reputación
- Sistemas

- Relaciones
- Ideas
- Tradiciones
- Alianzas
- Destrezas
- Talentos

El Sistema de dar Poder a su Fortuna™

Activos Financieros
Capitalizar/Ganar

- Efectivo
- Acciones y bonos
- Plan de jubilación
- Bienes raíces
- Cosas: sus posesiones financieras y materiales

Elección y Control

Activos Cívicos
Contribuir/Dar

- Impuestos
- Fundaciones Privadas
- Contribuciones a entidades benéficas en activos financieros humanos e intelectuales

© Copyright 2002 Empowered Wealth, LLC

maximizar y pasar a su descendencia los activos de todos los cuatro cuadrantes de este modelo.

Lo invito a que empiece a pensar cómo establecer y optimizar sus activos en los cuatro sectores de los cuadrantes que dan poder a su fortuna. Si lo hace, podrá crear una verdadera fortuna equilibrada e integrada. Y tendrá su dinero dentro de la perspectiva adecuada. El dinero es sólo un instrumento que debe utilizarse para fines más elevados.

PÁGUESE USTED
PRIMERO

Usted tiene un derecho divino a la abundancia,
y si es menos que millonario,
no ha obtenido su parte justa.

STUART WILDE
Autor de *¡The Trick to Money Is Having Some!*
(¡El Secreto del Dinero es Tener un Poco!)

En 1926, George Clason escribió un libro llamado *The Richest Man in Babylon* (El Hombre más Rico de Babilonia), uno de los éxitos clásicos de todos los tiempos. Es una fábula sobre un hombre llamado Arkad, un simple escriba, que convence a su cliente, un prestamista, de que le enseñe los secretos del dinero.

El primer principio que el prestamista le enseña a Arkad es: "Parte de lo que usted gana debe ser para usted." Luego le explica que al empezar por reservarse al menos el 10 por ciento de todo lo que gana—y hacer que ese dinero sea inaccesible para gastar—Arkad verá cómo esta suma aumenta con el tiempo y, a su vez, empieza a producir dinero por sí misma. En un espacio de tiempo aún mayor, llegará a hacer una cantidad considerable, debido al poder del interés compuesto.

Muchos han desarrollado sus fortunas pagándose ellos en primer lugar. Es tan efectivo hoy día como lo era en 1926.

UNA HISTORIA QUE DICE MUCHO

Por sencilla que sea esta formula del 10 por ciento, siempre me sorprende lo poco dispuesta que está la gente a prestarle atención. Hace poco, una noche, tomaba una limosina para ir del aeropuerto a mi hogar en Santa Barbara. El

© 1999 Randy Glasbergen.   www.glasbergen.com

Inversiones
y Planificación Financiera

GLASBERGEN

"Me jubilo el próximo viernes y no he ahorrado ni un centavo.
¡Ésta será su oportunidad de convertirse en una leyenda!"

conductor de la limosina, un hombre de veintiocho años, al reconocerme, me pidió que le diera algunos de mis principios del éxito que él pudiera poner en practica en su vida. Le dije que debía invertir el 10 por ciento de cada dólar que ganara y seguir reinvirtiendo los dividendos, y me di cuenta de que toda la información estaba llegando a oídos sordos. Él buscaba la forma de enriquecerse de un momento a otro.

Sin embargo, aunque hay oportunidades que permiten obtener dinero de manera más rápida, y hay que estar alerta para detectarlas, considero que el futuro debe construirse sobre la roca sólida de un plan de inversión a largo plazo. Ente más pronto se comience, más rápido se podrá contar con una red de seguridad de un millón de dolares.

Consulte con su asesor financiero o visite uno de los múltiples sitios en Internet donde puede ingresar el monto de su patrimonio actual y sus metas financieras para su jubilación y luego calcular cuánto tiene que ahorrar e invertir a partir de ahora para alcanzar la suma que tiene como meta cuando este en edad de jubilarse.[56]

---

56. Un sitio que le ayudará a calcular el tiempo que le tomará convertirse en millonario es www.arm chairmillionaire.com/calculator.

LA OCTAVA MARAVILLA DEL MUNDO

*El interés compuesto es la octava maravilla del mundo y
lo más poderoso que jamás haya encontrado.*

ALBERT EINSTEIN
Ganador del Premio Nobel de Física

Si para usted la idea del interés compuesto es algo nuevo, así es como funciona: Si invierte $1,000 con un interés del 10 por ciento ganará $100 en intereses y al final del primer año tendrá una inversión total de $1,100. Si deja tanto su inversión original como el interés devengado en la cuenta, al año siguiente ganará 10 por ciento de interés sobre $1,100 lo cual le dará $110 en intereses. El tercer año ganará 10 por ciento sobre $1,210, y así sucesivamente, por el tiempo que deje allí su dinero. A esta tasa, su dinero realmente se duplica cada siete años. Así es como eventualmente se convierte en una enorme suma, con el correr del tiempo.

Claro está que las buenas noticias son que el tiempo está de su lado cuando de interés compuesto se trata. Entre más pronto empiece, mejor será el resultado. Considere el siguiente ejemplo. Mary comienza a invertir cuando tiene veinticinco años y deja de invertir a los treinta y cinco. Tom no empieza a invertir sino a los treinta y cinco pero sigue invirtiendo hasta que se jubila a los sesenta y cinco años. Tanto Mary como Tom invirtieron $150 por mes con una tasa de retorno del 8 por ciento anual en interés compuesto. Sin embargo, lo sorprendente de los resultados es que al jubilarse a la edad de sesenta y cinco años, Mary habrá invertido sólo $18,000 durante diez años y tendrá un total de $283,385 mientras que Tom habrá contribuido la suma de $54,000 durante treinta años y termina con sólo $220,233. La persona que invirtió por sólo diez años tiene más que la que invirtió durante treinta ¡pero empezó después! Entre más pronto comience a ahorrar más tiempo tendrá para que el interés compuesto produzca su efecto.

HAGA DE LOS AHORROS Y LA INVERSIÓN UNA PRIORIDAD

Los ahorradores más agresivos hacen que invertir dinero sea parte central de su manejo monetario, como lo es el pago de su hipoteca.

Para adquirir el hábito de ahorrar *algún* dinero cada mes, tome de inmediato un porcentaje predeterminado de su sueldo y deposítelo en una cuenta de ahorros que no se permita tocar. Siga incrementado el saldo de esa cuenta hasta que haya ahorrado lo suficiente para entrar a un fondo mutuo o a una cuenta de bonos o hacer inversión en bienes raíces, incluyendo la compra de su propia casa. La suma de dinero que se dedica a pagar el alquiler sin establecer un capital en una vivienda constituye para muchos una tragedia.

Invertir sólo el 10 por ciento o el 16 por ciento de su ingreso le ayudará eventualmente a reunir una fortuna. Páguese usted primero y viva de lo que queda. Así logrará dos cosas: (1) se obligará a comenzar a acumular fortuna y (2) si todavía quiere comprar más o hacer más se obligará a encontrar formas de ganar más dinero para poder cubrir el costo.

Nunca recurra a su cuenta de ahorros para financiar su estilo de vida más holgado. Lo que debe lograr es que sus inversiones aumenten hasta el punto en el que pudiera vivir de la renta, si fuere necesario. Sólo entonces habrá alcanzado la verdadera independencia financiera.

SE PAGÓ ÉL PRIMERO

El Dr. John Demartini es un quiropráctico que organiza seminarios para otros quiroprácticos sobre cómo progresar financieramente tanto en su vida personal como en su práctica profesional. Es una de las personas más ricas y que goza de mayor abundancia entre las que conozco. Es una persona que abunda en buen espíritu, amistades y aventuras al igual que en fortuna. John me contó:

Cuando empecé mi práctica profesional años atrás, le pagaba primero a todo el mundo y tomaba para mi lo que quedara. No conocía otra forma mejor de hacer las cosas. Luego me di cuenta de que las personas que habían estado trabajando para mi menos de seis meses, recibían todas su sueldo a tiempo. Me di cuenta de que su sueldo era fijo mientras que el mío era variable. Eso era una locura. La persona más importante—es decir yo—era la que estaba soportando todo el estrés, mientras que los otros tenían toda la estabilidad. Decidí cambiar las cosas y pagarme primero. En segundo lugar pagar mis impuestos, mi presupuesto, pagar mi estilo de vida en tercer lugar y mis cuentas en cuarto lugar.

Hice arreglos para contar con retiros *automáticos* y esto cambió totalmente mi situación financiera. No me muevo de esa posición. Si las cuentas se acumulan y el dinero no entra, no dejo de ordenar los retiros automáticos. Mi personal se ve obligado a buscar formas de vender más seminarios y recaudar más dinero. En el sistema antiguo, si no conseguían compromisos para dictar seminarios y no cobraban las facturas, todo el peso me correspondía a mí. Ahora, las cosas son diferentes. Si quieren recibir su sueldo, tienen que inventar formas de que entre más dinero.

LA LEY DE 50/50

Otra regla que John me sugirió es que uno nunca gasta más de lo que ahorra. John ahorra el 50 por ciento de cada dólar que gana. Si quiere aumentar sus gastos personales $45,000 primero tiene que ganar $90,000 adicionales. Digamos que uno quiere comprar un automóvil que cuesta $40,000. Si no puede ahorrar otros $40,000, no compra ese automóvil. O compra uno más barato o sigue con el que tiene o busca cómo ganar más dinero. La clave está en no incrementar uno su estilo de vida hasta que no tenga el incremento de ingresos necesarios para ahorrar la misma cantidad que gasta. Si aumenta sus ahorros en $40,000 sabrá que se ha ganado el derecho de gastar $40,000 más en su estilo de vida.

La ley de 50/50 hará que logre hacer fortuna muy rápidamente. Fue la base sobre la que el multimillonario Sir John Marks Templeton construyó su fortuna.

¡NO ME DIGA QUE NO LO PUEDE HACER!

Casi todos esperan a empezar a ahorrar cuando tengan algo de dinero sobrante, un margen bastante amplio. Pero las cosas no funcionan así. Hay que empezar a ahorrar e invertir para el futuro ¡desde ya! Entre más invierta, más pronto alcanzará su independencia financiera. Sir John Mark Templeton comenzó trabajando como corredor de bolsa por $150 a la semana. Él y su esposa, Judith Folk, decidieron invertir el *50 por ciento* de sus ingresos en la bolsa de valores *sin dejar de donar dinero*. Eso los dejaba con sólo el 40 por ciento de sus ingresos para vivir. Sin embargo, en la actualidad, ¡John Templeton es un multimillonario! Nunca ha abandonado esta práctica durante toda su vida y ahora, por cada dólar que gasta regala $10 a individuos y organizaciones que apoyan el crecimiento espiritual.

¿QUIÉN QUIERE SER MILLONARIO?

Según las cifras del gobierno, en 1980 habían 1.5 millones de millonarios en los Estados Unidos. Para el año 2000 esta cifra había aumentado a siete millones. Se espera que alcance cincuenta millones para el 2020. Se ha calculado que, en los Estados Unidos, cada cuatro minutos una persona se convierte en millonario. Con un poco de planificación, autodisciplina y esfuerzo, uno de estos millonarios puede ser usted.

SER MILLONARIO NO SIGNIFICA CONVERTIRSE EN UNA "CELEBRIDAD"

Aunque podría pensar—a juzgar por Donald Trump, Britney Spears y Oprah Winfrey—que la mayoría de los millonarios son celebridades, lo cierto es que más del 99 por ciento de los millonarios son inversionistas que trabajan duro y ahorran metódicamente.

Por lo general, son personas que han hecho fortuna en una de tres formas: mediante la creación de empresas, lo que representa el 75 por ciento de todos los millonarios de los Estados Unidos, como ejecutivos de una importante corporación, lo que representa el 10 por ciento de los millonarios, o como profesionales (doctores, abogados, odontólogos, contadores públicos certificados, arquitectos). Además, cerca de un 5 por ciento se hacen millonarios en el campo de las ventas y la consultoría de ventas.

De hecho, la mayoría de los millonarios de los Estados Unidos son personas comunes y corrientes que han trabajo duro, se han mantenido dentro de sus presupuestos, han ahorrado del diez al veinte por ciento de todos sus ingresos y han invertido este dinero de nuevo en sus negocios, en bienes raíces y en la bolsa de valores. Son personas como el dueño de la lavandería, el dueño de la agencia de automóviles, el dueño de la cadena de restaurantes, el dueño de las panaderías, el dueño de la joyería, el ganadero, el dueño de la compañía de transporte terrestre y el dueño de la ferretería.

Sin embargo, personas de cualquier profesión u ocupación pueden llega a ser millonarios si aprenden la disciplina de ahorrar e invertir y si empiezan lo suficientemente pronto. Sin duda habrá oído hablar de Oseola McCarty de Hattiesburg, Mississippi, quien tuvo que abandonar sus estudios en el primer año de secundaria para ocuparse de su familia y dedicó setenta y cinco años de su vida a lavar y planchar la ropa de otras personas. Llevaba una vida muy austera y ahorraba lo que podía del escaso dinero que ganaba. En 1995, donó $150,000 de la suma total de $250,000 que había logrado ahorrar durante toda su vida, a la Universidad de Southern Mississippi para suministrar becas a estudiantes de escasos recursos y este es el aspecto más interesante: si Oseola hubiera invertido sus ahorros que se calculaban en unos $50,000 en 1965, en un fondo como el de los 500 S&P, que produce en promedio el 10.5 por ciento anual, su dinero no hubiera rendido $250,000 sino $999,628, prácticamente un millón de dolares o cuatro veces más.[57]

CÓMO HACERSE "AUTOMÁTICAMENTE MILLONARIO"

La forma más fácil de poner en práctica el plan de pagarse usted primero es tener un plan totalmente "automático," es decir, establecer las cosas de modo que un porcentaje de su sueldo sea automáticamente deducido e invertido en la forma que usted indique.

Los programadores financieros le podrán decir, con base en su amplia experiencia, con cientos de clientes, que muy pocos—si es que alguno lo hace—permanecen fieles al plan de pagarse ellos primero, a menos que esto sea una operación automática. Si es empleado, pregunte en su empresa si tienen cuentas de jubilación autodirigidas, como los planes 401(k).

Podrá ordenar que la empresa deduzca automáticamente de su cheque de pago su contribución al plan. Si se deduce antes de que usted reciba el cheque, nunca le hará falta. Lo que es más importante, no tendrá que preocuparse por sus inversiones, no tendrá que ejercer autodisciplina. No dependerá de sus cambios de ánimo, de las emergencias domésticas ni de ningún otro factor. Se compromete una vez y ya está. Otra ventaja de este tipo de planes es que están exentos de la mayoría de los impuestos hasta cuando usted retire el dinero. De manera que en lugar de tener setenta centavos trabajando para usted tendrá la totalidad del dólar a su favor, ganando interés compuesto año tras año.

Algunas compañías pueden inclusive contribuir una porción igual a la que usted contribuya. Si trabaja para una de estas empresas, no demore en adoptar el plan *¡hágalo ya!* Confirme con la oficina de subsidios laborales de su empresa y pregunte por los requisitos para inscribirse. Una vez que lo haga, asegúrese de optar por el más alto porcentaje de contribución permitido por la ley, o al menos que no baje del 10 por ciento. Si no puede llegar al 10 por ciento, invierta entonces el mayor porcentaje que le sea posible. Después de unos pocos meses, revalúe la situación y vea si puede aumentar el porcentaje.

---

57. Ver "The Oseola McCarty Fribble" por Selena Maranjian, 5 de septiembre de 1997 en el sitio Web Motley Fool, en www.fool.com/Frible/1997/Fribble970905.htm.

Sea creativo buscando formas de reducir costos y de aumentar sus ingresos a través de alguna otra fuente.

Si no tiene un plan de jubilación en su empresa, puede abrir una cuenta de jubilación individual (Individual Retirement Account (IRA)) en un banco o una firma de corredores de la bolsa. Con una cuenta IRA podrá hacer una contribución financiera de hasta $3,000 por año ($3,500 si tiene cincuenta años o más), pregunte en el banco, consulte con una firma de corredores de la bolsa o con un asesor financiero para determinar si desea una cuenta IRA tradicional o una cuenta Roth IRA. Los formularios que hay que llenar para iniciar una IRA le toman el mismo tiempo que los que tiene que llenar para abrir una cuenta corriente. Además, para que sea automática, puede disponer que se haga una deducción automática de su cuenta corriente.

Para una explicación mucho más detallada de cómo beneficiarse de un programa de inversión automático, le recomiendo muy especialmente leer *The Automatic Millionaire: A Powerful One-Step Plan to Live and Finish Rich* (El Millonario Automático: Un Poderoso Plan de Un Sólo Paso para Vivir como Rico y Terminar Rico), por David Bach (New York: Broadway Books, 2004). David ha hecho un trabajo excelente para ofrecer todo lo que uno debe saber así como toda una serie de recursos para poner en práctica estas recomendaciones, incluyendo inclusive los números telefónicos y las direcciones de los sitios Web para poder hacerlo todo desde la comodidad de su hogar.

AUMENTE SU ACTIVO MÁS QUE SU PASIVO

Regla Uno. Debe saber la diferencia entre un activo y un pasivo y comprar activos. Los pobres y las personas de clase media adquieren pasivos pero creen que son activos. Un activo es algo que llena de dinero mi bolsillo. Un pasivo es algo que saca el dinero de mi bolsillo.

ROBERT T. KIYOSAKY
Autor de *Rich Dad, Poor Dad* (Padre Rico, Padre Pobre)

Son demasiadas las personas que manejan sus vidas con base en sus gastos y deseos. Para muchos, su modelo de "inversión" es algo así:

| Sus Ingresos | 100% | Sus Gastos y Obligaciones | $0 | Sus Activos $0 |

Sin embargo, considere la forma como las personas ricas enfocan sus inversiones. Toman el dinero que ganan e invierten una gran proporción en activos que producen ingresos—bienes raíces, pequeños negocios, acciones, bonos, oro, etc. Si desea hacerse rico, siga su ejemplo. Comience a abordar sus actividades financieras en la siguiente forma:

UNA VEZ QUE EL NÚMERO DE HUEVOS EN EL NIDO EMPIEZA A AUMENTAR

A medida que su dinero aumenta, querrá aprender más acerca de la mejor forma de invertirlo. Eventualmente, es posible que desee buscar un buen asesor financiero. Encontré el mío preguntando a mis amigos de éxito quién era el de ellos. Presté atención esperando oír el mismo mombre dos veces. Eso fue exactamente lo que ocurrió.

Si no tiene buenos amigos que tengan un asesor financiero o si no encuentra uno en el que varias personas estén de acuerdo, un buen sitio para encontrar información acerca de cómo elegirlo es www.finishrich.com. Haga clic en "Find a Financial Advisor" (Encuentre un Asesor Financiero) el botón que aparece bajo "Resources Section" (Sección de Recursos) en el sitio Web. Allí hay una gran cantidad de información que le puede ayudar.

PROTEJA LO SUYO CON UN SEGURO

En la actualidad, es muy triste ver que muchas personas ricas están en la mira de frívolas demandas, reclamaciones y otras quejas, sin ninguna razón legítima. Además, siempre pueden producirse errores y accidentes, lo que hace que sea importante proteger sus activos financieros con una buena póliza de seguros. Esto es aún más importante en el caso en que usted maneje un negocio pequeño.

Encuentre un buen corredor de seguros, en la misma forma en que busca un asesor financiero o una empresa de manejo de activos.

PROTEJA LO SUYO CON UN ACUERDO PRENUPCIAL O DE COHABITACIÓN

Si piensa casarse dentro de unos años o aportar una gran cantidad de activos al matrimonio, la mayoría de los asesores financieros le dirán que firme un acuerdo prenupcial. Sé que puede sentir que está introduciendo un aspecto negativo enana experiencia que debería ser de amor y felicidad, pero en la actualidad, estos acuerdos se han convertido casi en una necesidad. He visto a demasiada gente—hombres y mujeres—perder lo que por derecho les correspondéía, porque les dio miedo firmar un acuerdo prenupcial.

Cuando me casé por segunda vez, mi futura esposa estuvo más que dispuesta a firmar un acuerdo prenupcial. "No quiero quitarte jamás nada de lo que haya sido tuyo cuando nos unimos," me dijo. "Has trabajado mucho toda tu vida para tener lo que tienes y deseo que te sientas seguro sabiendo que seguirá siendo tuyo, si lo nuestro no funciona."

Esa es exactamente la actitud que me permite saber que sí va a funcionar porque me ama, a *mí* no a mi dinero. Admiro su inteligencia y su buen juicio, sé que es una persona que no se va a aprovechar de mí.

Si no puede hablar abiertamente de un acuerdo prenupcial, probablemente no va a poder hablar abiertamente de ningún otro aspecto emocional difícil cuando surja. Eso no le da garantía de longevidad a su relación. Busque un buen asesor matrimonial y un par de buenos abogados—cuyos acuerdos prenupciales hayan soportado la prueba del tribunal—y diseñe un acuerdo con el que tanto usted como la persona que compartirá con usted su vida puedan sentirse satisfechos. Puede ser una experiencia muy reveladora en el desarrollo personal de los dos.

DOMINE EL JUEGO
DE GASTAR

*Son demasiados los que gastan dinero que no han ganado para comprar
cosas que no quieren con el fin de impresionar a gente que no les gusta.*

WILL ROGERS
Humorista, actor y escritor norteamericano

Hace poco al salir de compras con Christopher, mi hijo de trece años, vi un libro cerca de la caja registradora, cuyo título era *How to Absolutely Save Money:
The Only Guide You'll Ever Need* (Cómo Ahorrar Definitivamente su Dinero:
La Única Guía que Necesitará). Lo abrí para ver qué decía y vi que aparecían
las mismas tres palabras en todas las páginas: *Gaste Menos Dinero.* ¡Un consejo
muy sabio!

¿CUÁNTO GASTÓ EL AÑO PASADO?

Gastar demasiado puede acabar definitivamente con sus metas financieras. Lo
mantiene en deuda, e impide que ahorre tanto como podría y centra su atención en consumir más que en crear y acumular fortuna.

Si aparentemente no puede controlar sus gastos, intente el siguiente ejercicio. Examine cada clóset, cada cajón y cada alacena de su casa y saque todo
lo que no haya utilizado durante el último año. Esto incluye ropa, zapatos, joyas, utensilios, aparatos eléctrico, sábanas, toallas, mantas, equipo deportivo,
casetes de audio, CDs, videos, juegos, juguetes, accesorios para el automóvil y
herramientas, todo y cualquier cosa que le haya costado dinero pero que *no
haya utilizado durante el último año.* Reúna todas esas cosas en un mismo sitio,
por ejemplo en la sala de su casa, en el cuarto de estar o en el garaje. Luego
sume lo que pagó por cada una.

He visto personas que han encontrado ropa costosa con las etiquetas aún
colgando, bolsas de compras que contienen artículos para el hogar que nunca

desempacaron y costosas herramientas y equipo que literalmente utilizaron una vez hace unos tres o cuatro años.

Lo cierto es que con excepción de los vestidos de ceremonia, las botas para esquí y el equipo para hacer snorquel, que se puede utilizar una vez cada cierto número de años, lo cierto es que probablemente nunca necesitó ninguna de esas cosas en primer lugar. Sin embargo, le costaron dinero. Al sumar el costo de todos esos artículos, es posible que el total supere su deuda actual de la tarjeta de crédito.

COMIENCE A PAGAR PRÁCTICAMENTE TODO EN EFECTIVO

Una forma de controlar sus gastos es empezar a pagarlo todo en efectivo. El efectivo es más inmediato. Lo obliga a pensar en lo que está comprando. Es probable que vea que gasta menos que lo que hubiera gastado al utilizar sus tarjetas de crédito. Considerará con más cuidado cada compra potencial, las compras incidentales "necesarias" serán menos necesarias y las compras grandes probablemente se pospondrán, obligándolo a pensar cómo puede arreglárselas sin ellas.

REDUZCA EL COSTO DE SU ELEGANTE ESTILO DE VIDA

Otra forma de dominar el juego de los gastos es llevar el estilo de vida que desea pero a un costo mucho menor. Algunos hacen esto y mantienen un agresivo programa de ahorro e inversión con unos pocos cambios en sus hábitos de gastos y compras.

Veamos algunos ejemplos.

Una mujer que conozco compra normalmente boletos para la temporada de ópera que normalmente tienen un costo de $685 por sólo $123. Puede disfrutar de los mismos tenores de talla mundial, escuchar la misma música ensordecedora y encontrarse con los mismo mecenas del arte que quienes pagan más por asistir a esas representaciones, pero consigue sus boletos a un precio 82 por ciento menor que lo que pagan otras personas. ¿Cómo lo hace? Cuando en el mes de marzo llegan los envíos de tiquetes por correo para los suscriptores, seleccione las óperas que quiere ver, descarte las que no desea ver y envíe su pago con instrucciones para la serie "Diseñe Su Propio Programa," suponiendo en todos los casos que su pedido será aceptado (lo que siempre ocurre). Debido a que no tiene inconveniente en acomodarse en el palco de la última fila, obtiene la temporada completa de experiencias de "champaña burbujeante" por menos de lo que le cuesta la gasolina para su automóvil por un mes.

Otro amigo colecciona carros antiguos, no cualquier tipo de carros, cadillacs convertibles. Los compra en enero, cuando nadie pensaría en comprar un convertible y ahorra literalmente decenas de miles de dólares en descuentos sobre sus compras. Como resultado de esta estrategia tiene otras inteligentes ideas para comprar, puede darse el lujo de tener varias propiedades para arrendar y aprovechar todo ese flujo de dinero para aumentar sus ahorros a fin de incrementar su patrimonio.

A otra mujer que conozco le encantan los vestidos costosos, de diseñadores famosos, pero se siente moralmente obligada a comprarlos en un almacén de ropa de segunda mano, donde selecciona entre filas y filas de percheros, vestidos prácticamente nuevos o que nunca se usaron y fueron desechados, al costo de un centavo por dólar del precio original para verse como una actriz de cine.

Hay quienes regatean cuando van a adquirir bienes y servicios, pidiendo descuentos aún cuando no se los ofrecen, preguntan qué hacer para adquirir lo que necesitan por menos precio, llaman a cuatro o cinco vendedores y piden cotizaciones para el mismo artículo, compran las cosas que no tienen mayor importancia en almacenes de descuento para poder gastar en las que si importan, en otras palabras, se esfuerzan constantemente por reducir tanto como sea posible su costo de vida para llevar el estilo de vida que desean

Para estas personas—decididas a ahorrar de la forma más agresiva—llevar el tipo de vida que desean, con la menor cantidad de dinero posible, se convierte casi en un juego.

TOME MEDIDAS YA PARA LIBRARSE DE LAS DEUDAS

Otra parte importante de dominar el juego de los gastos es simplemente eliminar las deudas. Deje de pagar altas tasas de interés en su tarjeta de crédito y asuma un estilo de vida con un menor nivel de consumo.

Es sorprendente que, como población, hayamos acumulado la cantidad de deuda personal que tenemos. Las tarjetas de crédito, las hipotecas y los pagos por los automóviles son abrumadoramente altos para muchas personas. Esto afecta tanto el nivel de ahorro como la seguridad financiera. Si usted se encuentra en esta situación, actúe desde ya para empezar a vivir libre de deudas, aplicando las siguientes estrategias:

1. **Deje de tomar dinero prestado.** Sencillo como parezca, tomar dinero prestado es una de las principales razones por las cuales las personas nunca dejan de deber. Mientras pagan las deudas existen-

tes, siguen usando sus tarjetas de crédito, adquiriendo nuevos préstamos, etc. Esto es una locura. ¿Por qué? Porque el costo de tomar prestado es en realidad mucho mayor de lo que se cree. Las cifras a continuación muestran cuánto vale realmente por un artículo con dinero tomado en préstamo.

Monto del Préstamo	$10,000
Tasa de interés	10 por ciento
Meses de financiación	sesenta meses
Total de interés pagado	$3,346.67
Total de interés como porcentaje del artículo comprado	33.5 por ciento

Si no estaría dispuesto a pagar $13,346 por el artículo para el cual acaba de tomar $10,000 en préstamo, busque la forma de pagarlo en efectivo, compre otro artículo similar por menos dinero o determine si realmente lo necesita o no.

2. **No obtenga un préstamo hipotecario para cubrir la deuda de su tarjeta de crédito.** Cuando "consolida" todos sus pagos mensuales en un préstamo por una tasa de interés menor, lo que está haciendo realmente es empeorando su situación. ¿Por qué? Porque vuelve a empezar en la escala de amortización desde 0, donde el interés es la porción más alta de cada pago mensual. Al comienzo de cada préstamo, es muy poco el porcentaje de su nuevo pago mensual que se abona al capital, mientras que los préstamos de consumo que pagaban antes podrían abonarse casi en su totalidad o completamente al capital de su deuda.

3. **Pague sus deudas menores primero.** Cuado paga sus deudas menores primero tiene un mejor resultado al final, aunque no parezca. Por una parte, es muy satisfactorio para su autoestima cuando alcanza cualquier meta. ¿Por qué no empezar con las metas pequeñas que son más fáciles de lograr?

4. **Aumente poco a poco los pagos de sus deudas.** Una vez que haya pagado una de sus deudas pequeñas, simplemente destine el dinero que estaba utilizando para esos pagos mensuales y utilícelo para incrementar los pagos de su siguiente deuda. Por ejemplo, si al pagar $300 por mes en su tarjeta de crédito su saldo se reduce a 0, al mes siguiente tome unos $300 y súmelos a la cantidad que normalmente pagaría sobre el préstamo de su automóvil. Esto le aho-

rra miles de dólares en intereses dado que le permite pagar la
deuda de su automóvil antes de tiempo y además impide que gaste
esos $300 por mes sólo en mantener su estilo de vida.

5. **Pague anticipadamente sus créditos hipotecarios y la deuda
   de su tarjeta de crédito.** Muchos prestamistas hipotecarios ofrecen lo que se conoce como una hipoteca quincenal. Esto significa
   que paga la mitad del monto de su hipoteca cada dos semanas en
   lugar de hacer un pago mensual único a comienzos de mes. Debido a que estos préstamos suelen reamortizarse con cada pago,
   esto tiene el efecto de convertir una hipoteca a treinta años en un
   préstamo a veintitrés años. El resultado es un sorprendente ahorro
   en los intereses hipotecarios y la posibilidad de cancelar su deuda
   más pronto de lo que pensaba. Si su prestamista no ofrece este tipo
   de préstamos ¿por qué no hacer un préstamo adicional cada año o
   pagar una pequeña suma adicional cada mes? Así reducirá el número de años para amortizar el préstamo y ahorrará el equivalente
   a años de intereses. Bien puede hacer pagos adicionales a sus tarjetas de crédito.

EL PODER DE TENER UN BUEN ENFOQUE

A medida que se comprometa a cancelar sus deudas y a aumentar sus ahorros,
empezará a experimentar una fuerza casi milagrosa en su vida. A media que
cambié su enfoque de uno de gastos y consumo a otro de disfrutar lo que ya
tiene y ahorrar dinero, irá progresando a un ritmo casi inexplicable. Aunque
piense que no va a poder sobrevivir cada mes, una vez que se comprometa a
reducir sus deudas y a cumplir un plan de ahorro, se sorprenderá de su capacidad para arreglárselas y alcanzar su meta mucho antes de lo previsto.

Es posible que experimente una profunda transformación. Podrá ver
cómo cambian sus valores y prioridades. De un momento a otro verá que
comienza a medir su éxito en términos de deudas saldadas en vez de bienes
adquiridos.

Y a medida que su portafolio de inversiones crece, comenzará a sopesar
todas las compras contra su meta de alcanzar la seguridad financiera y vivir libre
de deudas.

Cualquier situación que se encuentre en la vida—aunque parezca una
situación desesperada—no cambie de rumbo y permita que este milagro lo
lleve en menos tiempo a alcanzar su meta.

PARA GASTAR MÁS,
PRIMERO GANE MÁS

Por más que se alabe la pobreza,
sigue siendo cierto que no es posible vivir una vida realmente completa o
exitosa a menos que se tenga fortuna.

WALLACE D. WATTLES
Autor de *The Science of Getting Rich* (La Ciencia de Hacerse Rico)

En último término, hay sólo dos formas de llegar a tener más dinero para invertir o darse lujos adicionales: gastar menos, en primer lugar, o simplemente ganar más dinero. Personalmente, soy fanático de ganar más dinero. Preferiría ganar más dinero y tener más para gastar que estarme negando siempre cosas que quiero esperando una ganancia distante en el futuro.

El hecho es que ganar más dinero significa que se puede invertir más y gastar más en lo que se desea: viajes, ropa, arte, conciertos, buenos restaurantes, atención médica de primera calidad, experiencias de esparcimiento de clase mundial, transporte de alta calidad, educación, aficiones, y todo tipo de dispositivos y servicios que ahorran dinero y esfuerzo.

Eso es sentido común.

¿CÓMO GANAR MÁS DINERO?

El primer paso para ganar más dinero es decidir cuánto más desea ganar. Ya he hablado ampliamente acerca de utilizar el poder de las afirmaciones y la visualización para verse como si ya tuviera ese dinero en su poder. No es de sorprender que haya en el mundo una historia tras otra de personas extremadamente ricas que han utilizado sus hábitos diarios para atraer mayor abundancia a sus vidas.

Un segundo paso consiste en preguntarse: *¿Qué producto, servicio o valor* *agregado puedo ofrecer para generar ese dinero?* ¿Qué necesitan el mundo, su empleador, su comunidad, sus colegas de negocios, sus compañeros de estudio o sus clientes que usted pudiera suministrarle?

Por último, el tercer paso consiste simplemente en desarrollar y entregar ese producto, servicio o valor agregado.

IDEA #1 PARA OBTENER MÁS DINERO: CONVIÉRTASE EN UN INTRAPRESARIO

En la actualidad, muchas de las más inteligentes compañías norteamericanas están cultivando el empresariado entre sus empleados y ejecutivos. Una de estas compañías es su empleador, si puede convencer a su jefe de que le dé un porcentaje de ese nuevo dinero que usted ha generado a partir de áreas de ingresos que antes no se habían tenido en cuenta, podrá incrementar sus entradas casi de inmediato.

Tal vez su empleador tiene una lista de clientes a quienes no les está vendiendo otros bienes y servicios. Tal vez su grupo de trabajo es tan bueno en la administración de proyectos que sus miembros tienen tiempo de sobra que podrían "contratar" con otros departamentos para obtener pago adicional. Tal vez hay alguna máquina, una relación con un fabricante, una idea de mercadeo que se ha pasado por alto, o algún otro activo inusual que su empleador no esté utilizando en todo su potencial. Puede crear un plan para que dicho activo se convierta en efectivo y presentarle a su empleador una propuesta para trabajar en el proyecto de maximizar los activos durante horas extras, a cambio de un pago adicional. Es posible que tenga además, un merecido asenso.

IDEA #2 PARA OBTENER MÁS DINERO: DETECTE UNA NECESIDAD Y SÚPLALA

Nunca le di los últimos toques a un invento que no hubiera concebido en términos del tipo de servicio que podría prestar a otros . . . primero encuentro lo que el mundo necesita y luego procedo a inventar.

THOMAS A. EDISON
El inventor más exitoso de los Estados Unidos

Muchas de las personas de mayor éxito en la historia han identificado una necesidad en el mercado y han suministrado una solución a la misma, sin embargo, la mayoría de nosotros no ha preguntado nunca qué se necesita, ni si es posible lograrlo.

Si su sueño es ganar más dinero—ya sea con su propio negocio o en adición a éste—identifique una necesidad que no esté siendo satisfecha y determine cómo suplirla.

Ya se trate de iniciar un sitio Web para un grupo específico de coleccionistas, ofrecer educación específica para personas que requieren destrezas poco comunes o inusuales, o desarrollar nuevos productos y servicios dirigidos a nuevas tendencias que comienzan a surgir en la sociedad, se pueden encontrar muchas necesidades para crear un negocio o un servicio. Muchas de las necesidades que "han sido satisfechas" anteriormente son inventos y servicios que ahora consideramos básicos. El hecho es que las personas se dieron cuenta de que necesitaban algo en sus propias vidas o descubrieron por casualidad necesidades de otros y crearon los elementos o servicios de los cuales disfrutamos hoy:

- El "Baby Jogger" fue inventado por un hombre que quería hacer jogging pero tenía que cuidar un bebé. Lo que inventó para él pronto encontró demanda en casi todos los que lo vieron.
- eBay, el servicio de ventas de remate en línea más grande del mundo, nació en 1995 cuando su fundador Pierre Omidyar inventó una forma de ayudar a su novia a vender dispensadores de dulces PEZ.
- Avon decidió que su sistema de ventas directas era ideal para la nueva democracia emergente de Rusia, donde las representantes de Avon no sólo podían actuar como asesoras personales de belleza para las mujeres rusas que no estaban habituadas a usar cosméticos, sino que podía servir también como puntos de venta de productos en un momento en donde la infraestructura para ventas minoristas era prácticamente inexistente.
- Los servicios de citas entre amigos en el Internet se inventó cuando unos empresarios inteligentes empezaron a coordinar deseos (y recargadas agendas de trabajo) de personas solteras con la tecnología de las computadoras ante los que permanecían sentadas de ocho a doce horas diarias.

¿Qué necesidad podría identificar? Las necesidades están prácticamente en todas parte donde usted mire. No importa si se tata de un estudiante universitario que busca una forma de obtener ingresos durante el verano, un ama de casa que desee ganar $500 adicionales al mes para que le alcance el presupuesto, o un empresario que busque la próxima gran oportunidad, siempre habrá una necesidad que puede ser su oportunidad de ganar algún dinero importante.

Una Novedosa Idea Convierte a Mike Milliorn en Multimillonario

Durante los años ochenta, Mike Milliorn era vendedor para una compañía de marca que necesitaba incrementar sus ganancias en unos cuantos millones de dólares por mes. Uno de sus principales clientes era la cadena de restaurantes TGI Friday's, una operación sofisticada que buscaba una forma libre de riesgos de incrementar el valor de sus acciones y garantizar que los empleados utilizaran en primer lugar, los alimentos perecederos menos frescos, el proceso que se conoce como rotación de alimentos. Antes de conocer a Mike, utilizaban cinta de enmascarar y marcadores, o compraban puntos de colores autoadhesivos en un almacén de suministros de oficina y colocaban una gráfica en la pared que decía: "Los Puntos Rojos Significan los Miércoles."

¿Cuál era su problema? Los puntos autoadhesivos no se adherían a sus grandes refrigeradores. Mike inventó entonces los Daydots para alimentos, un sistema a prueba de fallas constituido por puntos de colores con el día de la semana impreso sobre una etiqueta especial para bajas temperaturas.

Se dio cuenta de que si TGI Friday's necesitaba los puntos, probablemente otros restaurantes también lo requerían. Empezó a vender los Daydots a tantos restaurantes como le era posible llegar sin tener que incurrir en grandes gastos.

Al igual que la mayoría de las personas con una nueva idea, Mike conservó su trabajo diurno. "Con tres niños, una hipoteca, y las cuotas de dos automóviles, era demasiado riesgo renunciar y dedicar todo su tiempo a los Daydots. No tenía ni un centavo, por lo que tuve que inventar cómo llevar mi idea al mercado de forma económica sin dejar mi trabajo. Entonces se me ocurrió la idea de los pedidos por correo."

Mike produjo un sencillo volante de una página que explicaba el sistema de los Daydots y la financió con un préstamo de $6,000 que obtuvo dando como garantía la camioneta Chevy de su esposa y luego los envió por correo a unos cuantos restaurantes para los que podía costear el transporte. Obtuvo suficientes pedidos con el primer envío de volantes por correo como para animarlo a enviar otros y luego otros más. Durante cuatro años, él y su esposa mantuvieron sus trabajos diurnos y trabajaron desde la casa.

En la actualidad, la compañía de Mike despacha por correo tres millones de catálogos por año e imprime más de cien millones de Daydots por semana. Mike vio una necesidad y con la ayuda de su esposa, sus hijos y unos empleados, trabajó en forma diligente para satisfacerla.

Daydots ha evolucionado para convertirse en productor y distribuidor de productos de seguridad para alimentos, así como de puntos y etiquetas para bajas temperaturas, disolvibles, y super removibles.

Trece años más tarde, Mike recibió una propuesta de una de las 400 compañías de *Fortune* para comprar sus Daydots por decenas de millones de dólares. Lo que empezó como una simple empresa para ganar unos cuantos dólares más, "y pagar la educación de los hijos," le reportó a Mike suficientes ganancias para hacer todo eso y más. Mike Milliorn detectó una necesidad y encontró una forma creativa y económica de satisfacerla.

We the People

A principios de los años noventa, Linda e Ira Distenfield comenzaron a buscar la próxima aventura de sus vidas. Habían tenido éxito en sus trabajos de servicio civil pero querían un cambio. Después de analizar el mercado—estudiando todos los productos y servicios disponibles—el único servicio que no pudieron encontrar fue un servicio de asesoría legal a un precio accesible.

Claro está que no era raro que no lo pudieran hallar.

En ese entonces, los abogados tenían el sartén por el mango y cobraban miles de dólares por documentos sencillos. El trámite tomaba apenas unos minutos. Un trámite sencillo para declararse en quiebra costaba $1,500 y un simple divorcio podría llegar a $2,000 o $5,000.

Las Distenfield pensaron: ¿Qué ocurriría con un servicio en el que las personas comunes y corrientes pudieran encontrar asesoría legal con formularios sencillos a un costo de $399 o menos? ¿Qué tal un servicio que desmistificara el proceso legal y le explicara al cliente sus opciones en lenguaje corriente, no legal?

En un pequeño local de Santa Barbara, las Distenfield comenzaron a ofrecer justamente eso. El nacimiento de su compañía We the People.

En la actualidad, estos esposos cuentan con más de 150 oficinas en treinta estados y han atendido a más de 500,000 clientes en los últimos diez años ofreciendo hasta sesenta tipos diferentes de servicios legales, a un costo que no agota los recursos de nadie. Definitivamente eso es encontrar una necesidad y saberla satisfacer.

Pero tal vez la evidencia más notable de que encontraron una necesidad y la suplieron es la historia de un cliente satisfecho de Nueva York que comentó entusiasmado el servicio de We the People a un antiguo consejero corporativo de la ciudad de Nueva York, Michael Hess. En unos pocos días, Hess había confirmado lo que estaban haciendo y había comunicado su hallazgo al ex alcalde de la ciudad de Nueva York Rudolph Guiliani. Como procurador de los Estados Unidos, el alcalde Guiliani sintió curiosidad por ese servicio legal orientado a las personas comunes que simplificaba los trámites y cobraba tarifas más bajas. Ahora, él es socio de We the People y le ha dado una enorme credibilidad al sueño de los Distenfield y a la industria que crearon.

We the People se ha convertido de hecho en una empresa tan poderosa que una importante corporación los contactó recientemente y les ofreció comprar la empresa y llevar a We the People al siguiente nivel. El compromiso de los Distenfield de ofrecer un servicio a bajo costo a la comunidad ha retribuido generosamente su esfuerzo.

Chicken Soup for the Soul®

Cuando Mark Victor Hansen y yo escribimos el primer libro de Chicken Soup for the Soul, suplimos, sin saberlo, una enorme necesidad que, al comienzo, sólo pudimos intuir. Sabíamos que la gente quería inspiración con historias positivas que elevaran el espíritu, por esa razón publicamos el primer libro. Lo que no sabíamos era cuán profunda era esa necesidad de calidad. Nos dimos cuenta que habíamos encontrado algo más importante de lo que imaginábamos, cuando comenzamos a recibir entre 50 y 300 historias por día—por correo, por fax y por correo electrónico. Todos tenían una historia que contar y todos querían leer las historias de los demás.

Cuando salió a la venta el primer libro y eventualmente vendimos ocho millones de copias, las librerías y nuestros editores pidieron insistentemente otro libro. Estábamos listos y hemos venido supliendo esa necesidad desde entonces con la edición de hasta diez libros por año.[58]

Las posibilidades son interminables

¿Ve usted una necesidad similar en su vida? ¿Qué pasó con ese deseo o esa aspiración en las vidas de quienes los rodean?

¿Hay algo que deba estar disponible, que deba resolverse, que deba remediarse o eliminarse? ¿Hay algo que le moleste y que podría aliviarse? ¿Si hubiera algún dispositivo o servicio para resolver ese problema específico? ¿Comparte un objetivo o una ambición con otras personas de su industria o de su círculo social que podría alcanzar si alguien le ofreciera un sistema o un proceso para lograrlo? ¿Disfruta ciertas actividades que podría desarrollar con más placer aún si contara con un nuevo invento o servicio?

Analice su propia vida y pregúntese qué le falta, qué se la facilitaría o qué la haría más satisfactoria.

IDEA #3 PARA HACER MÁS DINERO: PIENSE MÁS ALLÁ DE LOS LÍMITES

Cuando Dave Liniger fundador y director ejecutivo de CEO RE/Max, era un exitoso agente de bienes raíces, protestaba, como todos los demás, por tener

---

58. Para una lista completa de la serie de libros *Chicken Soup for the Soul®* visite el sitio Web www.chic kensoup.com.

que pagar el 50 por ciento de sus comisiones a un vendedor de bienes raíces en cuya oficina trabajaba. Con su experiencia y como persona acostumbrada a pensar más allá de los límites, comenzó a buscar una alternativa, una mejor forma de vender propiedades y de conservar para sí una mayor proporción de lo que ganaba.

Poco tiempo después, Dave encontró por casualidad una sencilla oficina que por $500 al mes—suministraba un escritorio, una recepcionista y unos cuantos servicios más a agentes de bienes raíces que tuvieran la suficiente experiencia para encontrar sus propios clientes y hacer su propio mercadeo. Al igual que Dave, estos agentes no necesitaban el respaldo de una entidad de renombre para tener éxito. Pero a diferencia de las firmas de bienes raíces manejadas en forma más profesional, la idea de alquilar un escritorio no ofrecía una buena administración, un nombre conocido, una serie de oficinas en distintos lugares y la capacidad de compartir gastos entre miles de agentes.

¿Por qué no crear un híbrido? Se preguntó Dave. *¿Por qué no crear una firma que ofrezca más independencia a los agentes, que les permita conservar más del 50 por ciento de sus comisiones de ventas y que a la vez les ofrezca más apoyo que el hacer las cosas por sí solos?*

Desde su creación en 1973, gracias a la dedicación de Dave, al logro de su visión y a su decidida determinación de no darse por vencido durante los primeros cinco difíciles años, RE/MAX se ha convertido en la más grande y rápidamente creciente red de bienes raíces en el mundo, con más de noventa y dos mil agentes en cincuenta y dos países que comparten costos de operación, cuentan con la comodidad del control de gastos y forman parte de una entidad más grande sin dejar de ser lo suficientemente independientes como para determinar sus propios presupuestos de publicidad y el monto de ingresos que desean conservar después de cubrir sus gastos.

Liniger respaldó su audaz idea con mucho esfuerzo, perseverancia y pasión, y gracias a que supo satisfacer una necesidad de miles de agentes de bienes raíces, su sueño se ha convertido en un negocio que produce casi mil millones de dólares al año.

¿Qué tan lejos cree que lo podrían llevar algunas de sus ideas más atrevidas?

IDEA #4: PARA HACER MÁS DINERO: INICIAR UN NEGOCIO EN EL INTERNET

Como especialista en generación de ingreso, Janet Switzer trabaja con incontables empresarios de Internet, ayudándoles a ganar más dinero con sus negocios en línea. En la actualidad, un negocio en Internet es de los más fáciles de iniciar y manejar, sin abandonar su trabajo. Puede encontrar una necesidad y satisfacerla para un mercado muy estrecho y sin embargo llegar a miles, inclusive millones de personas que tienen ese interés a nivel mundial.

Puede inclusive vender libros electrónicos, archivos de audio, software, material de capacitación, informes especiales, cursos para aprender a ser diferentes cosas y otros productos de información que se pueden bajar, esto significa que nunca tendrá que enviar una caja ni un sobre. Claro está que hay otros artículos igualmente fáciles de vender. Es cuestión de encontrar quién necesita qué y cuál es la mejor forma de llegar a esa clientela y convencerla de comprar.

Además, la buena noticia es que ya la Internet es un mercado seguro. Cientos de sitios Web, circulares informativas y clubes tienen ya visitantes, suscriptores y miembros que pueden ser sus clientes prospectivos perfectos, una vez que usted ofrezca un porcentaje al dueño o afiliado del otro sitio Web. Uno de los mejores recursos que he encontrado para establecer este tipo de empresa conjunta de programas afiliados *Instant Internet Profits,* de Yanik Silver que se encuentra en www.instantinternetprofits.com. Uno de los clientes de Janet modeló su sistema de afiliado y obtuvo 578,667 nuevos visitantes a su sitio Web en solo noventa días. Muchos de ellos compraron los productos y servicios del dueño del sitio Web en forma continua.

Una vez que aprenda cómo vender en la Internet, también puede ofrecer en línea los productos de otras personas. Un hombre en Florida habló con su joyero local y le preguntó si alguna vez había pensado vender sus joyas por la Internet. El joyero le respondió que lo había pensado pero que nunca había tenido tiempo de poner esa idea en práctica. Le ofreció desarrollarle el sitio Web y enviarle clientes a cambio de un porcentaje en las utilidades. El joyero aceptó sin demora. Fue un negocio en el que ambas partes salieron ganando.

En julio de 2001 Shane Lewis, un estudiante de medicina de Virginia decidió crear un negocio de Internet para cubrir el costo de sostener a su familia mientras asistía a la escuela de medicina de George Washington University con la ayuda de StoresOnline.com buscó un producto que pudiera vender y rápidamente encontró un kit de análisis de orina que los padres y otras personas pueden utilizar para hacer pruebas de drogas y obtener resultados inmediatos. Está ganando más de cien mil dólares al año con éste y otros dos productos para hacer pruebas de drogas y alcohol. Según me contó: "En el primer mes sólo recibí unos pocos pedidos, pero para el tercer mes nos estaba yendo realmente bien y supere mis metas iniciales. En la actualidad ganamos lo suficiente para que mi esposa pueda permanecer en casa con los niños mientras yo asisto a la escuela de medicina. Gracias a nuestro negocio en Internet, estamos virtualmente libres de deudas y ya no tenemos que confiar únicamente en los préstamos estudiantiles para alcanzar a cubrir nuestros gastos."

IDEA #5: PARA HACER MÁS DINERO:
ÚNASE A UNA COMPAÑÍA DE MERCADEO EN RED

Hay más de mil compañías que venden sus productos y servicios a través de mercadeo en red, sin lugar a dudas uno o más podrían entusiasmarse con este negocio. Desde productos de salud y nutrición hasta cosméticos, utensilios de cocina, juguetes, materiales educativos y servicios telefónicos, incluyendo servicios legales y financieros a bajo costo, hay algo para cada uno. Con un poco de investigación en la Internet, encontrará una infinidad de oportunidades. Se encuentra una lista de 500 direcciones de empresas en www.onlinemlm.com/500List.html. Hay otra lista de empresas disponible en www.mlminsider.com/Companies_List.html#I. O puede visitar los sitios Web de Direct Selling Association y Direct Selling Women's Alliance www.dsa.org y www.mydswa.org respectivamente.

Tony Escobar decidió unir esfuerzos con Isagenix, una compañía de mercadeo en red recientemente establecida que se especializa en nutrición para la vida, limpieza interior, pérdida de peso y cuidado de la piel. Debido a la pasión de Tony por la salud y el bienestar, su deseo de tener éxito, su amor por la gente, su amor por los productos y su compromiso con el trabajo, este inmigrante australiano que había estado trabajando en las minas de cobre de Superior, Arizona, hasta hace unos pocos años antes de entrar en quiebra, justo antes de asociarse con Isagenix creó un ingreso de cerca de $2,500,000 al año en menos de dos años. Aunque la velocidad con que Tony alcanzó este nivel es excepcional, millones de personas aumentan sus ingresos mensuales en miles de dólares al participar en empresas de mercadeo en red, y muchas se están convirtiendo en millonarias. De hecho, hay informes de que, sólo en los Estados Unidos, las empresas de mercadeo en red han producido ¡más de cien mil millonarios desde mediados de los años noventa!

Debido a que muchas empresas de mercadeo en red no perduran, asegúrese de asesorarse bien acerca de la compañía y los productos que ofrece, antes de involucrarse. Busque una empresa que ya tenga cierta trayectoria y que cuente con una excelente reputación. Ensaye los productos y asegúrese de que le gustan muchísimo. Si realmente le encantan, y si le encanta la gente, podrá ganar muchísimo dinero gracias al apalancamiento que obtiene al ir estableciendo una línea de vendedores descendente. Son muy pocos los negocios en los que se puede capitalizar una oportunidad tan grande con una inversión financiera tan pequeña.[59]

EL DINERO FLUYE HACIA EL VALOR

A cualquier cosa que decida dedicar sus energías, la clave está en hacerse cada vez más valioso para su empleador, sus consumidores o sus clientes actuales. Esto se logra mejorando su capacidad para resolver sus problemas, entregarles productos y adicionar servicios que puedan desear o requerir.

Es posible que tenga que obtener más capacitación, desarrollar nuevas destrezas, crear nuevas relaciones o dedicar tiempo adicional. Pero, la responsabilidad de mejorar en lo que hace y la forma en que lo hace depende totalmente de usted. Busque constantemente oportunidades para lograr una mayor capacitación y un mayor desarrollo personal. Si necesita un título más alto o algún tipo de certificación para avanzar en el oficio o profesión que haya elegido, deje de hablar al respecto y ponga manos a la obra.

CREE MÚLTIPLES FUENTES DE INGRESO

La mejor forma de disfrutar de un mayor ingreso y lograr seguridad financiera en su vida es crear varias fuentes de ingreso. Así se protege de la eventualidad de que cualquiera de esas fuentes—por lo general su trabajo—se termine y lo deje sin flujo de efectivo. Siempre he tenido varias fuentes de ingreso. Aún cuando era un terapeuta y ejercía mi profesión con pacientes particulares. También dictaba conferencias, organizaba talleres para educadores y escribía artículos para revistas y libros.

También usted puede encontrar muchas formas de obtener dinero adicional, basta con empezar a buscarlas. Puede comenzar por hacer cosas muy sencillas como sacar desechos en su camión los fines de semana, ofreciéndose como tutor de alguien, o dando lecciones de música e ir progresando hasta invertir en bienes raíces, y ofrecer servicios de consultoría o hacer mercadeo en la Internet.

---

59. Si desea hacer del mercadeo en red una profesión o una fuente de ingreso adicional, lea los dos libros que recomiendo a continuación y aprenda rápidamente los conceptos básicos. Considero que son dos libros que necesariamente deben leerse: *Your First Year in Network Marketing* (Su Primer Año de Mercadeo de Red) por Mark Yarnell y Rene Reid Yarnell (Roseville, CA: prima Publishing, 1998) y *Secrets of Building a Million Dolar Network Marketing Organization From a Guy Who's Been There Done That and Shows You How To Do it Too* (Secretos de Cómo Establecer Una Organización de Mercadeo en Red de Un Millón de Dólares Revelados por Alguien que ha Estado Allí, lo ha Hecho y le Muestra Cómo Hacerlo a Usted También) por Joe Rubino (Charlottesville, VA; Upline Press, 1997).

Hay un sinnúmero de posibilidades para encontrar múltiples fuentes de ingresos. Si es un lector voraz, puede crear un e-zine que incluye comentarios de los libros que ha leído con vínculos con Amazon.com, que le pagará un porcentaje por cada libro que venda a través de su enlace. Puede vender algo en e-Bay. Puede comprar y vender arte. Uno de mis amigos, cuya principal fuente de ingreso es dictar conferencias, es un aficionado al arte oriental. Dos veces por año, viaja a China y Japón y compra objetos de arte muy baratos. Se queda con los que le gusta y los demás lo vende por una jugosa ganancia a una creciente lista de coleccionistas que ha ido elaborando. Sus viajes y los objetos de arte que adquiere para él no le cuestan prácticamente nada dado que obtiene considerables ganancias con los objetos de arte que vende. Conozco al director de un colegio privado que hace lo mismo en sus vacaciones de verano con muebles chinos antiguos que vende en el garaje de su casa.

Mi hermana Kim empezó a ensartar collares por afición cuando tenía veinte años y para cuando cumplió treinta y cinco había fundado la firma Kimberly Kirberger Desings y vendía sus joyas a Nordstrom y Barneys así como a una serie de boutiques locales y a los protagonistas de la serie de televisión *Beverly Hills 90210*.

UNA DIFERENCIA IMPORTANTE

Cuando esté constituyendo múltiples fuentes de ingresos, esfuércese por centrarse en crear negocios que requieran muy poco tiempo y dinero para iniciarlos y manejarlos. Su objetivo final es establecer las cosas de modo que le quede tiempo libre para trabajar donde y cuando quiera o para disfrutar sus distracciones y aficiones. Si tiene demasiadas fuentes de ingresos dispersas, correrá el riesgo de perder su principal fuente de ingresos.

Los dos mejores recursos que conozco para entender y dominar finalmente el sistema de múltiples fuentes de ingresos son *Multiple Streams of Income: How to Generate a Lifetime of Unlimited Wealth* (Múltiples Fuentes de Ingresos: Cómo Generar una Fortuna Ilimitada de por Vida), segunda edición, y *Multiple Streams of Internet Income: How Ordinary People Make Extraordinary Money Online* (Múltiples Fuentes de Ingresos por la Internet: La Forma como Gente Común y Corriente Logra Fortunas Poco Corrientes en Línea) por Robert G. Allen.

Y no olvide poner en práctica todo lo que ha aprendido hasta ahora para crear múltiples fuentes de ingreso. Conviértalo en parte de su visión y de sus metas, visualice y afirme que está ganado dinero de sus múltiples fuentes de ingreso y comience a leer los libros y artículos al respecto y a hablar con sus amigos sobre este tema. Luego actúe de acuerdo con las que le parezcan más adecuadas para usted.

DÉ MÁS PARA RECIBIR MÁS

Traed todos los diezmos al granero, para que tengan qué comer
los de mi casa; y así me pondréis a prueba, dice el Señor de los Ejércitos,
para ver si no os abriré las ventanas del cielo para derramar
sobre vosotros una abundancia de bendiciones.

MALAQUÍAS 3:10
(Versión Revisada Estándar de La Biblia)

Diezmar, es decir, dar el 10 por ciento de las ganancias para el trabajo de Dios, es una de las mejores garantías de prosperidad que se haya conocido jamás. Muchas de las personas más ricas y exitosas del mundo han sido diezmadores de votos. Al diezmar en forma habitual, también usted puede poner en movimiento la fuerza universal de Dios, que le traerá abundancia continua.

No sólo sirve a los demás, le sirve también a usted, como el donante. Los beneficios superan las fronteras de las distintas religiones, porque el simple acto de dar crea tanto una alianza espiritual con el Dios de la abundancia como una creciente conciencia de amor hacia los demás. Diezmar es algo que demuestra de forma contundente que la riqueza abundante es algo que Dios desea para Sus hijos. De hecho, Él creó un mundo en donde entre más éxito se alcance, más fortuna habrá para compartir con todos. Un incremento de riqueza para una persona representa casi siempre un incremento de riqueza para toda la sociedad.[60]

---

60. Véase *God Wants You to Be Rich: How and Why Everyone Can Enjoy Material and Spiritual Wealth in Our Abundant World* (Dios Quiere que Usted sea Rico: Cómo y Por Qué Todos Pueden Disfrutar de Riqueza Material y Espiritual en Nuestro Mundo Abundante) por Paul Zane Pilzer (New York: Fireside, 1997).

EL PLAN DE DIEZMOS QUE INVENTÓ
CHICKEN SOUP

Diezmar ha tenido un papel muy importante en mi éxito y en el éxito de la serie *Chicken Soup for the Soul®*. Desde que apareció el primer libro de la serie, hemos diezmado siempre una parte de las ganancias a organizaciones sin fines de lucro dedicadas a sanar al enfermo, alimentar al hambriento, dar posada al desvalido, ayudar al pobre, enseñar al que lo necesita y cuidar el medio ambiente.

Junto con nuestro editor y nuestros coautores, hemos donado millones de dólares a más de cien organizaciones, entre ellas la Cruz Roja, la YWCA y la Make-A-Wish Foundation. Desde 1993, hemos plantado más de 250,000 árboles en el Parque Nacional Yellowstone con la National Arbor Day Foundation, hemos respaldado el costo de construir hogares para los que no tienen hogar, en colaboración con Habitat for Humanity, hemos alimentado a los hambrientos del mundo con Feed the Children y hemos evitado miles de suicidios de adolescentes a través de Yellow Ribbon International. Nos sentimos tan bendecidos por todo lo que hemos recibido que queremos retribuirlo. También estamos firmemente convencidos de que todo lo que donemos se nos devuelve multiplicado por mucho.

Además, diezmamos una porción de nuestros ingresos personales a nuestras iglesias y a otras organizaciones de misioneros espirituales y de servicio, que elevan el nivel de la humanidad haciendo el trabajo de Dios.

Uno de los proyectos más emocionantes en los que hemos participado ha sido la distribución de 100,000 copias gratis de *Chicken Soup for the Prisioner's Soul* (Sopa de Pollo para el Alma de los Prisioneros) a los presos de nuestras cárceles. Este libro nunca se destinó para ser distribuido al público en general, pero su éxito fue tal que pronto recibimos miles de solicitudes de familiares, funcionarios de las correccionales y ministerios de las prisiones solicitándonos copias del libro para ellos. Lo que empezó como un simple trabajo de filantropía resultó ser otro exitoso libro de *Chicken Soup* en las librerías y otro ejemplo de cómo las buenas obras se nos retribuyen multiplicadas.

HAY DISTINTOS TIPOS DE DIEZMOS

Hay dos clases de diezmos, *los diezmos financieros,* que se entienden mejor como la contribución del 10 por ciento de sus ingresos brutos a la organización de la que deriva su guía espiritual o a esas obras filantrópicas que desea apoyar.

Los diezmos en tiempo, que representan el trabajo voluntario que presta en su iglesia, templo o sinagoga, o en cualquier entidad de beneficencia que pueda beneficiarse de su ayuda. Hay en la actualidad, en los Estados Unidos, más de 18,000 instituciones de beneficencia que requieren voluntarios.

SU VIDA CAMBIÓ APENAS COMENZÓ A PAGAR DIEZMOS

La naturaleza lo da todo, sin reserva, y no pierde nada;
el hombre o la mujer, al querer abarcarlo todo, lo pierden todo.

JAMES ALLEN
Autor de *Path of Prosperity* (El Camino de la Prosperidad)

Robert Allen, autor de dos libros que llegaron a la lista de bestsellers *Nothing Down* (Sin Cuota Inicial) y *The One Minute Millionaire* (Millonario en Un Minuto), no siempre pagaba diezmos. Sin embargo, después de perderlo todo y quedar en ceros, se dijo: *Un momento. He tenido tanto dinero en mi vida. Supuestamente debo ser el gurú que enseña a los demás a hacer fortuna. ¿Adónde se fue? Debo haber hecho algo mal.*

Eventualmente Bob se recuperó y volvió a tener una situación próspera. Pero en el camino, aprendió una valiosa lección: *O comienzo a creer en la necesidad de pagar diezmos o no lo hago,* se dijo, *si lo creo, voy a pagar diezmos cada semana. Voy a pensar cuánto dinero hemos recibido durante una semana y giraré el cheque por la suma de diezmos de esa semana.*

A medida que se dedicó a diezmar, se le fue abriendo todo un mundo nuevo. Aunque sus deudas eran casi insuperables, se fue mostrando cada vez más agradecido por lo que tenía. Pronto le empezaron a llegar nuevas oportunidades. Hoy en día, Bob sostiene que ha tenido tantas oportunidades que le tomaría diez vidas aprovecharlas. Considera que esto se debe a todos los diezmos que ha pagado.

Pero otra historia aún más diciente es la forma como inspira a los demás a pagar diezmos. Recuerda a una mujer que se le acercó y se quejó: "Mi esposo y yo no podemos pagar diezmos. Escasamente logramos reunir lo necesario para pagar la hipoteca. Nuestros gastos mensuales suman $5,000. No nos queda suficiente dinero a fin de mes."

Bob la reprendió y le dijo: "No se pagan diezmos por obtener algo a cambio. Se pagan porque ya lo obtuvimos. Usted tiene tantas bendiciones que ha recibido que nunca tendrá con qué pagarlas. Hay seis mil millones de personas en el mundo, que darían gustosas su pulmón izquierdo, por estar en su lugar. Pagamos diezmos como muestra de agradecimiento por las increíbles bendiciones que hemos recibido y por el estilo de vida que llevamos."

Bob nunca espera recibir nada a cambio de los diezmos que paga, porque se da cuenta que las ventajas del cielo ya se han abierto para él. Paga diezmos porque ya ha recibido las bendiciones.

DONACIONES CORPORATIVAS

También las corporaciones pueden obtener las grandes recompensas de retribuir. William H. George, presidente y director ejecutivo de Medtronic, reveló recientemente en una conferencia sobre filantropía en Minneapolis, la forma como su empresa se había comprometido a pagar el 2 por ciento de sus ganancias antes de impuesto. Aunque estos "diezmos" representaban apenas $1.5 millones al comienzo, el ritmo de crecimiento de 23 por ciento anual de la compañía en el curso de once años les permitió incrementar sus donaciones a la suma de $17 millones en un solo año.

Tal vez uno de los actos de donación más impresionantes ha sido la donación de $1,000 millones que hiciera Ted Turner a las Naciones Unidas y los $7,000 millones en concesiones hechas por Bill y Melinda Gates a través de la Bill and Melinda Gate Foundation. Sin embargo, no hay que ser una corporación extremadamente rica para hacer retribuciones a la comunidad. Cualquier contribución, ya sea en tiempo o en dinero, marcará una diferencia importante tanto para quienes la reciban como para usted, tanto en la satisfacción que experimentará como en la creciente abundancia que habrá en su vida.

COMPARTA LA FORTUNA

El dinero es como el estiércol. Si se disemina por
todas partes es muy benéfico.
Sin embargo, si se apila en un solo lugar, apesta.

JUNIOR MURCHISON

Cuando involucra a otros en su éxito—cuando comparte con ellos su fortuna—se logra hacer más trabajo, se obtiene un mayor éxito y por último, todos se benefician más. La clave del éxito de la serie *Chicken Soup for the Soul*® fue nuestra decisión de involucrar más coautores en el proceso. Aunque Mark y yo recibimos cada uno menos regalías, treinta o cuarenta centavos por libro en lugar de sesenta centavos, nos permitió reunir un mayor número de títulos, lograr hacer más proganda, y vender más libros. No habría habido forma alguna en la que los dos solos hubiéramos podido recopilar, editar, escribir y promover ochenta libros.

Lo que empezó como la colaboración de dos autores con dos secretarias, llegó a convertirse en una nómina de doce personas con dos editores, varios consultores de edición, asistentes de edición, un especialista en licencias, un director de mercadeo, un director de licencias, un director de nuevos proyectos, varias secretarias y un grupo de setenta y cinco coautores y casi 7,000 contribuyentes, incluyendo más de cincuenta caricaturistas. Nos hemos esforzado al máximo por compensar a todas las personas involucradas. Los salarios de nuestro personal han sido más altos de lo normal para la industria editorial, y tenemos un generoso plan de pensiones con un plan igualmente generoso de bonificaciones. Todos los miembros de nuestro personal reciben seis semanas de vacaciones por año. Hemos pagado más de $4 millones en licencias a los contribuyentes y hemos donado millones de dólares a obras de beneficencia. Es una fortuna que nunca hubiéramos podido producir los dos solos. Si hubiéramos intentado no compartir lo que teníamos, sólo hubiéramos reprimido el flujo de toda esta fortuna.

62

ENCUENTRE UNA FORMA
DE SERVIR

*Una de las hermosas compensaciones de esta vida es que ningún hombre
puede intentar ayudar sinceramente a otro sin ayudarse a sí mismo.*

RALPH WALDO EMERSON
Ensayista y poeta norteamericano

Los mayores niveles de felicidad y satisfacción personal son los que experimentan quienes han encontrado la forma de servir a los demás. Además del verdadero gozo interior que se obtiene al ayudar a otros, existe el principio universal de que no se puede servir a otros sin recibir servicios multiplicados a cambio.

DECIDA QUÉ ES IMPORTANTE PARA USTED

Tómese un tiempo para determinar qué causas y grupos de personas son importantes para usted. ¿Qué aspectos le interesan? ¿Qué organizaciones le llegan al corazón? ¿Le preocupan más las personas sin techo o se interesa más por el arte?

Si le apasiona el arte y es de los que piensa que las escuelas tienen un muy bajo nivel de educación en las artes, tal vez quiera ofrecerse como voluntario para recaudar fondos a fin de conseguir suministros para la clase de arte, ofrecerse como voluntario para enseñar arte o convertirse en profesor en su museo de arte local. Si fuera hijo único y realmente le hicieran falta sus padres, tal vez quisiera ser voluntario en Big Brothers o Big Sisters. Tal vez ame a los animales y prefiera ayudar a encontrar hogares para las mascotas abandonadas. Si le gustan los libros, podría ofrecerse como voluntario para leer un libro para Recording for the Blind & Dyslexic (Grabaciones para los Ciegos y Disléxicos).

OFREZCA SUS TALENTOS COMO VOLUNTARIO

Hay muchas organizaciones sin fines de lucro que podrían beneficiarse de sus conocimientos en el campo de los negocios: administración, contaduría, marcadeo, reclutamiento de voluntarios, recaudación de fondos, etc.

Si tiene un talento organizacional, considere la posibilidad de trabajar en la organización de eventos de caridad. Si tiene facilidad para convencer a otros acerca del valor de su causa, considere la posibilidad de dedicarse a recaudar fondos para las entidades de beneficencia locales que necesitan su ayuda. Si tiene conocimientos en el campo ejecutivo, considere ser miembro de la junta de una organización sin fines de lucro.

RECIBIRÁ MÁS DE LO QUE DÉ

Cuando se ofrece como voluntario, recibirá mucho más de lo que da. La investigación sobre el trabajo voluntario indica que quienes que se ofrecen como voluntarias viven más tiempo, tienen sistemas inmunes más fuertes, sufren menos infartos, se recuperan más rápido de un infarto, tienen un nivel más alto de autoestima y tienen un sentido más profundo de significado y propósito que los que no hacen trabajo voluntario. Además, los investigadores demuestran que las personas que trabajan como voluntarias durante su juventud tienen una mayor probabilidad de llegar a ser personas de prestigio y ocupar cargos con altos salarios que sus colegas que no prestan servicio voluntario. Trabajar como voluntario es una poderosa forma de establecer contactos que suele llevar a encontrar oportunidades de negocios y de avanzar en la profesión.

El voluntariado es también una forma de aprender importantes destrezas. Muchas corporaciones lo han observado y animan a sus empleados a servir como voluntarios. Muchas compañías, como SAFECO y The Pillsbury Company realmente incorporan el trabajo voluntario en los programas de desarrollo de sus empleados y lo hacen parte del proceso de revisión anual. El programa de SAFECO Building Skills Through Volunteerism (Cómo Desarrollar Destrezas a través del Servicio Voluntario) ayuda a los empleados a identificar las destrezas que les gustaría desarrollar. Los empleados pueden entrar a la Intranet "Volunteer @ SAFECO," donde encuentran una guía del tipo de actividades de voluntariado que contribuyen a desarrollar habilidades en las áreas que ellos elijan. Luego consultan con su supervisor la posibilidad de agregar esa oportunidad de voluntariado a su plan de desarrollo personal.

Muchos empleadores informan también que al entrevistar candidatos para contratar, tienen en cuenta, si el candidato ha realizado algún tipo de trabajo voluntario. Por lo tanto, el prestar sus servicios como voluntario puede tener un resultado positivo al ayudarle a conseguir un trabajo en el futuro.

Además, una de las claves del éxito es establecer una amplia red de relaciones y el trabajo voluntario le permite conocer toda clase de personas que nunca conocería en otras circunstancias. Lo que es aún mejor, suelen ser personas o cónyuges de personas que hacen que ocurran cosas en su profesión y en su comunidad.

RECOMPENSAS INESPERADAS TANTO PROFESIONALES COMO DE NEGOCIOS

Dillanos Coffee Roasters tiene una política de patrocinar a un niño del Fondo Cristiano de Niños por cada empleado de la compañía, como forma de retribución a los países que hacen posibles sus negocios, sólo patrocinan niños en países productores de café de los que compran el café en grano, como Guatemala, Colombia y Costa Rica. Dillanos paga una cifra de $35 de patrocinio cada mes y los empleados adicionales tienen correspondencia con sus respectivos niños, les envían regalos de cumpleaños y de Navidad y mantienen una relación con ellos. Además de ejercer un efecto benéfico en el mundo, el programa de patrocinio ha demostrado ser un excelente medio de elevar la moral de los empleados.

Y aunque la motivación de patrocinar estos niños fue algo puramente filantrópico, ha tenido también un impacto positivo en el resultado final de la compañía. Todas las fotografías de los niños que patrocinan aparecen a lo largo de la pared de uno de los corredores de la empresa. Una cliente prospectiva que visitaba la compañía, preguntó por el origen de las fotografías. Cuando le explicaron que las fotografías eran de niños que la compañía sostenía a través del Fondo Cristiano de Niños, esta clienta quedó tan conmovida que antes de haber probado siquiera el café Dillanos', decidió que quería hacer negocios con una empresa que se preocupara tanto por los niños como por sus empleados.

CHICKEN SOUP FOR THE SOUL®

Cuando Mark y yo escribíamos y recopilábamos historias para el primer libro de *Chicken Soup for the Soul,*® nos dimos cuenta de que necesitábamos treinta historias más de las que teníamos para completar el libro. Debido a que hemos pasado tantos años prestando servicio a otros a través del trabajo voluntario, haciendo presentaciones en conferencias profesionales y trabajando por levantar el espíritu de los demás y conferirles más poder, las personas estaban más que dispuestas a apoyarnos como retribución, contribuyendo con una o más historias para que las incluyéramos en el libro. Nadie pidió nunca una compensación a cambio del uso de su historia. Todo lo que querían era prestarnos un servicio y prestarles un servicio a los lectores para inspirarlos, para que se esforzaran por dar lo mejor de sí mismos.

Cuando se dedica mucho tiempo a servir a las personas que sirven, se desarrolla una red de individuos generosos y amables, a quienes les encanta dar y contribuir al bienestar de los demás. Cuando se conocen muchas personas que se dedican a servir, se puede hacer mucho en el mundo.

CUANDO SE SIRVE A LOS DEMÁS
SE RECIBE MUCHÍSIMO MÁS DE LO QUE SE DA

Servir a los demás puede también consistir en centrar la misión de su compañía en producir bienes y servicios que beneficien a la humanidad. Sir John Marks Templeton estudió más de 10,000 compañías durante cincuenta años y descubrió que los mejores resultados a largo plazo provenían de aquellas que se habían centrado en ofrecer cada vez más productos y servicios benéficos.

"Cualquier cosa que uno haga," decía Templeton, "debe preguntarse primero: *¿Esto resulta realmente útil para el público a largo plazo? De ser así, estará sirviendo como un ministro.* Pienso que quienes trabajan en el campo de los negocios pueden asegurarse unos a otros que si uno intenta dar lo mejor de sí cuando sirve a la comunidad, su negocio no se estancará sino que prosperará." [61]

Piense en la posibilidad de que cuando decida dedicarse a trabajar para elevar el espíritu de los demás y servirles, eso es algo que ofrece a las personas productos y servicios "cada vez más benéficos," cuando sus esfuerzos se centran más en dar que en recibir; eventualmente recibirá mucho más de lo que ha dado.

El mundo responde más positivamente a los que dan que a los que reciben. Naturalmente queremos apoyar a los que dan.

Estoy convencido de que las enormes recompensas monetarias que hemos obtenido como resultado de los libros de *Chicken Soup for the Soul®* se dieron, en parte, a nuestro gran esfuerzo, pero lo que es más importante, a nuestro profundo deseo de servir, de dar todo lo que podamos al mayor

---

61. Tomado de *Religion and Liberty* (Religión y Libertad) (November–December 2000, volume 10, number 6), una publicación del Acton Institute for the Study of Religion and Liberty (Instituto Acton para el Estudio de la Religión y la Libertad), 161 Ottawa NW, suite 301, Grand Rapids, MI 49503. Teléfono: 616-454-3080; Fax: 619-454-9454; info@action.org.

número de personas que podamos, a través de nuestros libros. Realmente creo que nuestras historias están contribuyendo a sanar al mundo, historia por historia y una persona a la vez.

Un antiguo proverbio advierte que si se le da a un hombre un pescado, se lo alimenta por un día; si se le enseña a pescar se lo alimenta por toda una vida. Se convertirá en una persona próspera y lo más probable es que enseñe también a otros a pescar. Hemos dedicado nuestras vidas a enseñarle a las personas a pescar dándoles la conciencia del poder que tienen con los principios y las destrezas para crear mayores niveles de éxito para sí mismos. Eso es también lo que hacen los programas que he desarrollado para quienes reciben ayuda de bienestar social, los presos y los estudiantes de las escuelas de los barrios más pobres de la ciudad, enseñar a las personas la destreza de volverse autosuficientes. Es, en cierta forma, un modo de servir como ministro, utilizar los propios talentos para promover y facultar a los demás. Y, como suele decir Zig Ziglar, uno de los más maravillosos maestros de los principios del éxito: "Podemos obtener cualquier cosa que queramos de la vida si sólo ayudamos lo suficiente a que otros obtengan lo que quieren."

SEXTA PARTE

El Éxito Comienza Ahora

No importa cuánto lea ni cuánto memorice, no será eso lo que le haga alcanzar el éxito en la vida, sino cuánto entienda y qué tanto aplique los sabios conceptos.

BOB PROCTOR
Autor de *You Were Born Rich* (Usted Nació Rico)

63

¡COMIENCE AHORA!...
¡HÁGALO!

Muchas personas mueren con su música aún adentro. ¿Por qué?
Muchas veces esto sucede porque siempre están preparándose para vivir.
Antes de que lo sepan, se les acaba el tiempo.

OLIVER WENDELL HOLMES
Ex juez de la Corte Suprema de los Estados Unidos

No existe el momento perfecto para comenzar. Si le interesa la astrología y desea contactar a su astrólogo acerca de una fecha propicia para contraer matrimonio, abra su propio almacén, haga el lanzamiento de una nueva línea de productos, o comience a organizar un tour, muy bien, eso está muy bien. Es algo que puedo entender. Pero para todo lo demás, la mejor estrategia es sólo lanzarse al agua y empezar. No siga posponiendo las cosas esperando a que pasen doce palomas sobre su casa en forma de cruz para empezar. Simplemente empiece.

¿Quiere ser un orador? Excelente. Concrete una charla gratuita con un club de servicios local, un colegio, o un grupo de la iglesia. El simple hecho de tener una fecha establecida, le producirá la presión que necesita para empezar a investigar y a escribir su conferencia. Si eso le exige demasiado esfuerzo, entre a los Toastmasters o tome una clase de oratoria.

¿Quiere ingresar al negocio de los restaurantes? Consiga un trabajo en un restaurante y comience a aprender del negocio. ¿Quiere ser un *chef*? ¡Magnífico! Inscríbase en una escuela de cocina. Actúe y empiece ¡hoy mismo! No tiene que saberlo todo para empezar. Basta con que entre al juego. Aprenderá en la práctica.

Salte primero desde el risco y sus alas irán creciendo mientras cae.

RAY BRADBURY
Prolífico autor norteamericano de libros de ciencia ficción y fantasía

No me malinterprete. Soy un gran defensor de la educación, de la capacitación y del desarrollo de habilidades. Si necesita más preparación, obténgala ya. Inscríbase en esa clase o en ese seminario ahora mismo. Tal vez necesite un capacitador o un mentor para llegar a donde quiere. De ser así, busque uno. Si le da miedo, ¿qué importa? Sienta el miedo y hágalo de todas formas. La clave está en simplemente empezar. Deje de esperar hasta que esté *perfectamente* listo. Nunca lo estará.

Comencé mi carrera como profesor de historia en una escuela secundaria de Chicago. Estaba muy lejos de ser el profesor de historia ideal el primer día que empecé a enseñar. Tenía mucho camino por recorrer, mucho que aprender acerca de cómo controlar el aula de clase, cómo impartir una disciplina efectiva, cómo dejar que un estudiante mal intencionado me acorralara, cómo confrontar el comportamiento manipulador y cómo motivar a un estudiante no motivado. Pero por alguna parte debía empezar. Y fue en el proceso de enseñar donde aprendí todas las demás cosas.

La mayor parte de la vida es capacitación en la práctica. Algunas de las cosas más importantes que tenemos que saber sólo se aprenden en el proceso de hacerlas. Hacemos algo y recibimos retroalimentación, acerca de lo que da resultado y lo que no. Si no hacemos nada por temor a equivocarnos, por temor a hacerlo de manera inaceptable o definitivamente mal, nunca obtendremos retroalimentación y por lo tanto, nunca podremos mejorar.

Cuando comencé mi primer negocio, un centro de retiros y conferencias en Amherst, Massachussetts, que se llamaba New England Center for Personal and Organizacional Development (Centro de Desarrollo Personal y Organizacional de New England), fui a un banco local a solicitar un préstamo. En el primer banco al que fui me dijeron que tenía que tener un plan de negocios. Yo no sabía que era eso, pero fui y compré un libro sobre cómo elaborar un plan de negocios. Redacté uno y lo llevé al banco. Me dijeron que el plan era bueno, pero que no estaban dispuestos a concederme el préstamo. Les pregunté quién pensaban que podría estar dispuesto a financiar el plan. Me dieron los nombres de varios banqueros en el área que creían que podrían darme una respuesta favorable. Salí de nuevo en busca de un banco. En cada una de las instituciones que visite encontré retroalimentación hasta que por último elaboré un plan completo y mejoré mi presentación hasta el punto en que al fin logré el préstamo de $20,000 que necesitábamos.

Cuando Marc Victor Hansen y yo sacamos el primer libro de *Chicken*

Soup for the Soul® pensé que sería buena idea vender el libro al por mayor a alguna de las importantes empresas de mercadeo, con la idea de que podrían dárselos o revendérselos a los miembros de su fuerza de ventas para motivarlos a tener fe en sus sueños, a enfrentar más riesgos, y, por lo tanto, a tener más éxito como vendedores. Obtuve una lista de todas las empresas miembros de la Direct Marketing Association y comencé a llamar a los directores de ventas de las grandes compañías. En algunas oportunidades ni siquiera logré que el director atendiera mi llamada. En otras ocasiones me dijeron, "No nos interesa." ¡En varias oportunidades de hecho me colgaron el teléfono! Sin embargo eventualmente, cuando al fin aprendí cómo saltar barreras para llegar a la persona adecuada, encargada de tomar las decisiones y de analizar debidamente los beneficios potenciales del libro, logré hacer varias ventas importantes. En algunas de las empresas, les gustó tanto el libro que después me contrataron para dictar conferencias en sus convenciones nacionales.

¿Sentí algo de miedo de hacer estas llamadas en forma directa? Evidentemente. ¿Sabía lo que estaba haciendo cuando empecé? No lo sabía. Nunca había intentado vender grandes cantidades de libros a nadie. Tuve que aprender a medida que lo hacía. Sin embargo, el punto importante es que empecé a hacerlo. Me puse en contacto con las personas a quienes quería prestar un servicio; me enteré de sus sueños, sus aspiraciones y sus metas; y analicé la forma en que nuestro libro podría ayudarles a lograr sus objetivos. Todo se fue dando porque estuve dispuesto a correr un riesgo y a saltar al ring.

También usted tiene que comenzar—desde el punto en que se encuentre—debe empezar a actuar para llegar a donde quiere estar.

CÓMO EMPEZAR

Un viaje de mil millas tiene que comenzar con un paso.
ANTIGUO PROVERBIO CHINO

La clave del éxito es tomar lo que ha aprendido (o reaprendido) en este libro y ponerlo en práctica, no puede hacerlo todo a la vez, pero puede comenzar. Este libro contiene sesenta y cuatro principios. A menos que tenga cuidado, eso podría parecerle un poco abrumador. Por consiguiente, esto es lo que debe hacer:

Vuelva a la sección número uno y empiece a trabajar en cada principio, uno por uno, en el orden en que se presentan, tome el 100 por ciento de la responsabilidad por su vida y su éxito, aclare cuál es el propósito en su vida, decida qué es lo que quiere, establezca metas específicas inmensurables para todas las distintas partes de su visión personal, divídalas en pasos específicos que debe dar, elabore afirmaciones para cada una de sus metas y comience a practicar todos los días la visualización de sus metas ya cumplidas. Si es inteligente, interesará a alguna otra persona para que sea su socio en la responsabilidad o comenzará a establecer un grupo de mentes maestras para ayudarle a desarrollar estos primeros pasos.

Después, comience a *actuar* en lo que respecta a sus metas más importantes *todos los días,* con excepción de sus días de R y R. Pague el precio haciendo lo que sea necesario, pidiendo lo que tenga que pedir sin temor al rechazo, pida retroalimentación y responda a la información que reciba, comprométase a mejorar en forma constante y persista ante cualquier obstáculo que pueda surgir. Ahora ya ha *emprendido el camino* hacia el logro de sus principales metas.

Después, para adquirir mayor impulso, elabore un programa para remediar los proyectos que ha dejado incompletos, ocúpese de cambiar sus conceptos limitantes, adquiera el hábito de desarrollar o programar el próximo trimestre, comprométase a leer uno de los libros en la sección de "Lecturas Recomendadas y Recursos Adicionales" (y luego otro, y otro más) y adquiera un programa motivador de audio que pueda escuchar en su automóvil o mientras hace ejercicio. A continuación, programe unas vacaciones con su cónyuge o con algunos amigos e inscríbase en un seminario de desarrollo personal que debe haber terminado en el curso de los siguientes seis meses. Empiece a decir que no a las personas y a las cosas que lo distraen de sus principales metas y encuentre un mentor o contrate un mentor para que lo asesore y lo mantenga enfocado hacia su objetivo.

Por último, esfuércese por mejorar su conciencia del dinero. Asegúrese de establecer un procedimiento para invertir en forma automática el 10 por ciento *o más* de su sueldo mensual en una cuenta de inversiones y en dedicar parte de su tiempo y su dinero a su organización religiosa o a la entidad sin ánimo de lucro que prefiera. Analice y reduzca sus gastos y comience a pensar en una forma de hacer fortuna en lugar de sólo pensar en la forma de ganarse la vida, y hágalo para convertirse en alguien más valioso para su empleador o para sus clientes.

No puede hacerlo todo solo. Pero si va logrando un poco más de progreso cada día, con el tiempo habrá establecido toda una serie de nuevos hábitos y autodisciplinas. Recuerde que todo lo que vale toma tiempo. No hay éxitos que se alcancen de la noche a la mañana. Me tomó años aprender y poner en práctica todos los principios que incluyo en este libro. He dominado algunos de ellos y continúo esforzándome por dominar otros.

Aunque le tomará algún tiempo, no tiene por qué tomarle el tiempo que me tomó a mí. Tuve que descubrir todos estos principios por mí mismo durante muchos años y tomándolos de múltiples fuentes. Ahora se los estoy transmitiendo en un gran paquete. Aproveche que yo ya he estado ahí antes y le he abierto el camino. Todo lo que tiene que saber está aquí, listo para llevarlo al próximo nivel.

Acepto que hay cosas que tendrá que aprender que son exclusivas de su situación específica, de su profesión, su carrera y sus metas y que no están contempladas en este libro, pero los principios fundamentales necesarios para alcanzar el éxito en *cualquier* cosa que se proponga ya han sido analizados en los capítulos anteriores. Comprométase a empezar ahora mismo y comience a ponerlos en práctica para forjarse la vida de sus sueños.

LOS EFECTOS PRECESIONALES

El científico, inventor y filósofo Buckminster Fuller hablaba de los efectos precesionales que se derivan de empezar a trabajar en bien de la humanidad. Fuller explicaba la precesión refiriéndose a que aparentemente el objetivo primario de la abeja es obtener néctar para fabricar miel, pero en el proceso de hacerlo, la abeja, sin saberlo, está cumpliendo un propósito más importante. Mientras vuela de flor en flor en busca de más néctar, recoge polen en sus alas y termina polinizando todas las especies botánicas del mundo. Es un subproducto que, sin proponérselo, la abeja elabora mientras se ocupa de recolectar néctar. Piense que usted fuera una lancha rápida surcando el agua hacia los lados y detrás de usted queda una estela de actividad producida por la fuerza en su movimiento de avance. La vida es igual. Mientras usted se mantenga activo, avanzando hacia el logro de sus metas, creará efectos precesionales que darán resultados mucho más importantes que los que podría haber captado o pretendido al comienzo. Sólo comience, y el camino de las oportunidades se irá desplegando frente a usted.

Ninguna de las personas ricas y de éxito que conozco (tanto entre mis amigos más íntimos como entre las más de setenta personas que entrevisté para este libro) hubieran podido planear o producir la secuencia exacta de eventos que fueron sucediendo en el curso de sus vidas. Todos comenzaron con un sueño y un plan, pero una vez que lo hicieron, todo comenzó a desarrollarse asombrosamente.

Fíjese en mi propio ejemplo. Mark Victor Hansen y yo nunca hubiéramos podido predecir que *Chicken Soup for the Soul,*® el título de nuestro primer libro, evolucionaría hasta convertirse en una marca registrada y tener un lugarcomún en los hogares norteamericanos y de muchos otros países del mundo. Tampoco hubiéramos podido predecir que tendríamos una línea de alimentos para perros y gatos bajo el nombre de Chicken Soup for the Pet Lover's Soul™ (Sopa de Pollo para el Alma de los Amantes de las Mascotas), una línea de tarjetas de saludo y felicitación, un programa de televisión, una columna sindicada en los periódicos o un programa de radio sindicado. Son cosas que han ido evolucionando de nuestro compromiso de escribir un libro y prestar un servicio.

Cuando Dave Liniger decidió abandonar la mayor agencia de negocios de bienes raíces en Denver para empezar la suya propia, no tenía la menor idea de que, treinta años más tarde, su compañía, RE/MAX, sería la mayor agencia de negocios de bienes raíces en los Estados Unidos, un negocio de miles de millones de dólares con 92,000 agentes en cincuenta países del mundo.

Cuando Donald Trump construyó su primer edificio, no estaba consciente de que eventualmente llegaría a ser dueño de casinos, campos de golf, un resort, el concurso de Miss USA; y varios importantes programas en la televisión norteamericana. Sólo sabía que deseaba construir magníficos edificios. Todo lo demás se fue dando por el camino.

Carl Tarcher comenzó con un carrito de ruedas en el que vendía perros calientes en una esquina del centro de Los Angeles. A medida que fue ganando dinero, compró otro, y luego otro hasta que tuvo lo suficiente para comprar un restaurante. Ese restaurante evolucionó hasta convertirse en Carl's Junior.

Cuando Paul Orfalea comenzó con un solo servicio de fotocopias para atender las necesidades de los estudiantes universitarios locales, no podía imaginarse que iría progresando hasta convertirse en una cadena de más de 1,800 tiendas Kinko's para reportarle una ganancia neta de $116 millones, cuando más tarde los vendiera.

Todas estas personas han tenido un conjunto de metas y un plan detallado, de la mejor manera que lo pudieron concebir en un determinado momento, pero cada nuevo éxito iba abriendo nuevas e imprevistas posibilidades. Con sólo orientarse en la dirección en la que quiere avanzar, comienza y sigue avanzando, van apareciendo de ese impulso toda una serie de oportunidades nunca imaginadas.

CÓMO CONOCÍ A VIN DI BONA

Cuando el primer libro de *Chicken Soup for the Soul*® llegó a la lista de bestsellers, nuestro editor nos pidió que empezáramos a trabajar en una secuela del mismo. También nos preguntó que si estaríamos dispuestos a hacer un libro de cocina con recetas de sopas de pollo. Aunque parecía un enfoque demasiado limitado para un libro, ¿cuántas recetas de sopa de pollo puede utilizar una persona?, la idea de crear un libro de cocina nos llamó la atención. Una de nuestras mejores amigas, Diana von Welanetz Wentworth, es autora de un libro de cocina merecedor de un premio, quien ha dedicado su vida a marcar una diferencia en el mundo. La idea de un libro de cuentos escritos por personas famosas, célebres autores de libros de cocina, *chefs* y dueños de importantes restaurantes, acompañadas por una receta relacionada con la historia en cuestión, fue algo que despertó nuestro interés. Por lo tanto, le pedimos a Diana que colaborara con nosotros en dicho libro. Entre todos recogimos conmovedoras historias centradas en una experiencia significativa con la comida, acompañadas con una receta para dicho plato.

La mejor parte del proyecto era que Diana prepararía cada receta para asegurarse de que diera resultado y fuera agradable al paladar. Entonces, cada quince días, Mark y yo íbamos a la casa de Diana y disfrutábamos de los resultados a medida que íbamos seleccionando entre los cientos de historias y recetas que incluiríamos en el libro. (¡No recuerdo haber perdido peso durante ese proyecto!)

Un año después a Mark y a mí se nos ocurrió que todas las historias que habíamos venido recopilando serían un buen material para un programa de televisión. Fuera de ser entrevistados en muchos programas de opinión y noticieros, para promocionar nuestros libros, Mark y yo no teníamos la más mínima experiencia en el mundo de la televisión. No conocíamos productores, directores ni programadores de ninguna cadena. Empezamos a sentir que la televisión era la siguiente etapa que debíamos explorar. Cuando agregamos el programa de televisión de *Chicken Soup for the Soul*® a nuestra lista de metas y empezamos a afirmar y visualizar el programa de *Chicken Soup for the Soul*® en el aire, pasaron apenas un par de semanas antes de que Diana nos llamara y nos dijera: "Saben, he estado pensando que debo presentarles a Vin Di Bona. Es el productor de *America's Funniest Home Videos* (Los Videos Más Divertidos de los Estados Unidos). Solía producir un programa de cocina que a Ted y a mi nos parecía y nos parece que podría servir de base para hacer algo en televisión con *Chicken Soup for the Soul.*®"

Y así fue, a través de la conexión con Diana, obtuvimos una cita para reunirnos con Vin Di Bona y el presidente de su compañía, Lloyd Weintraub. Resultó que Lloyd era gran admirador de *Chicken Soup*. Se adueñó de la reunión y convenció a Vin por completo de aceptar la idea. Un año después, estábamos en producción con una serie de dieciséis programas que salieron al aire en PAX TV y más tarde en ABC, con actores como Jack Lemmon, Ernest Borgnine, Martin Sheen, Stephanie Zimbalist, Teri Garr, Rod Steiger y Charles Durning como estrellas de los episodios semanales.

Cuando uno empieza a actuar y a producir resultados, se dan toda clase de situaciones que nos van llevando cada vez más lejos y más rápido de lo que hubiéramos podido imaginar.

UNAS OLIMPIADAS SE CONVIERTEN EN UNA CARRERA PROFESIONAL EN ORATORIA

Cuando Rubén González por fin alcanzó su sueño de competir en las Olimpiadas de Invierno por tercera vez, volvió a su hogar en Texas, donde su vecino de once años le recordó su promesa de ser su personaje para el programa de "muéstralo y cuenta la historia" de su escuela elemental. Después de que Rubén les hiciera las historias de sus esfuerzos por hacer realidad su sueño olímpico a los compañeros de quinto grado de Will, la maestra le preguntó a Rubén si estaría dispuesto a dar una charla para toda la escuela. Entonces, Rubén se quedó allí por una hora más y habló ante los 200 niños.

Al final de su charla, varios maestros le dijeron que con frecuencia contrataban oradores para que vinieran a hablar a los niños, y que él había sido sin lugar a dudas, mejor que cualquiera de los que habían contratado antes. Le dijeron que tenía el don natural del orador. Animado por esta retroalimentación, Rubén comenzó a llamar a otras escuelas del área de Houston y pronto tenía tantos compromisos que dejó su trabajo como vendedor de copiadoras.

Todo salió muy bien hasta el mes de junio, cuando, para sorpresa de Rubén, llegaron las vacaciones escolares del verano y no tuvo más compromisos de dictar conferencias hasta el otoño. Impulsado por la necesidad de buscar el sustento para él y su esposa, Rubén comenzó a llamar a los negocios locales. Poco a poco, se fue introduciendo en el mundo empresarial de los alrededores de Dallas y a medida que se fue difundiendo la noticia de sus increíbles charlas motivadoras, la carrera de Rubén despegó. En un poco menos de dos años, Rubén había ganado en los dos primeros meses del año la suma de dinero que había ganado durante todo el año anterior en su antiguo empleo como vendedor de copiadoras.

El ocupar el trigésimo quinto lugar del mundo en luge, un deporte del que la mayoría nunca ha oído hablar, fue un paso hacia una carrera como orador de clase mundial, pero no fue algo que hubiera programado cuando se lanzó por la pista de hielo a noventa millas por hora en el U.S. Olympic Training Center en Lake Placid, New York. Fue uno de esos efectos precesionales a los que se refería Buckminster Fuller.

¡COMIENCE YA!

He hecho cuanto he podido por presentarle los principios y las herramientas que requiere para decidirse a convertir sus sueños en realidad. Me han dado resultado y han dado resultado a un sinnúmero de personas por lo que también podrán darle resultado a usted. Pero es hasta aquí hasta donde llegan la información, la motivación y la inspiración y donde comienza la transpiración (que le corresponde a usted). Sólo usted es responsable de comenzar a actuar para forjarse la vida de sus sueños. Nadie lo puede hacer por usted.

Tiene todo el talento y los recursos que requiere para empezar ahora y crear, eventualmente cualquier cosa que desee. Sé que lo puede hacer. Usted sabe que lo puede hacer... entonces ¡hágalo! Será muy divertido y también requerirá un gran esfuerzo. Entonces ¡no olvide disfrutar el viaje!

Todos los que han llegado a dónde están tuvieron que comenzar donde estaban.

RICHARD PAUL EVANS
Autor del bestseller *The Christmas Box* (La Caja de Navidad)

AUMENTE SUS FACULTADES FACULTANDO A LOS DEMÁS

Si sus acciones crean un legado que inspire a otros a soñar más lejos,
a aprender más, a hacer más y a convertirse en más,
usted será un excelente líder.

DOLLY PARTON
Cantautora, actriz, empresaria, nominada al Oscar, ganadora del premio de la
Asociación de Música Country y ganadora de un Grammy, ahora supervisora de un
emporio de medios de comunicación de $100 millones

Quiero animarlos a leer este libro una y otra y varias veces. Subraye lo que sea más importante para usted y relea lo que ha subrayado. Verá que en cada lectura, no sólo reforzará lo que ya sabe sino que descubrirá algo nuevo, algún concepto que tal vez no captó la primera vez. Toma tiempo absorber y asimilar todas estas nuevas ideas. Dése tiempo.

También le recomiendo regalar varias copias de este libro a sus hijos adolescentes y universitarios, a sus empleados, a sus compañeros de equipo y a sus gerentes. Se sorprenderá de la forma radical como podrá cambiar una familia, un equipo, un negocio, simplemente al hacer que todos utilicen a la vez los mismos principios.

El amor y los medios para incrementar las propias facultades son el mayor regalo que puede hacer. ¿Qué podría demostrar más amor que ayudar a las personas que ama a liberarse de sus conceptos limitantes y su ignorancia acerca del éxito y facultarlos para crear la vida que realmente desean desde lo más profundo de su alma?

Tantos en este país viven en un estado de resignación o desesperación. Es hora de cambiar. Todos tenemos dentro de nosotros el poder para crear la vida que deseamos, la vida con la que soñamos, la vida que nacimos para vivir. Todos merecemos llegar a nuestro máximo potencial y manifestar nuestro verdadero destino. Es nuestro derecho innato, pero tenemos que reclamarlo.

Pero debemos ganárnoslo, trabajando con esfuerzo, y parte de ese trabajo consiste en empezar por aprender y luego aplicar los principios sin tiempo, probados a través de los años y garantizados como los medios que nos ayudarán a alcanzar los resultados que deseamos. Muchos no aprendimos estos principios en la escuela ni en la iglesia, y sólo unos pocos los hemos aprendido en nuestro hogar.

Nos han sido dados, de persona a persona, por mentores, maestros, entrenadores, y, más recientemente, en libros, seminarios y programas de audiocasete. Ahora ya tiene el núcleo de todos estos principios en sus manos. Utilícelos primero para liberar su vida y las vidas de sus seres queridos de las de aquellos que tienen un mayor impacto en su vida.

¿Qué ocurriría si todos los miembros de su familia dejaran de quejarse, se hicieran plenamente responsables de ellos mismos y de sus vidas y empezaran a forjarse las vidas de sus sueños? ¿Qué ocurriría si los empleados de su compañía aplicaran estos principios? ¿Qué pasaría si todo los miembros de su equipo de softball abordaran la vida de esta forma? ¿Qué ocurriría si todos los estudiantes de los Estados Unidos conocieran estos principios y los aplicaran en la clase, en el campo de juego o en su vida social? ¿Qué ocurriría si todos los hombres y mujeres que se encuentran en las cárceles aprendieran estos valiosos principios antes de quedar de nuevo en libertad, y regresar a formar parte de la comunidad? El mundo sería un lugar muy diferente.

Todos se harían 100 por ciento responsables de sus vidas y de los resultados que produjeran o dejaran de producir. Tendrían un concepto claro de sus visiones y sus metas. Nadie sería víctima de las críticas y abusos de los demás. Todos perseverarían ante las dificultades y los retos. Hombres y mujeres se unirían en equipos para apoyarse unos a otros y llegar a ser lo que pueden ser. Todos pedirían lo que necesitan y desean y no vacilarían en decir que no a las solicitudes de los demás cuando no les conviene decir que sí. Todos dejarían de quejarse y lamentarse y comenzarían a forjarse la vida que desean. Todos dirían la verdad y sabrían escucharse unos a otros, con pasión, porque saben que la paz, la felicidad y la prosperidad florecen cuando actúan así.

En pocas palabras ¡el mundo funcionaría!

La mayor contribución que se puede hacer al mundo es incrementar la autoconciencia, la capacidad de autorrealización y el poder de manifestar nuestros más profundos sueños y deseos. Lo que le sigue en importancia es lo que se puede hacer por ayudar a los demás a lograr lo mismo. Cuan maravilloso sería el mundo si todos pudiéramos hacerlo.

Mi intención es que este libro contribuya a crear ese mundo. Si lo hace, habré cumplido el enunciado de mi misión de inspirar y facultar a otros para que vivan de acuerdo a su más ambiciosa visión dentro de un contexto de amor y felicidad.

Si llegas a dominar cualquier conocimiento, enséñalo a los demás.

TYRON EDWARDS
Teólogo norteamericano

Una de las formas más efectivas de aprender cualquier cosa es enseñarla a otros. Nos fuerza a aclarar las ideas, nos confronta con las inconsistencias de nuestros conceptos y a estar más conscientes de lo que decimos. Pero, ante todo, nos exige leer, estudiar y comunicar la información una y otra vez. La repetición resultante refuerza nuestro propio aprendizaje.

Una de las grandes ventajas de investigar y enseñar los principios del éxito es que los estoy recordando constantemente y estoy consciente de la importancia de ponerlos en práctica. A medida que los miembros de mi personal leían los capítulos del libro que iba escribiendo, eso nos fue sirviendo a todos para reforzar el compromiso de poner en práctica aquellos que aún no cumplíamos a cabalidad. Y siempre que dicto seminarios en cualquier lugar del país, me doy cuenta de que estoy aplicando con más insistencia estos principios en mi propia vida.

ENSEÑE ESTOS PRINCIPIOS A OTROS

Piense en las personas a quienes podría enseñar estos principios. ¿Podría dictar un seminario en su iglesia? ¿Podría ofrecerse a dictar una clase en una escuela de secundaria o en una universidad local? ¿Podría dictar un seminario en su lugar de trabajo? ¿Podría servir de facilitador en un grupo de estudios de seis semanas que se reuniera una vez por semana a la hora de almuerzo? ¿Podría dirigir un grupo de análisis con los miembros de su familia?

Si le gustaría hacerlo, puede entrar a www.thesuccessprinciples.com y descargar una guía de estudio gratis para enseñar los principios básicos de este libro a otras personas. Aunque definitivamente ayudará a las personas a quienes se los enseñe, será usted quien obtenga el mayor beneficio.

No tiene que dominar estos principios para dirigir una sesión de análisis. Sólo tiene que estar dispuesto a facilitar una discusión de los mismos. La guía de estudio le indicará todo lo que debe decir y hacer para dirigir una sesión de discusión productiva y ayudar a las personas a poner en práctica estos principios en sus lugares de trabajo, en su escuela y en el hogar.

Imagine una familia, un grupo, un club, un grupo religioso, una oficina, un equipo de ventas o una compañía en donde todos trabajaran unidos para apoyarse mutuamente en la aplicación activa de estos principios. Los resultados serían milagrosos y podría ser usted la persona que haga que esto ocurra. ¿Si no lo hace usted, quién lo hará? ¿Si no lo hace ahora, cuándo?

CUANDO USTED ELEVE EL ESPÍRITU DE LOS DEMÁS, ELEVARÁ SU ESPÍRITU TAMBIÉN

Y esta es otra importante ventaja, entre más ayude a que los demás alcancen el éxito, más dispuestos estarán ellos a ayudarle a usted a alcanzarlo. Tal vez se pregunte porqué todos los que enseñan estrategias de éxito tienen tanto éxito. Es porque han ayudado a tantos a lograr lo que quieren. Las personas tienden naturalmente a apoyar a quienes les han brindado apoyo. Lo mismo le sucederá a usted.

Uno de mis maestros espirituales me enseñó a hacer alumno de mis superiores, maestros de mis subalternos y compañero de viaje y ayudante de mis iguales. Ese es un buen consejo para todos.[62]

AYÚDENOS A INICIAR UN MOVIMIENTO

Si piensa que es demasiado insignificante para producir impacto, intente dormir con un mosquito en su habitación.

ANITA RODDICK
Fundadora de Body Shop (con 1,980 tiendas que atienden a sesenta y siete millones de clientes) y prominente activista de los derechos humanos y especialista en cuestiones del medio ambiente

Sueño con un mundo donde todos estén inspirados a tener fe en sí mismos y en sus capacidades y cuenten con las facultades para alcanzar su pleno potencial y hacer realidad todos sus sueños. Deseo que estos principios se enseñen en todas las escuelas y universidades y se pongan en práctica en todas las pequeñas empresas y las grandes corporaciones.

He capacitado a otros entrenadores y oradores, he desarrollado programas para escuelas,[63] he creado programas de capacitación basados en videos para

---

62. Si está interesado en profundizar sus conocimientos sobre estos principios y aprender a enseñarlos en forma de taller interactivo, quizás entonces quiera participar de mis siete días de entrenamiento de verano. Acelerará su crecimiento y le enseñará habilidades de liderazgo y otros métodos instructivos. Para mayor información vaya al sitio Web: www.jackcanfield.com.
63. Vea *Self-Esteem In the Classroom: A Curriculum Guide* (Confianza en Sí Mismo en el Salón de Clases: Guía del Programa), por Jack Canfield. Disponible en Self-Esteem Seminars, P.O. Box, 30880, Santa Barbara, CA 93130. Sitio Web: www.jackcanfield.com.

programas de bienestar social y para corporaciones,[64] he escrito libros, he desarrollado programas en audio y video;[65] he dirigido seminarios y cursos en línea y he desarrollado programas de capacitación y telecapacitación para el público en general. He creado una columna sindicada, he ayudado a producir una serie de televisión y he aparecido en incontables programas de radio y televisión para compartir estas ideas con los demás.

Me encantaría que entrara a formar parte de las personas que me ayudan a difundir sus conceptos. Si quisiera entrar a formar parte del Success Principles Team (Equipo de los Principios del Éxito), envíeme un e-mail a tspteam@thesuccessprinciple.com y le diremos cómo puede entrar a formar parte de este grupo para llevar estas enseñanzas a los demás.

---

64. Para información sobre estos programas—los Programas GOALS y STAR (El Éxito a Través de la Acción y la Responsabilidad)—están disponibles en la Foundation for Self-Esteem, 6035 Bristol Parkway, Culver City, CA 90230. Teléfono: 310-568-1505.

65. Para una lista completa de mis libros, audiocasetes y videos, seminarios y programas de entrenamiento visite www.thesuccessprinciples.com y haga click en el recuadro que dice "Jack's Success Resources."

Lleve su éxito al siguiente nivel . . .

Los Principios del Éxito
HERRAMIENTAS GRATIS
PARA ALCANZAR EL ÉXITO™
at www.thesuccessprinciples.com/tools.htm

GRATIS Guía de Planificación para Un Año...para ayudarle a programar sus actividades, su lista de cosas para hacer, sus elementos para la acción, sus lecturas de éxito, su programa de manejo del tiempo para Resultados Innovadores, y mucho más. Incluye página tras página de coloridas listas de verificación diarias, páginas de anotaciones, páginas para anotaciones, páginas para establecer metas, mensajes inspiradores de Jack y Janet...y mucho más.

GRATIS Registro de Victorias...para su carpeta de tres argollas o para otro formato de registro de victorias. Estas páginas tamaño carta son coloridas, inspiradoras y están diseñadas para incrementar sus facultades a fin de alcanzar los éxitos diarios que vaya creando. En momentos difíciles, le recuerdan lo exitoso que realmente ha llegado a ser. Las páginas de su Propio Registro de Victorias se han diseñado para que coordinen con el Programa de Audio *Los Principios del Éxito.*

GRATIS Guía Estratégica para el Grupo de Mentes Maestras...especialmente diseñado para los grupos de mentes maestras, esta guía de estrategias gratis ayuda a los miembros de su grupo a desarrollar provocadores mensajes que susciten actividades, ideas y conceptos capaces de ayudar a cualquier grupo a ¡alcanzar un mayor nivel de éxito!

Los Principios del Éxito
RETO ANUAL DEL ÉXITO™

Todos los años Janet y yo elegimos personas de más de doce categorías distintas para demostrar un incremento significativo de su éxito personal o profesional. Es posible que haya superado un gran obstáculo...que haya descubierto un nuevo propósito...que haya tomado un nuevo rumbo.

Podría ganar **El Reto del Éxito** cuando lea y aplique *Los Principios del Éxito* a su propia vida. ¡Aprenda cómo hacerlo visitando nuestro sitio Web www.thesuccessprinciples.com!

Los Principios del Éxito
CURSO DE ESTRATEGIAS PARA EL ÉXITO GRATIS™

En este poderoso curso gratis, que se le mandará a su dirección de Internet, usted descubrirá estrategias fáciles de usar que lo ayudarán a decidir lo que quiere...y obtenerlo. Matricúlese hoy en www.thesuccessprinciples.com.

TRAIGA EL PODER DEL CAMBIO A SU ORGANIZACIÓN: TALLER SOBRE *LOS PRINCIPIOS DEL ÉXITO*™

Se producen cambios positivos y profundos cuando sus empleados, sus gerentes, los miembros de su organización y sus estudiantes experimentan el asistir y presenciar el taller sobre *Los Principios del Éxito*.

No sólo quedará su equipo motivado e inspirado para lograr mayores éxitos sino que aprenderá la forma de mejorar todos sus esfuerzos, sus alianzas estratégicas, sus relaciones, sus actitudes y sus comportamientos.

El taller sobre *Los Principios del Éxito*™ los facultará ofreciéndoles estrategias que los hacen más productivos con menos esfuerzo...los ayudará a dejar más dinero en sus cheques de pago...les enseñará a funcionar mejor dentro de sus equipos de trabajo...y les ayudará a responder de manera más eficiente y productiva a los acontecimientos diarios.

El taller de *Los Principios del Éxito*™ incluye herramientas de éxito más materiales del programa altamente personalizados para cada participante. Se puede diseñar también para su organización capacitación a largo plazo o capacitación remota. El taller de *Los Principios del Éxito*™ es ideal para grupos como:

- Profesionales de ventas independientes
- Dueños de pequeños negocios
- Gerentes y ejecutivos
- Miembros de asociaciones profesionales
- Grupos corporativos y nuevos empleados de corporaciones
- Empleados que trabajan desde el hogar y teletransportadores
- Estudiantes y educadores
- Funcionarios y administradores de negocios escolares
- Empleados y gerentes de entidades sin fines de lucro
- Profesionales en ejercicio y los miembros de su personal
- Empleados que enfrentan una reducción de personal o un traslado
- Empleados públicos
- Miembros de las fuerzas militares y personal civil de las fuerzas armadas

TANTO LOS EMPLEADOS COMO LOS MIEMBROS DE LAS ENTIDADES SE BENEFICIAN CUANDO COMPRAN EN GRANDES CANTIDADES EL PROGRAMA DE AUDIOCASETE DE *LOS PRINCIPIOS DEL ÉXITO*™ ...

Ahora sus empleados, los gerentes, los miembros de asociaciones y los estudiantes pueden experimentar este revolucionario sistema para alcanzar cualquier meta, hacer realidad cualquier sueño y alcanzar el éxito, cuando se compra al por mayor el Programa de Audiocasete *Los Principios del Éxito.*™ Se beneficiará de los grandes descuentos sobre el precio normal de venta, y además, su equipo descubrirá los potentes nuevos hábitos que atraen sorprendentes oportunidades y extraordinarios resultados.

Permita que *Los Principios del Éxito* le den a su grupo, día tras día, los ejercicios escritos que les ayudarán a incorporar estas nuevas actitudes y comportamientos en sus excitantes nuevas vidas. Luego, observe cómo van llegando los beneficios de forma inexplicable...nuevos e importantes contactos que les ofrecen oportunidades...y todo un mundo que se abre a la abundancia y les ofrece sus riquezas, todo porque ellos también han realizado ese viaje a través de ejercicios y principios de éxito como estos:

- Cómo articular su atractivo especial de forma que los recursos del mundo graviten hacia usted
- Cómo tener acceso a poderosos mentores y amigos que le abrirán las puertas a medida que avanza en su búsqueda del éxito
- Cómo decir que no a lo bueno para tener espacio en su vida que le permita decir sí a lo excelente
- Cómo poner fin a proyectos, relaciones y heridas del pasado para poder abrir los brazos al futuro
- Cómo decir la verdad sin demora para salvarse del desastre a medida que avanza hacia el éxito
- Cómo cambiar el resultado de cualquier evento sólo cambiando su manera de reaccionar
- Cómo preparase y estar listo de inmediato para cuando aparezca la oportunidad
- Cómo utilizar el exclusivo sistema de manejo del tiempo que garantiza que contará con el tiempo necesario para concentrarse en el éxito

Para concertar un seminario interno en la empresa o para comprar el Programa de Audiocasete *Los Principios del Éxito*™, llame al 1-800-237-8336.

LECTURAS RECOMENDADAS Y RECURSOS ADICIONALES PARA EL ÉXITO

Usted es hoy la misma persona que será dentro de cinco años,
excepto por dos cosas, los libros que lea y las personas que conozca.

CHARLIE "TREMENDOUS" JONES
Miembro del *National Speakers Hall of Fame*
(Salón de la Fama de Oradores Nacionales)

Recuerde que le recomendé leer durante una hora al día. Eso debe representar uno o dos libros por semana. La lista que aparece a continuación contiene 120 títulos, suficiente para mantenerlo ocupado al menos durante dos años. Le recomiendo leer cuidadosamente la lista y elegir los libros que le llamen la atención para leerlos en primer lugar. Guíese por sus intereses y verá que cada libro que lea lo llevará a leer otros más.

También hay unos veintisiete programas de audio que le recomiendo escuchar y unos doce programas de capacitación a los que le recomiendo asistir. Hay inclusive un campamento de verano orientado al éxito diseñado para sus niños.

Para una lista más amplia y constantemente actualizada de libros, programas de audio y cursos de capacitación en todas estas áreas, visite el sitio www.TheSuccess Principles.com

I. LOS FUNDAMENTOS DEL ÉXITO

La Ciencia del Éxito

The Power of Focus: How to Hit Your Business, Personal and Financial Targets with Absolute Certainty, by Jack Canfield, Mark Victor Hansen, and Les Hewitt. Deerfield Beach, Fla.: Health Communications, 2000.

The Aladdin Factor: How to Ask for and Get Anything You Want in Life, by Jack Canfield and Mark Victor Hansen. New York: Berkley, 1995.

The Art of Possibility: Transforming Personal and Professional Life, by Rosamund Stone Zander and Benjamin Zander. New York, Penguin, 2000.

The DNA of Success: Know What You Want . . . To Get What You Want, by Jack M. Zufelt. New York: Regan Books, 2002.

The Science of Success: How to Attract Prosperity and Create Life Balance Through Proven Principles, by James A. Ray. La Jolla, Calif.: SunArk Press, 1999.

The Success System That Never Fails, by W. Clement Stone. Englewood Clifffs, N.J.: Prentice-Hall, 1962.

Success Through a Positive Mental Attitude, by Napoleon Hill and W. Clement Stone. Englewood Cliffs, N.J.: Prentice-Hall, 1977.

Think and Grow Rich, by Napoleon Hill. New York: Fawcett Crest, 1960.

Napoleon Hill's Keys to Success: The 17 Principles of Personal Achievement, edited by Matthew Sartwell. New York: Plume, 1997.

Think and Grow Rich: A Black Choice, by Dennis P. Kimbro, Ph.D. New York: Ballantine, 1997.

What Makes the Great Great: Strategies for Extraordinary Achievement, by Dennis P. Kimbrow, Ph.D. New York: Doubleday, 1997.

The 7 Habits of Highly Effective People, by Stephen R. Covey. New York: Fireside, 1989.

The 100 Absolutely Unbreakable Laws of Business Success, by Brian Tracy. San Francisco: Berret-Koehler, 2000.

Play to Win: Choosing Growth Over Fear in Work and Life, by Larry Wilson and Hersch Wilson. Austin, Tex.: Bard Press, 1998.

Master Success: Create a Life of Purpose, Passion, Peace and Prosperity, by Bill Fitzpatrick. Natick, Mass.: American Success Institute, 2000.

The Traits of Champions: The Secrets to Championship Performance in Business, Golf, and Life, by Andrew Wood and Brian Tracy. Provo, Utah: Executive Excellence Publishing, 2000.

The Great Crossover: Personal Confidence in the Age of the Microchip, by Dan Sullivan, Babs Smith, and Michel Néray. Chicago and Toronto: The Strategic Coach, 1994.

Extreme Success, by Richard Fettke. New York: Fireside, 2002.

The Power of Positive Habits, by Dan Robey. Miami: Abritt Publishing Group, 2003.

Unlimited Power, by Anthony Robbins. New York: Simon & Schuster, 1986.

The Official Guide to Success, by Tom Hopkins. Scottsdale, Ariz.: Champion Press, 1982.

Create Your Own Future, by Brian Tracy. New York: John Wiley & Sons, 2002.

The Street Kid's Guide to Having It All, by John Assaraf. San Diego: The Street Kid, LLC, 2003.

Peak Performance: Mental Training Techniques of the World's Greatest Athletes, by Charles A. Garfield, with Hal Z. Bennett. Los Angeles: Jeremy P. Tarcher, 1984.

Peak Performers: The New Heroes of American Business, by Charles Garfield. New York: William Morrow, 1986.

How to Use What You've Got to Get What You Want, by Marilyn Tam. San Diego: Jodere, 2003.

You Were Born Rich, by Bob Proctor. Willowdale, Ontario, Canada: McCrary Publishing, 1984.

The Magic of Believing, by Claude M. Bristol. New York: Simon & Schuster, 1991.

The Magic of Thinking Big, by David Schwartz. New York: Fireside, 1987.

Work Less, Make More, by Jennifer White. New York: John Wiley & Sons, 1998.

Ask and It Is Given: Learning to Manifest Your Desires, by Esther and Jerry Hicks. Carlsbad, Calif.: Hay House, 2004.

50 Success Classics, by Tom Butler-Bowdon. Yarmouth, Maine: Nicholas Brealey Publishing, 2004.

See You at the Top (2nd revision), by Zig Ziglar. New York: Pelican, 2000.

El Éxito Empresarial

All You Can Do Is All You Can Do But All You Can Do Is Enough!, by A. L. Williams. New York: Ivy Books, 1988.

The E-Myth Revisited: Why Most Small Businesses Don't Work and What to Do About It, by Michael Gerber. New York: HarperBusiness, 1995.

E-Myth Mastery: The Seven Essential Disciplines for Building a World Class Company, by Michael Gerber. New York: HarperBusiness, 2004.

Mastering the Rockefeller Habits, by Verne Harnish. New York: Select Books, 2002.

1001 Ways to Reward Employees, by Bob Nelson. New York: Workman Publishing, 1994.

The One Minute Manager, by Kenneth Blanchard and Spencer Johnson. New York: Berkley Books, 1983.

Start Small, Finish Big: Fifteen Key Lessons to Start—and Run—Your Own Successful Business, by Fred DeLuca with John B. Hayes. New York: Warner Books, 2000.

El Éxito Corporativo

Built to Last: The Successful Habits of Visionary Companies, by Jim Collins and Jerry I. Porras. New York: HarperBusiness, 1997.

Execution: The Discipline of Getting Things Done, by Larry Bossidy and Ron Charan. New York: Crown Business, 2002.

Good to Great: Why Some Companies Make the Leap . . . and Others Don't, by Jim Collins. New York: HarperCollins, 2001.

The Five Temptations of a CEO: A Leadership Fable, by Patrick M. Lencioni. San Francisco: Jossey-Bass, 1998.

Jack: Straight from the Gut, by Jack Welch. New York: Warner, 2001.

The Goal: A Process of Ongoing Improvement (2nd edition), by Eliyahu M. Goldratt. Great Barrington, Mass.: North River Press, 1992.

The One Minute Manager, by Kenneth Blanchard and Spencer Johnson. New York: William Morrow, 1982.

The Spirit to Serve: Marriott's Way, by J.W. Marriott Jr. New York: HarperCollins, 2001.

Who Says Elephants Can't Dance? Inside IBM's Historic Turnaround, by Louis V. Gerstner Jr. New York: HarperBusiness, 2002.

Cómo Llevar el Puntaje del Éxito

The Game of Work: How to Enjoy Work as Much as Play, by Charles A. Coonradt. Park City, Utah: Game of Work, 1997.

Managing the Obvious: How to Get What You Want Using What You Know, by Charles A. Coonradt, with Jack M. Lyons and Richard Williams. Park City, Utah: Game of Work, 1994.

Scorekeeping for Success, by Charles A. Coonradt. Park City, Utah: Game of Work, 1999.

Inspiración y Motivación

Chicken Soup for the Soul®, by Jack Canfield and Mark Victor Hansen. Deerfield Beach, Fla.: Health Communications, 1993.

Chicken Soup for the Soul at Work, by Jack Canfield, Mark Victor Hansen, Martin Rutte, Maida Rogerson, and Tim Clauss. Deerfield Beach, Fla.: Health Communications, 1996.

Chicken Soup for the Soul: Living Your Dreams, by Jack Canfield and Mark Victor Hansen. Deerfield Beach, Fla.: Health Communications, 2003.

Dare to Win, by Jack Canfield and Mark Victor Hansen. New York: Berkley, 1994.

It's Not Over until You Win, by Les Brown. New York: Simon & Schuster, 1997.

Rudy's Rules for Success, by Rudy Ruettiger and Mike Celizic. Dallas, Tex.: Doddridge Press, 1995.

Salud y Estado Físico

8 Minutes in the Morning, by Jorge Cruise. New York: HarperCollins, 2001.

The 24-Hour Turnaround: The Formula for Permanent Weight Loss, Antiaging, and Optimal Health—Starting Today! by Jay Williams, Ph.D. New York: Regan Books, 2002.

Body for Life: 12 Weeks to Mental and Spiritual Strength, by Bill Phillips. New York: HarperCollins, 1999.

The Mars and Venus Diet and Exercise Solution, by John Gray, Ph.D. New York: St. Martin's Press, 2003.

Stress Management Made Simple, by Jay Winner, M.D. Santa Barbara, Calif.: Blue Fountain Press, 2003.

Ultimate Fit or Fat, by Covert Bailey. Boston: Houghton Mifflin Company, 2000.

II. TRANSFÓRMESE PARA LOGRAR EL ÉXITO

El Manejo del Tiempo y Hacer lo que Hay que Hacer

First Things First, by Stephen Covey, A. Roger Merrill, and Rebecca R. Merrill. New York: Fireside, 1995.

Getting Things Done: The Art of Stress-Free Productivity, by David Allen. New York: Viking, 2001.

Getting Things Done, by Edwin C. Bliss. New York: Charles Scribner's Sons, 1991.

Doing It Now, by Edwin C. Bliss. New York: Macmillan, 1983.

The 10 Natural Laws of Successful Time and Life Management: Proven Strategies for Increased Productivity and Inner Peace, by Hyrum W. Smith. New York: Warner Books, 1994.

The Procrastinator's Handbook: Mastering the Art of Doing It Now, by Rita Emmett. New York: Walker Publishing, 2000.

Conciencia de Sí Mismo, Potencial Humano, Paz Interior y Espiritualidad

Loving What Is: Four Questions That Can Change Your Life, by Byron Katie. New York: Harmony Books, 2002.

The Sedona Method: Your Key to Lasting Happiness, Success, Peace and Emotional Well-being, by Hale Dwoskin. Sedona, Ariz.: Sedona Press, 2003.

The Four Agreements: A Practical Guide to Personal Freedom, by Don Miguel Ruiz. San Rafael: Amber-Allen, 1999.

The Power of Full Engagement, by Jim Loehr and Tony Schwartz. New York: Free Press, 2002.

Don't Sweat the Small Stuff . . . and It's All Small Stuff: Simple Ways to Keep the Little Things from Taking Over Your Life, by Richard Carlson. New York: Hyperion, 1997.

The Six Pillars of Self-Esteem, by Nathaniel Branden. New York: Bantam, 1994.

Life After Life, by Raymond A. Moody Jr., M.D. New York: Bantam, 1975.

Life Strategies: Doing What Works, Doing What Matters, by Phillip C. McGraw, Ph.D. New York: Hyperion, 1999.

Power vs. Force: The Hidden Determinants of Human Behavior, by David R. Hawkins, M.D., Ph.D. Carlsbad, Calif.: Hay House, 2002.

The Power of Now: A Guide to Spiritual Enlightenment, by Eckhart Tolle. Novato, Calif.: New World Library, 1999.

Eliminating Stress, Finding Inner Peace, by Brian Weiss, M.D. Carlsbad, Calif.: Hay House, 2003.

The Seven Spiritual Laws of Success, by Deepak Chopra. San Rafael, Calif.: Amber-Allen, 1994.

The Spirituality of Success: Getting Rich with Integrity, by Vincent M. Roazzi. Dallas: Brown Books, 2002.

The Way of the Spiritual Warrior (audio cassette), with David Gershon. Available from his Web site at www.empowermenttraining.com.

Programas de Audiocasete

Los Principios del Éxito: Su Viaje de 30 Días de Donde Está Adonde Quiere Ir, por Jack Canfield y Janet Switzer, es un curso de treinta días con seis CD's y un manual de noventa páginas que representa un excelente suplemento de este libro. Contiene numerosas hojas de trabajo y ejercicios para ayudarle a integrar el material aquí presentado. Además, puede escuchar los CD's mientras va en el automóvil para reforzar sus nuevos conocimientos. Para pedidos, vaya a www.jackcanfield.com o llame al 1-800-237-8336.

Los siguientes son los programas de audiocasete motivacionales y educativos que más recomiendo. Todos se consiguen en Nightingale-Conant (www.ighttingale.com) con excepción de uno, que está indicado:

Action Strategies for Personal Achievement, by Brian Tracy
A View from the Top, by Zig Ziglar
The Aladdin Factor, by Jack Canfield and Mark Victor Hansen
The Art of Exceptional Living, by Jim Rohn
The Automatic Millionaire, by David Bach
Get the Edge, by Anthony Robbins
Goals, by Zig Ziglar
Guide to Everyday Negotiating, by Roger Dawson
Jump and the Net Will Appear, by Robin Crow
Live with Passion, by Anthony Robbins
Magical Mind, Magical Body, by Deepak Chopra
Maximum Confidence, by Jack Canfield
Multiple Streams of Income, by Robert Allen
The New Dynamics of Winning, by Denis Waitley
The New Psycho-Cybernetics, by Maxwell Maltz and Dan Kennedy
The One Minute Millionaire System, by Mark Victor Hansen and Robert Allen
The Power of Purpose, by Les Brown
The Power of Visualization, by Dr. Lee Pulos
The Psychology of Achievement, by Brian Tracy
The Psychology of Selling, by Brian Tracy
Pure Genius, by Dan Sullivan
Rich Dad Secrets, by Robert Kiyosaki
The Secrets to Manifesting Your Destiny, by Wayne Dyer
The 7 Habits of Highly Effective People, by Stephen Covey
Self-Esteem and Peak Performance, by Jack Canfield (CareerTrack)
The Weekend Millionaire's Real Estate Investing Program, by Roger Dawson and Mike
    Summey
Think and Grow Rich, by Napoleon Hill

Capacitación en Potencial Humano y Autodesarrollo

Canfield Training Group, P.O.Box 30880, Santa Barbara, CA 93130. Teléfono: 805-563-2935. Línea gratuita : 1-800-237-8336. Fax: 805-563-2945. www.jackcanfield.com. A lo largo del año, dicto programas de capacitación de un día, un fin de semana y una semana, centrado en Cómo Vivir de Acuerdo con los Principios de Éxito, o ir Según su Visión Más Elevada, el Poder del Enfoque, la Autoestima y el Más Elevado Desempeño, la Máxima Confianza y el Programa de Capacitación Capacitadores.

Global Relationship Centres, 25555 Pedernales Point Drive, Spicewood, TX 78669. Teléfono: 512-264-3333. Fax: 512-264-2913. www.grc333.com. Larry Price el director ejecutivo de mi fundación—la Foundation for Self-Esteem—tomó el programa de Understanding Yourself and Others (Entiéndase Usted Mismo y a los Demás) y fue muy provechoso para él.

The Hendricks Institute, 402 W. Ojai Avenue, suite 101, PMB 413, Ojai, CA 93023. Teléfono: 1-800-688-0772. www.hendricks.com. Gay y Katie Hendricks ofrecen una variedad de cursos tanto en vivo como en línea, sobre relaciones y cómo vivir de manera consciente. Mi esposa y yo nos hemos beneficiado profundamente de su trabajo.

Hoffman Institute, 223 San Anselmo Avenue, suite 4, San Anselmo, CA 94960. Teléfono: 415-485-5220. Línea gratuita: 1-800-506-5253. www.hoffmaninstitute.org. Esta poderosa capacitación de una semana ayuda a hacer las pases con los padres y a superar los conceptos limitantes y los patrones de comportamiento activos desarrollados desde la niñez. Hace poco lo tomó mi socio, Mark Victor Hansen, al igual que Martin Rutte y Tim Claus, coautores de *Chicken Soup for the Soul at Work* (Sopa de Pollo para el Alma en el Trabajo). Mi hijo Oran, quien ahora tiene treinta años, lo tomó también y su vida cambió radicalmente.

Human Awareness Institute. Teléfono: 1-800-800-4117, Internacional: +1-650-571-5524. www.hai.org. Ofrece talleres sobre cómo hablar con sinceridad, cómo crear relaciones íntimas, cursos dirigidos a personas individuales y a parejas. El instituto tiene oficinas en Australia y en el Reino Unido así como en distintas partes de los Estados Unidos.

Insight Seminars, 2101 Wilshire Boulevard, Suite 101, Santa Monica, CA 90403. Teléfono: 310-315-9733. Fax: 310-315-9854. www.insightseminars.org. Un seminario de fin de semana que le ofrece la oportunidad de cambiar su vida, experimentar una profunda relación con su verdadero yo y crear un mayor equilibrio y una mayor plenitud personal. Los cursos avanzados le ayudan a liberarse de sus miedos y sus comportamientos limitantes, a incrementar su capacidad de tener acceso a su sabiduría, su intuición y su magnificencia interior y a vivir la vida en mayor concordancia con sus valores espirituales.

Landmark Education—The Forum, 353 Sacramento Street, Suite 200, San Francisco CA 94111. Teléfono: 415-981-8850. Fax: 415-616-2411. www.landmarkeducation.com. Esta potente capacitación de fin de semana lo libera de sus miedos y lo lleva a vivir una vida de contribución y plenitud intencionalmente dinámica. Puede esperar un gran crecimiento en su autoestima y unas relaciones más gratificantes, un mayor éxito financiero y un mayor equilibrio en su vida.

Money and You Program of the Excellerated Business School for Entrepreneurs, 4878 Pescadero Avenue, suite 204, San Diego, CA 92107. Teléfono: 619-230-1888. www.excellerated.com. Dirige un taller de logros transformadores en relación con el dinero y los negocios, dirigido a los empresarios.

Peak Potentials Training, 1651 Welch Street, North Vancouver, BC, Canada, V7P 3G9. Teléfono: 604-983-334. www.peakpotentials.com. Recomiendo muy eficazmente el Fin de Semana de Harv Eker, Millionaire Mind. Es la base de su capacitación. Inscríbase para un teleseminario nocturno gratis sobre Millionaire Mind en el sitio Web para mayor información. Puede tomar también una variedad de seminarios sobre distintos temas que incluyen un poderoso curso de capacitación para capacitadores.

PSI Seminars, 11650 High Valley Road, Clearlake Oaks, CA 95423. Teléfono: 707-998-2222. www.psiseminars.com. La compañía ofrece una serie de seminarios eficaces y transformadores.

Sedona Training Associates, 60 Tortilla Drive, Sedona, AZ 86336. Teléfono: 928-282-3522. Fax: 928-203-0602. www.sedona.com. El Método Sedona es una de las herramientas más fáciles y exitosas para el mejoramiento personal y el crecimiento espiritual que jamás haya experimentado. Me sorprendió su simplicidad y el poderoso efecto que tuvo en mi vida. Se centra en liberar emociones para poder volver a ponerse en contacto con lo más profundo de la propia naturaleza. La vida se simplifica. Hay menos resistencia a todo. Ayuda a liberar la ansiedad y los miedos, elimina el estrés, enseña a manejar la ira, a superar la depresión, a mejorar las relaciones, a gozar de mayor energía, a tener un sueño más profundo, a lograr una salud más radiante y a encontrar una duradera paz interior, felicidad y amor.

The Breakthrough Experience (La Experiencia Reveladora) con el Dr. John Demartini Seminars, 2800 Post Oak Boulevard, suite 5250, Houston, TX 77056. Teléfono: 713-850-1234. Línea gratuita: 888-DEMARTINI. www.drdemartini.com. John es un maestro facilitador y un ser verdaderamente sabio y profundo.

Terapia y Asesoría

Los recursos que enumero a continuación pueden ayudarle a encontrar un profesional en su área. Encontrar un buen terapeuta es muy similar a concertar una cita amorosa. Es posible que tenga que ensayar unos cuantos antes de encontrar el que le gusta. Un buen terapista debe hacerlo sentir seguro pero a la vez algo incómodo. El terapista debe ser amable y duro al mismo tiempo.

Los tres siguientes abordajes a la terapia son mis favoritos en términos de impacto. Hay excelentes terapistas que no los utilizan, pero si encuentra un profesional que lo haga se lo recomiendo, lo más probable es que esté en buenas manos.

Terapia Gestalt: Para información sobre la terapia Gestalt y para un directorio de terapistas de Gestalt en las distintas regiones de los Estados Unidos, conéctese en línea con la página www.gestalt.org. Busque la entrada que dice: *If the reason for your visit to The Gestalt Therapy Page is to find a Gestalt therapist in your locale for personal therapy, clic here* (Si la razón para su visita a la página de Terapia Gestalt es encontrar un terapeuta de Gestalt en su localidad para terapia personal, haga clic aquí). Esto lo llevará directamente a la única guía mundial completa de terapeuta Gestalt que practican privadamente. Luego haga clic en el estado donde vive y busque la ciudad más cercana a usted.

Psicosíntesis: Para encontrar un directorio de centros y profesionales de psicosíntesis visite www.chebucto.ns.ca/Health/Psychosynthesis/. Haga clic en *Centers and Practitioners* (Centros y Profesionales).

Programación Neurolingüística (NLP, por su sigla en inglés): la NLP es un poderoso sistema de pensamiento que puede acelerar el logro de sus metas personales y profesionales, de hecho es la metodología en la que se basa gran parte del trabajo de Tony Robbins. Para buscar un directorio de profesionales, entrenadores y centros de NLP, visite www.nlpinfo.com. Algunos de mis entrenadores favoritos son Robert Dilts y Judith DeLozier (408-336-3457) en la NLP University en California, Tad James (808-596-7765) en Advanced Neuro Dynamics en Hawai y Steve Andreas (303-987-2224) y las personas de NLP Comprehensive en Colorado. Han capacitado a cientos de personas de todos los Estados Unidos y Canadá.

III. CONSTITUYA SU EQUIPO DE ÉXITO

How to Say No Without Feeling Guilty: And Say Yes to More Time and What Matters Most to You, by Patti Breitman and Connie Hatch. New York: Broadway, 2001.
When I Say No, I Feel Guilty, by Manuel J. Smith. New York: Bantam, 1975.
Coach Yourself to Success: 101 Tips from a Personal Coach for Reaching Your Goals at Work and in Life, by Talane Miedaner. Lincolnwood, Ill.: Contemporary Books, 2000.
Take Yourself to the Top: The Secrets of America's #1 Career Coach, by Laura Berman Fortgang. New York: Warner, 1998.
The Portable Coach: 28 Sure Fire Strategies for Business and Personal Success, by Thomas J. Leonard. New York: Scribner, 1998.

PROGRAMAS DE CAPACITACIÓN

Para información sobre el Programa de Entrenamiento de Los Principios del Éxito, diseñado para ayudarle a integrar estos principios a su vida, profesión, relaciones y finanzas, visite www.thesuccessprinciples.com/coaching.htm.

Los siguientes son mis dos programas favoritos de capacitación:

The Strategic Coach Program fue creado por Dan Sullivan. Puede comunicarse con la organización a la línea gratuita 1-800-387-3206, llame a 416-531-7399 o visite www.strategiccoach.com. Dan tiene también múltiples libros, programas de audio y otros medio basados en sus conceptos y herramientas claves de Capacitación Estratégica.
El programa de capacitación Achievers Coaching Program, fue creado por Les Hewitt (uno de los coautores de *The Power of Focus* con Mark Victor Hansen y yo) y tiene oficinas en cuatro países. Puede comunicarse con la organización escribiendo a Achievers Canada, suite 220, 2421 37th Avenue, Calgary, Alberta T2E 6Y7 Canada; llamando al 403-295-0500 o visitando el sitio Web www.thepoweroffocus.ca.

Para encontrar un capacitador personal, comuníquese con

The International Coach Federation. Llame a la línea gratuita 888-423-3131 o visite el sitio www.coachfederation.org.
Coach U. Llame a la línea gratuita 1-800-482-6244 o visite el sitio www.coachinc .com haciendo clic sobre *Find a Coach*.
Otros entrenadores, sobretodo los que se especializan en cómo hacer determinadas cosas en el campo de la industria o los negocios, tienen sitios Web que pueden encontrarse con una simple búsqueda en Internet, como "real state coaching." A propósito, uno de los mejores en esa categoría es el Mike Ferry's Real Estate Coaching, en www.mikeferry.com.

Para Desarrollar Su Intuición

Divine Intuition: Your Guide to Creating a Life You Love, by Lynn A. Robinson. New York: Dorling Kindersley, 2001. Also check out Lynn's Web site at www.lynn robinson.com.

PowerHunch, by Marcia Emery. Hillsboro, Ore.: Beyond Words Publishing, 2001.

Practical Intuition, by Laura Day. New York: Broadway Books, 1997.

Practical Intuition for Success, by Laura Day. New York: HarperCollins, 1997.

The Corporate Mystic, by Gay Hendricks and Kate Ludeman. New York: Bantam Books, 1997.

The Executive Mystic, by Barrie Dolnick. New York: HarperBusiness, 1999.

IV. CREE RELACIONES EXITOSAS

Conscious Loving: The Journey to Co-Commitment, by Gay Hendricks and Kathlyn Hendricks. New York: Bantam Books, 1992.

Lasting Love: The 5 Secrets of Growing a Vital, Conscious Relationship, by Gay Hendricks and Kathlyn Hendricks. New York: Rodale, 2004.

Men Are from Mars, Women Are from Venus: A Practical Guide for Improving Communication and Getting What You Want in Your Relationships, by John Gray, Ph.D. New York: HarperCollins, 1993.

Real Moments: Discover the Secret for True Happiness, by Barbara DeAngelis. New York: Doubleday, 1994.

Feel Alive with a Heart Talk, by Cliff Durfee. San Diego: Live, Love, Laugh, 1979.

How to Talk So Kids Will Listen & Listen So Kids Will Talk, by Adele Faber and Elaine Mazlish. New York: Avon Books, 1980.

Communicate with Confidence, by Dianna Booher. New York: McGraw Hill, 1994.

How to Say It at Work: Putting Yourself Across with Power Words, Phrases, Body Language and Communication Secrets, by Jack Griffin. Englewood Cliffs, N.J.: Prentice-Hall, 1998.

Boundaries: When to Say Yes, When to Say No to Take Control of Your Life, by Dr. Henry Cloud and Dr. John Townsend. Grand Rapids, Mich.: Zondervan, 1992.

Radical Honesty: How to Transform Your Life by Telling the Truth, by Brad Blanton. New York: Dell, 1996.

Practicing Radical Honesty, by Brad Blanton. Stanley, Va.: Sparrowhawk Publishing, 2000.

The Truth Option, by Will Schutz. Berkeley, Calif.: Ten-Speed Press, 1984.

V. EL ÉXITO FINANCIERO Y EL DINERO

Cash Flow Quadrant, by Robert Kiyosaki. New York: Warner Books, 2000.

Multiple Streams of Income, by Robert G. Allen. New York: John Wiley & Sons, 2000.

Multiple Streams of Internet Income, by Robert Allen. New York: John Wiley & Sons, 2001.

Rich Dad, Poor Dad, by Robert Kiyosaki with Sharon L. Lecter. Paradise Valley, Ariz.: Tech Press, 1997.

The Courage to Be Rich: Creating a Life of Material and Spiritual Abundance, by Suze Orman. New York: Riverhead Books, 1999.

The Dynamic Laws of Prosperity, by Catherine Ponder. New York: DeVorss, 1988.

The Automatic Millionaire: A Powerful One-Step Plan to Live and Finish Rich, by David Bach. New York: Broadway Books, 2003.

The Armchair Millionaire, by Lewis Schiff and Douglas Gerlach. New York: Pocket Books, 2001.

The Millionaire Course, by Mark Allen. Novato, Calif.: New World Library, 2003.

The Millionaire in You, by Michael LeBoeuf. New York: Crown Business, 2002.

The Millionaire Mind, by Thomas J. Stanley. Kansas City: Andrews McMeel Publishing, 2000.

The Millionaire Mindset: How Ordinary People Can Create Extraordinary Income, by Gerry Robert. Kuala Lumpur, Malaysia: Awesome Books, 1999.

The Millionaire Next Door, by Thomas J. Stanley and William D. Danko. New York: Pocket Books, 1996.

The Miracle of Tithing, by Mark Victor Hansen. Newport Beach, Calif.: Mark Victor Hansen & Associates, 2003. Call 1-800-433-2314 to order.

The One Minute Millionaire: The Enlightened Way to Wealth, by Mark Victor Hansen and Robert G. Allen. New York: Harmony Books, 2002.

The Science of Getting Rich, by Wallace D. Wattles. Tucson, Ariz.: Iceni Books, 2001. (Reprint of original book, which was published in 1910.)

The 21 Success Secrets of Self-Made Millionaires, by Brian Tracy. San Francisco: Berrett-Koehler, 2001.

The Wealthy Barber, 3rd edition, by David Chilton. Roseville, Calif.: Prima Publishing, 1998.

Secrets of the Millionaire Mind: Mastering the Inner Game of Wealth, by T. Harv Eker. New York: HarperCollins, 2005.

CASHFLOW® 101 es un juego educativo, divertido, desarrollado por Robert Kiyosaki que enseña contaduría, finanzas e inversión a medida que aprende a salir de la carrera de ratas y entrar en la pista rápida, donde su dinero trabaja para usted en lugar de que usted trabaje duro para ganarse el dinero. El juego está diseñado para cualquier persona de diez años o más. Puede adquirirlo en línea en www.richdad.com.

RECURSOS ADICIONALES

El club del libro ededge, que se mencionó en el Principio #36 ("Aprenda Más para Ganar Más") es una forma poderosa de mantenerse a la vanguardia de los más novedosos libros sobre lo último en el éxito empresarial. Para inscribirse en el servicio, visite el sitio www.ededge.com.

AdvantEdge es una nueva revista orientada a ofrecer la más poderosa información del mundo sobre el éxito, la publica Nightingale-Conant. Suscríbase en www.nightingale.com o llame al 1-800-560-6081.

SuperCamp es una experiencia realmente transformadora que iniciará a sus hijos en el camino del éxito. Visite el sitio www.quantumlearning.com para una posible experiencia de verano de diez días para jóvenes de nueve a dieciocho años. Lo que han logrado quienes han estado ahí ha sido realmente asombroso.

Chicken Soup's Daily Serving (La Ración Diaria de Sopa de Pollo) (www.chicken-soup.com) es un correo electrónico diario gratis con una historia conmovedora e inspiracional de los libros en la lista de bestsellers de la serie *Chicken Soup for the Soul.* ™

SOBRE LOS AUTORES

Jack Canfield ha sido un exitoso escritor profesional, director de seminarios, capacitador corporativo y empresario. Después de graduarse de la Universidad de Harvard, Jack inició su carrera como profesor de secundaria en un sector pobre de la ciudad de Chicago. Pronto se obsesionó por estudiar la forma de motivar a sus alumnos que carecían de motivación. En el curso de su búsqueda, descubrió a W. Clement Stone, un millonario de Chicago que hizo su fortuna por mérito propio y gurú en la forma de alcanzar el éxito. Stone era el editor de *Success Magazine,* presidente de Combined Insurance Corporation, autor de *The Success System that Never Fails* (El Sistema del Éxito que Nunca Falla) y coautor, con Napoleon Hill de *Success Through a Positive Mental Attitude* (El Éxito a través de la Actitud Mental Positiva).

Jack entró a trabajar a la W. Clement & Jessie V. Stone Foundation con el cargo de llevar estos principios del éxito a las escuelas y los clubes de muchachos de la gran área de Chicago, y más tarde a toda la región del oeste medio de los Estados Unidos. En su deseo por tener una comprensión aún más clara de estos principios de motivación para el logro, Jack volvió a la escuela de postgrado de la Universidad de Massachussets donde obtuvo su grado de maestría en educación psicológica. Al graduarse, Jack comenzó a dictar seminarios para maestros de escuela, consejeros y psicoterapeutas, y más adelante, para líderes corporativos, gerentes, vendedores y empresarios, enseñándoles los principios de autoestima, desempeño sobresaliente, motivación para el logro del éxito.

Durante todo este tiempo, Jack tambien escribió y fue coautor de numerosos libros como *100 Ways to Enhance Self-Concept in the Classroom* (100 Formas de Mejorar el Concepto de Sí Mismo en el Aula de Clase), *Dare to Win* (Atrévase a Triunfar), *The Aladdin Factor* (El Factor de Aladino), *Heart at Work* (El Corazón en el Trabajo) y *The Power of Focus: How to Hit All Your Personal, Business and Financial Goals with Absolute Certainty* (El Poder del Enfoque: Cómo Dar en el Blanco de Todas Sus Metas Personales, Empresariales y Financieras, con Absoluta Certeza), y de los ochenta y cinco libros de la serie *Chicken Soup for the Soul,*® que han llegado a las listas de bestsellers, hasta el momento han vendido más de ochenta millones de copias en treinta y nueve idiomas en todo el mundo. Jack también ha compartido sus principios del éxito, la autoestima y la felicidad en su álbum de audiocasete, que también ha alcanzado la lista de los más vendidos, CareerTrack—*Self-Esteem y Peak Performane* (Autoestima y Desempeño Sobresaliente) y su álbum de Nightingale-Conant *Maximun Confidence* (Confianza Máxima) y *The Aladdin Factor* (El Factor de Aladino).

Debido a que, cada año, crece la demanda de sus conferencias y seminarios a un ritmo mayor del que puede satisfacer, Jack ha creado también dos programas de capacitación en video: el programa STAR, que es su curso de capacitación básico en autoestima y desempeño sobresaliente para corporaciones y escuelas y el programa GOALS, con los mismos principios, presentados para poblaciones en riesgo como los que reciben ayuda de bienestar social y los presos.

Entre las organizaciones y corporaciones que han buscado a Jack para que comparta con sus funcionarios, afiliados y empleados estos principios, están Virgin Records, Sony Pictures, Merryl Linch, Monsanto, ITT Hartford Insurance, GlaxoSmith-Kline, Scott Paper, The Million Dollar Forum, Coldwell Banker, RE/MAX, FedEx, Campbell's Soup TRW, Society of Real State Professionals, the Million Dollar Roundtable, American Society of Training & Development, Ameritech, NCR, Young Presidents' Organization, Chief Executives Organization, GE, Income Builders International, U.S. Department of the Navy, Siemens, Cingular Gíreles, Southern Bell, Domino's Pizza, Accenture, Bergen Brunswig Pharmaceuticals, Children's Miracle Network, UCLA, University of Michigan, the Council of Excellence in Government y cientos de otras.

Jack ha dictado conferencias y dirigido talleres en todos los cincuenta estados de los Estados Unidos, así como en Canadá, México, Europa, Asia, África y Australia. Ha aparecido en más de 600 programas de radio y 200 programas de televisión, incluyendo *20/20, Inside Edition, The Today Show, Oprah, Fox and Friends, CBS Evening News, NBC Nightly News, Eye to Eye, y CNN's Talk Back Live!* así como en PBS y QVC.

Jack dirige talleres de un día y de fin de semana centrados en Cómo Vivir los Principios del Éxito, el Poder del Enfoque, la Autoestima y el Desempeño Sobresaliente, y la Confianza Máxima, así como una capacitación anual de siete días, Viva Su Visión Más Ambiciosa, en donde enseña los Principios del Éxito en un eficiente taller que transforma la vida de los participantes, no sólo en la forma de enfocar su éxito personal y corporativo sino también en la forma de enseñar estos principios a los demás. Esta capacitación está orientada a gerentes, educadores, asesores, entrenadores, consultores, ministros y otros que se interesan en aumentar su éxito personal y profesional.

Para más información sobre los talleres y la capacitación, los libros y los programas de audiocasete y video de Jack, y para información sobre la disponibilidad de Jack como orador o capacitador, comuníquese con su oficina en:

The Jack Canfield Companies
P.O.Box 30880, Santa Barbara, CA 93130

Teléfonos: 805-563-2935 y 1-800-237-8336; Fax: 805-563-2945
e-mail: www.thesuccessprinciples.com

Janet Switzer, desde su primer empleo como coordinadora de campaña para un miembro del congreso, cuando tenía diecinueve años de edad, hasta cuando constituyó su empresa editorial internacional con más de $10 millones en activos, a la edad de veintinueve años, epitomiza el grado de logro personal y profesional que se alcanza con la aplicación de estos comprobados principios del éxito.

En la actualidad, es el genio de mercadeo y la experta en desarrollo de negocios que prefieren algunos de los principales gurús del éxito: el experto en desempeño sobresaliente, Jack Canfield; el maestro en motivación, Mark Victor Hansen; el ícono del mercadeo, Jay Abraham; el experto en obtener ingresos por Internet, Yanik Silver; y la directora ejecutiva de *Jesus,* la escritora Laurie Beth Jones entre otros. Además, Janet ha asesorado a más de 50,000 empresas y empresarios en el mundo en cómo apalancar sus intangibles y sus activos en información por incontables millones en ingresos: Xircom (adquirida por Intel), Chicken Soup for the Soul, Genoa Technology, California Family Business Institute, el gigante de las cartas circulares Phillips Publishing, Liberty League International, Life Tools UK, Biz University Canada, Integrity Chruch International, el líder en viajes de afinidad Vantage Travel, Profit Advisors Inc., y Habitat for Humanity, entre otros.

Janet es una oradora magistral reconocida y fundadora y editora de la revista *Leading Experts,* así como columnista de *Training Magazine Asia* y de numerosas circulares por cable y circulares de prensa sindicadas.

Dicta conferencias regularmente a miles de empresarios, profesionales de ventas independientes, empleados corporativos y miembros de asociaciones industriales sobre los principios del éxito y la generación de ingresos. Además, ayuda a personas sobresalientes que son expertos en su campo a lograr posiciones a nivel mundial e ingresos por millones de dólares desarrollando imperios editoriales alrededor de su estrategia de negocios, conceptos de capacitación, experiencia industrial y posición exclusiva en el mercado. Su curso corto en multimedia "How Experts Build Empires: The Step-By-Step System for Turning Your Expertise into Super-Lucrative Profit Centers" ("Cómo Desarrollan Imperios los Expertos: El Sistema de Convertir su Experiencia en Centros de Utilidad Súper Lucrativos Explicado Paso a Paso) es la obra cumbre de la industria sobre el tema de cómo desarrollar y vender productos de información.

Janet vive en Thousand Oaks, California, donde pertenece a la Calgary Community Chruch y trabaja con jóvenes como líder del proyecto local del club 4-H, ocupación que ha disfrutado por cerca de veinte años.

Para contar con la presencia de Janet en su próximo evento, llame al 805-499-9400 o visite el sitio www.janetswitzer.com. Para suscribirse a la revista electrónica *Leading Experts* visite el sitio Web www.leadingexperts.net.

AUTORIZACIONES

ÍNDICE